V&R

Die DDR im Blick der Stasi

Die geheimen Berichte an die SED-Führung

Herausgegeben von Daniela Münkel
im Auftrag des Bundesarchivs

Die DDR im Blick der Stasi 1959

Die geheimen Berichte an die SED-Führung

Bearbeitet von Ann-Kathrin Reichardt
unter Mitarbeit von Martin Stief (Bearb.)

Vandenhoeck & Ruprecht

Mit 6 Abbildungen

Hinweis:
Der gesamte Berichtsjahrgang 1959 ist unter https://1959.ddr-im-blick.de in Form einer elektronischen Datenbank abrufbar, die komfortable Recherchemöglichkeiten bietet.

Umschlagabbildung: Publikum auf der Tribüne bei den Jubiläumsfeiern in Berlin zum zehnjährigen Bestehen der DDR.
Quelle: © Thomas Hoepker/Magnum Photos/Agentur Focus

Informationen zum Bundesarchiv und zur Edition:
www.stasi-unterlagen-archiv.de und www.ddr-im-blick.de

Bibliografische Information der Deutschen Nationalbibliothek:
Die Deutsche Nationalbibliothek verzeichnet diese Publikation in der Deutschen Nationalbibliografie; detaillierte bibliografische Daten sind im Internet über https://dnb.de abrufbar.

Satz: SchwabScantechnik, Göttingen
Druck und Bindung: Hubert & Co GmbH & Co. KG, Göttingen,
Diese Publikation und die Online-Datenbank wurden mit EB.Suite realisiert.
© Ovidius GmbH, Berlin, 2017
Printed in the EU

Vandenhoeck & Ruprecht Verlage | www.vandenhoeck-ruprecht-verlage.com

ISSN 2198-4301
ISBN 978-3-525-31124-0

Inhalt

Vorwort

Daniela Münkel

Die DDR im Blick der Stasi
Die geheimen Berichte an die SED-Führung 1953 bis 1989

Das Jahr 1959 stand außenpolitisch im Zeichen der zweiten Berlin-Krise, ausgelöst durch ein Ultimatum von Chruschtschow, in dem dieser die Entmilitarisierung Westberlins und den Status von Gesamtberlin als »Freie Stadt« auf dem Gebiet der DDR forderte. Darüber hinaus schlug Moskau einen Friedensvertrag für Deutschland vor, welcher bis zu einer Wiedervereinigung die Anerkennung der innerdeutschen Grenze sowie die militärische Neutralität beider deutscher Staaten beinhaltete. Da all dies aus Sicht des Westens unannehmbare Vorschläge waren, spitzte sich der Kalte Krieg weiter zu. So sind dann auch die Reaktionen der DDR-Bevölkerung auf die sowjetischen Vorschläge ein Thema der Berichterstattung des Jahres 1959.

Innenpolitisch war das zehnjährige Gründungsjubiläum der DDR am 7. Oktober 1959 ein herausragendes Ereignis. Ansonsten stand das Jahr ganz im Zeichen des weiteren Aufbaus und der Festigung des Sozialismus – dies gilt für alle gesellschaftlichen, ökonomischen und kulturellen Bereiche. Ein wesentlicher Fokus der Berichterstattung liegt demzufolge dann auch auf den Problemen beim sozialistischen Umbau von Wirtschaft und Landwirtschaft. Des Weiteren beunruhigten die Staatssicherheit die Fluchtzahlen, die vermeintlichen oder wirklichen Spionageaktivitäten seitens westlicher Geheimdienste sowie die Aktivitäten der Kirchen in der DDR. All dies und noch vieles andere mehr spiegeln die 131 Berichte des Jahrgangs 1959 wider.

Die Berichte der ZAIG, die 36 Jahre lang in unterschiedlichen Formen und Frequenzen angefertigt wurden, sind eine zeitgeschichtliche Quelle von hohem historischen Wert. Sie offenbaren den spezifischen Blick der Stasi auf und in die DDR: Hinweise auf vermeintliches oder wirkliches oppositionelles Verhalten sind dort ebenso zu finden wie die Beschreibung von Problemlagen in Wirtschaft und Versorgung, die Wiedergabe von Stimmungen in der Bevölkerung sowie Statistiken zu Devisenumtausch, Ausreise- und Fluchtfällen. Scheinbar Triviales steht hier neben den größeren und kleineren »Schwierigkeiten«, die sich bei der Etablierung und Aufrechterhaltung der SED-Herrschaft und dem Aufbau des »real existierenden Sozialismus« ergaben. Es entfaltet sich ein breit gefächertes Spektrum, eine Art Tiefenbohrung in die DDR-Gesellschaft, geprägt von der geheimpolizeilichen Sicht, die vor allem darauf bedacht war, politisch abweichendes Verhalten und sicherheitsrelevante Probleme aufzudecken und zu neutralisieren. Darüber hinaus mussten die MfS-Verantwortlichen aber auch ihre besondere »Parteiergebenheit« und politisch-ideologische Festigkeit unter Beweis stellen, was ihren Blick trüben konnte und sie zeitweise daran hinderte, über politische Stimmungen und Missstände völlig ungeschminkt zu informieren. Dabei ist jedoch zeitlich zu differenzieren: In der Frühzeit waren die Berichte viel weniger ideologisch überformt und damit authentischer als in den 1970er-Jahren. Manche Berichte sind auch als Zeugnisse einer politisch-ideologischen Selbstvergewisserung zu verstehen. Der Wert der hier edierten Quelle ist ambivalent: In den unterschiedlichen Schwerpunkten, die die Staatssicherheit in ihrer Berichterstattung über die Jahrzehnte hinwegsetzte, spiegeln sich in komprimierter Form objektive Problemlagen von Gesellschaft, Politik und Ökonomie. Gleichzeitig offenbaren sich der spezifische Tunnelblick und die ideologisch bedingten Wahrnehmungsverzerrungen der Staatssicherheit. All dies schmälert nicht den Wert der Berichte, muss aber bei ihrer Interpretation berücksichtigt werden.[1]

Bei den geheimen Berichten des MfS an die SED-Führung handelt es sich, mit Ausnahme der ersten Jahre, nicht in erster Linie um allgemeine Stimmungs- und Lageberichte – diese sind zwar zu finden, aber selten in dichter Abfolge. Bei dem Gros der Texte handelt es sich um Meldungen von Einzelvorkommnissen und deren »Analyse«. Ein direkter Vergleich mit den vom Sicherheitsdienst der SS seit 1938 verfassten »Meldungen aus dem Reich« ist demzufolge nur bedingt möglich.[2]

Das Berichtswesen der DDR-Staatssicherheit an die SED-Führung unterlag zwischen 1953 und 1989 mannigfaltigen Veränderungen. Dies gilt für den Aufbau und den Charakter der Berichte genauso wie für den organisatorischen Rahmen ihrer Entstehung.[3] Auch hier lässt sich wie insgesamt für das Ministerium für Staatssicherheit ein Ausbau- und Professionalisierungsprozess konstatieren.

Am Beginn der regelmäßigen Berichtsserie an die SED-Führung standen der Aufstand vom 17. Juni 1953 und die daraus resultierenden Reaktionen der Partei- und Staatsführung. Um für nachfolgende Zeiten zu gewährleisten, dass die Parteiführung rechtzeitig über »sicherheitsrelevante« Entwicklungen informiert wird, installierte der neue Chef der Staatssicherheit, Ernst Wollweber, im August 1953 ein hierarchisch von unten nach oben organisiertes Informationssystem: vom Kreis über den Bezirk bis hin zur Zentrale in Berlin. In der

1 Zum Quellenwert von MfS-Unterlagen allgemein vgl. Engelmann, Roger: Zum Quellenwert der Unterlagen des Ministeriums für Staatssicherheit. In: Henke, Klaus-Dietmar; Engelmann, Roger (Hg.): Aktenlage. Die Bedeutung der Unterlagen des Staatssicherheitsdienstes für die Zeitgeschichtsforschung. Berlin 1995, S. 23–55; zu den ZAIG-Berichten vgl. u. a. Münkel, Daniela: Die DDR im Blick der Stasi 1989. In: APuZ 21–22/2009, S. 26–32.

2 Vgl. Boberach, Heinz (Hg.): Meldungen aus dem Reich. Die geheimen Lageberichte des Sicherheitsdienstes der SS. 17 Bde., Herrsching 1984.

3 Zu Veränderungen von Aufbau und Struktur der »Zentralen Auswertungs- und Informationsgruppe« (ZAIG) im MfS sowie zur Entwicklung des Berichtswesens vgl. ausführlich Engelmann, Roger; Joestel, Frank: Die Zentrale Auswertungs- und Informationsgruppe (MfS-Handbuch). Hg. BStU. Berlin 2009.

MfS-Zentrale und in den Bezirksverwaltungen wurden Informationsgruppen gebildet, die aus einer Vielzahl von Einzelinformationen die zur »Lagebeurteilung« relevanten Sachverhalte auswählen sollten. So entstand ein »Informationsdienst zur Beurteilung der Situation« mit einem festen Gliederungsschema, der bis Ende 1954 täglich, phasenweise auch mehrmals täglich, produziert wurde. Danach wurde die Berichtsfrequenz auf zweimal wöchentlich festgelegt und im November 1955 auf einmal alle zwei Wochen reduziert. Außerdem gab es in der Anfangszeit die Serie »Sonderinformationen«, die in der Edition als Vorläufer der Hauptserie »Informationen« behandelt wird, und eine »Analysen« genannte Serie von 14-täglichen Überblicksberichten bzw. ausführlichen, zeitlich übergreifenden Berichten zu Einzelthemen.

Im Jahr 1957 geriet die Informationstätigkeit der Stasi in den Strudel der Auseinandersetzungen zwischen Ernst Wollweber und Walter Ulbricht.[4] Letzterer war insbesondere über die Stimmungsberichte erbost,[5] die er als »Schädigung der Partei« und Instrument, welches die »Hetze des Feindes legal« verbreite, bezeichnete.[6] Der »Informationsdienst« wurde zum Ende des Jahres 1957 eingestellt, das Stimmungs- und Lageberichtswesen der Staatssicherheit stark eingeschränkt. Die Schwerpunkte der Berichterstattung wurden nunmehr auf die sogenannte »Feindtätigkeit« und Mängel in der Produktion gelegt.

Zu einer Neuordnung und Systematisierung des MfS-Berichtswesens kam es dann in den Jahren 1959/60: Die »Zentrale Informationsgruppe« (ZIG) war nun die zuständige Instanz für das gesamte Informationswesen der Staatssicherheit inklusive der HV A (Hauptverwaltung A – Aufklärung). Im Dezember 1960 erließ Erich Mielke, der seit November 1957 an der Spitze des Ministeriums für Staatssicherheit stand, den Befehl 584/60, mit dem die Informationstätigkeit des Ministeriums auf eine neue Grundlage gestellt wurde. Die »Informationsarbeit« wurde wieder als eine Kernaufgabe des MfS festgeschrieben. Hieraus resultierte auch eine personelle Expansion der ZIG. Die Berichte, die jetzt wieder Bevölkerungsstimmungen enthalten sollten, befassten sich darüber hinaus vor allem mit den Themen »Feindtätigkeit«, »Republikflucht« sowie Missständen aller Art in der DDR-Ökonomie. Im Unterschied zur Anfangszeit des Berichtswesens der Staatssicherheit kam der Analyse jetzt ein stärkeres Gewicht im Rahmen der »Informationstätigkeit«

4 Vgl. Engelmann, Roger; Schumann, Silke: Der Ausbau des Überwachungsstaates. Der Konflikt Ulbricht – Wollweber und die Neuausrichtung des Staatssicherheitsdienstes der DDR 1957. In: Vierteljahrshefte für Zeitgeschichte 43(1995)2, S. 341–378.

5 Zu den Stimmungsberichten vgl. ausführlich: Münkel, Daniela; Bispinck, Henrik (Hg.): Dem Volk auf der Spur … Staatliche Berichterstattung über Bevölkerungsstimmungen im Kommunismus. Deutschland – Osteuropa – China (Analysen und Dokumente; 50). Göttingen 2018.

6 Sitzung des Kollegiums des Ministeriums für Staatssicherheit vom 7. Februar 1957, dokumentiert in: Engelmann, Roger; Schumann, Silke: Der Ausbau des Überwachungsstaates. Der Konflikt Ulbricht – Wollweber und die Neuausrichtung des Staatssicherheitsdienstes der DDR 1957. In: Vierteljahrshefte für Zeitgeschichte 43(1995)2, S. 357.

zu.[7] Mit dieser Umstrukturierung ging eine besonders strenge Handhabung des Geheimschutzes der Berichterstattung einher, das heißt, die Berichte durften nur an namentlich genannte Adressaten oder deren engste Mitarbeiterinnen und Mitarbeiter ausgehändigt und mussten nach Kenntnisnahme zurückgegeben werden. Außerhalb der Führungshierarchie des MfS bekamen in der Regel Mitglieder des Politbüros, des Sekretariats des ZK der SED sowie des Ministerrates die Informationen zugestellt. Ein analoges Informationswesen bestand in den Bezirken und Kreisen.

Die nächste wichtige Veränderung folgte im Jahr 1965: Mit der Einrichtung eines einheitlichen Auswertungs- und Informationssystems im MfS wurde die ZIG in die »Zentrale Auswertungs- und Informationsgruppe« (ZAIG) umgebildet, was für die Diensteinheit einen bedeutenden Kompetenzzuwachs und längerfristig auch einen Expansionsschub zur Folge hatte. Neu war nun vor allem, dass Bewertung und Zuordnung von Informationen einen zentralen Stellenwert erhielten und die Informationsflüsse innerhalb des MfS-Apparates präzise geregelt wurden. Einen weiteren Einschnitt bildete die Zeit von 1969 bis 1974: Die ZAIG expandierte erneut und wurde nun endgültig zu einem »Funktionalorgan des Ministers« ausgebaut. Der Einsatz der EDV professionalisierte das Informations- und Auswertungswesen des MfS in den folgenden Jahren weiter. Im Jahr 1972 wurde das Aufgabenprofil der ZAIG dann nochmals neu konturiert: Zentral blieben die permanente Analyse der »politisch-operativen Lage« sowie die Informationstätigkeit für die Partei- und Staatsführung. Diese Aufgaben wurden im Bereich 1 der ZAIG thematisch spezialisierten Arbeitsgruppen zugeordnet, zu denen im Jahr 1981 noch eine weitere hinzukam, die sich überwiegend um die Themen Kirche, Kultur und politische Dissidenz kümmerte.[8] Nun hatte sich für das Informations- und Auswertungswesen der Staatssicherheit eine Struktur herausgebildet, die bis zu ihrer Auflösung Ende 1989 Bestand haben sollte.

Was die Form der Berichte betrifft, so unterlagen auch diese deutlichen Veränderungen. Ab Juni 1956 bildeten die Einzelinformationen eine durchnummerierte Reihe mit lückenlos überlieferten Verteilern, die erkennen lassen, dass der überwiegende Teil dieser Berichte neben den internen Empfängern auch an Vertreter der politischen Führung ging. Aus dieser Berichtsreihe entwickelten sich dann Ende der 1960er- und Anfang der 1970er-Jahre drei nicht scharf voneinander abzugrenzende Serien: die Serie »Informationen«, die für die politische Führung bestimmt war, sowie die Serien »K« (Verschiedenes, ab 1969) und »O« (Reaktionen der Bevölkerung, ab 1972), in die hoch-

7 Insgesamt wurden nun fünf Berichtsformen festgelegt: »Sofortmeldung«, »Ergänzungsmeldung«, »Einzelinformation«, »Bericht«, »Militärische Sonderinformation«. Alle diese Formen sind der Hauptserie der Berichterstattung, den »Informationen« zuzuordnen.

8 Die Zuständigkeitsbereiche der Arbeitsgruppen waren daneben u. a. folgende: internationale Themen, Spionage- und Terrorabwehr, Volkswirtschaft und Verkehr, Flucht, Ausreise, grenzüberschreitender Verkehr sowie Militärabwehr.

rangige Berichte aufgenommen wurden. Die Reihen erschienen in unregelmäßigen Abständen mit einem Gesamtumfang von ca. 350 Berichten pro Jahr.

Die »Informationen« waren die zentrale Berichtsreihe des MfS, mit der vor allem die Mitglieder des SED-Politbüros über einzelne sicherheitspolitische Ereignisse und Vorgänge in Kenntnis gesetzt wurden. Die O-Reihe entstand möglicherweise deshalb, weil die Berichterstattung über die Bevölkerungsstimmung auch unter Erich Honecker eine heikle Angelegenheit blieb. Das MfS fertigte primär zur Information der eigenen Leitungsebene Berichte mit einem internen Verteiler über die Reaktionen der DDR-Bevölkerung auf bestimmte Ereignisse an. Dennoch gingen einige dieser Dokumente auch an Erich Honecker und andere hochrangige Vertreter der politischen Führung. Die Berichte, die nach der Prüfung durch die Verantwortlichen des MfS nicht als »Information« klassifiziert und ausgefertigt wurden, wurden in der ZAIG-Mappe K zur Ablage gebracht. Die übrigen Adressaten waren im Regelfall die Stellvertreter des Ministers für Staatssicherheit sowie andere hochrangige Leiter von MfS-Diensteinheiten.

Die Berichtsreihen, die sich auf das DDR-Inland beziehen, werden vollständig ediert. Nicht erfasst werden die Berichte, die sich mit dem Ausland, in der Regel dem westlichen Ausland – mit einem Schwerpunkt auf der Bundesrepublik –, befassen und von der HV A erstellt wurden.[9]

Dazu wird die Edition in zwei unterschiedlichen Publikationsformen zugänglich gemacht: einer Buchversion im Umfang von 320 Seiten, die eine ausführliche Einleitung und im Dokumententeil eine Auswahl des jeweiligen Gesamtjahrganges präsentiert, und einer Datenbank (https://1959.ddr-im-blick.de), auf der der komplette Jahrgang hinterlegt ist und die komfortable Recherchemöglichkeiten bietet. Ein Jahr nach Erscheinen eines Bandes wird der jeweilige Jahrgang auch im Internet unter www.ddr-im-blick.de zugänglich sein. Damit werden auch jahrgangsübergreifende Recherchen möglich.

Die Erstellung jedes einzelnen Jahrganges ist immer aufs Neue eine große Herausforderung, die nur mit einem funktionierenden Team zu leisten ist und jedem Einzelnen viel abfordert. Dafür sei allen gedankt. Mein ganz besonderer Dank geht an die Bearbeiterin dieses Jahrgangs Ann-Kathrin Reichardt sowie an Martin Stief, der an dem Band mitgearbeitet hat. Des Weiteren gilt es Heike Thiel für ihr besonderes Engagement bei den Recherchen zu danken. Ebenso gilt mein Dank Oliver Lesting, Kristina Steinmetz, Ina Herrmanowski und Ronny Kietzmann für ihre engagierte Mit- und Zuarbeit. Gleiches gilt für das Publikationssachgebiet mit Ralf Trinks und Christiane Neumicke sowie für die Kolleginnen und Kollegen der Bibliothek des Stasi-Unterlagen-Archivs, die nahezu jedes noch so abseitig erscheinende Buch beschafften.

9 Die Listen der sogenannten Westberichte, die sehr große Überlieferungslücken von knapp 50 % aufweisen, sind mit Titel und Signatur auf der Homepage des Stasi-Unterlagen-Archivs recherchierbar (www.stasi-unterlagen-archiv.de).

Einleitung 1959

Ann-Kathrin Reichardt

1. Zeitgeschichtlicher Hintergrund

Am 22. November 1959, fünf Minuten vor 19 Uhr, flimmerte zum ersten Mal das Sandmännchen über die Fernsehbildschirme in der DDR. Der kleine Kerl verdankte seine Existenz der deutsch-deutschen Systemkonkurrenz. Anfang November erreichte die Intendanz des Deutschen Fernsehfunks (DFF) in Ostberlin die Nachricht, dass im Abendprogramm des Westberliner SFB ab 1. Dezember ein Sandmann den Kindern eine Gute-Nacht-Geschichte bringen würde. Beim DFF war man alarmiert. Die Befürchtung stand im Raum, die Kinder würden deshalb das westliche Abendprogramm bevorzugen. Also wurde innerhalb von nur zwei Wochen eine eigene Sandmann-Figur erschaffen. Die erste Folge von »Unser Sandmännchen« ging neun Tage vor dem West-Sandmann auf Sendung, mit großem und dauerhaftem Erfolg.[1]

Diese Anekdote verdeutlicht treffend, was das Jahr 1959 ausmachte. Der Kalte Krieg bestimmte das Handeln in der großen Politik und schlich sich in die Kinderzimmer.

Auf internationalem Terrain versuchte KPdSU-Chef Nikita Chruschtschow mit dem Berlin-Ultimatum seine deutschlandpolitischen Interessen gegenüber den Westmächten durchzusetzen. In der DDR hatte ZK-Generalsekretär Walter Ulbricht das »Überholen« des westlichen Konsumgüterverbrauchs in nur wenigen Jahren zur »ökonomischen Hauptaufgabe« erklärt. Um beides wurde 1959 gerungen, Machtbereiche waren abzustecken und die Überlegenheit des sozialistischen Systems war zu beweisen. Der Erfolg blieb aus. Chruschtschow entfachte die zweite Berlin-Krise und Ulbricht steuerte das Land mit seiner unrealistischen Zielsetzung in eine Wirtschaftskrise. Den Westen zu überflügeln, gelang nur beim Sandmännchen.

1.1 Die zweite Berlin-Krise und die Deutschland-Frage

Die Integration der Bundesrepublik in die NATO und in die Europäischen Gemeinschaften (EGKS, EWG und EURATOM) auf der einen und der Beitritt der DDR zu Warschauer Pakt und Rat für Gegenseitige Wirtschaftshilfe (RGW) auf der anderen Seite hatten zur Konsolidierung des Status quo eines zweigeteilten Landes beigetragen, dessen innere Grenze gleichzeitig die Frontlinie im Kalten Krieg bildete. Die Frage, unter welchen Prämissen die

1 Vgl. Toying, Matthias: Unser Sandmännchen – ein Fabelwesen wird 60, online abrufbar unter: https://www.mdr.de/geschichte/sandmann-lieber-sandmann100.html (letzter Abruf: 3.12.2021).

Einheit Deutschlands (noch) möglich sei, trieb die Auseinandersetzungen zwischen den alliierten Westmächten und der Sowjetunion auf einen neuen Höhepunkt, der im Bau der Berliner Mauer kulminierte.

Auf der Genfer Gipfelkonferenz der Vier Mächte im Juli 1955 hatte die Sowjetunion als Alternative zu den bestehenden Militärblöcken die Errichtung einer blockfreien Organisation gefordert, der beide deutsche Staaten bis zur Wiedervereinigung angehören und die sämtliche Sicherheitsaufgaben übernehmen sollte. Die Schaffung dieses gesamteuropäischen »kollektiven Sicherheitssystems« wäre zu verbinden mit einer Verringerung der Streitkräfte in Warschauer Pakt und NATO, einem Verbot von Atomwaffen und dem Abzug aller ausländischen Truppen von deutschem Territorium. Mit dieser Initiative, die im Ergebnis die Auflösung beider Militärbündnisse vorsah, hoffte die sowjetische Regierung, die Westintegration der Bundesrepublik verhindern zu können. Die Einbeziehung beider deutscher Staaten als gleichberechtigte Partner in diesen Sicherheitspakt sollte faktisch auf eine Anerkennung der DDR hinauslaufen. Gleich nach Beendigung der Konferenz erhob Chruschtschow denn auch am 26. Juli 1955 die Zwei-Staaten-Theorie zur parteioffiziellen Leitlinie.[2] Hinter diesen Standpunkt wich die Sowjetunion in der Deutschland-Frage nicht mehr zurück. Entsprechend setzte auch die Regierung der DDR seit Ende 1957 auf den Gedanken der Zusammenarbeit beider deutscher Staaten im Rahmen einer Konföderation selbstständiger Teilstaaten, verbunden mit dem beiderseitigen Verzicht auf Atomwaffen und dem Abschluss eines Gewaltverzichtsvertrages zwischen Warschauer Pakt und NATO. Auf dem V. Parteitag der SED im Juli 1958 bezog Ulbricht die Berlin-Frage in seine deutschlandpolitischen Vorstellungen mit ein und forderte als ersten Schritt zur Entspannung die Beendigung der »Wühlarbeit« westlicher Spionagedienste.[3]

Auch Chruschtschow betrachtete die Klärung des Status von Westberlin als Hebel für die Durchsetzung seiner Deutschlandpolitik. Ihm schwebte vor, Berlin zu entmilitarisieren und aus der Blockbindung zu lösen. Dahinter verbarg sich die Vorstellung, die Stadt werde sich aufgrund ihrer geografischen Lage ohne Unterstützung der Westmächte und Anbindung an die Bundesrepublik in absehbarer Zeit in die DDR integrieren lassen. Deshalb verband der sowjetische Parteichef seine bereits mehrfach erhobene Forderung nach einem Friedensvertrag mit Deutschland mit der Berlin-Frage. Am 27. November 1958 übersandte die sowjetische Führung in Abstimmung mit der SED den Regierungen der USA, Großbritanniens und Frankreichs eine Note, in der sie diese ultimativ aufforderte, Westberlin binnen sechs Monaten zu entmilitarisieren und Berlin den Status einer »selbstständigen politischen Einheit« als

2 Weber, Petra: Getrennt und doch vereint. Deutsch-deutsche Geschichte 1945–1989/90. Berlin 2020, S. 167.

3 Staritz, Dietrich: Geschichte der DDR. Erw. Neuausg., Frankfurt/M. 1996, S. 185.

Freie Stadt auf dem Gebiet der DDR zuzugestehen. Sie räumte den Westmächten eine Frist bis zum 27. Mai 1959 ein, diese Forderungen anzunehmen. Andernfalls würde sie ohne Übereinkunft mit ihnen der DDR die volle Hoheit über die Zugangswege nach Westberlin übertragen. Noten entsprechenden Inhalts gingen auch an die Regierungen der DDR und der Bundesrepublik.[4] Anfang 1959 legte Moskau nach und übersandte den Entwurf eines Friedensvertrages mit Deutschland. Das am 10. Januar 1959 durch den sowjetischen Botschafter an Walter Ulbricht überreichte Dokument sah die Existenz zweier deutscher Staaten in den Grenzen von 1945 vor, d. h. auch die Anerkennung der Grenzlinie zwischen der Bundesrepublik und der DDR bis zur langfristig angestrebten deutschen Einheit. Berlin sollte hier ebenfalls den Status einer Freien Stadt erhalten. Außerdem war darin u. a. das Verbot der Mitgliedschaft in militärischen Bündnissen, die gegen den jeweils anderen (deutschen) Staat gerichtet sein könnten, der Verzicht auf moderne Waffensysteme, die Anerkennung der Oder-Neiße-Grenze und die Forderung nach Abzug aller Besatzungstruppen formuliert. Unterzeichnet werden sollte der Vertrag von beiden deutschen Staaten und allen Ländern, gegen die Deutschland Krieg geführt hatte. Der Vorschlag lief auf eine Zementierung des Status quo hinaus, die deutsche Einheit spielte eine untergeordnete Rolle.[5]

Chruschtschow löste mit dem Berlin-Ultimatum die als zweite Berlin-Krise in die Geschichte eingegangene verschärfte Ost-West-Konfrontation aus, die das außenpolitische Geschehen des Jahres 1959 wesentlich beeinflusste, ihren Höhepunkt im Mauerbau 1961 fand und erst 1963 in eine Phase deutlicher Entspannung mündete. Ein Ende fand sie 1972 mit Inkraftsetzung des Viermächteabkommens.[6]

Der ultimative Charakter der Noten und der Friedensvertragsentwurf mit einer einseitigen Infragestellung der Vier-Mächte-Regelungen für Berlin musste die Westmächte provozieren. In den folgenden Monaten drohte die Sowjetunion immer wieder mit dem Abschluss eines einseitigen Friedensvertrages mit der DDR, sofern sich die Westmächte weigerten, dem sowjetischen Entwurf zuzustimmen. Dahinter verbarg sich Chruschtschows Kalkül, die internationale Anerkennung der DDR zu erzwingen, in der Hoffnung, die USA würden einen Nuklearkrieg – die Drohung damit stand im Raum – für Westberlin nicht riskieren. Diese Sicherheit bezog der Kremlchef aus einer gefühlten Position der Stärke, befeuert durch den Sputnik-Erfolg des Jahres 1957 und den festen Glauben daran, dass die Sowjetunion kurzfristig den

4 Vgl. Dokumente zur Deutschlandpolitik der Sowjetunion. Hg. v. Deutschen Institut für Zeitgeschichte Berlin. Bd. II, Berlin 1963, S. 664–672 (Note an die DDR), S. 672–694 (Note an die USA, analoge Noten gingen an die Regierungen Großbritanniens und Frankreichs), S. 695–706 (Note an die Bundesrepublik).

5 Zum Wortlaut des Dokuments vgl. ebenda, S. 754–772, sowie ND v. 11.1.1959.

6 Wettig, Gerhard: Chruschtschows Berlin-Krise 1958–1963. Drohpolitik und Mauerbau. München 2006, S. 1.

Lebensstandard in den USA, die DDR den Lebensstandard der Bundesrepublik überholen, damit das sozialistische System in absehbarer Zeit auch für die westliche Gesellschaft attraktiv und – so die Annahme – eine friedliche Vereinigung beider deutscher Staaten unter sozialistischen Vorzeichen wahrscheinlicher gemacht haben würde.[7]

Die Westmächte zeigten sich hinsichtlich der demokratischen Selbstbestimmung Westberlins jedoch nicht kompromissbereit. In Washington war man nicht geneigt, dem Druck aus Moskau nachzugeben. Eine einseitige Aufkündigung der Vier-Mächte-Vereinbarung über Westberlin durch die Sowjetunion war keine Verhandlungsgrundlage für die Amerikaner. Sie erkannten in der intendierten Neutralisierung Deutschlands die Absicht der sowjetischen Regierung, die Westintegration der Bundesrepublik zu verhindern und die Teilung Deutschlands festzuschreiben und lehnten den Entwurf in Gänze ab.[8] Das brachte Chruschtschow in eine brisante Situation. Er wollte zwar Druck aufbauen, eine militärische Konfrontation aber unbedingt vermeiden und war auf die Verhandlungsbereitschaft der Westmächte angewiesen. Deshalb schickte er seinen stellvertretenden Ministerpräsidenten nach Washington. Anastas Mikojan sollte beschwichtigen, indem er den Verzicht der Sowjets auf Einhaltung der Sechs-Monats-Frist anbot und ein Gipfeltreffen der Staatsoberhäupter der USA, Großbritanniens und Frankreichs mit dem sowjetischen Ministerpräsidenten vorschlug. Während Eisenhower dies kategorisch ablehnte, war sein Außenminister diesem Vorschlag gegenüber offen. Man einigte sich schließlich auf ein Treffen auf Außenministerebene, das auf neutralem Boden in Genf anberaumt wurde.[9] Neben dem diplomatischen Personal der ehemals vier alliierten Mächte waren Delegationen unter Leitung der Außenminister der beiden deutschen Staaten als Beobachterinnen zugelassen.

Die Verhandlungspositionen beider Seiten in Genf konnten gegensätzlicher kaum sein. Die Sowjetunion beharrte auf ihrer Forderung nach einem Friedensvertrag mit Deutschland und dem Status Westberlins als Freier Stadt. Eine Wiedervereinigung sollte Angelegenheit der beiden deutschen Staaten ohne Beteiligung der Vier Mächte sein. Unter diesen Bedingungen wären die Westmächte ohne Einfluss auf einen Wiedervereinigungsprozess geblieben, während die Sowjetunion über die Vertreter der DDR-Regierung die Verhandlungen hätten mitbestimmen können.[10] Demgegenüber präferierte die westliche Seite eine Wiedervereinigung nach einem von US-Außenminister Christian Herter unterbreiteten Plan, der eine schrittweise Wiedervereinigung

7 Ebenda, S. 37–39; Weber, Petra: Getrennt und doch vereint. Deutsch-deutsche Geschichte 1945–1989/90. Berlin 2020, S. 173.

8 Bremen, Christian: Die Eisenhower-Administration und die zweite Berlin-Krise 1958–1961. Berlin, New York 1998, S. 119–148.

9 Wettig, Gerhard: Chruschtschows Berlin-Krise 1958–1963. Drohpolitik und Mauerbau. München 2006, S. 45–51.

10 Ebenda, S. 33.

über die Abhaltung freier Wahlen und auf Basis einer gemeinsamen Verfassung vorsah.[11] Gesamtdeutsche freie Wahlen aber lehnten die sowjetischen Verhandlungsführer strikt ab. Ihnen war klar, dass freie Wahlen zu Ungunsten des SED-Regimes ausgegangen wären. Schließlich signalisierten die westlichen Außenminister Bereitschaft, die Berlin- von der Deutschland-Frage getrennt zu behandeln. Aber auch hier war keine Seite zu Konzessionen bereit. Während die Sowjetunion darauf bestand, das Besatzungsregime zu beenden und Berlin den Status einer Freien Stadt zu verleihen, forderten die Westmächte die Bestätigung ihrer Rechte in Berlin. Um die festgefahrenen Verhandlungen wieder in Gang zu bringen, boten die sowjetischen Verhandlungsführer an, die Modalitäten an den Zugangswegen nicht zu ändern und den westlichen Besatzungsmächten weitere 18 Monate zuzugestehen, um sich dann aus Berlin zurückzuziehen. Im Gegenzug sollten diese das Ende der westlichen Spionage- und Propagandatätigkeiten in der geteilten Stadt zusichern und auf die Stationierung von Atomwaffen in Westberlin verzichten. Aber auch dieser bewusst als Interimslösung proklamierte Vorschlag, mit dem die Sowjetunion Entgegenkommen zu signalisieren, ihre Interessen aber dennoch durchzusetzen versuchte, scheiterte und am 20. Juni 1959 vertagte sich die Konferenz. Die Gespräche wurden am 13. Juli wieder aufgenommen, eine Annäherung der gegensätzlichen Standpunkte war indes nicht mehr möglich. Die Konferenz endete am 5. August 1959 ohne konkrete Ergebnisse, aber mit einer Reihe Absichtserklärungen und der Einladung Chruschtschows in die USA.[12]

Chruschtschow nahm diese Einladung gern an. Sie stärkte seine Hoffnung, doch noch ein Gipfeltreffen der Vier Mächte auf höchster Ebene vereinbaren zu können. So weilte er vom 15. bis 28. September in den USA, als erster KPdSU-Chef auf amerikanischem Boden. Auch über dieser bilateralen Zusammenkunft schwebte die sowjetische Drohung eines Separatvertrages mit der DDR. Das erste Gespräch zwischen beiden Staatsoberhäuptern verstrich indes, ohne dass es zu einer Annäherung der bekannten Positionen kam. Bei einem zweiten Gespräch am Ende der Reise in Camp David war die Atmosphäre konstruktiver. Nach intensiven Verhandlungen gelang es beiden Staatsmännern, kleine Schritte aufeinander zuzugehen, wenn auch die entscheidenden Punkte in der Berlin-Frage offenblieben. Sie handelten eine Vereinbarung aus, einem Moratorium vergleichbar: Die sowjetische Seite verzichtete auf die Fest-

11 Laut diesem als Herter-Plan in die Geschichte eingegangenen Vorschlag sollten zunächst Ost- und Westberlin nach Abhaltung freier Wahlen wiedervereinigt werden. Dem sollte die Einsetzung eines »deutschen Ausschusses« unter Einbindung der vier Besatzungsmächte folgen, der Wahlen zu einer verfassunggebenden Versammlung vorzubereiten hätte. Auf Basis einer Verfassung sollte dann eine gesamtdeutsche Regierung gebildet werden, mit der ein Friedensvertrag abgeschlossen werden konnte.

12 Wettig, Gerhard: Chruschtschows Berlin-Krise 1958–1963. Drohpolitik und Mauerbau. München 2006, S. 56–70; Bremen, Christian: Die Eisenhower-Administration und die zweite Berlin-Krise 1958–1961. Berlin, New York 1998, S. 566–569.

setzung eines Zeitpunktes, bis zu dem die westlichen Truppen aus Westberlin abgezogen sein sollten, die USA versprachen im Gegenzug von einer langfristigen Fortsetzung des Besatzungsregimes abzusehen. Dazu sollte das bestehende Besatzungsrecht in Vertragsrecht umgewandelt werden. Konkrete Vereinbarungen über die Ausgestaltung dieser qualitativen Änderung der Rechtsgrundlagen des westlichen Besatzungsregimes wurden allerdings nicht getroffen, womit sich Eisenhower eine Hintertür offenhielt. Trotzdem wurde eine neue Grundlage für weitere Verhandlungen geschaffen.[13] Eisenhower sah durch diese Vereinbarung die Gefahr einer »militärischen Eskalation der Berlin-Krise« gebannt und die angedrohte Störung der Zufahrtswege nach Westberlin als vorerst abgewendet. Das war ein entscheidender Punkt für ihn, einem Treffen der Regierungsoberhäupter der USA, Großbritanniens und Frankreichs mit der Sowjetunion zuzustimmen.[14] Moskau verbuchte diese Zusage als eigenen diplomatischen Erfolg.[15] In der Tat trug die Begegnung erheblich zur Entspannung der Lage bei. Doch der viel beschworene »kooperative Geist von Camp David« besaß nicht ausreichend Substanz, eine Lösung der Deutschland- und Berlin-Frage zu befördern.[16]

Zu unterschiedlich blieben die Standpunkte auch in der Problematik der Rüstungskontrolle, die zunehmend mit der Deutschland- und Berlin-Politik verbunden wurde. Zum vereinbarten Gipfeltreffen kam es 1959 nicht mehr. Die westlichen Verbündeten benötigten Zeit für Absprachen und die Einigung auf eine gemeinsame Linie. Genügend Zeit, um den Auftrieb, den der USA-Besuch Chruschtschows der Verständigungsbereitschaft zwischen der Sowjetunion und den Regierungen der westlichen Besatzungsmächte gegeben hatte, verfliegen zu lassen und innenpolitischen Gegnern der Vereinbarungen auf beiden Seiten Raum zu geben.[17] Die Gipfelkonferenz wurde schließlich auf den 16. und 17. Mai 1960 in Paris terminiert, scheiterte aber schon kurz nach ihrem Auftakt. Chruschtschow nahm einen Spionage-Zwischenfall, den Eisenhower nur verspätet und sehr ungeschickt eingestand, zum Anlass, den Gipfel platzen zu lassen.[18] Damit war die letzte Chance vertan, auf einem Vierertreffen die brennenden Themen Deutschland, Berlin und Abrüstung anzugehen. Das Scheitern des Gipfels löste bei den Westmächten große Besorgnis aus. Die Gefahr einer Abriegelung der Zugangswege nach Westberlin

13 Ebenda, S. 424–431 u. 570–571; Wettig, Gerhard: Chruschtschows Berlin-Krise 1958–1963. Drohpolitik und Mauerbau. München 2006, S. 71–73.

14 Bremen, Christian: Die Eisenhower-Administration und die zweite Berlin-Krise 1958–1961. Berlin, New York 1998, S. 428.

15 Wettig, Gerhard: Chruschtschows Berlin-Krise 1958–1963. Drohpolitik und Mauerbau. München 2006, S. 73–76.

16 Staritz, Dietrich: Geschichte der DDR. Erw. Neuausg., Frankfurt/M. 1996, S. 187.

17 Bremen, Christian: Die Eisenhower-Administration und die zweite Berlin-Krise 1958–1961. Berlin, New York 1998, S. 571 f.

18 Am 1. Mai 1960 hatte die sowjetische Luftabwehr über Swerdlowsk ein US-amerikanisches Spionageflugzeug vom Himmel geholt.

mit allen Konsequenzen für das wirtschaftliche Leben der Stadt stand wieder im Raum. Allein der bundesdeutsche Kanzler Konrad Adenauer und der Berliner Regierende Bürgermeister Willy Brandt reagierten erleichtert. Sie hatten eine Einigung der Westmächte auf Kosten deutscher Interessen befürchtet und wollten über Berlin erst verhandeln, wenn Chruschtschow sein Ultimatum zurückzog.[19]

Für die SED-Führung unter Walter Ulbricht hingegen war die erneute Vertagung der Berlin-Frage eine schwere Enttäuschung. Ulbricht wollte endlich die Eingliederung Westberlins in die DDR. An diesem Punkt offenbarten sich Differenzen zwischen den Führungen in Moskau und Ostberlin. Über das Ziel, Westberlin der DDR einzuverleiben, waren sich beide Parteiführer einig, der Weg dorthin aber war strittig. Ulbricht glaubte nicht an den Erfolg der Chruschtschow'schen Politik des friedlichen Hinüberwachsens in ein unter DDR-Führung stehendes geeintes Berlin. Er setzte auf restriktive Maßnahmen, die auf eine möglichst zeitnahe Eingliederung Westberlins und die Deklarierung Gesamtberlins zur Hauptstadt der DDR zielten. Bei jeder sich bietenden Gelegenheit wiederholte er seine Forderung nach einem schnellen Abschluss eines separaten Friedensvertrages zwischen der DDR und der UdSSR. Die Gespräche zwischen Eisenhower und Chruschtschow beäugte er argwöhnisch, weil er ein sowjetisch-amerikanisches Arrangement befürchtete, das die westliche Truppenpräsenz nicht beseitigen würde. In der Folgezeit versuchte Ulbricht, seinen Handlungsspielraum gegenüber der Sowjetunion maximal auszureizen, um die Rechte der Westmächte auf dem Gebiet der DDR einzuschränken und wurde dabei von Moskau immer wieder in die Schranken gewiesen.[20] Das zeugt vom gewachsenen Selbstbewusstsein der SED-Führung dem »großen Bruder« gegenüber. Die DDR hatte sich vom »Satellitenregime« zum »Juniorpartner« der Sowjetunion entwickelt.[21] Ausdruck dieses Prozesses war die Reduzierung der sowjetischen »Instrukteure« in Polizeiapparat, Geheimpolizei und sensiblen wirtschaftlichen Bereichen in der zweiten Hälfte der 1950er-Jahre, die zudem nun eher eine Berater- denn eine Anleitungsfunktion erfüllten. Das prinzipielle Zugeständnis des Anspruchs auf Souveränität in Chruschtschows Berlin-Ultimatum und die Ankündigung, der DDR die Verfügungsgewalt über die Zugangswege nach Westberlin zu übergeben, waren eine konsequente Fortsetzung dieser Entwicklung.

19 Weber, Petra: Getrennt und doch vereint. Deutsch-deutsche Geschichte 1945–1989/90. Berlin 2020, S. 173.

20 Wettig, Gerhard: Chruschtschows Berlin-Krise 1958–1963. Drohpolitik und Mauerbau. München 2006, S. 95–104.

21 Ebenda, S. 87.

1.2 Die Konsolidierung der SED-Herrschaft

Auch innenpolitisch hatte die SED unter Ulbrichts Führung ihre Macht konsolidiert und nahm Kurs auf die Vollendung der sozialistischen Umgestaltung der Gesellschaft. Seit 1957 war Ulbricht auf breiter Front gegen alles vorgegangen, was in der SED-Ideologie unter das Verdikt des Revisionismus fiel. Ermutigt durch die in der Sowjetunion mit dem XX. Parteitag der KPdSU einsetzende Entstalinisierung und die Aufstände in Ungarn und Polen im Herbst 1956 begannen auch in der DDR Intellektuelle und Studenten, offen über eine Demokratisierung des sozialistischen Systems zu debattieren und den Alleinherrschaftsanspruch der SED infrage zu stellen. Ökonomen forderten angesichts der realen Fakten Wirtschaftsreformen in dem Glauben, die sozialistische Planwirtschaft tatsächlich zu einem der westlichen Wirtschaft überlegenen System machen zu können. Im März 1957 wurde der Philosoph und Publizist Wolfgang Harich – bis 1953 Professor für marxistische Philosophie und seit 1954 stellvertretender Cheflektor des Aufbau-Verlages – zu zehn Jahren Zuchthaus verurteilt. Harich – SED-Mitglied, intellektueller Dissident, beeinflusst von den Ideen des ungarischen Philosophen Georg Lukács – träumte damals von einem paktfreien wiedervereinigten Deutschland und einem Bündnis zwischen einer entstalinisierten SED und der (westdeutschen) SPD.[22] Das hohe Strafmaß resultierte aus dem Vorwurf der Bildung einer »konspirativen Gruppe«. Harich hatte einen Kreis Gleichgesinnter um sich versammelt, dem neben anderen der damalige Leiter des Aufbau-Verlages Walter Janka und die Redakteure der Wochenzeitung »Sonntag« Gustav Just und Heinz Zöger angehörten. Ihnen wurde im Juli des gleichen Jahres der Prozess gemacht.[23] Die Urteile gegen Harich, Janka (fünf Jahre), Just (dreieinhalb Jahre), Zöger (zwei Jahre Zuchthaus) und weitere Mitglieder des Kreises sollten ein deutliches Zeichen gegen jedes oppositionelle Aufbegehren setzen.[24]

Mithilfe von Gefängnisstrafen, Amtsenthebungen und Zwangsversetzungen wurde auch innerhalb des Parteiapparates »aufgeräumt«. Betroffen waren vor allem jene Genossen, die Kritik an Ulbrichts wirtschaftspolitischem Kurs geübt hatten, und SED-Funktionäre im Wissenschafts- und Bildungsbereich. Bis Anfang der 1960er-Jahre war ein bedeutender Anteil der Funktionäre im Parteiapparat vom Politbüro bis auf Kreisebene ausgewechselt worden.[25] Nicht selten mussten die Betroffenen »Selbstkritik« üben. Prominentes Bei-

22 Herzberg, Guntolf: Anpassung und Aufbegehren. Die Intelligenz in der DDR in den Krisenjahren 1956/58. Berlin 2006, S. 237–249, 264–273 u. 489–510.

23 Ihme-Tuchel, Beate: Wolfgang Harich. In: Fricke, Karl Wilhelm; Steinbach, Peter; Tuchel, Johannes (Hg.): Opposition und Widerstand in der DDR. Politische Lebensbilder. München 2002, S. 216–223.

24 Staritz, Dietrich: Geschichte der DDR. Erw. Neuausg., Frankfurt/M. 1996, S. 162–164.

25 Weber, Petra: Getrennt und doch vereint. Deutsch-deutsche Geschichte 1945–1989/90. Berlin 2020, S. 267–270.

spiel aus dem Jahr 1959 für diese seit den großen Schauprozessen der Stalinzeit häufig angewandte Methode der öffentlichen Herabwürdigung war der Wirtschaftswissenschaftler Arne Benary. Dieser war 1955 seinem Lehrer Fritz Behrens an die Deutsche Akademie der Wissenschaften (DAW) gefolgt. Zusammen hatten sie 1956 eine Broschüre unter dem Titel »Zur ökonomischen Theorie und ökonomischen Politik in der Übergangsperiode« verfasst und darin ein theoretisches Konzept entwickelt, das durch eine wirkliche Vergesellschaftung des Produktionsprozesses eine effektive planwirtschaftliche Führung ermöglichen sollte. Das bedeutete eine Infragestellung des Herrschaftsmonopols der SED. Aus diesem Grunde durfte die Broschüre nicht erscheinen. Öffentlich wurde ihr Inhalt aber trotzdem. In einem Sonderheft der Fachzeitschrift »Wirtschaftswissenschaft«, dessen Erscheinen die SED-Leitung verfügt hatte, mussten beide Wissenschaftler ihre Ideen zusammenfassen, um sie dann durch kritisierende und diskreditierende Ausführungen systemtreuer Kollegen ergänzen zu lassen.[26] Benary – zu diesem Zeitpunkt längst seines Postens am Institut für Wirtschaftswissenschaften der DAW enthoben und ins Kabelwerk Oberspree zur »Bewährung in der Produktion« (allerdings auf leitenden Posten) versetzt – musste 1959 in einer Erklärung bekennen, er habe »eine revisionistische Konzeption« geschrieben und damit »den Interessen der Arbeiterklasse Schaden zugefügt«. Er distanzierte sich von dem Konzept und beschrieb seine Versetzung in einen Produktionsbetrieb als Notwendigkeit, »damit ich die Richtigkeit des Weges, den wir unter Führung der Partei gehen, und die Fehlerhaftigkeit meiner eigenen damaligen Position in vollem Umfang erkannte«.[27]

Wohin der allzu kritische Blick auf Fehler in der Vergangenheit führen konnte, hatten die Aufstände in Polen und Ungarn im Jahr 1956 gezeigt. Ulbricht erstickte deshalb alle Ansätze intellektueller Reformdebatten und innerparteilicher Opposition im Keim. Er hatte seine Gegner bald eingehegt und deutlich gezeigt, was er von Entstalinisierung und »Tauwetter« hielt. Diese repressive Politik, flankiert durch wirtschaftliche Fortschritte, vor allem in der Konsumgüterproduktion – nach Angaben der DDR stieg die Industrieproduktion 1957 um acht, im ersten Halbjahr 1958 sogar um zwölf Prozent – und eine allmähliche Verbesserung des Lebensstandards verhalf

26 Steiner, André: Arne Benary und Fritz Behrens. In: Fricke, Karl Wilhelm; Steinbach, Peter; Tuchel, Johannes (Hg.): Opposition und Widerstand in der DDR. Politische Lebensbilder. München 2002, S. 236–241.

27 BArch, DY 30/J IV 2/2/696, Bl. 111–114, zit. nach: Judt, Matthias (Hg.): DDR-Geschichte in Dokumenten. Bonn 1998, S. 132 f. Benary wurde später ökonomischer Direktor im Kabelwerk Oberspree und engagierte sich ab 1963 auf diesem Posten für die Einführung des durch die Beschlüsse des VI. Parteitages der SED unter Ulbricht abgesegneten Neuen Ökonomischen Systems der Planung und Leitung. Nach dem Scheitern dieses Reformversuches nahm er sich 1971 das Leben. Vgl. Steiner, André: Arne Benary und Fritz Behrens. In: Fricke, Karl Wilhelm; Steinbach, Peter; Tuchel, Johannes (Hg.): Opposition und Widerstand in der DDR. Politische Lebensbilder. München 2002, S. 240 f.

dem SED-Regime Ende der 1950er-Jahre zu einer gewissen Stabilität.[28] Auch das Parteiensystem hatte sich im Sinne der angestrebten Einparteienherrschaft der SED konsolidiert, sodass von den anderen Parteien keine wirkliche Opposition mehr zu erwarten war. Derart in ihrer Macht gefestigt, formulierte die SED nun die Vollendung des Aufbaus des Sozialismus als kurzfristiges Ziel. Ihren V. Parteitag, der vom 10. bis 16. Juli 1958 tagte, stellte sie unter das Motto: »Der Sozialismus siegt«. Kernstück dieses avisierten Siegeszuges sollte der wirtschaftliche Aufschwung sein. Beflügelt durch die vergleichsweise günstige wirtschaftliche Entwicklung seit 1957 beschloss der Parteitag eine äußerst ambitionierte »ökonomische Hauptaufgabe«: Bis 1961 sollte der Pro-Kopf-Verbrauch der Bevölkerung in der DDR an Lebensmitteln und Konsumgütern den der Bundesrepublik erreichen und übertreffen. Damit wollte man auch der 1958/59 zwar etwas abflauenden, aber immer noch anhaltenden Fluchtbewegung von Ost nach West das »materielle Motiv« nehmen.[29]

Die sozialistische Umgestaltung beschränkte sich jedoch nicht auf eine ökonomische Alternative zum kapitalistischen Produktionssystem, sondern zielte auf alle gesellschaftlichen Bereiche, um – gemäß der marxistisch-leninistischen Grundannahme, dass die Produktionsverhältnisse die moralischen Werte und Vorstellungen der Menschen bestimmen – den »neuen Menschen« zu schaffen. Nun war die Überführung der Industriebetriebe in Volkseigentum nahezu abgeschlossen, die Produktion in Volkes Hand, der Bewusstseinswandel aber noch nicht in dem Maße vollzogen, wie es den Vorstellungen der Parteiführung entsprach. Dem gewünschten Prozess wollte sie deshalb etwas nachhelfen und erließ auf dem V. Parteitag die »Zehn Grundsätze der sozialistischen Moral und Ethik« (auch »Zehn Gebote für den neuen sozialistischen Menschen«), die – in Anlehnung an die christlichen Zehn Gebote – einen moralischen Verhaltenskodex für den sozialistischen Menschen festlegten. Beginnend wie das biblische Vorbild mit »Du sollst …« mahnten die zehn Sätze die Menschen in der DDR u. a., sich »für die internationale Solidarität der Arbeiterklasse und aller Werktätigen«, »die Verteidigung der Arbeiter- und Bauernmacht« einzusetzen, »gute Taten für den Sozialismus [zu] vollbringen« und die »Kinder im Geiste des Friedens und des Sozialismus zu allseitig gebildeten, charakterfesten und körperlich gestählten Menschen [zu] erziehen«.[30] Auch wenn die wenigsten Menschen in der DDR diese »Zehn Gebote« in ihrem persönlichen Leben als handlungsleitend betrachteten, sind sie doch ein beredtes Beispiel für die Indoktrinationsversuche der SED, die sich dabei quasireligiöser Mittel bediente.[31]

28 Weber, Hermann: Die DDR 1945–1990. 5., akt. Aufl., München 2021, S. 50 f.
29 Staritz, Dietrich: Geschichte der DDR. Erw. Neuausg., Frankfurt/M. 1996, S. 173 f.
30 Judt, Matthias (Hg.): DDR-Geschichte in Dokumenten. Bonn 1998, S. 54 f.
31 Die »Zehn Gebote für den neuen sozialistischen Menschen« wurden vom VI. Parteitag im Januar 1963 ins Parteistatut der SED aufgenommen, womit sie für alle Parteimitglieder handlungsleitend sein sollten. 1976 wurden sie aus dem Statut wieder entfernt.

In die gleiche Richtung zielten die »Thesen des Politbüros des ZK zum 10. Jahrestag der Gründung der Deutschen Demokratischen Republik«, die das »Neue Deutschland« in einer Sonderbeilage am 25. August 1959 veröffentlichte. In 16 Abschnitten wurde hier in ziemlich simpler Argumentation, gründend auf dem dichotomen Weltbild der kommunistischen Propaganda, Bilanz der Entwicklung beider deutscher Staaten seit 1945 gezogen und die Bevölkerung auf verstärkte Anstrengungen zum Aufbau des Sozialismus eingeschworen. Der »neue sozialistische Mensch«, der »sich im Kampf um den Sieg des Sozialismus entwickelt«, dessen »Formung [...] die größte Leistung der Arbeiterklasse ist« rückte hier ebenfalls in den Mittelpunkt der Propaganda.[32] Implizit gaben die »Thesen« auch den deutschlandpolitischen Kurs vor. Wenn es hieß, dass »[d]ie DDR [...] heute unwiderrufliche Realität [ist]«, so musste dies als Festschreibung der Zwei-Staaten-Theorie gewertet werden. Und wenn weiter konstatiert wurde, dass die DDR »*dem ganzen deutschen Volke* den geschichtlichen Weg in eine Zukunft des Friedens und der Völkerfreundschaft [...] eröffnet«, so konnte das nur bedeuten, dass eine Wiedervereinigung nur unter sozialistischen Vorzeichen möglich sei.[33]

1.3 »Einholen und überholen«? – die ökonomische Situation

Für die Akzeptanz des gesellschaftlichen Umgestaltungsprozesses durch die Menschen in der DDR waren schnelle wirtschaftliche Erfolge wichtig. Die DDR-Bevölkerung verglich ihren Lebensstandard etwa seit Mitte der 1950er-Jahre nicht mehr, wie nach 1945, mit dem der Vorkriegszeit, sondern mit dem der Bundesrepublik. Da das Nominaleinkommen in beiden deutschen Staaten noch in etwa gleich hoch war, bildete insbesondere das Preisniveau die Vergleichsbasis. Nach Abschaffung der Lebensmittelrationierung 1958 zahlten DDR-Bürger beispielsweise im Einzelhandel und für Dienstleistungen nach DDR-internen Angaben durchschnittlich 20 Prozent, nach Berechnungen des Deutschen Instituts für Wirtschaftsforschung in Westberlin sogar ca. 20 bis 30 Prozent mehr als in der Bundesrepublik.[34] Insofern war die Formulierung der »ökonomischen Hauptaufgabe« politisch konsequent, auch wenn deutlich war, dass die Wirtschaftskraft der DDR für eine erfolgreiche Lösung dieser überzogenen Aufgabenstellung nicht ausreichen würde.[35] Um die anhaltende Abwanderung von Arbeitskräften zu stoppen und

32 »Thesen des Politbüros des ZK zum 10. Jahrestag der Gründung der DDR«. In: ND v. 25.8.1959, Sonderbeilage, These XIV, S. 14 f.; vgl. auch Wolle, Stefan: Der große Plan. Alltag und Herrschaft in der DDR 1949–1961. Berlin 2013, S. 331.

33 »Thesen des Politbüros des ZK zum 10. Jahrestag der Gründung der DDR«. In: ND v. 25.8.1959, Sonderbeilage, S. 3. (Hervorhebung A.-K. R.).

34 Steiner, André: Von Plan zu Plan. Eine Wirtschaftsgeschichte der DDR. München 2004, S. 109.

35 Ebenda, S. 110 f.

den Sozialismus attraktiv zu machen, galt seit dem V. Parteitag »Einholen und überholen« (woraus später »Überholen ohne einzuholen« wurde).

Der zweite Fünfjahrplan, der die Jahre 1956 bis 1960 umfassen sollte, wurde erst im Januar 1958 gesetzlich verankert. Er maß der Förderung der industriellen Produktion, die auf der Grundlage eigener, auf dem Gebiet der DDR geförderter Rohstoffe arbeitete, Priorität zu und zielte deshalb auf die Entwicklung des Maschinenbaus und der Braunkohle- und Kaliindustrie sowie der Grundstoffchemie. Außerdem sollte mit einem Kohle- und Energieprogramm dem gesteigerten Energiebedarf der Industrie Rechnung getragen werden.[36] Um die ehrgeizigen, konsumorientierten Ziele des V. Parteitags zu erreichen, wurde im November 1958 ein Programm zum massiven Ausbau der chemischen Industrie in der DDR beschlossen. Unter dem Slogan »Chemie gibt Brot, Wohlstand und Schönheit« plante die SED-Führung, die wissenschaftlichen und technischen Grundlagen so zu modernisieren, dass eine Verdoppelung der chemischen Produktion möglich war. Dazu sollten zunächst die Kohle verarbeitenden Chemiebetriebe modernisiert und erweitert und ab Mitte der 1960er-Jahre auf der Basis von Erdöllieferungen aus der Sowjetunion eine petrochemische Industrie aufgebaut werden. So wollte man langfristig eine im Vergleich zur kohlebasierten chemischen Produktion kostengünstigere Herstellung von Rohstoffen ermöglichen, die, zu Düngemitteln verarbeitet, die landwirtschaftliche Produktion steigern und als Grundlage für »Plaste und Elaste« die Konsumgüterproduktion modernisieren sollten.[37] Die chemische Industrie sollte Ersatzmaterialien für Rohstoffe liefern, die die DDR bislang zu erheblich höheren Preisen aus den westlichen Ländern importieren musste. Die Umsetzung des Chemieprogramms stellte erhöhte Anforderungen an den Maschinen- und Anlagenbau und das Bauwesen, um die vorgesehenen Großprojekte wie den Bau des Erdölverarbeitungswerkes Schwedt, des für die petrochemische Produktion vorgesehenen Neubaus des Werkteiles II der Leuna-Werke (Leuna 2) u. a. Vorhaben realisieren zu können. In beide Bereiche flossen in dieser Zeit mehr als die Hälfte aller Industrieinvestitionen.[38]

Bedenkt man, dass die industrielle Arbeitsproduktivität in der Bundesrepublik Ende der 1950er-Jahre etwa 30 Prozent über der in der DDR lag, wird die Irrationalität des Zieles, den Pro-Kopf-Verbrauch der bundesdeutschen Bevölkerung bis zum Jahr 1961 zu übertreffen, deutlich. Der Optimismus, die »Hauptaufgabe« trotzdem lösen zu können, gründete auf mehreren Irrtümern. Neben einer erheblichen Überschätzung der Wirtschaftskraft, setzten die Verantwortlichen auf die Krisenhaftigkeit des kapitalistischen Wirtschaftssystems. DDR-Ökonomen sagten eine zyklische Krise der bundes-

36 Ebenda, S. 88.

37 Springer, Philipp: Verbaute Träume. Herrschaft, Stadtentwicklung und Lebensrealität in der sozialistischen Industriestadt Schwedt. Berlin 2007, S. 51–54.

38 Steiner, André: Von Plan zu Plan. Eine Wirtschaftsgeschichte der DDR. München 2004, S. 88 f.

deutschen Wirtschaft voraus, in deren Talsohle man den Westen einzuholen hoffte. Obwohl das Wachstum in der Bundesrepublik 1958/59 tatsächlich etwas abflachte, blieb eine solche Krise aber aus. Unterstützt wurde das Vertrauen in das eigene System durch sowjetische Prognosen, die voraussagten, den Übergang zum Sozialismus – und darauf folgend zum Kommunismus – aufgrund der Überlegenheit und Stärke der sozialistischen Gesellschaftsformation, die durch den »Sputnik«-Erfolg des Jahres 1957 bewiesen worden sei, im gesamten sowjetischen Block in kürzerer Zeit als angenommen vollziehen zu können. Voraussetzung sei, dass sich die sozialistischen Länder in ihren sozialen und wirtschaftlichen Strukturen stärker angleichen und ihre Planziele im Rahmen des Rates für Gegenseitige Wirtschaftshilfe koordinieren würden.[39] Das drückte sich in einer immer engeren Verflechtung der Wirtschaftsplanung der DDR mit dem sowjetischen »Bruderstaat« aus. Auch dort hatte die KPdSU-Führung ein »Überholprogramm« gestartet und zielte darauf, die US-Gesellschaft im Pro-Kopf-Verbrauch der Bevölkerung bis spätestens 1970 zu übertreffen. Kernstück des Programms war hier ebenfalls ein Beschluss zur verstärkten Entwicklung der chemischen Industrie, der auf dem XXI. Parteitag der KPdSU (27. Januar bis 5. Februar 1959) gefasst wurde. Angesichts dieser selbst verordneten Herausforderung brach die KPdSU den laufenden Fünfjahrplan ab und verabschiedete einen Siebenjahrplan. Die SED tat es ihr gleich und beschloss am 1. Oktober 1959 einen Siebenjahrplan. Offiziell begründete die Parteiführung diesen Schritt damit, dass die Ziele des Fünfjahrplanes 1959 im Wesentlichen erreicht worden seien und dieser Plan nun auf einer »höheren Stufe« im Siebenjahrplan fortgesetzt werde.[40] Tatsache aber war, dass der Fünfjahrplan wegen seiner unrealistischen Vorgaben abgebrochen werden musste. Auch der Siebenjahrplan, vorgesehen für eine Laufzeit bis 1965, wurde 1963 aus ähnlichen Gründen aufgegeben und galt dann bis 1970 als »Perspektivplan«.

Die SED ließ den Beschluss der »Hauptaufgabe« und die Einführung des Siebenjahrplanes von massiver Propaganda begleiten, um die Arbeiterschaft zu mobilisieren. In Anlehnung an die Hennecke-Bewegung[41] wurde eine Wettbewerbskampagne initiiert, die sich an den in der Sowjetunion eingeführten kommunistischen Brigaden orientierte. Ab 1959 wetteiferten viele Arbeitskollektive in den Betrieben der DDR um den Titel »Brigade der sozialistischen

39 Staritz, Dietrich: Geschichte der DDR. Erw. Neuausg., Frankfurt/M. 1996, S. 176 f.

40 Lentz, Manfred: Die Wirtschaftsbeziehungen DDR-Sowjetunion. Eine politologische Analyse. Opladen 1979, S. 138–141.

41 Am 13. Oktober 1948 überbot der in der »Karl-Liebknecht-Grube« des Zwickauer Steinkohlerevieres tätige Bergmann Adolf Hennecke in einer inszenierten und gut vorbereiteten Sonderschicht die festgelegte Arbeitsnorm um 387 %. Diese Leistung wurde von der SED propagandistisch genutzt und nach dem Vorbild der sowjetischen Stachanow-Bewegung eine Aktivistenbewegung ins Leben gerufen, die zu Überbietungen der Arbeitsnormen in nahezu allen produzierenden Bereichen motivieren sollte. Der 13. Oktober wurde seitdem in der DDR als »Tag der Aktivisten« begangen.

Arbeit«. Sie übernahmen dafür Verpflichtungen zur Erhöhung ihrer wirtschaftlichen Leistungen wie die tägliche (Über-)Erfüllung des Arbeitsplanes, die Steigerung der Arbeitsproduktivität, die Anwendung sogenannter Neuerermethoden und die Verbesserung der Qualität ihrer Produkte. Der in der sozialistischen Gesellschaft geforderten Unterordnung des Individuums unter die Bedürfnisse des Kollektivs entsprach hier der Anspruch, nicht nur ökonomische Höchstleistungen zu vollbringen, sondern sich politisch und fachlich weiterzubilden und auch die Freizeit gemeinsam zu gestalten, z. B. durch die Organisation kultureller oder sportlicher Ereignisse. Ausgangspunkt dieses Wettbewerbs war im Januar 1959 eine Initiative der Brigade »Nikolai Mamai«, die sich verpflichtete »sozialistisch arbeiten, lernen und leben« zu wollen und (nicht zufällig) im Elektrochemischen Kombinat Bitterfeld (später VEB Chemiekombinat Bitterfeld) tätig war.[42] Zwar schlossen sich der Brigadebewegung tatsächlich viele Kollektive an – Ende 1959 waren 60 000 Kollektive und somit jeder 25. DDR-Bürger beteiligt[43] – der Arbeitskräftemangel konnte damit aber nicht kompensiert werden. Die ohnehin durch demografische Entwicklungen sinkende Zahl der Menschen im arbeitsfähigen Alter wurde durch die »Republikflucht« von Arbeitskräften zusätzlich verringert. Die Staatliche Plankommission berücksichtigte letztgenannten Faktor zwar in ihren Planungen, lag aber mit ihren Schätzungen weit unter der Realität.[44]

Das Fehlen ausreichend qualifizierter Arbeitskräfte war nicht die einzige Schwierigkeit, die sich der »Überholprogrammatik« der SED bei ihrer Realisierung in den Weg stellte. Um die erforderlichen Investitionen in der Konsumgüterproduktion tätigen zu können, ohne den privaten Konsumgüterverbrauch kurzfristig einschränken zu müssen, war die DDR-Wirtschaft auf finanzielle Hilfen von außen angewiesen. Da die DDR-Führung eine Verschuldung bei westlichen Ländern aus politischen Gründen ablehnte, hoffte sie auf entsprechende Unterstützung aus der Sowjetunion, die diese aber in dem gewünschten Umfang nicht geben konnte oder wollte. So fehlten der DDR Devisen für Produkte aus dem westlichen Ausland wie Kaffee, Kakao oder Südfrüchte.[45] Insgesamt verschärften die ambitionierten Ziele der »Hauptaufgabe« die ohnehin bestehenden systemimmanenten Probleme der DDR-Planwirtschaft. Obwohl die industrielle Bruttoproduktion in den Jahren 1958 und 1959 dank verstärkter Rohstoff- und Halbzeugimporte und der Mobilisierung wirtschaftlicher Reserven gesteigert werden konnte, wurde

42 FDGB-Lexikon, Stichwort: Brigade der sozialistischen Arbeit, Berlin 2009, online abrufbar unter: http://library.fes.de/FDGB-Lexikon/texte/sachteil/b/Brigade_der_sozialistischen_Arbeit.html (letzter Abruf: 27.7.2021).

43 Ebenda.

44 Steiner, André: Von Plan zu Plan. Eine Wirtschaftsgeschichte der DDR. München 2004, S. 114.

45 Ebenda, S. 111 f.

doch bald offensichtlich, dass die »volkswirtschaftlichen Möglichkeiten« für die Erfüllung der »Hauptaufgabe« nicht ausreichen.[46]

Der V. Parteitag hatte auch die Notwendigkeit hervorgehoben, die Kollektivierung der Landwirtschaft, Dreh- und Angelpunkt der sozialistischen Umgestaltung auf dem Lande, wieder voranzutreiben. Zwischen 1956 und 1958 waren nur wenige Bäuerinnen und Bauern den Landwirtschaftlichen Produktionsgenossenschaften (LPG) beigetreten. Unter den Landwirten hatte nach dem Herbst 1956 eher Kurt Viewegs »Neues Agrarprogramm für die Entwicklung der Landwirtschaft beim Aufbau des Sozialismus in der DDR« an Popularität gewonnen, das von einem längerfristigen Nebeneinander von Einzel- und Genossenschaftsbauern ausging.[47] Nach Abschaffung der Lebensmittelkarten 1958 war der Bedarf an Lebensmitteln spürbar gewachsen und die Umsetzung der »Hauptaufgabe« erforderte eine Erhöhung der landwirtschaftlichen Produktion. In der Logik der SED war dies nur durch eine konsequent zu Ende betriebene Kollektivierung der Landwirtschaft zu erreichen. So drückte die Parteiführung auf das »Kollektivierungstempo«[48] und wollte nun vor allem die ökonomisch stärkeren Mittelbauern zum Eintritt in die LPG bewegen, da ihre Betriebe weit höhere Erträge erwirtschafteten als die Produktionsgenossenschaften. Dies beschloss die im Februar 1959 tagende VI. LPG-Konferenz, die sich an den Vorgaben des V. Parteitages orientierte. Als Anreiz sollten die Genossenschaften so gestärkt werden, dass diese Bäuerinnen und Bauern bei ihrem Eintritt keine finanziellen Einbußen hätten hinnehmen müssen.[49] Dazu hätten den ohnehin stark subventionierten LPG zusätzliche Geldmittel zur Verfügung gestellt werden müssen, was den Staatshaushalt aber überforderte.[50] Mit dem am 3. Juni 1959 verabschiedeten »Gesetz über die Landwirtschaftlichen Produktionsgenossenschaften« – es regelte sowohl die Rechte und Pflichten der Mitglieder als auch die der Genossenschaften als Ganzes – wurde eine gesetzliche Grundlage für die Kollektivierung geschaffen und gleichzeitig ihre letzte Phase eingeleitet. Dabei setzte die Parteiführung zunächst auf Freiwilligkeit. Da auf dieser Basis das gewünschte Tempo aber nicht erreicht wurde, begann die SED-Führung, massiven Druck auf die noch nicht kollektivierten Bäuerinnen und Bauern auszuüben. Ab Ende 1959 setzte sie

46 Ebenda, S. 112–114, Zitat S. 114.

47 Herzberg, Guntolf: Anpassung und Aufbegehren. Die Intelligenz der DDR in den Krisenjahren 1956/58. Berlin 2006, S. 474–488.

48 Bauerkämper, Arnd: Ländliche Gesellschaft in der kommunistischen Diktatur. Köln, Weimar, Wien 2002, S. 184.

49 Ebenda, S. 184 f.

50 1958 waren noch 12 % aller LPG vom Typ III vollständig auf Subventionen angewiesen, 71 % der LPG benötigten teilweise staatliche Unterstützung. Vgl. Steiner, André: Von Plan zu Plan. Eine Wirtschaftsgeschichte der DDR. München 2004, S. 115. LPG des Typs III arbeiteten vollgenossenschaftlich, d. h. Ackerland, Maschinen, Zugtiere, das gesamte Nutzvieh, Wiesen, Weiden und Waldflächen und sonstige Güter wurden von den ehemals einzeln wirtschaftenden Bauern und Bäuerinnen eingebracht.

auf allen Ebenen Hebel in Bewegung, um die »Vollkollektivierung« abzuschließen. Sie stellte Aufstiegsmöglichkeiten in Aussicht und entfachte damit unter den SED-Funktionären auf Kreis- und Bezirksebene einen unausgesprochenen Wettbewerb um den schnellstmöglichen Vollzug einer vollständigen Kollektivierung. Anfang 1960 auf das Land entsandte Agitationsbrigaden beschallten aus Lautsprecherwagen heraus die Dorfbevölkerung mit Parolen und sozialistischer Kampfmusik. Mit falschen Versprechungen wurde versucht, die noch einzeln wirtschaftenden Bäuerinnen und Bauern zum Eintritt in die Genossenschaften zu bewegen. Blieb das erfolglos, wurde ihnen gedroht, teilweise kam es auch zu Verhaftungen. Auf diese Weise brachte die SED-Führung den »sozialistischen Frühling« – so der schönfärberische Name der Kampagne – auf das Land und konnte bereits im April 1960 die Kollektivierung als abgeschlossen proklamieren.[51] Allerdings provozierte sie auch, dass Bauernfamilien wieder vermehrt in die Bundesrepublik flüchteten oder passiven Widerstand leisteten und beispielsweise ihre Scheunen anzündeten, was viele Schweine und Rinder das Leben kostete. Die erhoffte Produktivitätssteigerung blieb aus. Systembedingte und durch eine Trockenperiode zusätzlich verstärkte Ernteausfälle führten 1961 zu einer Versorgungskrise, die nur durch Importe aus der Sowjetunion und die vorübergehende Rationierung einzelner Lebensmittel, z. B. von Butter, zu kompensieren war.

Bereits Ende 1959 war absehbar, dass die auf dem V. Parteitag beschlossene »ökonomische Hauptaufgabe« nicht realisierbar war. Sie war ideologisch motiviert und basierte nicht auf realistischen ökonomischen Daten. Trotzdem stabilisierte sich die DDR-Wirtschaft im Jahr 1959 in gewissem Maße, die Industrieproduktion wuchs sogar. Das ließ die Menschen auf den versprochenen Aufschwung hoffen, was sich vorübergehend in sinkenden Abwanderungszahlen ausdrückte. Doch der Aufwärtstrend setzte sich nicht fort, der ökonomische Beweis der Überlegenheit des sozialistischen Systems blieb aus und somit auch die Akzeptanz dieses Weges durch die Bevölkerung. Bis Mitte 1961 stieg die Zahl der »Republikflüchtlinge« so stark an, dass der Arbeitskräftemangel nicht mehr zu kompensieren war.

1.4 »Greif zur Feder Kumpel!« – die »sozialistische Umgestaltung« in Kultur und Bildung

Kultur und Bildung war in der sozialistischen Ideologie die Rolle als Vermittler des »sozialistischen Bewusstseins« zugewiesen. Entsprechend große Aufmerksamkeit widmete die SED-Führung diesen Bereichen.

51 Schöne, Jens: Frühling auf dem Lande? Die Kollektivierung der DDR-Landwirtschaft. Berlin 2005, S. 180–220; Steiner, André: Von Plan zu Plan. Eine Wirtschaftsgeschichte der DDR. München 2004, S. 115–117.

Im Verständnis der SED-Ideologen stellte ein künstlerisches Werk nicht einen Wert an sich dar. Kunst war nicht frei, sondern eingebunden in die große Mission, den »neuen Menschen« zu schaffen. Dazu galt es, die (noch) vorhandene Trennung zwischen Kunst und Alltagsleben, die als Relikt der bürgerlichen Gesellschaft betrachtet wurde, aufzuheben. Arbeiterinnen und Arbeiter sollten die Themen bestimmen, die in Büchern behandelt oder in der bildenden Kunst verarbeitet wurden, ja sogar selbst zu Feder und Pinsel greifen. Umgekehrt wurde angeregt, dass Schriftstellerinnen und Schriftsteller sich an die Basis begaben, Erfahrungen in der Produktion sammelten und diese literarisch verarbeiteten. Das gründete nicht immer auf Freiwilligkeit der Beteiligten und war kein sich notwendigerweise aus der Vergesellschaftung der Produktion ergebender Prozess, wie es die offizielle Propaganda Glauben machen wollte, sondern wurde von der SED-Führung mit ideologischen und administrativen Maßnahmen gelenkt. Die Arbeiterschaft sollte, so Walter Ulbricht, nachdem sie die Leitung in Politik und Wirtschaft übernommen hätte, nun auch die »Höhen der Kultur stürmen und von ihr Besitz ergreifen«.[52] So wurde es üblich – hier stand das sowjetische Vorbild Pate – kulturpolitische Initiativen an politische und wirtschaftliche Vorhaben zu knüpfen. Beredter Ausdruck dieser Politik ist das wichtigste kulturpolitische Ereignis des Jahres 1959 – die erste Bitterfelder Konferenz, die am 24. April 1959 im Kulturpalast des Elektrochemischen Kombinats in Bitterfeld stattfand. Ihr unmittelbarer Vorläufer war eine vom Mitteldeutschen Verlag nach dem Beschluss des Chemieprogramms im November 1958 organisierte kleine Autorentagung unter dem Motto »Kunst hilft Kohle«. Hier wurde die angebliche Notwendigkeit erkannt, die Chemieproduktion zum literarischen Gegenstand zu machen. Die Arbeiterinnen und Arbeiter der umliegenden Chemiebetriebe wurden aufgerufen, über ihre Arbeitsprozesse zu schreiben. Die Konferenz in Bitterfeld war zunächst als kleinere Tagung geplant, an der Lektorinnen und Lektoren des Mitteldeutschen Verlages, Kulturfunktionäre aus Bitterfeld, Autorinnen und Autoren, »die an der Basis arbeiten«[53] und sogenannte Volkskorrespondenten – freie Mitarbeiterinnen und Mitarbeiter von DDR-Zeitungen – teilnahmen, die sich über den sozialistischen Aufbau und Formen der Unterstützung zur Erreichung der Produktionsziele des V. Parteitages Gedanken machen sollten. Auf Geheiß Ulbrichts griff jedoch dessen Sekretär Otto Gotsche, selbst Schriftsteller, in die Planungen ein und machte aus dem Workshop ein kulturpolitisches Großereignis, an dem 150 Berufsschriftstellerinnen und -schriftsteller sowie 300 schreibende Arbeiter und Arbeiterinnen teilnahmen.[54] Das richtungweisende Motto der Tagung entstammte dem Beitrag eines Arbeiterkor-

52 Emmerich, Wolfgang: Kleine Literaturgeschichte der DDR. Leipzig 1996, S. 128 f.

53 Braun, Matthias: Das Jahr 1959 – Erwin Strittmatter und der »Bitterfelder Weg«. In: Gansel, Carsten; Braun, Matthias (Hg.): Es geht um Erwin Strittmatter oder Vom Streit um die Erinnerung. Göttingen 2012, S. 119.

54 Emmerich, Wolfgang: Kleine Literaturgeschichte der DDR. Leipzig 1996, S. 129.

respondenten, der hervorhob, dass nicht nur Schriftstellerinnen und Schriftsteller das Leben in der Produktion kennen müssen, sondern die Arbeiterinnen und Arbeiter selbst durch eigenes literarisches Schaffen die Entwicklung einer sozialistischen Literatur unterstützen müsse und deshalb am Ende seines Redebeitrages formulierte: »Greif zur Feder Kumpel! Die sozialistische Nationalliteratur braucht dich.« Zuvor hatte Alfred Kurella, Leiter der Kulturkommission beim Politbüro des ZK der SED und ranghöchster Kulturfunktionär, in seinem Eröffnungsvortrag Kritik an der offenkundig zögerlichen Haltung der Schriftstellerinnen und Schriftsteller zur Diktatur des Proletariats geübt und sie aufgefordert, sich konsequenter hinter diese Idee zu stellen. Walter Ulbricht war die Schlussrede auf der Konferenz vorbehalten, der er unter der Überschrift »Fragen der Entwicklung der sozialistischen Literatur und Kunst« durchaus programmatischen Charakter verlieh. Er forderte die Schaffung einer sozialistischen Nationalkultur und wies den Schriftsteller/innen und Künstler/innen bei der sozialistischen Bewusstseinsbildung eine besondere Rolle zu. Sie hätten den Prozess der gesellschaftlichen Umgestaltung durch geistige Unterstützung und Motivation der Arbeiterinnen und Arbeiter zu beschleunigen und auf diese Weise zur Erfüllung der ökonomischen Hauptaufgabe beizutragen, um so den Beweis für die Überlegenheit der DDR Westdeutschland gegenüber erbringen zu können.[55] Damit waren die Maßstäbe gesetzt, an denen die »Fortschrittlichkeit« der Literatur in den folgenden Jahren gemessen werden sollte.

Die kulturpolitische Offensive, mit der die Parteiführung das Korsett, das Literatur und Kunst ohnehin bereits angelegt war, noch enger schnürte, nannte sich nun nach ihrem Ausgangsort »Bitterfelder Weg« und war in erster Linie eine »bis ins Kleinste von oben initiierte Kampagne zur ideologisch-politischen Abstützung eines Wirtschaftsprogramms und zur Mobilisierung der Arbeiterschaft, im sozialistischen Wettbewerb Höchstleistungen zu vollbringen«.[56] Bei vielen Schriftsteller/innen und Künstler/innen stieß Ulbrichts Bewusstseinsoffensive, insbesondere die Forderung nach dem Gang in die Produktion, auf wenig Gegenliebe. Umgekehrt funktionierte es zunächst besser. Es gründete sich eine Vielzahl von »Zirkeln schreibender Arbeiter«, in denen neben Arbeiter/innen später auch Angestellte, Schüler/innen und Lehrer/innen im schreibenden Kollektiv (die Herausbildung individueller Schriftstellerpersönlichkeiten war ausdrücklich nicht beabsichtigt) ihre Themen in literarische Formen brachten. Das Brigadetagebuch, in dem nicht nur die alltäglichen Begebenheiten im Produktionsprozess festgehalten, sondern

55 Braun, Matthias: Das Jahr 1959 – Erwin Strittmatter und der »Bitterfelder Weg«. In: Gansel, Carsten; Braun, Matthias (Hg.): Es geht um Erwin Strittmatter oder Vom Streit um die Erinnerung. Göttingen 2012, S. 122–124.

56 Ebenda, S. 119 f.

auch die Beziehungen der Menschen untereinander in Form von Gedichten, Geschichten, Satire etc. thematisiert wurden, entstand als neues Genre.[57]

Mitunter trieb der »Bitterfelder Weg« eigenartige Blüten. So wurde Erwin Strittmatter, damals Erster Sekretär des Deutschen Schriftstellerverbandes und 1959 zum ordentlichen Mitglied der Deutschen Akademie der Künste berufen, aus nicht überlieferten Gründen der Titel »Hervorragender Genossenschaftsbauer« verliehen.[58] Derlei Begebenheiten nährten hinter vorgehaltener Hand Spötteleien über die Kampagne, die insgesamt ihr Ziel verfehlte. Literatur/Kunst und Produktionsarbeit blieben auch in der DDR zwei getrennte Sphären. Offiziell propagierte die SED das Konzept des »Bitterfelder Weges« noch bis Ende der 1960er-Jahre. Stillschweigend wurden seine Prämissen aber schon ab Mitte der 1960er-Jahre relativiert. Unter Honecker erhielt die Kulturpolitik auch in den Programmen der Staatspartei eine neue Richtung.[59]

Im Bildungswesen drängte die SED-Führung ebenso auf eine engere Verbindung zur Arbeitswelt. Die erste Generation der vollständig in der SBZ/DDR sozialisierten Schülerinnen und Schüler besuchte bereits die höheren Jahrgänge. Seit Mitte der 1950er-Jahre insistierte die SED-Führung auf die flächendeckende Einführung einer zehnklassigen allgemeinbildenden Schule, die die achtjährige »Grundschule«, an die sich eine zweijährige Berufsausbildung bzw. die Oberschule (Abitur) anschloss, ablösen sollte. Bereits 1951 wurde der »polytechnische Unterricht« im landesweit einheitlichen Lehrplanwerk festgeschrieben. Auch zehnklassige Schulen wurden in der zweiten Hälfte der 1950er-Jahre bereits eröffnet. Damit war die Richtung vorgegeben, die zehnklassige polytechnische Oberschule aber noch nicht gesetzlich verankert. Im April 1958 griff die SED mit einer extra einberufenen Schulkonferenz diese Thematik auf. Sie stellte ein »Zurückbleiben« in der Schulpolitik fest und forderte die Einführung der zehnklassigen Pflichtschule für alle, verbunden mit der Realisierung des Prinzips der polytechnischen Erziehung und Bildung.[60] Das ZK der SED veröffentlichte nach seiner 4. Tagung im Januar 1959 Thesen zur Schulpolitik. Demnach sollte die »allseitige Entwicklung sozialistischer Menschen in unseren Schulen […] durch die Vermittlung einer hohen praxisverbundenen Allgemeinbildung, durch die Vermittlung der Grundlagen der modernen Wissenschaft und Technik, die Vorbereitung der jungen Menschen auf die produktive Arbeit und die Erziehung zur Liebe zur körperlichen Arbeit« erfolgen.[61] Auf der Grundlage dieser Schulthesen fand eine propagandis-

57 Emmerich, Wolfgang: Kleine Literaturgeschichte der DDR. Leipzig 1996, S. 129–131.

58 Braun, Matthias: Das Jahr 1959 – Erwin Strittmatter und der »Bitterfelder Weg«. In: Gansel, Carsten; Braun, Matthias (Hg.): Es geht um Erwin Strittmatter oder Vom Streit um die Erinnerung. Göttingen 2012, S. 130.

59 Ebenda, S. 129.

60 Fischer, Alexander; Heydemann, Günter (Hg.): Geschichtswissenschaft in der DDR. Bd. I: Historische Entwicklung, Theoriediskussion und Geschichtsdidaktik, Berlin 1988, S. 445.

61 ND v. 20.1.1959, S. 6.

tisch groß inszenierte, im Sinne der Parteiführung gelenkte landesweite Diskussion mit zahlreichen Veranstaltungen statt. Skeptische Nachfragen waren durchaus erlaubt, hatten aber keinen Einfluss auf die Zielsetzung. In Vorbereitung auf die anvisierte Schulreform wurde im Juni 1959 ein neuer Lehrplan für alle Schulfächer beschlossen. Im Dezember trat dann das »Gesetz über die sozialistische Entwicklung des Schulwesens in der DDR« in Kraft, mit dem die Allgemeinbildende Polytechnische Oberschule (POS) flächendeckend eingeführt wurde, die bis zum Ende der DDR Bestand hatte. Ab jetzt galt Schulpflicht für eine zehnjährige Oberschulzeit (bis dahin galt eine Schulpflicht für acht Jahre), die durch Prüfung mit der »Mittleren Reife« abgeschlossen wurde und an die sich eine mindestens zweijährige Berufsausbildung anschloss. Auf den »Erweiterten Oberschulen« (EOS) konnte wie bisher im Anschluss an die achte Klasse nach vier Jahren die Abiturprüfung abgelegt werden. Neu war die Einführung der »Berufsausbildung mit Abitur«, einer Möglichkeit, neben dem Facharbeiterabschluss an einer staatlichen Betriebsfachschule die Hochschulreife zu erwerben. Damit war eine zweite Zugangsmöglichkeit zum Abitur geschaffen worden.[62]

Die wichtigste Neuerung war die Einführung des polytechnischen Unterrichts, der ab der siebten Klasse – aufbauend auf den Werk- und Schulgartenunterricht bis Klasse 6 – vier Unterrichtsstunden in der Woche in Anspruch nahm. Er umfasste theoretischen Unterricht in den Fächern »Einführung in die sozialistische Produktion« und »Technisches Zeichnen« und die praktische Arbeit in der Produktion, je nach Schulstandort in landwirtschaftlichen oder Industriebetrieben. Dabei wechselte der praktische mit dem theoretischen Unterricht wöchentlich. In der Erweiterten Oberschule (Klassen 11 und 12) wurde dieser Unterricht im Fach Wissenschaftlich Praktische Arbeit (WPA) fortgesetzt. Die Einführung des polytechnischen Unterrichts war in der Bevölkerung nicht unumstritten. Ablehnung kam vor allem aus den Reihen der Intelligenz, die noch das klassisch-humanistische Bildungsideal vor Augen hatte und nun – zu Recht – eine Vernachlässigung des (alt-)sprachlichen Unterrichts und der musischen Fächer fürchtete. Hinzu kam der Verdacht, dass wirtschaftliche Interessen bei der Konzeption des praktischen Unterrichts eine Rolle spielten und die Kinder als billige Arbeitskräfte eingesetzt würden. Entsprechende Erfahrungen hatte man mit Ernteeinsätzen von Schülern und Schülerinnen gemacht.[63]

Insgesamt wurde das neue Schulsystem inhaltlich auf die Bevorzugung der naturwissenschaftlichen Fächer und die Ideologisierung des Schulunterrichts ausgerichtet. Dabei hatten die Verantwortlichen zwei Ziele im Blick: den Anschluss an das internationale Niveau auf dem Gebiet der naturwissen-

62 Geißler, Gert: Schule und Erziehung in der DDR. Hg. v. d. Landeszentrale für politische Bildung. Erfurt 2015, S. 65–67.
63 Ebenda, S. 68 f.

schaftlich-technischen Forschung und Entwicklung sowie die gleichzeitige Erziehung zu staatstreuen Menschen.[64]

Erweitert wurde an den Schulen seit Ende der 1950er-Jahre auch die außerunterrichtliche Betreuung in Schulhorten und das Angebot an Arbeitsgemeinschaften, die zwar außerhalb des Unterrichts stattfanden, aber in bestimmtem Umfang verpflichtend wahrgenommen werden mussten. Sie deckten eine Vielzahl an Formen möglicher Freizeitgestaltung ab und waren schulintern, mitunter in Kooperation mit Betrieben und Organisationen (z. B. der GST[65]), organisiert. Hinzu kam die immer stärkere Einbindung der Schülerinnen und Schüler in die SED-nahen Kinder- und Jugendorganisationen. Dies alles diente nicht nur der Ergänzung des Schulunterrichts im Sinne der praktischen Anwendung von Lehrinhalten und der Betreuung der Kinder und Jugendlichen zur Gewährleistung der Vollzeitbeschäftigung der Mütter, sondern weitete auch den Einflussbereich der Schule – und damit der »sozialistischen Bewusstseinsbildung« – bis in den Freizeitbereich aus. Der letztgenannte Aspekt rief insbesondere den Protest der Kirchen hervor und belastete das ohnehin angespannte Verhältnis zwischen Kirche und DDR-Staat zusätzlich. Neben der Ablehnung einer weitreichenden Indoktrination der Kinder und Jugendlichen durch den SED-Staat sahen die Kirchen die Möglichkeiten zur Durchführung des christlichen Unterrichts (Christenlehre, Konfirmandenunterricht, Vorbereitung auf Erstkommunion und Firmung) eingeschränkt. Dass hinter der gezielten Lenkung der außerschulischen Betätigung der Kinder und Jugendlichen auch diese Absicht stand, wurde im Februar 1958 durch den sogenannten »Lange-Erlass« offenkundig. Unter dem Vorwand, die Gesundheit der Schülerinnen und Schüler in der DDR nicht durch Überlastung gefährden zu wollen, erließ der damalige Minister für Volksbildung Fritz Lange eine Anordnung, in der die außerschulischen Veranstaltungen streng reglementiert wurden. So wurde u. a. festgelegt, dass zwischen dem Ende des Schulunterrichts und außerunterrichtlichen Betätigungen eine Pause von mindestens zwei Stunden eingeplant werden müsse. Dadurch wurde das Zeitfenster für den christlichen Unterricht, der nur außerhalb des regulären Schulunterrichts stattfinden durfte, stark eingeschränkt. Hinzu kam die Anweisung, dass die lehrenden Personen »in ihrem Verhalten positiv zum Staat der Arbeiter und Bauern stehen« und eine Zulassung vom jeweiligen Schulleiter vorweisen mussten. In der Schule durfte nicht für »die Teilnahme an religiösen Unter-

64 Weber, Hermann: Die DDR 1945–1990. 5., akt. Aufl., München 2021, S. 54.

65 Die Gesellschaft für Sport und Technik (GST) war eine paramilitärische Massenorganisation der DDR. Sie wurde am 7.8.1952 gegründet, stand zunächst unter der Anleitung des Ministeriums des Innern der DDR und wurde ab 1968 dem Ministerium für Nationale Verteidigung unterstellt. Die GST war zuständig für die vormilitärische Ausbildung an Schulen, Universitäten und in den Betrieben. Gleichzeitig war sie Dachverband für technische Sportarten wie Sportschießen, Motorsport, Segelfliegen, Funksport etc.

weisungen« geworben werden.[66] Den Protest der evangelischen Kirchen gegen diesen Erlass formulierte der thüringische Bischof Moritz Mitzenheim in einem Brief an Otto Grotewohl am 30. Juni 1958. Darin äußerte er verfassungsrechtliche Bedenken gegen die in der Anordnung fixierte Ermessensentscheidung der Schulleiter über die Zulassung der außerschulischen Lehrkräfte und bat um Flexibilität bei der Handhabung der Zwangspausen-Regelung. Die Einschränkungen der christlichen Unterrichtsmöglichkeiten waren Thema in mehreren Verhandlungen zwischen Grotewohl, Innenminister Karl Maron und weiteren hochrangigen Vertretern auf staatlicher Seite und Mitzenheim, anderen evangelischen Bischöfen sowie führenden Mitgliedern der evangelischen Kirchen im Juni und Juli 1958.[67] Ein abschließendes Spitzengespräch endete mit der Verabschiedung eines gemeinsamen Kommuniqués, in dem Achtung und Respekt der jeweils anderen Weltanschauung gegenüber sowie Glaubens- und Gewissensfreiheit vereinbart wurden. Der christliche Unterricht blieb aber, je nach kirchenpolitischer Großwetterlage mehr oder weniger offensichtlich, zeit des Bestehens der DDR ein Streitpunkt. Kinder und Jugendliche, die daran teilnahmen, mussten mit Benachteiligungen rechnen, die bis zur Verweigerung von Abitur- und Ausbildungs- bzw. Studienplätzen reichen konnten.

2. Zentrale Themenfelder der Berichte

Fast die Hälfte aller Berichte, die sich mit der Situation innerhalb des Landes befassen, greifen Probleme in Industrie und Landwirtschaft und damit im unmittelbaren Zusammenhang stehende Schwierigkeiten auf. Das zeigt eine besondere Konzentration in der Berichterstattung des MfS auf wirtschaftliche Probleme, was der Fokussierung der SED-Politik auf die ökonomische Situation im Jahr 1959 entspricht. Daneben bilden die Fluchtproblematik und vermutete Spionagetätigkeit wichtige Themen. Über die Vorbereitungen zum 10. Jahrestag der Gründung der DDR, der als propagandistisches Großereignis aufgezogen wurde, wird ebenso berichtet wie über Reaktionen der Bevölkerung auf den Vorschlag der Sowjetunion, einen Friedensvertrag mit beiden deutschen Staaten abzuschließen. Dabei ist der Blick der Stasi auftragsgemäß der hinter die Kulissen der Propaganda, um aufzudecken, was nicht lief, wo die Schwachstellen im System waren und wer beim Aufbau des Sozialismus bewusst Sand ins Getriebe streute, um also die »Feinde« zu identifizieren und Mängel zu benennen.

66 Anordnung zur Sicherung von Ordnung und Stetigkeit im Erziehungs- und Bildungsprozess der allgemeinbildenden Schulen. In: GBl. I 1958, S. 236.

67 Dähn, Horst: Konfrontation oder Kooperation? Das Verhältnis von Staat und Kirche in der SBZ/DDR 1945–1980. Opladen 1982, S. 70–75.

2.1 Die ökonomische Situation

Die Berichte über die wirtschaftliche Lage befassen sich mit Missständen in der Industrieproduktion, Problemen bei der Energie- und Lebensmittelversorgung und Schwierigkeiten in der Landwirtschaft. Sie benennen deren (vermeintliche) Ursachen und unmittelbaren Folgen wie Produktionsausfälle, Unfälle und Havarien. Auch Unmutsäußerungen in der Bevölkerung und Forderungen nach besserer Bezahlung meldete das Informationsorgan des MfS an die SED-Führung.

Die Berichte nennen die Schwierigkeiten in den Industriebetrieben beim Namen. In einer Brikettfabrik waren die Schornsteine einsturzgefährdet.[68] Eine Eisengießerei musste wegen veralteter Krananlagen geschlossen werden.[69] Zwei Arbeiter erlitten bei einer Methangas-Explosion in einem Steinkohlewerk Verbrennungen.[70] Und nachlässig montierte Rohrverschraubungen führten in einigen Kraftwerken zu Havarien und infolgedessen zu Engpässen in der Energieversorgung.[71] Die Reihe ließe sich fortführen. In vielen Industriebetrieben waren die Anlagen in einem desolaten Zustand. Der Investitionsbedarf war hoch. Die Investitionsmittel waren zwar in der zweiten Hälfte der 1950er-Jahre deutlich erhöht worden, deckten aber nicht den tatsächlichen Bedarf. So musste die für die Verteilung der zur Verfügung gestellten Geldmittel zuständige Staatliche Plankommission (SPK) Prioritäten setzen. Das gestaltete sich schwierig, da verlässliche Kennziffern fehlten. Der von der DDR-Regierung verfolgte strikte Grundsatz der Stabilität für Verbraucherpreise bedingte, dass die Preise nichts über Knappheiten aussagten und darüber, wohin die Geldmittel zu lenken waren. So entschieden die Verantwortlichen oftmals willkürlich anhand von Erfahrungen und politischen Prioritäten über die Vergabe. Das führte beinahe zwangsläufig dazu, dass vermehrt volkswirtschaftlich ineffiziente Vorhaben gefördert wurden.[72]

Der unwirtschaftliche Einsatz von Investitionsmitteln wird auch in den Berichten beklagt. Daneben ist von Vetternwirtschaft die Rede. Strukturelle Probleme und Mängel in der Arbeitsweise auf Leitungsebene werden konstatiert, deren Ursachen in der fehlenden Fachkenntnis der Entscheidungsträger und ungenügender Personalausstattung in Betriebsleitungen und der SPK gesehen werden. Dabei betonen die Berichterstatter auch, dass durch bestimmte Entscheidungen die noch privat wirtschaftenden Sektoren gestärkt würden, was der Wirtschaftspolitik der DDR zuwiderlaufe.[73] Außerdem würde »poli-

68 Vgl. Information 429/59.
69 Vgl. Information 680/59.
70 Vgl. Information 647/59.
71 Vgl. Information 488/59.
72 Steiner, André: Von Plan zu Plan. Eine Wirtschaftsgeschichte der DDR. München 2004, S. 113.
73 Vgl. Information 249/59.

tisch unzuverlässigen« Mitarbeiterinnen und Mitarbeitern oftmals zu große Verantwortung überlassen.[74] Solche Argumentationen verhinderten eine ernsthafte Ursachenforschung.

Die marode industrielle Infrastruktur, die ineffiziente Verteilung von Geldmitteln und die Schwächen in Leitung und Planung machten sich besonders bei der Umsetzung des Chemieprogramms, des Herzstücks des »Überholprogramms«, negativ bemerkbar. Insbesondere das Bauwesen und den Maschinen- und Anlagenbau stellten die ambitionierten Vorhaben zum Ausbau der Kohle verarbeitenden Werke und Aufbau einer Petrochemie vor enorme Herausforderungen. Die Berichte sprechen hier eine eindeutige Sprache. Es mangelte nicht nur an Baumaterialien, Maschinen, Geräten und Arbeitskräften, die Missstände waren in allen Bereichen zu finden. Investitionsmittel standen nicht rechtzeitig und in ausreichendem Maße zur Verfügung, die Projektierungen der aus- und aufzubauenden Betriebe waren zum Teil zu Baubeginn noch nicht abgeschlossen, Ausrüstungen für die neuen Werke fehlten und schließlich mangelte es auch an ausgebildeten Fachkräften und Führungspersonal. Das Potenzial für Havarien und schwere Unfälle in den großen Chemiebetrieben der DDR in den späteren Jahren wurde so bereits in der Um- und Aufbauphase angelegt, zusätzlich verschärft durch den Zeitdruck und unerfüllbare Planvorgaben.[75]

Eine weitere Kehrseite des Chemieprogramms war die zusätzliche Belastung des ohnehin kritischen Energiesektors der DDR. Die Karbidchemie, also die Herstellung chemischer Produkte auf Kohlebasis, erforderte enorme Mengen Strom, die zusätzlich zu einem im internationalen Vergleich ohnehin sehr hohen Pro-Kopf-Verbrauch an Elektroenergie zur Verfügung gestellt werden mussten. Dieser lag in der DDR deutlich über dem der Bundesrepublik, was dem hohen Industrialisierungsgrad geschuldet war, gleichzeitig aber auch auf »eine ungenügende Energieeffizienz sowie den niedrigen Wirkungsgrad vieler Industrieanlagen« hinwies.[76]

Der wichtigste Energieträger in der DDR war die Braunkohle, die in den zahlreichen Tagebauen um Cottbus, Halle und Leipzig gefördert wurde. Einschränkungen der Fördermengen durch Havarien und Unfälle im Tagebau führten zu Ausfällen in der Energieversorgung, die nur schwer kompensiert werden konnten. So wundert es nicht, dass das MfS in seiner Berichtstätigkeit den Ereignissen in den Tagebauen, Brikettfabriken und Braunkohlewerken

74 Vgl. Information 304/59.

75 Vgl. z. B. die Schilderungen eines Großbrands im VEB Orbita Weißandt-Gölzau und des Todes zweier Häftlinge in den Bitterfelder Chlorfabriken in den 1980er-Jahren. In: Schiefer, Mark: Profiteur der Krise. Staatssicherheit und Planwirtschaft im Chemierevier der DDR 1971–1989. Göttingen 2018, S. 413–432.

76 Karlsch, Rainer: Energie- und Rohstoffpolitik. In: Hoffmann, Dierk (Hg.): Die zentrale Wirtschaftsverwaltung in der SBZ/DDR. Akteure, Strukturen, Verwaltungspraxis. Berlin 2016, S. 249–362, hier 296.

verstärkte Aufmerksamkeit schenkte. Besonders spektakulär war der Kippenrutsch im Tagebau in Nachterstedt im damaligen Bezirk Halle, bei dem angeblich 5,8 Millionen Kubikmeter Erdmassen ins Rutschen kamen, die einen erheblichen Teil der Förderanlagen zerstörten und einen Menschen unter sich begruben. Dieses Ereignis schaffte es sogar mit zwei kleinen Artikeln ins »Neue Deutschland«.[77] Das war nicht selbstverständlich, da Meldungen von Unglücken und Havarien das Bild der prosperierenden volkseigenen Wirtschaft störten. Von den Versäumnissen verantwortlicher Personen, Förderausfällen aufgrund veralteter Anlagen, Unfällen und Wassereinbrüchen in anderen Tagebauen, die in insgesamt elf Berichten des Jahrgangs thematisiert werden, stand in der Regel nichts in der Zeitung.

Verhältnismäßig wenig Raum nehmen Berichte über Schwierigkeiten bei der Kollektivierung der Landwirtschaft ein. Nur vereinzelt wird von kollektivierungsunwilligen Bäuerinnen und Bauern erzählt, zumeist, wenn es um Stimmungen in der Bevölkerung z. B. anlässlich der Vorbereitungen zum 10. Jahrestag der DDR geht. Ansonsten stehen eher die maroden Fuhrparks der Maschinen-Traktoren-Stationen im Vordergrund.[78] Dies ist wesentlich der Tatsache geschuldet, dass die letzte große Kollektivierungskampagne der SED erst Ende des Jahres 1959 begann.

Häufig thematisiert werden Versorgungsschwierigkeiten mit Lebensmitteln, was natürlich mit der Entwicklung auf dem Lande im Zusammenhang steht, in den Berichten aber getrennt betrachtet wird. Die Abschaffung der Lebensmittelkarten im Mai 1958 ging mit einer Vereinheitlichung der Preise für Grundnahrungsmittel einher. Sie befanden sich nun auf einem Niveau zwischen den ehemaligen niedrigen Kartenpreisen und den wesentlich höheren HO-Preisen, was eine spürbare Preissteigerung bei den bislang rationierten Lebensmitteln bedeutete. Trotzdem stieg der Verbrauch sprunghaft an. Der Bedarf konnte nicht mehr gedeckt werden. Vor allem Fleisch, Butter und Milch wurden im Lauf des Jahres 1959 knapp. Den Buttermangel versuchte man mit vorgezogenen Einfuhren aus der Sowjetunion zu kompensieren. Ende Oktober war die Krise so offensichtlich, dass sogar die Medien Lücken bei der Lebensmittelversorgung einräumen mussten. Die zuständigen Wirtschaftsfunktionäre begründeten die Misere mit der im Sommer 1959 anhaltenden Trockenheit, die zu erheblicher Minderung der Ernteerträge und damit zu einer Futtermittelknappheit führte.[79] Der Sommer des Jahres 1959 gilt tatsächlich als einer der heißesten und trockensten des Jahrhunderts und nicht nur in der DDR mussten die landwirtschaftlichen Betriebe deshalb Ernteeinbußen hinnehmen. Die Dürre verschärfte die Versorgungsprobleme sicherlich, die eigentlichen Ursachen aber lagen im System begründet. Die erheblichen Ertrags-

77 ND v. 3.2.1959, S. 2, u. ND v. 6.2.1959, S. 3.

78 Vgl. die Informationen 247/59 und 843/59.

79 Wolle, Stefan: Der große Plan. Alltag und Herrschaft in der DDR 1949–1961. Berlin 2013, S. 377.

ausfälle waren vor allem Langzeitfolgen der Kollektivierung. Es mangelte nicht nur an Futter für das Vieh, sondern auch in der Versorgung mit Obst und Gemüse gab es erhebliche Probleme, obwohl ausreichend Anbauflächen und Kapazitäten in Treibhäusern vorhanden waren. Gleichzeitig versuchte die DDR, unabhängiger von Lebensmittelimporten zu werden und schränkte z. B. die Einfuhren von Eiern aus Polen, den Niederlanden und Italien ein.[80] Aus den Berichten des MfS wird ersichtlich, dass Schlampereien und verantwortungsloses Handeln leitender Persönlichkeiten in den LPG, Missstände bei Transport und Lagerung von Lebensmitteln, Importprobleme und von fehlendem Sachverstand geprägte Entscheidungen im Ministerium für Handel und Versorgung zu der angespannten Situation geführt hatten.[81] Dabei werden allerdings nicht die Wirtschaftsstrukturen an sich infrage gestellt, sondern einzelnen Personen die Verantwortung zugeschoben.

Neben dem Unwillen der Bevölkerung über die schlechte Versorgungslage konstatierte das MfS auch immer wieder die Unzufriedenheit der Menschen mit ihrer Entlohnung. Als ungerecht empfundene Berechnungen und die ungleiche Aufteilung von Prämien, die zu großen Lohndifferenzen zwischen Arbeitern und Angestellten führte, wurden insbesondere von Beziehern der unteren Lohngruppen beanstandet. Mitunter wurden Resolutionen an die Betriebs- und Parteileitung verfasst und Streiks angedroht.[82] Trotz einiger Bemühungen, insbesondere als Reaktion auf den Volksaufstand vom 17. Juni 1953, war es der Wirtschaftsführung nicht gelungen, die im Vergleich zur Bundesrepublik hohen Lebenshaltungskosten spürbar zu senken. Nach Beendigung der Lebensmittelrationierung blieb eine Lohnerhöhung ungeachtet der gestiegenen Preise für Grundnahrungsmittel aus. Durch die Einführung von Ehegatten- und Kinderzuschlägen stiegen die Nominaleinkommen für die unteren und mittleren Verbrauchergruppen aber immerhin geringfügig. Auch kleinere Preisermäßigungen im Oktober 1958 trugen ein wenig zur Entspannung bei. Eine wirkliche Entlastung der Menschen bedeutete dies aber nicht. Durch niedrige Brutto- und Nettolöhne bei einem gleichzeitig hohen Lebenshaltungskostenindex lag das Realeinkommen in der DDR auch 1959 weit unter dem der Bundesrepublik.[83] Die Unzufriedenheit der Menschen gründete auf tatsächlichem Mangel, der Vergleich mit dem anderen deutschen Staat verstärkte sie.

Die wirtschaftlichen Probleme verschärften sich 1960/61 zu einer ausgeprägten Wirtschaftskrise. Es wurde deutlich, dass eine Lösung der auf dem V. Parteitag der SED beschlossenen »ökonomischen Hauptaufgabe« nicht

80 Ebenda, S. 378–380.

81 Vgl. z. B. Informationen 651/59, 696/59 und 740/59.

82 Vgl. Informationen 649/59 und 695/59.

83 Haas, Gerhard; Leutwein, Alfred: Die rechtliche und soziale Lage der Arbeitnehmer in der sowjetischen Besatzungszone (Bonner Berichte aus Mittel- und Ostdeutschland). 5., erw. und erg. Aufl., Bonn, Berlin 1959, S. 67–97, bes. 96 f.

möglich war und die Parteiführung die damit verbundenen Konsumversprechen nicht einhalten konnte. Das befeuerte die Fluchtbewegung gen Westen erneut, der Arbeitskräftemangel spitzte die wirtschaftlichen Probleme zu. Die starren Vorgaben der Planwirtschaft und das Unvermögen der Verantwortlichen in Partei und Staat verhinderten flexible und der Situation angemessene Reaktionen. Bekanntermaßen sah die DDR-Führung die einzige Lösung darin, das letzte Schlupfloch Richtung Westen zu schließen und zog im August 1961 um Westberlin eine Mauer.

2.2 *»Republikflucht«*

Obwohl die Zahl der Menschen, die der DDR den Rücken kehrten, in den Jahren 1958 und 1959 deutlich rückläufig war, blieb der »ungesetzliche Grenzübertritt« – wie es im DDR-Amtsdeutsch hieß – ein Dauerthema in der Berichterstattung. Waren es nach Kriegsende vor allem politische Prestigegründe, die die Thematik so brisant werden ließen, so rückten in den 1950er-Jahren die ökonomischen Folgen immer weiter in den Vordergrund.

Im Dezember 1957 hatte die Volkskammer einer Änderung des Passgesetzes von 1954 zugestimmt. Wesentlich dabei war die Novellierung des Paragraphen 8 dieses Gesetzes, der das Verlassen oder Betreten der DDR aus dem Ausland unter Strafe stellte, wenn keine Genehmigung vorlag. Durch die Streichung des Passus »aus dem Ausland« wurde nun auch der nicht genehmigte direkte Grenzübertritt aus der DDR in die Bundesrepublik zum Straftatbestand.[84] Parallel dazu verschärfte die Justiz ihr Vorgehen gegen Grenzverletzungen und verhängte selbst für unbedeutende Grenzvergehen teilweise hohe Haftstrafen. Und die Volkspolizei genehmigte deutlich weniger der beantragten Westreisen. Die intendierte abschreckende Wirkung dieser Maßnahmen verfehlte ihr Ziel nicht und führte neben der erwähnten ökonomischen Erholung zu einem vorübergehenden Rückgang der Fluchtzahlen zwischen 1958 und Anfang 1960, die danach aber wieder erheblich anstiegen.[85]

Diesen Zusammenhang mit der Passgesetzänderung konstatiert auch die hier edierte Information 145/59, die einen Überblick über die Fluchtbewegung des Jahres 1958 gibt. Das MfS verwertete dafür die Zahlen der dem Ministerium des Innern unterstehenden Hauptverwaltung der Deutschen Volkspolizei (HVDVP). Demnach markierten die »Zahlen für Dezember 1958 [den] niedrigste[n] Stand der Republikflucht nach Beginn der statistischen Erfassung durch die HVDVP im Jahre 1953«.[86]

84 Der ungenehmigte Grenzübertritt war vorher allerdings durch andere Paragraphen mit Sanktionen belegt.

85 Van Melis, Damian; Bispinck, Henrik (Hg.): »Republikflucht«. Flucht und Abwanderung aus der SBZ/DDR 1945 bis 1961 (Schriftenreihe der Vierteljahrshefte für Zeitgeschichte). München 2006, S. 125.

86 Information 145/59.

Entgegen diesem allgemeinen Trend war 1958 aber eine signifikante Zunahme der Fluchtzahlen bei Wissenschaftler/innen, Ärzt/innen, Ingenieur/innen, Techniker/innen, Lehrer/innen und Oberschüler/innen festzustellen. In dieser Hinsicht zeichnete die Stasi ein alarmierendes Bild, wenn sie z. B. errechnete: »Im Jahre 1958 wurden 1 324 Ingenieure und 254 Techniker republikflüchtig [...] Anschaulich gesehen bedeutet dies auch, dass 1958 die in diesem Jahr fertig ausgebildeten Kräfte von zusammen fünf bis sechs Hoch- und Fachschulen der vorgenannten Fachrichtungen republikflüchtig geworden sind.«[87] Problematisch wurde insbesondere der wachsende Anteil der Ärzte, die die DDR verließen. Der ständige Aderlass im medizinischen Bereich führte zu offensichtlichen und kaum zu kompensierenden Engpässen in der medizinischen Versorgung. Angesichts dieser Entwicklung hatte sich im September 1958 das Politbüro in einer Sitzung mit der Situation im Gesundheitswesen beschäftigt und Verbesserungen für Ärzte und ihre Familien beschlossen, die in einem Kommuniqué veröffentlicht wurden. Diesem zufolge sollte die selbstständige Tätigkeit von Ärzten, Zahnärzten und Apothekern (wieder) erleichtert werden, Verbesserungen in der Altersversorgung niedergelassener Ärzte und Reiseerleichterungen zu Kongressen und auch für Familienbesuche wurden versprochen, Arztkindern sollte der Zugang zu Oberschulen und Universitäten nicht verstellt werden.[88] So hoffte man, wesentliche Fluchtgründe beseitigt zu haben und die Ärzte im Land halten zu können. Bereits einen Tag nach Erscheinen des Kommuniqués im »Neuen Deutschland« am 18. September 1958 hielt das MfS in einem ersten Bericht vorwiegend positive Reaktionen aus den Reihen der medizinischen Intelligenz fest, besonders auf die Ankündigung von Reiseerleichterungen sowie auf das Versprechen, Arztkindern wieder vermehrt den Zugang zum Studium zu ermöglichen. Berichtet wurde aber auch von skeptischen Wortmeldungen und Forderungen, diese Zugeständnisse auf das übrige medizinische Personal auszuweiten.[89] Einen zweiten Bericht zu dieser Problematik verfasste das Berichtsorgan des MfS gleich zu Beginn des Jahres 1959 und merkte darin eine »abwartende und zweifelnde Haltung« eines großen Teils der Ärzteschaft an.[90] Dies manifestierte sich in den kaum veränderten Fluchtzahlen. Das Kommuniqué hatte seine beabsichtigte Wirkung, mit den darin enthaltenen Versprechungen das Vertrauen der Ärzteschaft zu gewinnen, verfehlt.

Die hohe Relevanz, die die Fluchtthematik für die Partei- und Staatsführung hatte, wird auch daran deutlich, dass nicht nur HVDVP und MfS entsprechende Berichte verfassten, sondern auch andere Behörden und Institutionen. Dabei wurden nicht nur Zahlen aufgelistet, sondern auch Ursachenforschung

87 Ebenda.
88 ND v. 18.9.1958, S. 1.
89 Bericht über die Reaktion von Angehörigen der medizinischen Intelligenz auf das Kommuniqué des Politbüros der SED v. 18.9.1958; BArch, MfS, ZAIG 124, Bl. 1–6.
90 Information 2/59.

betrieben. Dazu wurden Informationsbrigaden zusammengestellt und in Betriebe und Organisationen geschickt, um die Situation vor Ort zu erkunden, Fluchtursachen zu ergründen und gegebenenfalls die lokalen Funktionäre in puncto Fluchtverhinderung zu schulen. Aus den Berichten dieser Brigaden – die ersten wurden bereits 1952 erstellt – wird ersichtlich, welche Umstände die DDR-Bevölkerung zur Flucht veranlassten, wie diese Fluchtgründe interpretiert und welche Schlüsse daraus gezogen wurden.[91]

Im Falle der Republikflucht von Ärzten sowie wissenschaftlicher und technischer Intelligenz lieferten u. a. das Staatssekretariat für das Hoch- und Fachschulwesen und die Abteilung Wissenschaft und Propaganda des ZK der SED Berichte. Ähnlich wie das MfS kommt auch das Staatssekretariat zu der Erkenntnis, dass weniger die Unzufriedenheit über die materielle Situation als eher die fehlende Einsicht der betreffenden intellektuellen Kreise in die neuen gesellschaftlichen Bedingungen – beschrieben etwa als »politisch schwankende Haltung«[92] – und das damit verbundene fehlende Vertrauen in die Partei- und Staatsführung als Gründe für das illegale Verlassen der DDR zu betrachten seien. Dies mache diese Kreise auch besonders anfällig für die Abwerbungsversuche westdeutscher Institutionen.

Das Staatssekretariat für das Hoch- und Fachschulwesen kam wiederholt zu der Erkenntnis, dass diese Ursachen von den unteren Instanzen zu wenig wahrgenommen und entsprechende Konsequenzen nicht gezogen würden: »Während sich im Staatssekretariat die systematische und politische Auswertung der Republikflucht durchzusetzen beginnt, [...] setzt sich an den Universitäten und Hochschulen die politische Auswertung, das Aufdecken der tieferen Ursachen sowie das Festlegen und Durchführen geeigneter Maßnahmen zur Eindämmung der Republikflucht nur schleppend durch«, heißt es beispielsweise.[93] Die Stasi kommt in ihren Informationen zu ähnlichen Erkenntnissen. Der Großteil der Ärzte hätte das Kommuniqué zwar mit einer gewissen Skepsis hinsichtlich der Realisierung der darin versprochenen Verbesserungen, insgesamt aber wohlwollend bis anerkennend zur Kenntnis genommen. Materielle Unzufriedenheit würde eher selten als Fluchtgrund angegeben. Die Beschwerden der Ärzte über die schlechte Ausstattung der Krankenhäuser, bürokratische Hürden für Niedergelassene, schlechte Anbindung an die internationale wissenschaftliche Gemeinschaft etc. betrachtete das MfS als oberflächliche Gründe. Die tieferen Ursachen lägen in der Verwurzelung der Ärzteschaft im bürger-

91 van Melis, Damian; Bispinck, Henrik (Hg.): »Republikflucht«. Flucht und Abwanderung aus der SBZ/DDR 1945 bis 1961 (Schriftenreihe der Vierteljahrshefte für Zeitgeschichte). München 2006, S. 125 f.

92 Information 145/59.

93 Staatssekretariat für das Hoch- und Fachschulwesen, Kaderabteilung, Quartalsanalyse der Republikfluchten (Juli bis September 1959); BArch, ZPA, IV 2/904/660, zit. nach: Conelly, John: Zur »Republikflucht« von DDR-Wissenschaftlern in den fünfziger Jahren. In: Zeitschrift für Geschichtswissenschaft, 42 (1994) 4, S. 345.

lichen Denken, in ihren religiösen Bindungen und in Verbindung damit in der Nichtakzeptanz der Reformen im Bildungswesen.[94] Neben Verbesserungen äußerer Bedingungen wie die Wohnungssituation oder effektivere Berufungsverfahren an den Universitäten und Hochschulen müsse vor allem die »ideologische Arbeit mit der Intelligenz« intensiviert werden, so auch die Schlussfolgerung des Staatssekretariates für das Hoch- und Fachschulwesen.[95] Das beweist einmal mehr die Unfähigkeit der verantwortlichen Genossinnen und Genossen, sich aus ihrem dichotomen Denkschema zu befreien. Mit dieser Maßnahme verstärkte sie ein wesentliches Agens, das Ärzte und Wissenschaftler veranlasste, das Land zu verlassen.

2.3 Zwischenfälle an der innerdeutschen Grenze

Während die Menschen in der DDR mit Flucht und Abwanderung ihre Ablehnung des Sozialismus und der Teilung Deutschlands demonstrierten, äußerte sich der Unmut auf westdeutscher Seite in kleineren und größeren, symbolischen und konkreten Aktionen gegen das Grenzregime der DDR. Das MfS sprach von »Grenzprovokationen«, die als Versuch des westlichen »Gegners« gewertet wurden, die ostdeutsche Bevölkerung in den grenznahen Ortschaften gegen die DDR-Führung aufzuhetzen und zur Flucht zu veranlassen. In vielen Fällen war diese Einschätzung sicherlich nicht falsch, allerdings wurde auch versehentliches Überschreiten der Grenzlinien bei Spaziergängen oder auf Flüssen und Seen beim Angeln oder Baden als Provokation bewertet.[96]

Seit 1952 war die Staatsgrenze der DDR um ein Grenzgebiet erweitert worden. Dieses setzte sich zusammen aus einem zehn Meter breiten Kontrollstreifen unmittelbar an der Demarkationslinie, einem anschließenden 500 Meter breiten Schutzstreifen und einer fünf Kilometer weit ins Landesinnere reichenden Sperrzone, für die Zugangsbeschränkungen galten. Jedes unbefugte Betreten dieses Gebietes galt als Grenzverletzung und jeder sich dort unerlaubt aufhaltenden Person drohte Verhaftung. Im Notfall war auch der Einsatz von Schusswaffen erlaubt, wobei dieser Ende der 1950er-Jahre noch nicht eindeutig definiert war.

In den Berichten des MfS werden unterschiedlichste Formen von Provokationen angeführt: Zerstörung der Grenzsicherungsanlagen, die zum damaligen Zeitpunkt nur aus mit Stacheldraht verbundenen Betonpfählen bestanden, Brandstiftungen am Grenzstreifen, auch Propagandaveranstaltungen auf westlicher Seite in grenznahen Dörfern, die sich gegen das Grenzregime der

94 Vgl. Information 2/59.

95 Staatssekretariat für das Hoch- und Fachschulwesen, Kaderabteilung, Quartalsanalyse der Republikfluchten (Juli bis September 1959); BArch, ZPA, IV 2/904/660, zit. nach: Conelly, John: Zur »Republikflucht« von DDR-Wissenschaftlern in den fünfziger Jahren. In: Zeitschrift für Geschichtswissenschaft, 42 (1994) 4, S. 352.

96 Vgl. Information 12a/59.

DDR richteten, Beschimpfungen der Grenzpolizei durch Jugendliche. Die Darstellung vorsätzlicher, unbeabsichtigter und vermeintlicher Grenzverletzungen erstaunt dabei nicht, eher das immer wieder thematisierte Misstrauen in die korrekte Dienstausführung der damals für die Grenzsicherung zuständigen Deutschen Grenzpolizei (DGP).

Der DGP war 1955 mit Abschluss des Staatsvertrages zwischen der DDR und der Sowjetunion neben der Sicherung der innerdeutschen Grenze auch die Sicherung der Außengrenzen übertragen worden. Nach Gründung der NVA im März 1956 wurde die Grenzpolizei Teil der Landesverteidigung der DDR und ab 1. Dezember 1956 zusammen mit der Transportpolizei, der Bereitschaftspolizei und den Wacheinheiten des MfS der Hauptverwaltung Innere Sicherheit des Ministeriums des Innern (MdI) unterstellt. Ab August 1957 begann der Umbau der Grenzpolizei zu Grenztruppen mit militärischer Struktur.[97] Neben der Verhinderung von Fluchten aus der DDR hatte die Grenzpolizei nun militärische Funktionen im Rahmen der Gesamtverteidigung zu erfüllen, was damals und auch später nie zufriedenstellend gelang. Anfang 1958 attestierte ein von der Sicherheitskommission des ZK der SED verfasster »Auskunftsbericht über den Zustand der Einsatzbereitschaft und die Kampfkraft der bewaffneten Organe des Ministerium des Innern« der Truppe u. a. nur ein »befriedigendes sozialistisches Bewusstsein«, was in einer nennenswerten Anzahl von Desertionen zum Ausdruck komme.[98] »Instrukteure« der Abteilung für Sicherheitsfragen beim ZK der SED bemängelten wenig später, dass die Kommandeure ihrer Verantwortung für die Grenzsicherung nicht ausreichend gerecht würden. Ebenso funktioniere das Zusammenwirken zwischen Grenzpolizei, Zoll und MfS nicht wie gewünscht.[99] Im Juni 1959 kritisierte Ulbricht in einem Brief an die Grundorganisationen der SED in der Deutschen Grenzpolizei das mangelhafte Bewusstsein der Offiziere und Unteroffiziere hinsichtlich der »Tätigkeit des Feindes« und ihr Verhalten den Soldaten gegenüber, das von Willkür geprägt und nicht »parteimäßig« sei.[100]

Diese Zustände werden auch in den Berichten des MfS immer wieder konstatiert und angemahnt. Von »unüberlegte[n] Handlungen von Angehörigen der DGP auf gegnerische Provokationen«[101] und »mangelhafte[r] Stabsarbeit der Deutschen Grenzpolizei«[102] ist beispielsweise die Rede. Das Mittel dagegen wird auch genannt: Entscheidend sei, »eine richtige ideologische und militärische Einstellung bei den Angehörigen der Deutschen Grenzpolizei zu schaffen, wodurch sie in die Lage versetzt werden, richtige Entscheidungen bei Eintreten komplizierter Situationen oder Auftreten von Provokationen zu

97 Lapp, Peter Joachim: Grenzregime der DDR. Aachen 2013, S. 27 f.
98 Ebenda, S. 29.
99 Ebenda, S. 30.
100 Ebenda, S. 31.
101 Vgl. Information 705/59.
102 Vgl. Information 23/59.

treffen«.[103] Offenbar war das aber nicht so einfach wie es klang. Das Problem blieb akut und die hohe Anzahl von Desertionen in den Grenztruppen beunruhigend. Anfang 1961 befasste sich der im Februar 1960 als Nachfolgeorgan der Sicherheitskommission des ZK ins Leben gerufene Nationale Verteidigungsrat mit den Problemen der Grenzpolizei und versuchte sie durch Umstrukturierungen, eine neue Standortverteilung und eine verbesserte Ausrüstung zu lösen.[104]

2.4 »Feindtätigkeit gegen die DDR«

Besonders ausführlich wurde über die sogenannte »Wühlarbeit« gegen die DDR berichtet. Dieser von der Stasi oft und gern benutzte Begriff bezeichnete alle tatsächlichen und vermeintlichen konspirativen Aktivitäten von westlicher Seite, die Feindseligkeiten schüren und zur Delegitimierung der Partei- und Staatsführung beitragen sollten. Im Allgemeinen umfasste der Terminus im Gebrauch des MfS auch die Spionage.

In sechs langen Berichten des Jahrgangs 1959 schildern die Berichterstatter des MfS die Tätigkeiten von »Feind-« bzw. »Agentenzentralen« auf dem Gebiet der Bundesrepublik und in Westberlin. Diese Begriffe waren nicht klar voneinander abgegrenzt, wurden manchmal synonym und an anderen Stellen nebeneinander benutzt. In beiden Fällen waren westliche Institutionen und Organisationen gemeint, denen subversive Aktivitäten gegen die DDR unterstellt wurden. Im Fokus standen neben den westlichen Geheimdiensten besonders die Ostbüros der SPD, CDU, FDP und des DGB, antikommunistische Organisationen wie die Kampfgruppe gegen Unmenschlichkeit (KgU), der Untersuchungsausschuss freiheitlicher Juristen (UfJ) sowie die russischen Emigrantenorganisationen »Narodno-Trudowoj Sojus« (NTS, deutsch: Volksarbeitsbund) und »Zentralnoje Objedinjenije Poslewoennych Emigrantow« (ZOPE, deutsch etwa: Zentralverband der Nachkriegsemigranten). Außerdem wurden kirchliche Organisationen und staatliche Institutionen wie das Bundesministerium für Gesamtdeutsche Fragen, Einrichtungen der politischen Bildung und westliche Medien, insbesondere der Rundfunksender RIAS, der »Wühlarbeit« bezichtigt.

Für das Jahr 1959 sind ein im Januar verfasster Jahresbericht für das Vorjahr und ein Bericht für das erste Halbjahr 1959 überliefert, in denen die Zentrale Informationsgruppe des MfS strukturiert die Aktivitäten der genannten Organisationen auflistete und deren prozentualen Anteil an unterschiedlichen »Feindtätigkeiten« wie dem Verbreiten von Flugblättern, Büchern und Broschüren auf dem Gebiet der DDR, dem Anbringen von »Hetzlosungen« im öffentlichen Raum, mutwilligen Beschädigungen von Fahnen und staatlichen

103 Vgl. Information 587b/59.
104 Lapp, Peter Joachim: Grenzregime der DDR. Aachen 2013, S. 32 f.

Symbolen sowie Tätlichkeiten gegen Volkspolizisten und SED-Funktionäre errechnete.[105] »Agenten« des UfJ und von westlicher Seite organisierte Sabotageakte verschiedener Art wurden auch in der Landwirtschaft ausgemacht. Die Unlust vor allem der Mittel- und Großbauern, den LPG beizutreten, und die schleppende Kollektivierung schrieb man den Einflüssen ehemaliger Großgrundbesitzer und Junker zu.[106] Ein gesonderter Bericht befasst sich dezidiert mit Aktivitäten westlicher Institutionen zur Schwächung des Staatsapparates der DDR. Ziel dabei sei, »die Bevölkerung in einen Widerspruch zum Staatsapparat zu bringen, den Staatsapparat von der Bevölkerung zu isolieren sowie im Staatsapparat selbst geeignete Stützpunkte für die Feindtätigkeit zu schaffen«, um auf diesem Wege schließlich die Regierung der DDR beseitigen zu können.[107]

Den Brennpunkt all dieser tatsächlichen und unterstellten Tätigkeiten bildete Berlin. Die besondere Lage als geteilte Stadt mitten in der DDR und die Möglichkeit zwischen Ost und West hin- und herreisen zu können, die Existenz geheimdienstlicher Institutionen aller Besatzungsmächte und der beiden deutschen Staaten auf begrenztem Raum machten die Stadt zu einem Eldorado für Spione. Auch deshalb war Ulbricht an einer schnellen Klärung des Status Berlins interessiert. Auf dem V. Parteitag der SED hatte er den Westen aufgefordert, im Interesse einer allgemeinen Entspannung in Deutschland zunächst die »Wühlarbeit« vom Territorium Westberlins aus zu beenden und im Gegenzug versprochen, den seit 1953 eingestellten sektorenübergreifenden Straßenbahn- und Busverkehr zu reaktivieren, arbeitslosen Westberlinern Beschäftigungen anzubieten und den Westteil der Stadt mit Milch zu versorgen.[108]

Die Unterscheidung von tatsächlich durchgeführten und vermeintlichen Spionageaktionen wird in den Berichten oft nicht deutlich. Das hängt mit dem vom MfS gebrauchten speziellen »hypertrophen und semantisch unscharfen Spionagebegriff« zusammen, der es erlaubte, »Tätigkeiten zu kriminalisieren, die in demokratischen Gesellschaften als legale Nachrichtenübermittlung gelten«.[109] Das trifft vor allem auf die in den Berichten angeführte »Feindtätigkeit« der Ostbüros von SPD, CDU und FDP zu, deren in den Osten Deutschlands übermittelte Informationen oftmals aus in der Bundesrepublik öffentlich zugänglichen Quellen stammten.[110]

Besonders in der Zeit vor dem Mauerbau war die Spionageproblematik ein für die SED-Propaganda zentrales Thema. Im »Neuen Deutschland« wurde regelmäßig über Prozesse gegen DDR-Bürgerinnen und -Bürger berichtet, die

105 Vgl. die Informationen 6/59 und 511/59.
106 Vgl. Information 552/59.
107 Information 555/59.
108 Staritz, Dietrich: Geschichte der DDR. Erw. Neuausg., Frankfurt/M. 1996, S. 185.
109 Buschfort, Wolfgang: Parteien im Kalten Krieg. Die Ostbüros von SPD, CDU und FDP. Berlin 2000, S. 242.
110 Ebenda.

sich (angeblich) durch westliche Geheimdienste werben ließen. Zur Abschreckung dienten teilweise drakonische Strafen. Den zahlreichen Verhaftungen und Verurteilungen von DDR-Bürgerinnen und Bürgern aufgrund angeblicher Sabotage oder Spionage und der Brandmarkung Oppositioneller als »Agenten« lag das spezielle Feindbild der SED-Propaganda zugrunde, demzufolge die »inneren« von den »äußeren« Feinden fremdgesteuert seien. Die Bedrohung kam quasi immer von außen, um die an sich einige sozialistische Gemeinschaft zu (zer)stören.[111] Dieses Feindbild war für die innere Stabilität des Systems enorm wichtig.

2.5 Der 10. Jahrestag der DDR

Der 7. Oktober 1959 unterschied sich in der Bedeutung, die ihm die SED-Führung beimaß, deutlich von den vorhergegangenen Jahrestagen. Das Gründungsjubiläum jährte sich zum zehnten Mal. Aus dem Blickwinkel der SED wurde eine erste Entwicklungsetappe abgeschlossen, in der sich die DDR entgegen aller (westlichen) Mutmaßungen über ein baldiges Scheitern des sozialistischen Experiments und allen bestehenden Schwierigkeiten zum Trotz politisch und wirtschaftlich konsolidiert hatte. Man wähnte sich auf der moralisch besseren Seite, weil man mit der militaristischen und faschistischen Vergangenheit abgerechnet hätte, und gerierte sich als »Friedensstaat«. Die DDR sei zum »sozialistischen Vaterland« aller friedliebenden Deutschen geworden – im Gegensatz zum westlichen Teil Deutschlands, in dem faschistische Kader wieder Fuß gefasst hätten. Sie sei auf dem Weg zur Vollendung dessen, wofür Bebel, Liebknecht und Luxemburg gekämpft hätten. Dieser Feiertag hatte also hohen symbolischen Charakter und bot zudem Anlass, aller Welt zu demonstrieren, dass die Bevölkerung geschlossen hinter den Ideen der Sozialistischen Einheitspartei stand. Seit Beginn des Jahres prangte an allen möglichen Örtlichkeiten die Losung, unter die das Ereignis gestellt wurde: »Für des Volkes Frieden, Wohlstand, Glück! Deckt alle mit den Tisch der Republik!« In diesem Sinne wurde der 10. Jahrestag als propagandistisches Großereignis inszeniert, in das sehr konsequent alle Bereiche der Gesellschaft einbezogen wurden, die Kirchen ausgenommen.

Die Parteiführung selbst übernahm die Kontrolle über Vorbereitungen und Durchführung des Jubiläums. Bereits im Herbst 1958 erließ sie eine Direktive an alle gesellschaftlichen Organisationen, dazu Vorschläge zu machen. Auf einer Sitzung im Januar 1959 legte das Politbüro die Verantwortlichkeiten fest. An die Präsidien des Ministerrates und der Nationalen Front erging die Anweisung, eine gemeinsame Kommission zu bilden. Diese zentrale Regierungskommission war für die Koordinierung der Arbeit aller be-

111 Wolfgang Buschfort spricht von einer »Identität von äußerem und innerem Feind«. In: ebenda.

teiligten Institutionen zuständig. Analog dazu wurden auf Bezirks- und Kreisebene Kommissionen eingerichtet, die organisatorische Aufgaben vor Ort übernahmen.[112] Die Parteiführung ließ aber keinen Zweifel daran, dass sie die Oberhand über die inhaltliche Ausgestaltung behalten würde. Dabei musste sie offenbar aufpassen, dass ihre eigenen Leute den Bogen nicht überspannten. Die Abteilung Agitation und Propaganda des ZK der SED, wie immer zu solchen Anlässen für die Losungen zuständig, war kreativ geworden und hatte sich, ganz ungewöhnlich, Zweizeiler ausgedacht wie »Unser zehnter Jahrestag ist für Bonn ein harter Schlag«, »Lasst den RIAS blöde leiern, wir lieben die Republik und werden feiern!« oder auch: »Pfeif auf 'ne Entfettungskur, treibe Sport wie Täve Schur!«[113] Wenn auch nicht für die Verwendung in Schaufenstern oder auf Spruchbändern, sondern in Verbindung mit Karikaturen zur »Auflockerung auf Festveranstaltungen und Demonstrationen« gedacht, fand dies im Politbüro keine Zustimmung.[114] Die Agitationsabteilung hatte neue Sprüche vorzulegen, die sich am gewohnten Muster orientierten. Akzeptiert wurde schließlich Altbekanntes wie »Gruß allen Bürgern zum Festtag der Deutschen Demokratischen Republik! Gruß den Erbauern des ersten deutschen Friedensstaates!«[115]

Das zehnte Gründungsjubiläum wurde nicht nur mit einem Feiertag am 7. Oktober begangen, sondern mit einer ganzen Festwoche. Vom 4. bis 10. Oktober 1959 fanden im ganzen Land die unterschiedlichsten Veranstaltungen für alle Teile der Bevölkerung statt: Pionier- und FDJ-Feste, Sportwettkämpfe, Musik- und Theateraufführungen, Ausstellungen, Festakte, in denen besonders verdiente Werktätige Auszeichnungen erhielten u. v. m. Den 7. Oktober selbst beging die Staats- und Parteiführung auf einer zentralen Veranstaltung in Berlin unter Teilnahme internationaler Delegationen aus sozialistischen »Bruderstaaten« und befreundeten Nationen aus Afrika und Asien. Das sollte die internationale Reputation der DDR unterstreichen. Aber nicht nur in der Hauptstadt, im ganzen Land wurde allerorts mit Fackelzügen, großen Kundgebungen, Demonstrationen, Festveranstaltungen und Tanzvergnügen von den frühen Morgenstunden bis in die Nacht hinein gefeiert. In der Kreisstadt Haldensleben wurde die Bevölkerung gar um 6 Uhr in der Früh von Schalmeienkapellen und Musikzügen mit schrillen Tönen aus dem Bett geholt, damit sich eine Stunde später die »Marschblöcke an den bekannten Stellplätzen« sammeln und zur großen Kundgebung ziehen konnten.[116]

112 Gibas, Monika: »Deckt alle mit den Tisch der Republik«. Regie und Dramaturgie des DDR-Dezenniums am 7. Oktober 1959. In: Comparativ, Heft 3/1994, S. 49–68, hier 52 f.

113 Zit. nach: ebenda, hier 54. Gustav Adolf »Täve« Schur, Jg. 1931, ist ein ehemaliger deutscher Radrennfahrer.

114 Ebenda, S. 55.

115 Ebenda.

116 Veranstaltungsplan für die Festwoche zum 10. Jahrestag der Gründung der DDR; BArch, MfS, BV Magdeburg, KD Haldensleben Nr. 711, Bl. 14–17.

Es liegt nahe, dass sich die SED-Führung, angesichts der Bedeutung, die sie diesem Jahrestag zumaß, die Unterstützung des MfS als ihrem »Schild und Schwert« sicherte. Um den Jahrestag unbeeinträchtigt als »Manifestation des Kampfes um Frieden und Sozialismus« zelebrieren zu können, erhielt die Stasi die »Aufgabe der rechtzeitigen Aufklärung und Verhinderung aller feindlichen Störversuche wie Provokationen, Terror, Diversionsakte, Brandstiftungen, Hetzpropaganda usw.«.[117] Zur Erledigung dieses Auftrags initiierte das MfS im August 1959 die Aktion »Friedensfest«. Entsprechend dem zentralen Befehl Mielkes Nr. 262/59 wurden in allen Bezirksverwaltungen Einsatzstäbe gebildet, denen die einzelnen Abteilungen der Bezirksverwaltungen sowie Kreis- und Objektdienststellen täglich Bericht über »alle Vorkommnisse, Hinweise über geplante Provokationen des Feindes, Anzeichen von negativer Stimmung usw. sowie alle anderen wichtigen Informationen« zu erstatten hatten. Die Kreisdienststellen mussten Einsatzpläne erstellen, die die Erfüllung dieser Aufgabe, die Gewährleistung der Sicherung aller wichtigen Objekte der Parteiführung und des Staatsapparates, die »operative Kontrolle« der an der Vorbereitung und Durchführung der Festivitäten beteiligten Personen und die Ergreifung von Maßnahmen gegen die Verbreitung von »Hetzschriften«, gegen Terror und Provokationen sicherstellten.[118]

Die Zentrale Informationsgruppe wertete die Informationen aus, die sie von den Einsatzstäben aus den Bezirksverwaltungen erhielt und fertigte zwischen dem 22. September 1959 und dem 9. Oktober 1959 Berichte über Vorkommnisse an, die in Zusammenhang mit den Feierlichkeiten zum 10. Jahrestag gebracht wurden. In den Tagen der Festwoche, also vom 5. bis 9. Oktober, berichtete sie täglich. Dabei wurde immer zuerst die Stimmung in der Bevölkerung mit kurzen Worten als gut, aufgeschlossen und engagiert zusammengefasst. Dann folgten Aufzählungen von Beschwerden – etwa über die schwierige Versorgungslage – und Gerüchten, z. B. über Rentenerhöhungen und eine Amnestie, die in diesen Tagen die Runde machten. »Feindtätigkeiten« wie das Verbreiten von Flugblättern, »Hetzparolen« an Hauswänden, als Provokationen eingestufte Handlungen an der Staatsgrenze, Brandstiftungen, Havarien in Betrieben wurden aufgelistet. Interessanterweise gibt es für die Berichte, die in der Festwoche entstanden, keinen Nachweis dafür, dass sie tatsächlich an Mitglieder der SED-Führung versendet wurden. Das trifft auch für einen zusammenfassenden Bericht über die Ereignisse der Festwoche vom 19. Oktober 1959 zu. Offenbar wurden sie nur innerhalb des MfS verteilt. Wahrscheinlich dienten sie lediglich der Information und Koordination der zuständigen MfS-Abteilungen. Außerdem enthielten sie Auskünfte, die das MfS vertraulich behandelte und nicht in jedem Fall an die SED-Führung gab, etwa solche über Grenzverletzungen oder Havarien in Betrieben.

117 MfS, BV Halle, Leiter: Befehl Nr. 19/59; BArch, MfS, BV Halle, BdL 186, Bl. 1–7, hier 1.
118 Ebenda, Bl. 1–7, hier 3 f. Beispiele für Einsatzpläne z. B. in BArch, MfS, BV Erfurt, BdL 1346, Bd. 1.

2.6 Weitere Berichtsthemen

Neben den hier erläuterten Schwerpunktthemen berichtete das MfS noch über zahlreiche weitere Ereignisse und Probleme, die sowohl als spezifisch für die innen- und außenpolitische Situation des Jahres 1959 als auch allgemein den Besonderheiten der sozialistischen Diktatur geschuldet betrachtet werden können.

In einzelnen Berichten wird über die Stimmung in der Bevölkerung zum Vorschlag der Sowjetunion über den Abschluss eines Friedensvertrages und die Genfer Außenministerkonferenz informiert. Dabei attestiert die Stasi dem Volk insgesamt eine loyale Haltung zur sowjetischen Politik in der Deutschland- und Berlin-Frage. Die Reaktionen des Westens würden von den Menschen eher ablehnend aufgenommen. Kritischere Stimmen werden als Ausnahmeerscheinung gewertet.[119]

Die Auseinandersetzungen zwischen der Bundesrepublik und der DDR auf dem Gebiet des Sports erreichten 1959 einen neuen Höhepunkt. Zwar hatten sich die Nationalen Olympischen Komitees beider Länder noch einmal auf die Aufstellung einer gemeinsamen Mannschaft für die Teilnahme an den Olympischen Spielen des Jahres 1960 geeinigt. Doch die Einführung der DDR-Flagge 1959, von westdeutscher Seite als offenkundiges Zeichen der Spaltung Deutschlands gewertet, goss neues Öl ins Feuer. Die Bundesrepublik erkannte die neue Flagge nicht an und es entbrannte ein Streit darüber, unter welchem Banner die gemeinsame Mannschaft antreten sollte. Trotz der schließlich gefundenen Einigung auf eine olympische Version – die olympischen Ringe auf der schwarz-rot-goldenen Trikolore – fanden sich im Laufe des Jahres immer wieder Anlässe zu neuen Auseinandersetzungen. Das MfS berichtete über das Jahr verteilt in insgesamt sechs überlieferten Einzelinformationen, wie bundesdeutsche Sportorganisationen gegen die DDR arbeiteten.[120]

Solange die DDR bestand, blieben die Kirchen der Stachel im Fleisch des Staatssozialismus. Sie waren die einzigen Institutionen, die sich eine gewisse Eigenständigkeit bewahren und den Menschen Freiräume jenseits der Staatsideologie bieten konnten. Außerdem waren beide Amtskirchen eng mit den Westkirchen verflochten. Die evangelischen Kirchen in der DDR waren bis 1969 Teil des gesamtdeutschen Kirchenbundes Evangelische Kirche Deutschlands (EKD) und blieben den Westkirchen auch nach der strukturellen Trennung eng verbunden. Gleichermaßen löste sich die katholische Kirche in der DDR nach Gründung der Berliner Bischofskonferenz 1976 formal nie von der Westkirche. Deshalb galten beide Kirchen als »Einfallstor für den westlichen Imperialismus«.[121] So empfand die DDR-Führung kirchliche Aktivitä-

119 Vgl. die Informationen 3/59, 4/59, 9/59, 59/59 und 337/59.

120 Vgl. die Informationen 15/59, 17/59, 24/59, 424/59, 831/59 und 831a/59.

121 Besier, Gerhard; Wolf, Stephan (Hg.): »Pfarrer, Christen und Katholiken«. Das Ministerium für Staatssicherheit der ehemaligen DDR und die Kirchen. Neukirchen-Vluyn [2]1992, S. 4.

ten grundsätzlich als Bedrohung. Aus diesem Grunde ist das Verhältnis zwischen Kirche und Staat im Berichtswesen des MfS ein Dauerthema und es verwundert vor diesem Hintergrund nicht, wenn kirchliches Leben und Engagement hier immer wieder mit Termini wie »feindlich« oder »Feindtätigkeit« charakterisiert werden. Der Jahrgang 1959 enthält drei Berichte, die kirchliche Aktivitäten aus diesem Blickwinkel betrachten.[122]

Ein ähnlich kritisches Verhältnis hatte die DDR-Führung zur Intelligenz, der sie einerseits ihre noch viel zu tiefe Verankerung im bürgerlichen Denken vorwarf. Andererseits hatte sie jüngst einzelne Vertreter der geistigen Elite wegen reformkommunistischer Ideen und Forderungen mit Berufsverbot oder sogar mit Gefängnisstrafen belegt. Die SED-Führung misstraute ihren Forschern und Denkern. Sie bildeten 1959 zwar nicht den Fokus der Berichterstattung, einzelne Informationen befassen sich aber doch mit ihren Tätigkeiten und ihrem Verhältnis zum Staat.[123]

Die übrigen Berichte greifen unterschiedliche Themen auf, die – nebeneinander betrachtet – punktuell Einblick in das gesellschaftliche Alltagsleben gewähren, vornehmlich an den Stellen, an denen es nicht den gewünschten sozialistischen Gang ging. Da gab es eine Gruppe protestierender Studenten an der Technischen Hochschule Dresden, die sich gegen die ideologische Bevormundung wehrte.[124] Im März 1959 stürzte das Prestigemodell des DDR-Flugzeugbaus, das Passagierflugzeug »B 152«, bei seinem zweiten Probeflug vom Himmel und läutete damit das Ende das Flugzeugbaus in der DDR ein.[125] In den Reihen der Betriebskampfgruppen weigerten sich Einzelne, das zum 10. Jahrestag der DDR eingeführte Gelöbnis zu sprechen.[126] Immer wieder brannten Waldstücke oder wurden Strohmieten angezündet. Eine Schiffsladung mit Embargogut (Borerz) für die DDR wurde von amerikanischen Marineeinheiten aufgebracht[127] und auf einem Wandtafelkalender für das Jahr 1960 wurde neben den 17. Juni eine »Provokation« gedruckt – eine vom 16. (Fronleichnam) auf den 17. Juni reichende Klammer, die den 17. Juni ebenfalls als Feiertag erschienen ließ.[128] Berichtet wurde auch über einzelne Personen, die aus unterschiedlichen Gründen für das MfS von Interesse waren. Etwas aus dem Rahmen fällt dabei die Darstellung der Verhaftung des Kapitänleutnants Horst Ludwig, der für das MfS und später auch für den KGB gespitzelt hatte. Es war der erste spektakuläre Spionagefall in der Bundeswehr. Die Informationsgruppe des MfS bezog sich hier nicht auf eigene Informationen, sondern auf eine Artikelserie im »Spiegel«.[129]

122 Vgl. Informationen 251/59, 672/59 und 676/59.
123 Vgl. Informationen 419/59, 515/59 und 439/59.
124 Vgl. Informationen 12/59 und 118/59.
125 Vgl. Information 69/59.
126 Vgl. Information 699/59.
127 Vgl. Information 168/59.
128 Vgl. Information 914/59.
129 Vgl. Information 5/59.

All diese Ereignisse, in ihrer Vielfalt nur durch das Datum geordnet, zeigen in ihrer Heterogenität, wie akribisch die Stasi sämtliche Lebensbereiche kontrollierte und welche Prioritäten dabei gesetzt wurden.

3. Struktur und Entwicklung der ZIG bis 1959

Den Ausgangspunkt für den Aufbau einer systematischen und regelmäßigen Berichterstattung über die Sicherheitslage im Land und die Stimmung in der Bevölkerung bildeten die Ereignisse des 17. Juni 1953. Die SED warf der Staatssicherheit vor, ihr Informationsapparat hätte die entstandene konfliktreiche Lage nicht adäquat eingeschätzt. So gehörte es zu den ersten Amtshandlungen des nach dem Aufstand neu eingesetzten Leiters Ernst Wollweber in der Zentrale und den Bezirksverwaltungen der Staatssicherheit Informationsgruppen aufzubauen. Diese hatten die Aufgabe, alle eingehenden Informationen auszuwerten und besonders jene zu selektieren, die für die Beurteilung der Situation im Land relevant waren. Die Gruppen etablierten einen täglich erscheinenden Informationsdienst, der nach einem festen Schema über die wirtschaftliche Lage, die Stimmung in der Bevölkerung, besondere Ereignisse und (westlich gesteuerte) »Feindtätigkeiten« berichtete sowie Einschätzungen zur Lage gab. Das Aufgabenfeld der Informationsgruppen, die Struktur der Berichte und die Berichtsintervalle wurden in den folgenden Jahren mit zunehmender Erfahrung und Änderung der politischen Gegebenheiten immer wieder modifiziert. Ziel war eine kontinuierliche und effektive Versorgung der Parteiführung mit Informationen aus allen Bereichen des gesellschaftlichen Lebens und über »Störungen« durch innere und äußere Feinde.[130] Wichtigste Quelle der Informationsbeschaffung waren die Geheimen Mitarbeiter des MfS.[131]

Die Informationsgruppen waren anfangs klein und bestanden 1953 im Ministerium aus vier und in den Bezirksverwaltungen aus zwei bis drei Mitarbeitenden. Die Mitarbeiterzahl wuchs aber rasch an und hatte sich in der Berliner Zentrale 1956 bereits vervierfacht. Aus der Informationsgruppe war eine eigene Abteilung geworden, die aus drei inhaltlich spezialisierten Referaten bestand.

1957 wurde die Informationstätigkeit des MfS im Zuge eines schweren Konfliktes zwischen Stasi-Chef Ernst Wollweber und Walter Ulbricht (an dessen Ende die Entlassung Wollwebers und die Einsetzung Erich Mielkes stand) vom Parteichef scharf kritisiert. Ulbricht bemängelte zu viel feindliche Stimmung in der Berichterstattung und fürchtete um die ideologische Standfestigkeit der Mitarbeitenden bei der Auseinandersetzung mit so viel gegneri-

130 Vgl. Engelmann, Roger; Joestel, Frank: Die Zentrale Auswertungs- und Informationsgruppe (MfS-Handbuch). Hg. BStU. Berlin 2009, S. 18 f.

131 Die Bezeichnung wechselte nach 1968 in »Inoffizielle Mitarbeiter«.

scher Hetze.[132] Die Berichtstätigkeit wurde infolgedessen stark zurückgefahren. Der umfassende Informationsdienst wurde eingestellt und nur die über punktuelle Ereignisse berichtenden Einzelinformationen weitergeführt. Die Bezirksverwaltungen schafften die Informationsgruppen größtenteils ganz ab. Die Mitarbeiterzahl in der Berliner Zentrale sank 1958 im Vergleich zu 1956 um mehr als die Hälfte. Im November 1957 erhielt die Abteilung mit dem noch recht jungen Werner Irmler einen neuen Leiter, dem es gelingen sollte, sie im Laufe der Entwicklungen der folgenden Jahre mit neuen, erweiterten Kompetenzen auszustatten.[133]

1959 änderte sich die Situation für die Informationsorgane grundlegend. Im Zuge einer Umstrukturierung in der Hauptverwaltung Aufklärung des MfS (HV A) wurde das bis dahin eigenständige Berichtswesen der HV A der Abteilung Information einverleibt. Das war mit einem deutlichen Bedeutungszuwachs verbunden. Die Abteilung wurde in »Zentrale Informationsgruppe« (ZIG) umbenannt und war nun für die gesamte Informationsarbeit des MfS zuständig. Die Signifikanz dieser Veränderung wird u. a. daran deutlich, dass die aus der HV A stammenden Berichte im Jahr 1959 fast 85 Prozent aller an die Parteiführung adressierten Informationen ausmachten.[134] Dieser Anteil sank in den folgenden Jahren wieder.

Auch personell hatte diese Entwicklung Konsequenzen. Irmler musste seinen Leitungsposten an den bisher in der HV A zuständigen Leiter für Information und Schulung Robert Koch abgeben. Er wurde dessen Stellvertreter, behielt aber auch in dieser Position nicht unerheblichen Einfluss auf die Entwicklung der ZIG. Die Berichterstattung wurde wieder dichter und erlangte vor allem im Zusammenhang mit der ab Ende 1959 wieder steigenden Zahl von Fluchten in die Bundesrepublik und nach Westberlin neue Relevanz.[135] 1960 wurden die Informationsgruppen in den Bezirksverwaltungen wieder eingesetzt. Damit erhielt die Berichterstattung eine neue, breitere Basis. Darauf aufbauend entwickelte sich die ZIG zu einem komplexen Informationsorgan mit zentraler Bedeutung für den Apparat der Staatssicherheit.

4. Berichtsarten des Jahrgangs 1959

1957 wurde, wie bereits ausgeführt, der »Informationsdienst« eingestellt, der alle für die Berichterstattung damals relevanten Themenfelder abdeckte (Situation in Industrie und Landwirtschaft, Stimmung in der Bevölkerung, politisch bedeutsame Ereignisse, »Feindtätigkeit«, Reaktionen des Westens) und mit einer aktuellen Beurteilung der Lage abschloss. Danach erstellte die ZIG

132 Vgl. Engelmann, Roger; Joestel, Frank: Die Zentrale Auswertungs- und Informationsgruppe (MfS-Handbuch). Hg. BStU. Berlin 2009, S. 22 f.
133 Vgl. ebenda, S. 25.
134 Vgl. ebenda.
135 Vgl. ebenda, S. 26.

nur noch die über einzelne Geschehnisse berichtenden »Einzelinformationen«. Erst 1961 wurde die Berichterstattung wieder stärker systematisiert und zur Überbringung aller »›koordinierungspflichtigen‹ Meldungen und Berichte« in fünf Kategorien eingeteilt, wobei u. a. »Einzelinformationen« und »Berichte« eine jeweils eigene Kategorie bildeten.[136] Die im Jahr 1959 verfassten Schreiben sind sowohl mit »Bericht« als auch mit »Information« überschrieben. Ob eine formale Unterscheidung zwischen beidem schon zu diesem Zeitpunkt gemacht wurde, ist nicht bekannt und es ist nicht ersichtlich, dass die Mitarbeitenden der ZIG 1959 zwischen »Bericht« und »Information« trennten. Beide Termini werden synonym gebraucht. Es gab also nur eine Art der Berichte.

Differenziert werden kann inhaltlich zwischen solchen Berichten, die über Ereignisse unterschiedlichster Art und Missstände in den verschiedenen gesellschaftlichen Bereichen unterrichteten und solchen, die die Stimmung der Bevölkerung oder einzelner Bevölkerungsgruppen zu bestimmten Anlässen wiedergaben. Die Berichte, die Vorbereitung und Verlauf der Feierlichkeiten zum 10. Jahrestag der DDR thematisieren, sind komplexer und beinhalten sowohl Stimmungsbeschreibungen als auch Informationen über »Feindtätigkeiten« und Vorkommnisse, die das MfS für berichtsrelevant hielt.

5. Entstehung und Rezeption der Berichte

Über die Genese der ZIG-Berichte ist bislang wenig bekannt und es gibt im Konvolut des Jahrgangs 1959 allein keine direkten Hinweise darüber, über welche Problematiken die Parteiführung auf ausdrücklichen Wunsch unterrichtet werden wollte und über welche Themen das MfS in eigenem Interesse Informationen sammelte und niederschrieb. In manchen Fällen enthalten die Berichte Hinweise auf weiterführende Vorgänge, die das MfS zu einzelnen Ereignissen anlegte. Verwiesen sei hier auf die Ausführungen unter Punkt 2.5 zur Aktion »Friedensfest«, die das MfS zur Überwachung der Vorbereitungen und Feierlichkeiten zum 10. Jahrestag der DDR installierte. Aus den dazu noch vorhandenen Unterlagen geht hervor, dass die ZIG im Rahmen dieses Vorgangs täglich Informationen aus den Bezirksverwaltungen erhielt, die die Grundlage für ihre Berichte bildeten. Allerdings sind die Bestände zur »Aktion Friedensfest« vermutlich nicht mehr vollständig erhalten. Gleiches gilt für die Rezeption. Die Berichte bieten keine Anhaltspunkte, die verlässlich erkennen lassen, in welcher Form sie von den Adressaten aufgenommen wurden und welche unmittelbaren Konsequenzen dies hatte.

Entstehungszusammenhänge und Rezeption der Berichte können nur unter Hinzunahme weiterer Dokumente sowohl aus den Beständen des Stasi-

136 Außer zwischen »Bericht« und »Einzelinformation« wurde noch unterschieden in »Sofortmeldung«, »Ergänzungsmeldung« und »militärische Sonderinformation«. Vgl. ebenda, S. 29.

Unterlagen-Archivs als auch der Archive des SED-Apparates und im größeren Zusammenhang mit Untersuchungen zum Verhältnis zwischen SED und MfS erforscht werden. Das bietet die Chance, Überschneidungen und Verflechtungen im Berichtswesen des MfS und der SED zu untersuchen.[137] Denn, wie hier am Beispiel der Republikflucht angesprochen, verfassten auch Institutionen des Parteiapparates Berichte zu bestimmten Problemen und politisch bedeutsamen Ereignissen.

6. Verteiler

Von den 131 hier edierten Berichten wurden 52 nicht an Empfänger außerhalb des MfS verschickt. Elf dieser Berichte ließ die ZIG auch innerhalb des MfS nicht verteilen. Insgesamt gingen also 79 Berichte des Jahrgangs 1959 in wechselnden Verteilern an 28 Spitzenfunktionäre des Partei- und Staatsapparates. Die meisten dieser Adressaten wurden mit weniger als zehn Berichten innerhalb des gesamten Jahres, teilweise sogar nur mit ein oder zwei Berichten, bedacht, darunter auch der KGB mit insgesamt acht Berichten. Entsprechend der vorherrschenden ökonomischen Thematik in der Berichterstattung 1959 waren Wirtschaftsfunktionäre die bevorzugten Adressaten: 28 Berichte übersendete die ZIG an Alfred Neumann, ZK-Sekretär für Organisation und ab 1961 Vorsitzender des Volkswirtschaftsrates, 25 an den Vorsitzenden der Staatlichen Plankommission Bruno Leuschner und 24 an Erich Apel, dem Leiter der Wirtschaftskommission beim Politbüro des ZK der SED.

Walter Ulbricht erhielt 22 der im Jahr 1959 verfassten Berichte, die bis auf Informationen über Spionage und »Feindtätigkeiten« annähernd das gesamte Themenspektrum des Jahrgangs umfassen. Darunter befinden sich auch fünf der wenigen an Partei- und Staatsfunktionäre verteilten Berichte, die über die Stimmung in der Bevölkerung oder in bestimmten Bevölkerungsgruppen informieren.

Erich Honecker war Empfänger von 16 Berichten. Seiner damaligen Funktion als ZK-Sekretär für Sicherheitsfragen entsprechend erreichten ihn vor allem Informationen über Vorkommnisse an der Staatsgrenze und Republikflucht, oppositionelles Aufbegehren und »feindliche Handlungen« im Land, Havarien im Braunkohletagebau und die gleichen Stimmungsberichte wie Walter Ulbricht.

Die Berichte, die die Mauern des MfS nicht verließen, befassen sich vorrangig mit Problemen der inneren Sicherheit, mit dem Fluchtgeschehen und der »Feindtätigkeit gegen die DDR« vom Boden der Bundesrepublik aus. Zu

137 Darauf macht auch Georg Herbstritt in seinen Ausführungen zur Edition der Berichte des Jahrgangs 1963 aufmerksam. Vgl. Herbstritt, Georg: Einleitung 1963. In: Münkel, Daniela (Hg.): Die DDR im Blick der Stasi. Die geheimen Berichte an die SED-Führung 1963. Göttingen 2020, S. 60.

ihnen gehörten der größte Teil der Stimmungsberichte und alle Berichte, die im Zusammenhang mit den Feierlichkeiten zum 10. Jahrestag der DDR verfasst wurden. Möglicherweise wirkte hier noch die grundsätzliche Kritik Ulbrichts an der Stimmungsberichterstattung nach, sodass die ZIG diese Berichte nur für den internen Gebrauch anfertigen ließ. Die Berichte über »Feindtätigkeit« im weiteren und Spionage im engeren Sinn enthielten mitunter sicherheitsrelevante Informationen, die nicht in jedem Fall an Politiker weitergegeben wurden. Die Spionagebekämpfung war ureigenes Geschäft des Staatssicherheitsdienstes.

7. Druckauswahl und Formalia

Das Konvolut der ZIG-Berichte des Jahrgangs 1959 ist zwar nicht so umfangreich wie das vieler anderer Jahrgänge, würde aber trotzdem die für die Printfassung der Edition festgelegte Seitenzahl überschreiten. Aus diesem Grunde musste hierfür eine begrenzte Anzahl von Berichten ausgewählt werden. Dabei wurde versucht, eine Auswahl zu treffen, die sowohl einen repräsentativen Querschnitt der im Jahr 1959 abgehandelten Themen darstellt als auch Berichte enthält, die über das Jahr 1959 hinaus von historischer Bedeutung sind. Die vollständige Edition ist in einer Datenbank recherchierbar (https://1959.ddr-im-blick.de), die eine Volltextrecherche ermöglicht.

Stilistische Mängel und gravierende grammatikalische Fehler in den Berichten wurden aus Gründen der Quellenauthentizität beibehalten und gegebenenfalls mit einem »[sic!]« versehen. Die Mitarbeiterinnen und Mitarbeiter der ZIG schrieben besonders häufig Orts- und Personennamen falsch. Diese wurden im Text korrigiert, in einer Fußnote aber auf die Schreibung im Origina, hingewiesen. In Fällen, in denen die Schreibweise so entstellt ist, dass Personen- oder Ortsnamen, mitunter auch Bezeichnungen von Betrieben und Institutionen, nicht eindeutig zugeordnet werden können, ist die mutmaßliche Zuordnung mit »vermutlich« gekennzeichnet.

Zum Schutz der Persönlichkeitsrechte der in den Berichten erwähnten Personen mussten zahlreiche Personennamen anonymisiert werden. In den meisten Fällen handelt es sich dabei um völlig unbekannte Personen, die an anderer Stelle nicht wieder erwähnt werden. Die Aussagekraft der Quellen wird dadurch nicht beeinträchtigt. Durch Nummerierung ist gewährleistet, dass die Namen eindeutig zugeordnet werden können, gegebenenfalls auch dokumentenübergreifend. In einigen Fällen wurden im Zusammenhang mit der Nennung von Personennamen auch Sachverhalte getilgt, um die Persönlichkeitsrechte der Genannten zu schützen. Diese Tilgungen sind im edierten Text mit »[Passage mit schutzwürdigen Informationen nicht wiedergegeben]« kenntlich gemacht.

8. Schlussbemerkungen

1959 schien es gelungen, die sozialistischen Machtverhältnisse in der DDR zu konsolidieren, ohne damit noch nennenswerte Gegenreaktionen auszulösen. Ulbricht hatte reformsozialistische Debatten unter Intellektuellen durch Repressionen beendet und die innerparteiliche Opposition ausgeschaltet. Von den anderen Parteien waren keine Widerstände gegen die SED-Politik mehr zu erwarten. In ihrer Macht bestärkt, hatte die SED-Führung auf dem V. Parteitag im Juli 1958 die Vollendung der sozialistischen Umgestaltung der Gesellschaft als kurzfristiges Ziel proklamiert. Dabei setzte sie vor allem auf ökonomische Anreize, um sich die Zustimmung der Menschen zu verschaffen. Der Beschluss des V. Parteitages der SED, die Bundesrepublik im Pro-Kopf-Verbrauch an Lebensmitteln und Konsumgütern zu übertreffen, diente propagandistisch der Mobilisierung der Menschen für den Aufbau des Sozialismus, tatsächlich aber sollte auf diese Weise der materiellen Unzufriedenheit der Menschen begegnet und damit eine wesentliche Fluchtursache beseitigt werden. So stand die Wirtschaftspolitik 1959 auf Platz eins der Agenda der eher programmatisch als pragmatisch ausgerichteten SED-Politik, beschränkte sich aber nicht auf diese. Die flächendeckende Einführung der zehnklassigen allgemeinbildenden polytechnischen Oberschule zielte auf die frühzeitige Verbindung von Lern- und Arbeitswelt. Im kulturellen Bereich wurden Kunst und Literatur auf den »Bitterfelder Weg« gebracht, um auch diesen Bereich den Erfordernissen der Produktion unterzuordnen und die starke soziale Einbindung des Menschen in seine Arbeitswelt als neues Lebensgefühl zu thematisieren.

1959 feierte die DDR ihr zehnjähriges Gründungsjubiläum. Die SED-Führung stilisierte diesen Jahrestag zu einem Meilenstein auf dem Weg zur Vollendung des Sozialismus und demonstrierte mit propagandistischem Großaufgebot die Einheit von Partei und Volk, Selbstbewusstsein und Stärke. Und nicht zufällig führte die Regierung am 1. Oktober, nur wenige Tage vor dem großen Fest, eine neue Staatsflagge ein. Bis dahin war die schwarz-rot-goldene Trikolore die Fahne beider deutscher Staaten. Nun prangte darauf das Staatsemblem der DDR, das mit Hammer und Zirkel im Ährenkranz die Einheit von Arbeiterklasse, Bauern und Intelligenz symbolisierte. Fest und Fahne sollten vor allem auch ein starkes Zeichen nach außen setzen. Auf innerdeutscher und internationaler Ebene erhielt die Frage der Wiedervereinigung Deutschlands und einer Lösung der Berlin-Problematik infolge des Chruschtschow'schen Berlin-Ultimatums eine neue Dynamik. Die eigene Staatsflagge unterstrich Ulbrichts Forderung nach Anerkennung der Souveränität der DDR und sein Bestreben, Berlin zur Hauptstadt der DDR zu machen.

Aus der Retrospektive betrachtet, weisen die Ereignisse des Jahres 1959 auf die Zäsur des Jahres 1961 hin. Trotz wachsender Industrieproduktion deutete sich die Krise deutlich an. Die überzogenen Ziele der »ökonomischen Hauptaufgabe« verschärften schon bestehende wirtschaftliche Schieflagen.

Es kam zu Engpässen in der Versorgung mit bestimmten Lebensmitteln. Das heizte die Unzufriedenheit in der Bevölkerung an. Die angestrebten Veränderungen zur Vollendung des Sozialismus gründeten nicht auf einem gesellschaftlichen Konsens, sondern wurden administrativ durchgesetzt, bei Bedarf flankiert durch repressive Maßnahmen (so beispielweise bei der Kollektivierung der Landwirtschaft). Der »neue Mensch« wuchs nicht heran, sondern sollte durch Thesen und Gebote erzwungen werden. Oppositionelle Bestrebungen schienen ausgeschaltet, doch unter der Oberfläche schwelte es weiter. Die Berichte der ZIG zeugen nicht nur von Missständen in der Wirtschaft, sondern auch von Lohnforderungen der Arbeiterinnen und Arbeiter, sogar von vereinzelten Streikmaßnahmen. Die Debatten unter Intellektuellen und Studenten wurden fortgeführt. Die im Januar 1959 verhafteten Mitglieder des 1956 aus einer Schülergruppe hervorgegangenen »Nationalkommunistischen Studentenbundes« hatten neben politischen Forderungen wie Meinungs- und Pressefreiheit auch ein Ende der Ideologisierung der Lehre an Universitäten und Hochschulen verlangt.

Der wichtigste Indikator für die Stimmung unter den Menschen war das Fluchtgeschehen. Zwar hatten 1959 insgesamt deutlich weniger Menschen die DDR in Richtung Westdeutschland und Westberlin verlassen als in den Jahren zuvor. Die Zahlen geflüchteter Ärzt/innen, Wissenschaftler/innen und Oberschüler/innen aber stiegen weiterhin an. Und schon 1960 wendete sich das Blatt im Zuge sich zuspitzender ökonomischer Probleme wieder. Die zunehmenden »Republikfluchten« und der damit verbundene Fachkräfteschwund verschärften die Situation zur Krise. Das Ende ist bekannt. In dieser Hinsicht war das Jahr 1959 ein Jahr zwischen Konsolidierung und Krise.

Die Berichterstattung des MfS spiegelt das Primat der Ökonomie in der SED-Politik des Jahres 1959 wider. Bemerkenswert ist, dass es offensichtlich keinerlei Berichte gibt, die die Bildungsreform und die Bitterfelder Konferenz als programmatisches kulturpolitisches Ereignis thematisiert hätten. Wenn auch Bildungswesen und der kulturelle Bereich zum damaligen Zeitpunkt noch nicht so sehr im Fokus der Staatssicherheit standen wie in der zweiten Hälfte der DDR-Geschichte, so waren beides doch wegweisende Projekte der SED und unter den Menschen durchaus nicht unumstritten. Insbesondere die Bitterfelder Konferenz hatte einen Nachklang unter Schriftsteller/innen und Künstler/innen, der nicht zwingend der Harmonielehre der SED folgte. Möglicherweise galt das widerständige Potenzial dieser Szene für die Parteispitze noch als leicht beherrschbar. Über die tatsächlichen Gründe dafür kann bislang nur spekuliert werden. Es bleibt aber darauf hinzuweisen, dass die weitreichende Überwachung durch das MfS nicht zwingend dazu führte, dass dessen Berichte alle Problemlagen der DDR-Gesellschaft oder gar den Alltag der Menschen widerspiegeln. Die Stasi berichtete aus dem speziellen Blickwinkel der Geheimpolizei und ihr Blick war dabei oft genug (nur) ein Tunnelblick.

9. Anhang: Adressaten der Berichte 1959

Tabelle 1: Adressaten der Berichte 1959 außerhalb des MfS

Name, Vorname, Funktion	Information Nr.	Anzahl
Apel, Erich (Jg. 1917) Kandidat des ZK der SED, Leiter der Wirtschaftskommission beim Politbüro des ZK der SED	14, 19, 21, 22, 101, 103, 303, 304, 322, 366, 379, 385, 428, 429, 572, 634, 646, 698, 707, 803, 807, 814, 830, 858	24
Blecha, Kurt (Jg. 1923) Leiter des Presseamtes beim Vorsitzenden des Ministerrates, Mitglied der Agitationskommission beim Politbüro des ZK der SED	222	1
Borning, Walter (Jg. 1920) Stellvertretender Leiter der Abteilung Sicherheit des ZK der SED	515	1
Eggerath, Werner (Jg. 1900) Staatssekretär für Kirchenfragen	672	1
Glückauf, Erich (Jg. 1903) Leiter des Arbeitsbüros des ZK der SED für Gesamtdeutsche Arbeit	13	1
Gregor, Kurt (Jg. 1907) 1. Stellvertretender Vorsitzender der Staatlichen Plankommission und Mitglied des Ministerrates der DDR	545	1
Grotewohl, Otto (Jg. 1894) Ministerpräsident der DDR	118, 672, 676, 705, 803, 909	6
Grüneberg, Gerhard (Jg. 1921) Kandidat des Politbüros des ZK der SED, Mitglied des Nationalrates der Nationalen Front	14, 909	2

Name, Vorname, Funktion	Information Nr.	Anzahl
Hager, Kurt (Jg. 1912) Mitglied des ZK der SED und Sekretär für Wissenschaft, Volksbildung und Kultur, Kandidat des Politbüros des ZK der SED	2, 366, 439, 660, 673, 692, 695	7
Handwerker, Berthold (Jg. 1920) Leiter der Abteilung Grundstoffindustrie (Abt. Kohle, Bergbau, Energie und Chemie) im ZK der SED	634	1
Honecker, Erich (Jg. 1912) Mitglied des Politbüros des ZK der SED, Sekretär des ZK der SED, verantwortlich für Sicherheitsfragen	2, 3, 4, 9, 10, 12, 12a, 18, 23, 560, 587, 587b, 651, 676, 699, 705	16
KGB Berlin-Karlshorst	3, 4, 6, 9, 18, 418, 646, 453	8
Kramer, Erwin (Jg. 1902) Minister für Verkehrswesen und Generaldirektor der Deutschen Reichsbahn	568	1
Leuschner, Bruno (Jg. 1910) Mitglied des Politbüros des ZK der SED, Vorsitzender der Staatlichen Plankommission, stellvertretender Vorsitzender des Ministerrates	14, 21, 22, 101, 103, 155, 249, 303, 304, 322, 366, 385, 418, 428, 429, 646, 647, 698, 707, 803, 807, 814, 830, 858, 859	25
Maron, Karl (Jg. 1903) Minister des Innern, Mitglied des ZK der SED	12a, 390	2
Matern, Hermann (Jg. 1893) Mitglied des Politbüros des ZK der SED, Mitglied des Nationalrates der Nationalen Front	3, 4, 9, 373, 560	5
Mückenberger, Erich (Jg. 1910) Mitglied des Politbüros des ZK der SED	390, 439, 843	3

Name, Vorname, Funktion	Information Nr.	Anzahl
Neumann, Alfred (Jg. 1909) Mitglied des Politbüros des ZK der SED, Sekretär des ZK der SED	2, 3, 4, 9, 14, 303, 304, 322, 366, 373, 379, 390, 407, 418, 568, 587, 587b, 644, 646, 649, 651, 676, 692, 698, 699, 705, 814, 843	28
Norden, Albert (Jg. 1904) Mitglied des Politbüros des ZK der SED und hier Leiter der Agitationskommission	3, 4, 9, 13	4
Plenikowski, Anton (Jg. 1902) Leiter des Büros des Präsidiums, des Ministerrates, Staatssekretär, Kandidat des ZK der SED	726, 740	2
Rau, Heinrich (Jg. 1899) Mitglied des Politbüros des ZK der SED, Minister für Außen- und Innerdeutschen Handel	418, 522, 646	3
Reichelt, Hans (Jg. 1925) Minister für Land- und Forstwirtschaft	390	1
Scholz, Paul (Jg. 1902) Stellvertretender Vorsitzender des Ministerrates der DDR, Vorsitzender des Zentralen Beirates für LPG beim Ministerrat	390	1
Schwab, Sepp (Max Joseph) (Jg. 1897) Stellvertretender Minister für Auswärtige Angelegenheiten, verantwortlich für die Außereuropäische Abteilung und die Abteilung Internationale Organisationen	444	1
Stoph, Willi (Jg. 1914) Mitglied des Politbüros des ZK der SED, Minister für Nationale Verteidigung, stellvertretender Vorsitzender des Ministerrates	18, 481	2

Name, Vorname, Funktion	Information Nr.	Anzahl
Ulbricht, Walter (Jg. 1893) Mitglied des SED-Politbüros, 1. Sekretär des ZK der SED, 1. Stellvertreter des Vorsitzenden des Ministerrates	2, 3, 4, 9, 12, 13, 18, 21, 22, 249, 385, 419, 439, 540, 568, 673, 676, 692, 705, 803, 843, 909	22
Verner, Paul (Jg. 1911) Mitglied des Sekretariats und Kandidat des Politbüros des ZK der SED, verantwortlich für Westpropaganda, 1. Sekretär der SED-Bezirksleitung Berlin	13, 15, 17, 24, 101, 373, 425, 676, 695	9
Warnke, Herbert (Jg. 1902) Mitglied des Politbüros des ZK der SED, Vorsitzender des FDGB	101, 379, 568, 572, 698	5
Winzer, Otto (Jg. 1902) Staatssekretär und Erster Stellvertreter des Außenministers	250, 673	2

Tabelle 2: Name und Funktion der Adressaten innerhalb des MfS 1959

Name, Vorname	Funktion
Beater, Bruno	Stellvertreter des Ministers für Staatssicherheit, Mitglied des Kollegiums des MfS zuständig für die Anleitung der HA II (Spionageabwehr), HA V (Kultur, Opposition), Abt. VII (Polizei, Ministerium des Innern), Abt. VIII (Beobachtung), Abt. M (Postkontrolle), AG Sicherung
Fruck, Hans	Stellvertretender Leiter der HV Aufklärung (HV A)
Irmler, Werner	Leiter der ZIG
Kleinjung, Karl	Leiter der HA I (NVA und Grenztruppen), Mitglied des Kollegiums des MfS
Koletzki, Erwin	Leiter der HV A/VII (Auswertung und Information)

Name, Vorname	Funktion
Krusch, Heinz	ZIG-Mitarbeiter
Mielke, Erich	Minister für Staatssicherheit
Otto, Walter	Leiter der Arbeitsgruppe Anleitung und Kontrolle
Schröder, Fritz	Leiter der HA V (Staatsapparat, Kirchen, Kultur)
Walter, Otto	1. Stellvertreter des Ministers für Staatssicherheit, Mitglied des Kollegiums des MfS zuständig für die Anleitung der HA III (Volkswirtschaft), HA XIII (Verkehrswesen), Abt. VI (Forschung und Rüstungsindustrie), Abt. XI (Chiffrierwesen), Abt. F (Funkabwehr), Abt. K (Operativ-technische Mittel), AG Anleitung und Kontrolle, AG wissenschaftlich-technische Auswertung
Weidauer, Herbert	Leiter der HA III (Sicherung der Volkswirtschaft)
Wichert, Erich	Leiter der Verwaltung Groß-Berlin des MfS, Mitglied des Büros bzw. des Sekretariats der SED-Bezirksleitung Berlin
Wolf, Markus	Leiter der HV Aufklärung (HV A), stellvertretender Minister für Staatssicherheit, Mitglied des Kollegiums des MfS
Ziehm, Ingrid	ZIG-Mitarbeiterin (Stimmung, »Hetzschriften«)

Editionsgrundsätze

Daniela Münkel

Die geheimen Stasi-Berichte an die SED-Führung über die DDR werden vollständig ediert. Nicht aufgenommen werden die vorwiegend von der Hauptverwaltung A stammenden Berichte über die Bundesrepublik und das Ausland. Eine weitergehende Auswahl findet nicht statt. Die Dokumente sind in der Edition unabhängig von ihrer Zugehörigkeit zu einer Berichtsserie (»Informationsdienst«, »Analysen«, »Informationen«, »O-Reihe« und »K-Reihe«) chronologisch sortiert.[1] Dabei sind Nummerierung und Datum nicht immer kongruent. Sortierkriterium ist das Datum.

Um den Anforderungen einer zeitgemäßen Edition gerecht zu werden und insbesondere eine digitale Volltextrecherche zu ermöglichen, werden – neben der 320-seitigen Auswahledition in Buchform – das gesamte Textkorpus, die Einleitungstexte, die Faksimiles, die Fußnoten, die Dokumentenköpfe und -apparate sowie das Abkürzungs- und Dokumentenverzeichnis in Form einer Datenbank und ein Jahr nach Erscheinen des jeweiligen Jahrgangs im Internet publiziert (www.ddr-im-blick.de). Da die gesamte Edition in elektronischer Form vorliegt und durch die Datenbank mit komfortabler Volltextrecherche erschlossen werden kann, wurde auf die Erstellung von Registern verzichtet.

Kommentierung

Die Kommentierung wird möglichst knapp gehalten. Sie soll den historischen Kontext verständlich machen und eine Orientierungshilfe für die Nutzerinnen und Nutzer sein. Der Kommentar erläutert kurz Begriffe, Ereignisse und Sachverhalte, die aus dem Bericht nicht verständlich werden und ergänzt diese u. U. durch Hinweise auf einschlägige Forschungsliteratur. Darüber hinaus werden textkritische Hinweise gegeben sowie erwähntes veröffentlichtes Schriftgut bzw. audio-visuelle Medienprodukte nachgewiesen. Personennamen werden generell erläutert, wobei die Kommentierung sich auf die Angabe des Geburtsjahrgangs sowie diejenigen Ämter und Funktionen beschränkt, die die betreffende Person zum jeweiligen Zeitpunkt innehatte. Weitere Angaben erfolgen nur, wenn sie für den historischen Kontext des jeweiligen Dokumentes von Belang sind. Ausgenommen von der Erläuterung sind lediglich Personen von absoluter historischer Bedeutung, wie beispielsweise Stalin oder Hitler. Fehlende biografische Angaben bei anderen Personen sind darauf zurückzuführen, dass sie sich nicht mit vertretbarem Aufwand ermitteln ließen. Um jedes Dokument für sich verständlich zu machen und eine Häufung von

1 Zur Erläuterung der diversen Berichtsseriene vgl. das Vorwort zu dieser Edition.

Querverweisen zu vermeiden, wird jedes Dokument eigenständig kommentiert. Deshalb tauchen manche Fußnoten gleichen Inhalts in mehreren Dokumenten auf. Die Fußnotenzählung beginnt für jedes Dokument neu. Verweise auf die zentrale Presse der DDR (»Neues Deutschland«, »Berliner Zeitung«, »Neue Zeit«) werden durch die Verlinkung auf die ZEFYS-Portal der Deutschen Staatsbibliothek Berlin ergänzt. Für die Nutzung dieser Daten ist die Anmeldung auf der Website http://zefys.staatsbibliothek-berlin.de/ddr-presse/ erforderlich.

Wiedergabe der Berichte

Die Berichte werden vollständig inklusive Titel, Text, Datumsangabe, Verteiler, Vermerke und Anlagen ediert. Seit Ende der 1950er-Jahre wurde für die Berichte ein vorgedrucktes Formblatt verwendet, das den Zusatz »Streng geheim! Um Rückgabe wird gebeten!« im Kopf führt. Der stereotype Text des Formblattes wird in der Edition nicht reproduziert. In der Buchversion werden – aus Platzgründen – Anlagen nur dann abgedruckt, wenn sie für das Verständnis des Hauptdokuments gänzlich unverzichtbar sind oder inhaltlich einen eigenständigen Charakter haben. Sofern den Berichten Fotos oder Grafiken als Anlagen beigefügt sind, werden diese in der Regel kurz beschrieben – wenn sie sehr aussagekräftig sind und dies rechtlich möglich ist, auch abgebildet.

Der Text der Berichte wird weitestgehend im Originaltextfluss publiziert. Abgewichen wird davon durch das Ignorieren von Seitenumbrüchen sowie durch die Tilgung von inhaltslosen bzw. inhaltsschwachen Leerzeilen, Zeilenumbrüchen und Trennungen. Die Anlagen werden nach den gleichen Regeln behandelt. Deren Überschrift wird – wenn sie vorliegt – wörtlich übernommen, allenfalls ergänzt um fehlende, aber sprachlich notwendige Bestandteile.

Da die Berichte in ihrer Endfassung archiviert wurden, finden sich in den Originalen nur wenige Streichungen, Zusätze oder Vermerke, die nachzuweisen wären. Die handschriftlichen Notizen am Blattrand sowie bedeutungstragende Unterstreichungen und Hervorhebungen werden in den Fußnoten dokumentiert. In Ausnahmefällen konnten Textteile ermittelt werden, die nicht in die Endfassung eingingen; diese werden am Ende des Berichtes nachgewiesen, um die Genese des Textes transparent zu machen.

Die Rechtschreibung ist der heute gültigen angepasst. Einfache Tipp- bzw. Schreibfehler werden stillschweigend korrigiert. Stark abweichende fehlerhafte Schreibweisen werden in Fußnoten angezeigt. Vom Bearbeiter vorgenommene Einfügungen und Auslassungen sind mit eckigen Klammern gekennzeichnet. Alle Formen der Texthervorhebung in den Dokumenten (Unterstreichung, Sperrung, Versalien usw.) werden durch Kursivierung wiedergegeben. Abkürzungen sind in der elektronischen Version mit ihrer Bedeutung verlinkt, im Buch steht ein Abkürzungsverzeichnis zur Verfügung.

Fremdsprachliche Begriffe, Namen und Eigennamen werden wie im Original, jedoch unter stillschweigender Korrektur eventueller Schreibfehler, wiedergegeben. Bereits aus dem Russischen in lateinische Buchstaben übertragene Worte werden nach den geltenden Transkriptionsregeln vereinheitlicht. Ebenfalls einheitlich – nach dem derzeit gültigen Duden – wurde die Schreibweise von »Westberlin« und »Ostberlin« festgelegt.

Dokumentenkopf und Dokumentenapparat

Der Dokumentenkopf setzt sich aus Datum und Titel des Berichtes zusammen. Die Datierung bei der Reihe »Informationen« bezieht sich entweder auf die Ausfertigung durch die ZAIG oder die Bestätigung durch Erich Mielke bzw. dessen Stellvertreter. Undatierte Berichte sind in der Datumszeile durch den Zusatz [ohne Datum] kenntlich gemacht. Sofern Erklärungen zum Datum nötig waren, sind diese in der Rubrik »Datum« angemerkt. Dies gilt vor allem, wenn die Datierung fehlt oder unvollständig ist und durch die Bearbeiter festgelegt wurde (»Datierung durch den Bearbeiter«). In diesen Fällen wird zusätzlich ein (genaues) Datum festgeschrieben, welches die chronologische Einordnung des Dokuments in die Datenbank ermöglicht (»Einsortierung«).

Der Titel der »Informationen« wird gleichlautend zum Original wiedergegeben. Da vor allem in den 1950er- und 1960er-Jahren die Titel der Berichte nicht immer systematisch vergeben wurden, sind diese unter dem Begriff »Information« vereinheitlicht worden. Die Registriernummern der »Informationen« werden in den Titel integriert. Die vom ZAIG-Sekretariat erst bei der Archivierung festgelegten Ablagenummern der Serien O und K werden ebenfalls im Titel nachgewiesen; sie stehen jeweils am Ende in eckigen Klammern. Die Serie »Sonderinformationen« der frühen 1950er-Jahre wird der Reihe »Informationen« zugeordnet. Diese wie auch die in den ersten Jahren bestehende Serie »Analysen« erhalten eine vom Bearbeiter vergebene – in eckigen Klammern stehende – technische Nummerierung (bestehend aus laufender Nummer, Schrägstrich und den letzten zwei Ziffern des Jahrgangs), um die Verwaltung der Berichte in der Editionsdatenbank zu ermöglichen. Das Gleiche gilt für die Vorformen der Serie »Informationsdienst« im Juni 1953, die eine – ebenfalls in eckigen Klammern gesetzte – technische Bezeichnung und Nummerierung erhalten (»Meldung«, laufende Nummer, Schrägstrich, letzte zwei Ziffern des Jahrgangs). Die Serie »Informationsdienst« selbst (1953–57) wird unter den vom MfS vergebenen ein- bis vierstelligen Nummern geführt – in der Datenbank mit dem Zusatz: Schrägstrich und letzte beide Ziffern des Jahrgangs, um die Zuordnung zum jeweiligen Berichtsjahrgang zu gewährleisten.

Der Dokumentenapparat gliedert sich in folgende Unterpunkte: Quelle, Serie, Verteiler (mit aufgeschlüsselten Namen, sortiert nach MfS-extern und -intern), Datum, Vermerke, Bemerkungen zu allen übrigen Fakten, Nachweis der Anlagen sowie Verweise, die sich auf ein anderes, gesamtes Dokument im direkten Ereigniszusammenhang beziehen. Verweise, die nur auf einzelne Sachverhalte Bezug nehmen, werden in den Fußnoten nachgewiesen. Die Verweise sind in der elektronischen Version verlinkt.

Schutz personenbezogener Daten

Nach dem »Gesetz über die Unterlagen des Staatssicherheitsdienstes der ehemaligen Deutschen Demokratischen Republik« (StUG) notwendige Anonymisierungen werden durch eckige Klammern kenntlich gemacht. Bei der in einigen Fällen unvermeidlichen Streichung längerer Passagen werden die Sachverhalte in eckigen Klammern kurz paraphrasiert. Gemäß § 32a StUG werden Personen der Zeitgeschichte, Inhaber politischer Funktionen und Amtsträger, die in den edierten Berichten vorkommen, vorab darüber informiert, welche Angaben zu ihnen veröffentlicht werden sollen. In der Regel wird in solchen Fällen auch darum gebeten, Anmerkungen oder Ergänzungen zu den Berichten zu machen. Die erhaltenen Rückmeldungen werden bei der Kommentierung berücksichtigt. In den Fällen, für die das StUG die Veröffentlichung von personenbezogenen Daten an die Zustimmung der betroffenen Person knüpft, ist diese erbeten worden.

Immer wiederkehrende MfS-Floskeln

Einige typische verschleiernde MfS-Floskeln tauchen in den Dokumenten immer wieder auf. Diese sollen nachfolgend erläutert werden. Eine sich wiederholende Kommentierung dieser Wendungen in den Fußnoten wird so vermieden. Steht in einem Bericht: dem MfS »wurde intern bekannt«, bedeutet dies in der Regel, dass die Informationen mit nachrichtendienstlichen Mitteln, häufig durch inoffizielle Mitarbeiter, erlangt wurden. Die Formulierung: »Diese Information ist wegen Quellengefährdung nur zur persönlichen Kenntnisnahme bestimmt«, deutet ebenfalls darauf hin, dass die Erkenntnisse aus geheimen Informationen von inoffiziellen Mitarbeitern bzw. mit geheimdienstlichen Mitteln gewonnen wurden.

Funktionen der Datenbank

Die digitale Datenbank für die Berichte bietet zwei unterschiedliche Zugänge zu den Dokumenten an: den Zugriff auf den einzelnen Jahrgang und die Volltextrecherche. Darüber hinaus gibt es eine Reihe weiterer Servicefunktionen, die die Benutzung und Auswertung der Dokumente für die Nutzerinnen und Nutzer erleichtern.

Bei Anklicken des einzelnen Jahrgangs öffnet sich das jeweilige Vorwort. In der rechten Seitenspalte sind die editorische Einleitung, die Faksimiles zum Jahrgang und die Dokumente verlinkt.

Die Unterseite »Dokumente« ist monatsweise geordnet und beinhaltet alle erfassten Berichte. Die einzelnen Dokumente sind innerhalb der monatlichen Auflistung nach Datum sortiert und mit Registriernummer und Kurzfassung des Dokumententitels aufgelistet. Die in den Dokumenten verwendeten Abkürzungen werden durch Mouse over aufgelöst, können aber auch unter dem Reiter »Abkürzungen« nachgeschlagen werden.

Informationen zur Suche finden sich in der Hilfefunktion zum Suchfeld. Suchergebnisse können nach Inhaltsbereich, Jahrgang, Serie und Zeitraum gefiltert werden. Die Sortierung ist nach Relevanz oder chronologischer Auflistung wählbar. Die Phrasensuche einer genauen Wortfolge ist durch die Eingabe der Suchbegriffe in Anführungszeichen möglich.

Die Editionsgrundsätze sind in der Rubrik »Über diese Edition« erläutert.

Blatt 1 zu Information 18/59

Faksimile von Blatt 1 zu Information 18/59

1. Ulbricht
2. Stoph
3. Honecker
4. Kleinjung
5. Freund
6. Abt.

BStU
000001
ZAIG 227

Berlin, den 25. 2. 1959
gef. 6 Exemplare
6. Exemplar

Information

streng geheim!
Um Rückgabe wird gebeten!

Nr. 18/59

Betr.: Provokationen an der Staatsgrenze der DDR
Bezug: Gegebene Veranlassung

Am 25.2.1959 wurden von der Deutschen Grenzpolizei in Salzwedel/Magdeburg im Gebiet von Reddigau und Schmölau/Salzwedel/Magdeburg verstärkt Provokationen durch den Brundesgrenzschutz gemeldet.

Um 8,30 Uhr sollen in Reddigau 2 Jeeps mit 6 Bundesgrenzschutz-Angehörigen am 10 m Streifen erschienen sein, wo sie aus Karabinern 3 Schüsse in die Luft abgaben.

Um 11,oo Uhr erschienen abermals 2 Jeeps mit 4 Angehörigen des Bundesgrenzschutzes am Kontrollstreifen. Diese riefen den Posten unserer Grenzpolizei zu: "Kommt raus, Ihr feigen Schweine, Ihr könnt wohl kaum noch deutsch sprechen ......(unverständlich) ...... die Russen leben nicht mehr lange!"
Die Fahrzeugnummern lauten: BG 20 - 219 und BG 20 - 284.

Um 12,25 Uhr erschienen 2 Jeeps mit 4 Angehörigen des Bundesgrenzschutzes an der Schafwedelerstraße im Gebiet Schmölau (hier handelt es sich vermutlich um die gleichen Fahrzeuge wie in Reddigau). 2 Mann stiegen aus und gingen am Kontrollstreifen entlang. Nach ca.10 Minuten fuhren die Jeeps wieder weg.

Um 14,30 Uhr erschienen an der gleichen Stelle 1 Jeep mit 3 Angehörigen des Bundesgrenzschutzes und 1 PKW mit 2 Zivilisten. Die Insassen des Jeeps und ein Zivilist beobachteten am Kontrollstreifen das Gebiet der DDR und fuhren gegen 14,45 Uhr wieder weg.

Vermutlich liegt der Schwerpunkt der Provokationen im Gebiet Reddigau am Bohrturm, da bereits an den Vortagen Gruppen des Bundesgrenzschutzes dort beobachtet wurden, ohne daß es zu Provokationen kam.

Bemerkung: Diese Vorkommnisse werden z.Zt. noch überprüft. Wenn sie den Tatsachen entsprechen, ist zu überlegen, ob eine Presseveröffentlichung angebracht ist.

Mielke

Blatt 1 zu Information 337/59

Faksimile von Blatt 1 zu Information 337/59

Berlin, den 25.5.59
Gefertigt: 6 Exemplare
2. Exemplar

Nr. 337/59

BStU
000001

Streng vertraulich!
Um Rückgabe wird gebeten!

B e r i c h t

über die Stimmung der Bevölkerung der DDR zur Konferenz der Außenminister in Genf.

Die Außenministerkonferenz in Genf hat bei allen Bevölkerungskreisen der DDR eine sehr starke Resonanz gefunden. In vielen Betrieben und Hausgemeinschaften wurde in Versammlungen die Außenministerkonferenz begrüßt und durch Zustimmungserklärungen und Unterschriftensammlungen ein erfolgreicher Verlauf der Konferenz gefordert.
Darüber hinaus wurden aus Anlaß der Genfer Konferenz eine große Anzahl Verpflichtungen zur Steigerung der Produktion abgegeben.

Während der überwiegende Teil der Werktätigen auf einen positiven Ausgang der Konferenz hofft, werden aber auch von einer großen Anzahl – trotz zustimmender Erklärungen – Zweifel über den Erfolg der Konferenz geäußert und die Meinung vertreten, daß auf der Konferenz sowieso kein positives Ergebnis erreicht wird, da die Westmächte auch diesmal nicht von ihrer bisherigen sturen Politik abrücken.
In diesem Zusammenhang wird auf frühere Konferenzen verwiesen, bei denen die Westmächte zu den Friedensvorschlägen der Sowjetunion ebenfalls eine ablehnende Haltung einnahmen.

Besondere Zustimmung und Anerkennung findet die gleichberechtigte Teilnahme der deutschen Delegationen an der Konferenz.

- 2 -

Blatt 1 zu Information 515/59

Faksimile von Blatt 1 zu Information 515/59

1+2. Gen. Münster
2. Gen. Borning,
Abt. Sicherheit ZK,
[illegible]
[illegible]

3. Ablage

Berlin, den 23.7.1959
Gefertigt: 3 Exemplare
3. Exemplar

Nr. 515/59

BStU
000001

Streng vertraulich!
Um Rückgabe wird gebeten!

A u s k u n f t s b e r i c h t

über vermutliche Bestrebungen feindlicher Kräfte, den Prof. Dr. Ing. RÜDIGER von der Bergakademie Freiberg zur Republikflucht zu treiben.

Prof. Dr. Ing. RÜDIGER, 32 Jahre alt, verheiratet, entstammt einer Arbeiterfamilie. Er studierte an der TH Dresden und erwarb sich große Spezialkenntnisse in der Fachrichtung Technische Mechanik, weshalb er auch am 1.1.56 an die Bergakademie Freiberg als Professor mit vollem Lehrauftrag für Technische Mechanik und als Direktor des Instituts für Technische Mechanik berufen wurde.
Er gilt auf diesem Gebiete als Kapazität (u.a. hielt er auch schon mehrere Vorträge in Westdeutschland) und widmet sich ausschließlich seinen fachlichen Aufgaben, ohne – wie man es auf Grund seiner Herkunft erwarten könnte – sich gesellschaftlich zu betätigen. Jedoch kümmerte sich auch die Parteiorganisation der Bergakademie sehr wenig um ihn.

Prof. RÜDIGER verständigte von sich aus Anfang Oktober 1958 die Kreisdienststelle des MfS in Freiberg davon, daß er sich unsicher und bedroht fühle und nicht mehr in der Lage sei, seine fachliche Tätigkeit ungestört auszuüben, weil während seiner Abwesenheit in seine Wohnung eingedrungen wurde. Als Beweis führte er eine ihm nicht gehörende in seiner Wohnung vorgefundene Strickweste an. Einen auf bestimmte Personen ziehenden Verdacht äußerte er nicht. Er befand sich an jenem Abend auf Einladung des Prof. Dr. Ing. ERDMANN – JESSNITZER in dessen Wohnung.

– 2 –

Blatt 327 zu Information 522/59

Faksimile von Blatt 327 zu Information 522/59

BStU
000327

Ablage

522/59
25.7.59

Betr.: Beabsichtigte Beschlagnahme einer Kulmanit-Lieferung an die DDR

Wie von verschiedenen Seiten bekannt wird, ist eine Schiffsladung von 10.000 t Kulmanit aus San Franzisko in die DDR unterwegs. Das Geschäft wurde über einen griechischen Mittelsmann abgeschlossen. Uns wird übereinstimmend berichtet, dass die griechische Regierung beabsichtigt, das Schiff zu beschlagnahmen, da Kulmanit bekanntlich Embargoware ist. Die griechische Regierung will unter diesem Vorwand die Lieferung von Kulmanit an die DDR verhindern, um die DDR damit zum Abschluss größerer Handelsverträge mit Griechenland zu veranlassen. Da das Schiff voraussichtlich einen griechischen Hafen anlaufen wird, sind dringende Massnahmen erforderlich. Es wird daran erinnert, dass die griechischen Behörden bereits einmal eine solche Schiffsladung beschlagnahmt haben. Es kann allerdings von uns nicht überprüft werden, ob ein solches Geschäft tatsächlich vom MAI abgeschlossen wurde. Um evtl. Schäden zu vermeiden, wird Ihnen diese Information trotzdem zur Kenntnis gegeben.

angef. in 4 Expl.

Verteiler:
1. Expl. u
2. Expl. Sekr.
3. Expl. Ref. C
4. Expl. Abl.

Abt. V Bl. 36/10/1 E

"Kurt"/3 7191

HVA Nr. 185 / 317

Blatt 200 zu Information 552/59

Faksimile von Blatt 200 zu Information 552/59

MINISTERIUM FÜR STAATSSICHERHEIT

BStU
000200

Streng geheim!
Um Rückgabe wird gebeten!

Berlin, den 7. 8. 59

Gefertigt: 4 Exempl.

24 Blatt

Nr. 552/59

1. Gen. Min
2. 1761.
3+4. vernichtet

2. Exemplar

BERICHT

über

die Feindtätigkeit gegen die sozialistische Umgestaltung der Landwirtschaft in der Deutschen Demokratischen Republik.

Auf den verschiedenen Gebieten der Landwirtschaft in der DDR wurden in der letzten Zeit eine Reihe feindlicher Erscheinungen bekannt, die mit den vielfältigsten Methoden auf eine Schwächung des sozialistischen Sektors der Landwirtschaft hinzielen und zur Stärkung des kapitalistischen Sektors beitragen sollen.

Diese Tatsache wird u.a. auch durch die Untersuchungen gegen eine Reihe von in der letzten Zeit festgenommenen Personen bestätigt.
Zum Beispiel wurden allein in 3 Kreisen des Bezirkes Schwerin 67 Personen inhaftiert – u.a. Einzel- und Großbauern und 23 in der VEAB beschäftigte Personen – die eine feindliche Tätigkeit durchführten. Zu diesem Kreis gehören noch weitere 38 Personen, gegen die ohne Inhaftierung eine Ermittlungsverfahren durchgeführt wird.
Aber auch durch verschiedene Festnahmen und feindliche Handlungen auf anderen Gebieten der Landwirtschaft, besonders in den VEG, LPG usw., ist zu erkennen, daß sich der Gegner sehr stark auf die Schädigung des sozialistischen Sektors in der Landwirtschaft konzentriert.

– 2 –

V 0257 759 3.0

Blatt 9 zu Information 696/59

Faksimile von Blatt 9 zu Information 696/59

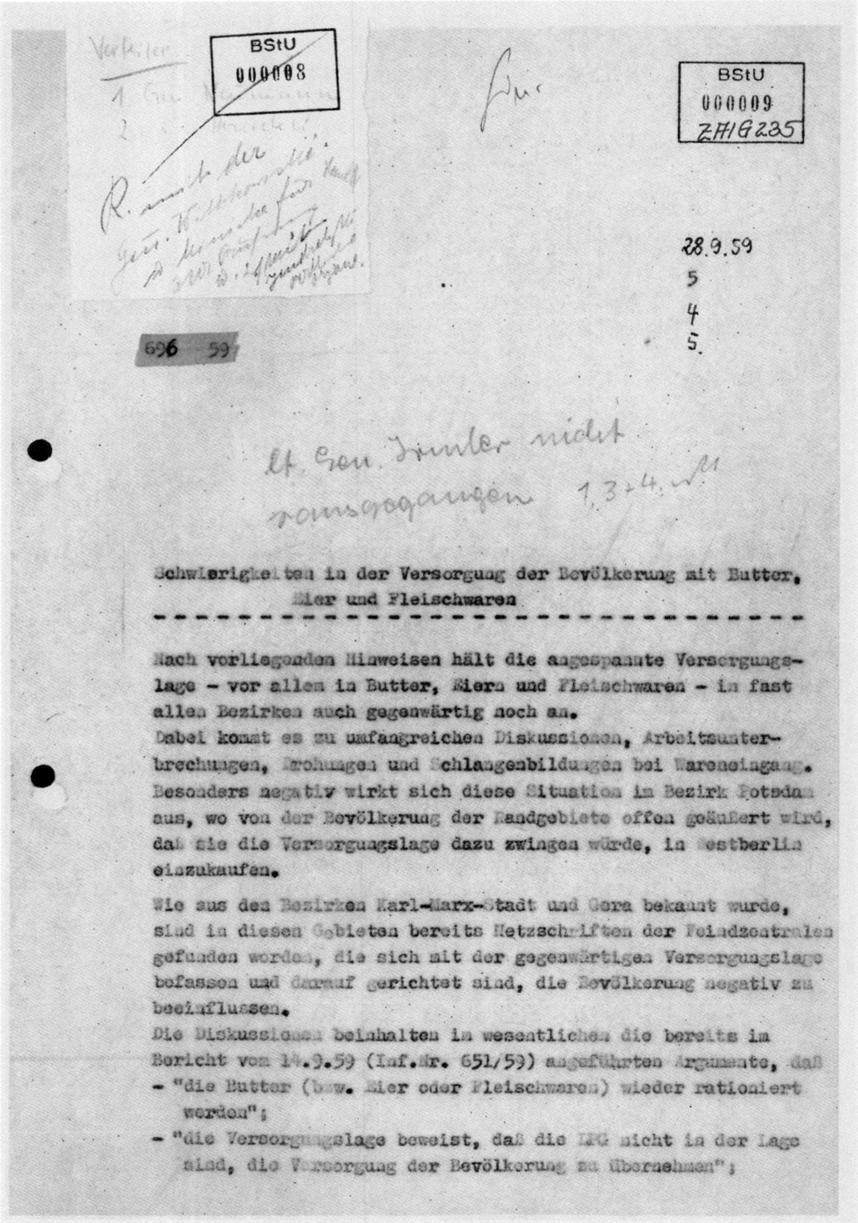
BStU 000008

BStU 000009 ZAIG 235

28.9.59
5
4
5.

696 59

Schwierigkeiten in der Versorgung der Bevölkerung mit Butter, Eier und Fleischwaren

Nach vorliegenden Hinweisen hält die angespannte Versorgungslage – vor allem in Butter, Eiern und Fleischwaren – in fast allen Bezirken auch gegenwärtig noch an.
Dabei kommt es zu umfangreichen Diskussionen, Arbeitsunterbrechungen, Drohungen und Schlangenbildungen bei Wareneingang. Besonders negativ wirkt sich diese Situation im Bezirk Potsdam aus, wo von der Bevölkerung der Randgebiete offen geäußert wird, daß sie die Versorgungslage dazu zwingen würde, in Westberlin einzukaufen.

Wie aus den Bezirken Karl-Marx-Stadt und Gera bekannt wurde, sind in diesen Gebieten bereits Hetzschriften der Feindzentralen gefunden worden, die sich mit der gegenwärtigen Versorgungslage befassen und darauf gerichtet sind, die Bevölkerung negativ zu beeinflussen.
Die Diskussionen beinhalten im wesentlichen die bereits im Bericht vom 14.9.59 (Inf.Nr. 651/59) angeführten Argumente, daß
- "die Butter (bzw. Eier oder Fleischwaren) wieder rationiert werden";
- "die Versorgungslage beweist, daß die LPG nicht in der Lage sind, die Versorgung der Bevölkerung zu übernehmen";

Ausgewählte Dokumente

8. Januar 1959

Information Nr. 2/59 – 2. Bericht über die Reaktion von Angehörigen der medizinischen Intelligenz auf das Kommuniqué des Politbüros der SED vom 18. September 1958 über die Republikfluchten und Überspitzungen auf diesem Gebiet

Quelle: BArch, MfS, ZAIG 166, Bl. 1–18 (5. Expl.).
Serie: Informationen.
Verteiler: Ulbricht, Hager, Honecker, Neumann – MfS: Ablage.
Verweis: Information 126/59.

Rein stimmungsmäßig hat sich im Vergleich zum 1. Bericht vom 19.9.1958[1] nichts Wesentliches verändert. Die einzelnen Argumente im positiven wie im negativen Sinne sind in der Hauptsache gleichgeblieben. Vom größten Teil dieses Personenkreises wurde und wird das Kommuniqué begrüßt, insbesondere die darin konkret angesprochenen Maßnahmen.[2] Ein großer Teil vertritt allerdings dabei die Meinung, dass es sich um einen »Rückzug der Partei«, um eine »durch die Republikflucht der Ärzte erzwungene Maßnahme« handelt, die aber – wenn auch sehr spät beschlossen – in Ordnung sei und ganz bestimmt positive Auswirkungen, besonders hinsichtlich der Republikflucht zeigen wird.

Für einen großen Teil war und ist aber auch noch ihre abwartende und zweifelnde Haltung typisch. Sie wollen sich erst überzeugen, ob und wie eine Veränderung erfolgt. Ein Teil davon spricht offen aus, dass sie kein Vertrauen zur Politik der Partei und Regierung – zumindestens der medizinischen Intelligenz gegenüber – haben. Dafür gibt es eine ganze Reihe von Beispielen.

1 Bereits einen Tag nach Erscheinen des Kommuniqués im ND am 18.9.1958 verfasste die ZAIG einen ersten Bericht über die Reaktionen aus den Reihen der medizinischen Intelligenz. Darin konstatierte sie, ähnlich wie in dem hier vorliegenden Bericht, vorwiegend positive Reaktionen, berichtet wurde aber auch von skeptischen Wortmeldungen. Vgl. BArch, MfS, ZAIG 124, Bl. 1–6.

2 Am 16.9.1958 befasste sich das Politbüro des ZK der SED mit der Situation im Gesundheitswesen, insbesondere mit der verstärkten Republikflucht der Ärzte. Als Ergebnis dieser Beratung veröffentlichte das ND ein Kommuniqué des Politbüros, in dem umfassende Verbesserungen für die medizinische Intelligenz angekündigt wurden. Durch den Abbau bürokratischer Hürden bei Beschwerden und Anfragen sowie hinsichtlich der selbstständigen Tätigkeit von Ärzten, Zahnärzten und Apothekern, die Verbesserung der wissenschaftlichen Arbeitsbedingungen und die Förderung des wissenschaftlichen Nachwuchses auf diesem Gebiet sollte ein »echtes Vertrauensverhältnis« zwischen Partei und Ärzteschaft hergestellt werden. Außerdem wurden konkrete Versprechungen wie Reiseerleichterungen für Ärzte in die Bundesrepublik und nach Westberlin, ausreichend Plätze an Oberschulen und Universitäten für Arztkinder, die Sicherung von Ferienplätzen und die Verbesserung der Altersversorgung für niedergelassene Ärzte gemacht. Zur Umsetzung dieser Maßnahmen und zur weiteren Klärung von »Fragen des Gesundheitswesens und der medizinischen Intelligenz« wurde der Einsatz einer speziellen Kommission angekündigt. Vgl. ND v. 18.9.1958, S. 1.

Die Professoren Jakobi[3] und Dieckhoff[4] (Halle) und Dr. [Name 1] (Dresden) bestätigten in Gesprächen, dass noch eine weitgehende Skepsis und Abwarten bestehen. Dozent Seige[5] (Leipzig) erklärte auf einer Oberarzt-Versammlung, dass »die Politik von Intelligenzpakten« (1953 neuer Kurs,[6] 1956[7] und jetzt) ein »Zick-Zack-Kurs« wäre. Er stellte die Frage nach »Garantien für eine Konstanz der Entwicklung«. Ihnen fehle das Vertrauen. Oberarzt Wieck[8] (Leipzig) erklärte, seitens der Regierung sei kein Vertrauen zur Intel-

3 Im Original: »Jakossi«. Harry Jakobi, Jg. 1916, Arzt für HNO-Heilkunde, Direktor der Klinik für Hals-Nasen-Ohren-Heilkunde an der Martin-Luther-Universität Halle-Wittenberg (MLU), 1961 Ernennung zum Professor mit Lehrstuhl für Hals-, Nasen- und Ohrenheilkunde an der Medizinischen Fakultät der MLU, 1964–67 Dekan der Medizinischen Fakultät an der MLU.

4 Joseph Dieckhoff, Jg. 1907, Kinderarzt, 1950–58 Professor für Pädiatrie an der Martin-Luther-Universität Halle-Wittenberg, 1958–60 Professor mit Lehrstuhl für Pädiatrie an der Medizinischen Fakultät der Karl-Marx-Universität Leipzig.

5 Konrad Seige, Jg. 1921, Internist und Hochschullehrer, 1959 in Leipzig zum außerordentlichen Professor ernannt, war später Gründungsvorsitzender der Gesellschaft für Endokrinologie und Stoffwechselkrankheiten der DDR und Präsident der Deutschen Gesellschaft für Klinische Medizin in der DDR.

6 Der Ministerratsbeschluss zum »Neuen Kurs« vom 11.6.1953 basierte auf einem Beschluss des SED-Politbüros vom 9.6.1953, der der SED wiederum von der sowjetischen Führung oktroyiert worden war. Im Kern ging es um die Rücknahme des seit der 2. Parteikonferenz vom Juli 1952 geltenden harten politischen Kurses des »Aufbaus der Grundlagen des Sozialismus«. Einige Maßnahmen, die im Zuge dieser Politik getroffen worden waren, wurden in einem Kommuniqué ausdrücklich als »fehlerhaft« bezeichnet. Insbesondere sollten geflüchtete ehemalige Bauern und Gewerbetreibende durch das Versprechen, wieder in ihre alten Rechte eingesetzt zu werden und ihren Besitz zurückzuerhalten, veranlasst werden, in die DDR zurückzukehren. Vgl. Kommuniqué über die Sitzung des Ministerrats der DDR vom 11.6.1953 und entsprechende Verordnungen. In: ND v. 12.6.1953, S. 1.

7 Gemeint ist die sogenannte Tauwetter-Periode im Zuge der von Chruschtschow Anfang 1956 eingeleiteten Entstalinisierung. Der Begriff geht auf den 1954 in der Sowjetunion erschienen gleichnamigen Kurzroman (russ.: Ottepel') von Ilja Ehrenburg zurück und verweist auf die kulturpolitische Öffnung und die Rehabilitierung stalinistischer Opfer in dieser Phase der sowjetischen Geschichte. Ulbricht akzeptierte Chruschtschows Kritik an Stalin, machte aber deutlich, dass eine so weitgehende »Fehlerdiskussion« wie in der Sowjetunion in der DDR nicht geführt werden müsse. Vorsichtige Tendenzen einer liberaleren Politik im kulturellen Bereich, in der Wirtschaft und im Justizwesen mündeten bereits Ende des Jahres 1956 als Folge der Aufstände in Polen und Ungarn wieder in die alte Machtpolitik. Auch im Gesundheitswesen gab es Reformansätze. Im Sekretariat des ZK der SED wurde von der Abteilung Arbeit, Sozial- und Gesundheitswesen eine Vorlage erarbeitet, in der die Probleme in diesem Bereich benannt und Reformvorschläge gemacht wurden. Das Sekretariat empfahl dem Politbüro, diesen Vorschlägen zu folgen, wozu es aber nicht mehr kam. Infolgedessen stieg die Zahl der abwandernden Ärzte. Vgl. dazu: Prokop, Siegfried: Zwischen Tauwetter, Frühling und Frost – die DDR in den Monaten nach dem XX. Parteitag der KPdSU. In: Jahrbuch für Forschungen zur Geschichte der Arbeiterbewegung 2006/II, S. 83–101.

8 Christian Wieck, Jg. 1919, Arzt, 1950–64 Kinderpsychiater und Oberarzt der Kinderabteilung der Neurologisch-Psychiatrischen Klinik an der Universität Leipzig, 1946–84 Ärztlicher Direktor des Bezirksfachkrankenhauses für Kinderneuropsychiatrie in Nordhausen.

ligenz vorhanden. Professor Merrem[9] (der im Übrigen sehr positiv auftritt) forderte, dass der Staat den Ärzten ein gleiches Vertrauen entgegenbringt, wie die Patienten dem Arzt.

Dieses Nichtvertrauen und die schwankende Haltung wird aber auch dadurch bestätigt, dass die Republikflucht von Ärzten nach dem Kommuniqué nicht wesentlich bzw. nur relativ zurückgegangen ist. Doch beginnt sich im Monat November 1958 eine rückläufige Entwicklung der Republikfluchten abzuzeichnen, die nicht nur im Rahmen der allgemein zurückgehenden Republikfluchten zu sehen ist, sondern wo es sich zweifellos schon um Auswirkungen des Kommuniqués handelt. So beträgt z. B. der Rückgang der Republikfluchten allgemein vom Oktober zum November 14 %, während sie bei Ärzten – die vorher bedeutend über dem Durchschnitt lagen – 33 % ausmachen.

Während 1956 490 und 1957 425 Ärzte die DDR verließen, waren es 1958 bis einschließlich November 1 185 Ärzte, also weit mehr als in den Jahren 1956 und 1957 zusammen. Allein in den drei Monaten August, September und Oktober des Jahres 1958 flüchteten 479 Ärzte, d. h. bedeutend mehr als im gesamten Jahr 1957.

Die Entwicklung der Republikflucht 1958 zeigen folgende Zahlen:

Januar	106
Februar	66
März	46
April	110
Mai	83
Juni	106
Juli	113
August	180
September	176
Oktober	134
November	76

9 Georg Merrem, Jg. 1908, Neurochirurg, 1954–71 Direktor der Neurochirurgischen Klinik der Universität Leipzig, ab 1955 Professor für Neurochirurgie mit eigenem Lehrstuhl an der Universität Leipzig, 1959–61 Dekan der Medizinischen Fakultät der Universität Leipzig.

Im September 1958 flüchteten von den 176 Ärzten 38 % nach dem Kommuniqué und die Zahl von 134 flüchtigen Ärzten im Oktober 1958 ist – abgesehen von den Schwerpunktmonaten August/September – die höchste Zahl des Jahres 1958.

Bei der Gesamteinschätzung ist noch Folgendes zu beachten: Die Monate August und September (teilweise auch Juli) weisen als sogenannte Urlaubsmonate in jedem Jahr eine steigende Tendenz der Republikfluchten aus allen Bevölkerungsschichten auf, weshalb sie als Schwerpunktmonate gelten, nach denen die Republikfluchtzahlen erfahrungsgemäß wieder absinken. Deshalb ist der Rückgang vom September (176) zum Oktober (134) und zum Teil auch noch vom Oktober zum November (76) nicht ausschließlich eine Auswirkung des Kommuniqués, sondern relativ zu sehen. Während auch in den meisten Bezirken – entsprechend des Rückgangs vom September zum Oktober – diese rückläufige Tendenz ihren Ausdruck findet, kam es jeweils in den Monaten September zum Oktober zu einem *Ansteigen* in den Bezirken Karl-Marx-Stadt von 14 auf 17, Dresden von 6 auf 11 und Frankfurt/O. von 1 auf 2. Gleichbleibend war es in den Bezirken Leipzig 14 – 14 und Potsdam 11 – 11.

Im Jahre 1958 kamen insgesamt 13 republikflüchtig gewordene Ärzte wieder in die DDR zurück, was im Vergleich zu den im gleichen Zeitraum die DDR verlassenden Ärzte nur 1,1 % sind. Auch die Neuzuziehenden erreichen mit zwölf Ärzten nur 1 %. Diese ersuchten jedoch ausschließlich vor dem Kommuniqué um Aufnahme in die DDR: Im September und Oktober 1958 kam keiner.

Die Mehrzahl der Republikfluchten von Ärzten werden nach wie vor nach außen hin mit persönlichen Dingen begründet, die in der Praxis wohl auch eine bestimmte Rolle spielen mögen; aber offensichtlich sind die tieferen Ursachen die noch starke Bindung an die alten Ideologien und die zur Tradition gewordene Mentalität der Ärzte, sich als eine privilegierte Schicht zu fühlen und den Abstand zwischen Akademiker und Nichtakademiker zu wahren. Daraus resultiert auch, dass ein großer Teil der Ärzte noch nicht für den »Arbeiter- und Bauernstaat« Partei ergreift, sondern in alter Weise den Vertreter seiner Interessen und seines Berufsethos in Westdeutschland, im Kapitalismus sieht. Dabei spielen materielle Belange so gut wie keine Rolle, im Gegenteil wird von den republikflüchtigen Ärzten meist eine in jeder Beziehung gesicherte Existenz mit der ungewissen Zukunft in Westdeutschland vertauscht. In einigen Fällen kommt dazu noch eine direkt feindliche Einstellung zur DDR, die den Entschluss zur Republikflucht mit hervorruft, mitunter auch deren alleiniger Grund ist.

Weniger zahlreich, aber doch immer noch beträchtlich, sind die Republikfluchten als Folge von Abwerbungen zu sehen, meist auf Kongressen oder bei Besuchen in Westdeutschland, ohne jedoch darüber immer einen exakten Nachweis führen zu können, wie es die folgenden Beispiele tun:

Ein Hauptagent des UfJ[10] beauftragte einen seiner Agenten in der DDR über folgende Punkte zu berichten:
1) Wie viele Ärzte gibt es in …?
2) Wie viele davon sind als Betriebsärzte verpflichtet bzw. eingesetzt?
3) Wie viele Patienten kommen auf einen Arzt?
4) Wie viele Ärzte gibt es in der Poliklinik …? Wie sind diese überlastet?

Der Hauptagent des UfJ begründete diesen Auftrag damit, dass durch eine hohe Zahl von Republikfluchten unter den Ärzten und anderem medizinischen Personal eine Missstimmung unter der Bevölkerung der DDR erreicht werden soll und dass sich die Bevölkerung der DDR dann »mehr als bisher gegen den Staat« auflehne. Das führe eher zu einer Veränderung, als wenn da und dort in der Versorgungslage vorübergehende Schwierigkeiten auftreten. Die Hinweise über die Überbelastung der Ärzte seien besonders wichtig, weil damit konkret eingeschätzt werden könne, wer von diesen Ärzten in nächster Zeit den hohen Anforderungen nicht mehr nachkommen wolle oder könne.

Im indirekten Zusammenhange mit der Abwerbung spielt auch die westdeutsche Bundeswehr eine beachtliche Rolle. So erklärte z. B. der Arzt der Poliklinik in Rudolstadt, Gera, Dr. med. Flaßhoff,[11] der vom 8. bis 13.9.1958 mit PM 12a[12] am Kongress der orthopädischen Gesellschaft in Tübingen/Westdeutschland teilnahm,[13] dass einige Ärzte aus der DDR nach Abschluss dieses Kongresses nicht in die DDR zurückkehrten. Er selbst wurde auf diesem Kongress angesprochen, in Westdeutschland zu bleiben, da für Kliniken Ärzte gebraucht würden. Besonders würden dabei Ärzte aus der DDR bevorzugt, da durch die Aufstellung der NATO-Armee eine Anzahl Ärztestellen in Westdeutschland frei würden.

10 Der Untersuchungsausschuss freiheitlicher Juristen wurde im Oktober 1946 in Westberlin gegründet und war wesentlich von aus der SBZ/DDR geflohenen Juristen geprägt. Er widmete sich vor allem der Erfassung von Unrechtshandlungen in der DDR und verarbeitete seine Erkenntnisse in umfangreichen Dokumentationen und in Propagandamaterialien, die teilweise in den Osten eingeschleust wurden. In den frühen 1950er-Jahren wurde die Organisation überwiegend vom CIA finanziert. Vgl. Hagemann, Frank: Der Untersuchungsausschuß Freiheitlicher Juristen 1949–1969. Frankfurt/M. u. a. 1994.

11 Im Original: »Flasshoff«. Hermann Flaßhoff, Jg. 1912, Arzt, 1957–59 Leiter der orthopädischen Abteilung des Kreiskrankenhauses Rudolstadt, 1959–62 Leitender Arzt des Landambulatoriums Oberweißbach, ab 1962 Kreisarzt des Kreises Neuhaus am Rennweg.

12 Pass- und Meldebescheinigung 12a. Ersatzbescheinigung für den Personalausweis. Die PM 12a mussten Bürger der DDR nach Abschaffung des Interzonenpasses im November 1953 für Reisen in den Westen beantragen. Bei Aushändigung der Bescheinigung war der Personalausweis beim Volkspolizeikreisamt zu hinterlegen.

13 Die 46. Tagung der Deutschen Orthopädischen Gesellschaft fand vom 9. bis 12.9.1958 in Tübingen statt. Daran nahmen auch zahlreiche Referenten aus der DDR teil. Vgl. Verhandlungen der Deutschen Orthopädischen Gesellschaft, Sechsundvierzigster Kongress. In: Zeitschrift für Orthopädie, Bd. 91, Beilageheft.

In ähnlichem Zusammenhange äußerte sich auch Dr. med. Kurt Höck[14] auf einer Westberliner Fachgruppenberatung. Er habe erfahren, dass die Bundeswehr in ihrer ärztlichen Betreuungs-Struktur umgebildet wird und für jede Einheit ein Arzt zur Verfügung stehen soll. Mit Zahlen ausgedrückt hieße dies, wenn früher 2 000 Ärzte benötigt würden, dann werden jetzt 5 000 gebraucht. Er sagte wörtlich: »Bisher haben wir nur die Chef- und Oberärzte abgeworben; dann kommen eben noch die Assistenzärzte dran.«

Dem in der DDR unter den Ärzten weit verbreiteten Bestreben, als niedergelassener, frei praktizierender Arzt tätig zu sein – vor allem wegen der damit verbundenen finanziellen Besserstellung und weitgehender »Unabhängigkeit« – kommt offensichtlich nicht zufällig entgegen, dass in Westdeutschland für 1959 ein neues Kassenzulassungsgesetz für Ärzte erwartet wird. Danach soll die Niederlassung zur freien Praxis wesentlich erleichtert werden. So sollen z. B. Fachärzte aus der DDR, die Oberärzte waren, und Ärzte über 38 Jahre zu besonders günstigen Bedingungen Niederlassungen erhalten.[15]

Das in der Vergangenheit mit als wesentlicher Grund besonders bei Ärzten angesehene Nichteinverständnis mit dem Passgesetz und die Fragen des Oberschulbesuchs oder Studiums von Arztkindern, u. a. auch im Kommuniqué erwähnte Fragen, werden in der letzten Zeit nur selten als Republikfluchtgründe angeführt.[16] Stattdessen wird aber jetzt die Republikflucht mit Hinweisen be-

14 Kurt Höck, Jg. 1920, Internist und Psychotherapeut, seit 1956 Ärztlicher Leiter der Psychotherapie-Abteilung im »Haus der Gesundheit« (Ostberlin), ab 1959 Ärztlicher Direktor des »Hauses der Gesundheit«.

15 Am 20.3.1960 erklärte das Bundesverfassungsgericht im sogenannten »Kassenarzturteil« die bis dahin zahlenmäßige Begrenzung der an der kassenärztlichen Versorgung teilnehmenden Ärzte auf der Grundlage einer »Verhältniszahl« (Festlegung einer Zahl gesetzlich versicherter Einwohner pro Kassenarztsitz) für verfassungswidrig. Damit bestand für entsprechend qualifizierte Ärzte die Freiheit, sich am Ort und auf dem Fachgebiet ihrer Wahl niederzulassen und am kassenärztlichen Versorgungssystem teilzunehmen. Diese Entscheidung stand 1959 noch aus. Wahrscheinlich wird hier auf diesen Vorgang Bezug genommen. Vgl. Stockhausen, Martin: Ärztliche Berufsfreiheit und Kostendämpfung. Möglichkeiten und Grenzen der Beschränkung der (kassen-)ärztlichen Berufsfreiheit zum Zwecke der Kostendämpfung im Gesundheitswesen. Berlin, Heidelberg 1992, S. 13–14 u. 125–127.

16 Das Passgesetz der DDR vom 15.9.1954 regelte die Pass- und Visumpflicht für das Betreten und Verlassen des Gebietes der DDR. Paragraph 8 des Gesetzes schrieb das Verlassen oder Betreten der DDR »aus dem Ausland« ohne Genehmigung als Straftatbestand fest. In der Änderung des Gesetzes vom 11.12.1957 wurde der Passus »aus dem Ausland« gestrichen. Damit wurde auch das Verlassen der DDR in Richtung Bundesrepublik ohne Genehmigung zur Straftat, die alternativ mit einer Gefängnisstrafe bis zu drei Jahren oder einer Geldstrafe geahndet werden konnte. Diese Verschärfung steigerte den Unmut besonders jener DDR-Bürger, die Verwandtschaft im Westen hatten. Passgesetz der Deutschen Demokratischen Republik, Gesetz vom 11.12.1957; GBl. I 1957, S. 650; vgl. Bispinck, Henrik: »Republikflucht«. Flucht und Ausreise als Problem für die DDR-Führung. In: Hoffmann, Dierk; Schwartz, Michael; Wentker, Hermann (Hg.): Vor dem Mauerbau. Politik und Gesellschaft in der DDR der fünfziger Jahre. München 2003, S. 285–309, bes. S. 295.

gründet, dass man nicht an eine Veränderung im Sinne des Kommuniqués glaubt und daher doch lieber den Weg nach Westdeutschland geht.

Dr. [Vorname Name 2], der eine eigene Praxis in Werdau und eine halbe Planstelle im Krankenhaus Werdau hatte, flüchtete am 29.9.1958 mit seiner Frau und vier Kindern nach Westdeutschland. Er teilte mit, »dass das, was Walter Ulbricht[17] über die medizinische Intelligenz geschrieben hat, nicht glaubwürdig erscheint, da schon viele Versprechungen seitens der Regierung gemacht, aber nicht gehalten wurden.« Sie hätten die Hoffnung auf den neuen Kurs 1953 gesetzt, er wäre aber der Überzeugung, hätte es damals genügend sozialistische Ärzte gegeben – wären die alten Kreise der medizinischen Intelligenz liquidiert worden.

Der Facharzt für Haut- und Geschlechtskrankheiten am Krankenhaus Frankfurt/O. Dr. med. [Name 3], gab in einem Schreiben an den Ärztlichen Direktor des Krankenhauses Frankfurt/O. als Grund seiner Republikflucht an, dass die SED in den letzten Jahren laufend gegen die Verfassung der DDR verstoßen habe (er führte neben den Artikeln 3, 4, 10 und 14 besonders die Artikel 34 und 41 an) und dass ihm für die in jüngster Zeit versprochenen Lockerungen nach seinen bisherigen Erfahrungen jeglicher Glaube fehle.[18] »… Man erinnere sich nur, was von den Versprechungen nach dem 17. Juni 1953 noch übrig geblieben ist …«

Der ehemalige Oberarzt im Städtischen Krankenhaus Potsdam Dr. [Vorname Name 4], schreibt wörtlich an den Chefarzt des Krankenhauses: »Es lohnt nicht, diese Umstände noch einmal aufzuzählen. Sie sind immer wieder dieselben. Ich möchte aber betonen, dass der jüngste Artikel des Politbüros der SED über die Perspektiven der Ärzte in der DDR nach all dem bisherigen mir in keiner Weise eine Gewähr für eine grundsätzliche Änderung der Me-

17 Walter Ulbricht, Jg. 1893, SED- und Staatsfunktionär, 1950–71 General- bzw. Erster Sekretär des ZK der SED, 1960–73 Vorsitzender des Staatsrates der DDR.

18 Artikel 3 der Verfassung der DDR vom 7.10.1949 legt in Absatz 1 fest, dass »alle Staatsgewalt vom Volke« ausgehe. Dies beinhaltet das Recht und die Pflicht jedes Bürgers zu Mitgestaltung seines Lebensumfeldes und zur Mitbestimmung (Teilnahme an Volksentscheiden und Volksbegehren, Ausübung des aktiven und passiven Wahlrechts, Übernahme öffentlicher Ämter). Außerdem habe jeder Bürger das Recht, »Eingaben an die Volksvertretung zu richten«. Die Staatsgewalt diene dem »Wohl des Volkes, der Freiheit, dem Frieden und dem demokratischen Fortschritt«. Die im öffentlichen Dienst Tätigen seien dem Wohl der Gesamtheit und nicht den Interessen einer einzelnen Partei verpflichtet. Dementsprechend führt Artikel 4 aus, dass alle von der Staatsgewalt getroffenen Maßnahmen verfassungskonform sein müssen. Artikel 10 besagt, dass kein Bürger der DDR einer »auswärtigen Macht« ausgeliefert und kein fremder Staatsbürger ausgewiesen werden darf, wenn er im Ausland für die in der Verfassung niedergeschriebenen Grundsätze verfolgt wird. Absatz 3 dieses Artikels schreibt das Recht auf Auswanderung fest, dass nur »durch Gesetz der Republik beschränkt werden« kann. Das Recht auf Mitgliedschaft in Vereinigungen und Gewerkschaften sowie das Streikrecht regelt Artikel 14. Artikel 34 betont die Freiheit von Lehre und Wissenschaft und Artikel 41 schreibt die Glaubens- und Gewissensfreiheit jedes Bürgers fest. Vgl. GBl. 1949, S. 5–16.

thoden im Umgang mit Ärzten und auch der Bevölkerung überhaupt hat geben können.« ([Name 4] ist jetzt Oberarzt der Inneren Abteilung der Städtischen Krankenhausanstalten Süd in Stade).

Ende September 1958 wurde der leitende Arzt [Passage mit schutzwürdigen Informationen nicht wiedergegeben], Dr. [Vorname Name 5], republikflüchtig. [Name 5] hat Verwandte in Westdeutschland und verreiste seit 1953 zwölf Mal nach Westdeutschland und einmal nach Italien. Gegenüber dem Chefarzt der Krankenhaus-Poliklinik, Dr. [Name 6], äußerte er in der letzten Zeit, dass er nicht glaube, dass die Westreisen-Erleichterung für Ärzte bestehen bleibe.[19] Dr. [Name 6] selbst erklärte, dass man im Allgemeinen der Ansicht sei, dass die Ärzte in der DDR zwar sehr gut bezahlt werden, aber dies nur eine vorübergehende Erscheinung sei. In der ČSR und vor allem in Bulgarien (Varna) hätten die Ärzte einen wesentlich geringeren Lebensstandard als in der DDR.

Am 1.10.1958 wurde der Facharzt für Orthopädie an der Poliklinik Ilmenau, Dr. [Vorname Name 7], republikflüchtig, ebenfalls sein Schwiegersohn, Dr. med. [Name 8], der Leiter des Rudolf-Elle-Krankenhauses in Eisenberg war. Dr. [Name 7] schreibt, dass seinem Schwiegersohn Schwierigkeiten in der Arbeit durch den Kreisarzt Dr. [Name 9] gemacht wurden, die bis an die Grenzen von persönlichen Beleidigungen gingen. Die SED-Kreis- und Bezirksleitung und das ZK hätten dieser Erscheinung und Entwicklung untätig zugesehen. Es wären jetzt Delegationen des Kreises Eisenberg und der Universität Rostock bei seinem Schwiegersohn gewesen, um ihn zur Rückkehr zu bewegen, doch »...wer könnte bei solcher Führung noch Vertrauen besitzen...«? Zu sich selbst schreibt [Name 7], dass er sich, von einigen Dingen abgesehen, nicht beschweren kann, doch das Passgesetz verhindere seine Rückkehr, da ihm keiner zumuten kann, seine Kinder nicht mehr zu sehen.

Am 29.9.1958 flüchtete der frei praktizierende Zahnarzt Dr. [Vorname Name 10] aus Erfurt, der den Erklärungen des Politbüros keinen Glauben schenkte und die Meinung vertrat, dass in der weiteren Entwicklung in der DDR den Ärzten eine freipraktizierende Tätigkeit nicht mehr gestattet wird.

Die gleichen Beweggründe liegen bei dem Tierarzt Dr. [Vorname Name 11] vor, der in Briesacht, [Kreis] Beeskow, eine gutgehende Praxis besaß. Der Kreistierarzt hatte mit ihm eine Aussprache geführt, inwieweit er sich bereit erklären würde, als staatlicher Tierarzt tätig zu werden. [Name 11] brachte in dieser Aussprache zum Ausdruck, dass er dem nie zustimme, da ihm dann die Möglichkeit genommen sei, seine in Westberlin lebenden Schwiegereltern zu besuchen. (Hierbei ist zu bemerken, dass eine ganze Reihe von Tierärzten sehr ungehalten darüber ist, dass seit fast drei Jahren keine Fachtagung für

19 Im Kommuniqué vom 16.9.1958 empfahl das Politbüro der Regierung der DDR, die Durchführungsbestimmungen für den Reiseverkehr nach Westdeutschland zu überprüfen und Privatreisen für Ärzte zu erleichtern. Vgl. ND v. 18.9.1958, S. 1.

Tierärzte im Republikmaßstab stattgefunden habe. Jetzt sei zum 3. Mal der Termin – auf Oktober 1959 – verschoben worden, angeblich weil das Tagungsprogramm nicht gebilligt wurde.[20] Sie führen dabei vergleichsweise an, dass in Westdeutschland regelmäßig mehrmals im Jahr solche Tierärztetagungen, wo stets aktuelle Probleme behandelt würden und die auch ein Teil besucht, stattfinden.)

Diese von den republikflüchtigen Ärzten selbst angegebenen Gründe sind noch oft Gegenstand von Diskussionen in Ärztekreisen der DDR, wo sie besonders mit verschiedenen, teilweise neuen Forderungen verbunden werden.

Nach Veröffentlichung des Kommuniqués wurde von ca. acht Ärzten der Fachgruppenleitung und Abrechnungsstelle Ärzte, Magdeburg, unter Leitung des Dr. [Name 12] – Leiter der Abrechnungsstelle – ein Schreiben verfasst, in welchem die Forderungen formuliert wurden und das an die Partei und an staatliche Stellen weitergeleitet werden sollte. Von der Bezirksärztin Dr. *Flamm*[21] wurde es geändert, aber bisher noch nicht weitergereicht.

In diesem erst jetzt bekannt gewordenen Schreiben stellen die Ärzte folgende Forderungen:

1) Wenigstens einmal im Jahr Ärzteversammlungen, auf denen ein bevollmächtigter Vertreter des Ministeriums für Gesundheitswesen auf alle Fragen der Ärzte vom gesamten Bezirk antwortet;
2) Ein Anhören der Bezirksfachgruppenleitungen bei neuen Plänen, Gesetzen und Verordnungen, die das Gesundheitswesen betreffen (keine »Diskriminierung[22] des praktischen Arztes«);
3) Anerkennung des Berufsbildes des praktischen Arztes, insbesondere des praktischen Arztes auf dem Lande;
4) Anerkennung des »praktischen Arztes« für bereits seit längerem tätige Ärzte ohne besonderen Auftrag;
5) Teilnahme von Vertretern der medizinischen Wissenschaft (Akademie) an Bezirksfachgruppen-Leitungssitzungen;
6) Teilnahme von Vertretern der Bezirksfachgruppe Ärzte an Senatssitzungen der medizinischen Fakultäten;
7) Erleichterung des Besuches von Kongressen von Ärzten aller Fachrichtungen in Westdeutschland und dem kapitalistischen Ausland. (Sie lehnen das

20 Vom Ministerium für Land- und Forstwirtschaft war eine Tagung mit ca. 500 Tierärzten aller Fachrichtungen zunächst für Oktober 1958 vorgesehen. Die Vorbereitungen für eine solche Tagung zogen sich aber bis zum August 1959 hin. Die I. Zentrale Konferenz der Tierärzte fand schließlich vom 11. bis 12.9.1959 in Leipzig unter Federführung des Ministeriums für Land- und Forstwirtschaft statt. Vgl. Azar, Julian: Die Steuerung des Veterinärwesens in der SBZ und DDR 1945–65. Halle/S. 2001, S. 133–142.

21 Elise Flamm, Jg. nicht ermittelbar, Ärztin, bis 1963 Bezirksärztin von Magdeburg, 1961 »Verdienter Arzt des Volkes«.

22 Im Original: »Diskreminierung«.

angeblich vom Ministerium für Gesundheitswesen angewandte System der Dauerdelegierung bestimmter Ärzte zu allen möglichen Kongressen ab.)

8) Zusammenstellung der Delegationen der Kongressbesucher durch Bezirksfachgruppenleitungen und rechtzeitige öffentliche Bekanntgabe aller Kongresse in sozialistischen Ländern;
9) Enges Zusammenarbeiten der staatlichen Stellen mit der Bezirksfachgruppenleitung zwecks planvollem Einsatz von Ärzten. Formulierungen wie im »Gesundheitswesen Nr. 21« … »mit den niedergelassenen Ärzten gibt es keinen Burgfrieden …« werden zurückgewiesen.[23]
10) Zulassung von Arztkindern zu Ober- und Hochschulen;
11) Ausreichende Ferienplätze für Ärzte (Hier wird erwähnt, dass die Ärzte in ihren Ferien Extra-Zimmer für ihre Kinder benötigen. Außerdem wird bemängelt, dass die Organisation bei Auslandsreisen unzureichend und die Preise angeblich zu hoch seien.)
12) Herausgabe einer neuen Gebührenordnung, 100%ige Auszahlung der Gebührenordnungssätze.

Weiterhin bitten die Ärzte, den Geschäftsführer der Abrechnungsstelle, [Name 13] in seiner Funktion zu belassen. (Von der Bezirksleitung der SED war seit Monaten eine Ablösung des [Name 13] vorgesehen.)

Auch in anderen Diskussionen und Stellungnahmen stehen diese und ähnliche Fragen im Vordergrund, wobei besonders auch die Differenzierung in der Gehalts- und Steuerregelung als ungerecht hingestellt wird. Zum Beispiel fühlen sich die meisten Zahnärzte gegenüber den praktischen Ärzten benachteiligt und die Mehrzahl aller angestellten Ärzte sieht sich gegenüber den niedergelassenen, freipraktizierenden im Nachteil. Dafür sollen noch folgende typische Beispiele angeführt werden:

Viele Zahnärzte aus dem Bezirk Magdeburg sind mit der Festlegung des Unkostenbeitrages nicht einverstanden. Sie argumentieren folgendermaßen: Bei der steuerlichen Einschätzung werden vom Arzt und dem Zahnarzt 30 % des Bruttoeinkommens als Unkosten zugestanden. Dabei sei nicht berücksichtigt, dass der praktische Arzt allein arbeiten kann und wenig Unkosten hat, der Zahnarzt jedoch in jedem Falle eine Helferin beschäftigen muss und Medika-

23 Das Zitat bezieht sich auf ein Referat, gehalten von Michael Gehring, Jg. 1918, stellvertretender Gesundheitsminister der DDR, auf einer Tagung der Bezirks- und Kreisärzte der DDR in Dresden am 18.3.1958. Er spricht darin über die »Entwicklung der ambulanten Versorgung« und beschreibt die Vorteile staatlicher Arztpraxen und Landambulatorien gegenüber privaten Arztpraxen und die Notwendigkeit des Ausbaus der staatlich organisierten ambulanten medizinischen Versorgung in der DDR. Das erwähnte Zitat lautet vollständig: »Ich möchte auch eindeutig erklären, dass es zwischen den niedergelassenen Ärzten und dem staatlichen Gesundheitswesen keinen ›Burgfrieden‹ gibt, wie sich das z. B. niedergelassene Ärzte im Bezirk Erfurt vorgestellt haben, als sie meinten, an Stelle einer durch Tod oder Invalidität erloschenen Niederlassung müsse unbedingt eine neue erteilt werden.« Vgl. Das Deutsche Gesundheitswesen. Zeitschrift für Medizin, Heft 21/1958, S. 657–666, hier 665.

mente wie Füllungsmaterialien usw. vom Unkostenbetrag abdecken muss. Deshalb wird eine Erhöhung des Unkostensatzes auf mindestens 40 % gefordert. In der Steuereinschätzung würde außerdem die handwerkliche Tätigkeit des Zahnarztes (Anfertigung von Zahnersatz usw.) nicht berücksichtigt werden. Für Sonntagsarbeit bekomme der Zahnarzt – im Gegensatz zum praktizierenden Arzt – keine besondere Vergütung, muss jedoch seine Helferin bezahlen. Außerdem besteht unter den Zahnärzten Unzufriedenheit über den monatlich abzuführenden SVK-Beitrag,[24] hätten jedoch keinen Anspruch auf Krankengeld.

Der Chirurg Dr. [Name 14] vom Bezirkskrankenhaus Meiningen brachte zum Ausdruck, dass sie [sic!] nach dem Kommuniqué besonders eine Frage beschäftigt, die in Kürze in Kraft tretende neue Gehaltszahlung. Man sei nicht damit einverstanden, dass das Gehaltsregulativ nicht zur Diskussion gestellt werde.

Der Chefarzt des Krankenhauses Blankenburg, Dr. *Frentzel-Beyme*,[25] führte zwei Fragen an, die nach Bekanntwerden des Kommuniqués alle Ärzte bedrücken würden:

1) Die Ärzte würden dadurch in eine Stellung gedrängt, die ihnen nicht angenehm sei. Ihre Patienten würden zum Ausdruck bringen, dass sie als Intelligenzler eine Sonderstellung genießen, aber der Arbeiter weiterhin nicht nach Westdeutschland fahren kann. (Diese Ansicht wird durch eine Reihe weiterer gleicher und ähnlicher Beispiele bestätigt und es ist anzunehmen, dass sie ihre Patienten auch in dieser Hinsicht beeinflussen. Im gleichen Zusammenhang kam es auch bei verschiedenen Hilfspflegern – z. B. Universität Jena – zur Missstimmung darüber, dass nach dem Kommuniqué Arztkinder, die als Hilfspfleger praktisch arbeiteten, immatrikuliert wurden. Die Reaktion der übrigen Hilfspfleger war darauf: »Sind wir schlechter, weil wir keine Arztkinder sind.«)

2) Die staatlich angestellten Ärzte hätten zzt. mehr als eine Planstelle inne, hätten jedoch nicht den gleichen Lebensstandard wie die frei praktizierenden Ärzte. Es müsste eine Regelung getroffen werden, die den angestellten Ärzten künftig den gleichen Lebensstandard gewährleistet.

Auch in einer Aussprache mit den Ärzten der Poliklinik der Regierung im Hause der Ministerien wurde die Meinung vertreten, dass der Arzt in freier Praxis vieles von seiner Steuer absetzen könne (Autokosten, Bücher, Literatur u. a.), was ein Arzt im öffentlichen Gesundheitswesen alles von seinem Gehalt bestreiten müsste, ohne steuerlich begünstigt zu sein. (Die höheren Arbeits-

24 Die Sozialversicherung des Freien Deutschen Gewerkschaftsbunds, auch als Sozialversicherungskasse bezeichnet, war die gesetzliche Kranken-, Unfall- und Rentenversicherung für Arbeiter und Angestellte, Lehrlinge, Studenten, Fachschüler, Ärzte, Zahnärzte und Tierärzte. Sie war als Pflichtversicherung mit einem einheitlichen Beitragssatz konzipiert.

25 Im Original: »Frenzel-Beyme«. Albert Friedrich Robert Frentzel-Beyme, Jg. 1911, Obermedizinalrat, Ärztlicher Direktor des Krankenhauses und der Poliklinik in Blankenburg/Harz.

und Zeitaufwände als frei praktizierender Arzt werden nicht als belastend empfunden.)

Andere schon seit längerer Zeit geführte und auch schon berichtete Diskussionen unter den Ärzten befassen sich im ablehnenden Sinne mit dem polytechnischen Unterricht.[26] Sie sind mit der bis jetzt vorgenommenen Durchführung des polytechnischen Unterrichtes nicht einverstanden und verurteilen, dass vor Einführung des polytechnischen Unterrichtes nicht das Gesundheitswesen, die Kreis- und Schulärzte gefragt worden seien. Die Oberschüler würden durch den polytechnischen Unterricht noch mehr überfordert und haben nach ihrer Ansicht – minimal gerechnet – einen 12-Stundentag. Bei Ernteeinsätzen und anderen Einsätzen in der Landwirtschaft wären neben Erkältungskrankheiten auch schon Nierenschädigungen bei Kindern festgestellt worden, hervorgerufen durch die unzureichende Bekleidung. Sie vertreten den Standpunkt, dass sie als Ärzte die Interessen der Menschen vertreten und nicht zusehen könnten, dass Krankheiten die Folge derartiger Einsätze seien. Außerdem würden durch die Überbelastung eine Übernervosität hervorgerufen und systematisch Neurotiker herangezüchtet.

Das Bestreben, das Vertrauen der Ärzte zu gewinnen, wird aber in einzelnen Fällen noch immer durch falsches und schädliches Verhalten meist untergeordneter staatlicher Dienststellen gehemmt. In der letzten Zeit wurden einige Fälle bekannt, wo durch eine falsche Behandlung von Angehörigen der medizinischen Intelligenz Unzufriedenheit und schlechte Stimmung in diesen Kreisen hervorgerufen wurde, die in einem Falle bis zur Schließung der Praxis durch einen niedergelassenen Arzt führte. Der niedergelassene Arzt Dr. [Name 15] aus Genthin, [Bezirk] Magdeburg, schloss am 5.12.1958 seine Praxis und schickte die anwesenden Patienten nach Hause. Als Begründung gab er an, dass er keine Aufenthaltsgenehmigung für seinen 1956 republikflüchtig gewordenen Sohn erhielt, obwohl sie ihm vor den Wahlen versprochen worden wäre.

Der Leiter der Abteilung PM [Name 16] fertigte einen Arzt, der PM 12a beantragte, in barschem Tone wie folgt ab: »Arbeiten Sie in der Nationalen Front mit?«[27] Als dies verneint wurde, sagte er sinngemäß: »Aha, so einer

26 Der polytechnische Unterricht war ein wesentliches Element des Bildungssystems der DDR, das den theoretischen Unterricht mit der praktischen Arbeit verbinden sollte. Er wurde 1959 offiziell eingeführt und umfasste alle Klassenstufen. In den Klassen 1 bis 6 erhielten die Schülerinnen und Schüler Werk- und Schulgartenunterricht. In den Klassenstufen 7 bis 10 umfasste der polytechnische Unterricht die Fächer Einführung in die sozialistische Produktion (ESP), Praktische Arbeit (PA bzw. bis 1970 Unterrichtstag in der sozialistischen Produktion UTP) und Technisches Zeichnen (TZ). Der ESP- und TZ-Unterricht fand an den Schulen statt. Im Fach PA, das im Wechsel mit den Fächern ESP und TZ vierzehntägig auf dem Stundenplan stand, arbeiteten die Schülerinnen und Schüler in ortsansässigen Betrieben in der Industrie bzw. Landwirtschaft. In der Erweiterten Oberschule (Klassen 11 bis 12) wurde dieser Unterricht im Fach Wissenschaftlich Praktische Arbeit (WPA) fortgesetzt.

27 Die »Nationale Front der DDR«, gegründet 1949 als »Nationale Front des Demokratischen Deutschland«, war ein Zusammenschluss aller politischen Parteien und Massenorganisatio-

sind Sie! Wieviel haben Sie denn für Korea gespendet?« Dabei blätterte er in seinen Akten und erklärte: »Sie kriegen keine Genehmigung!« Dieses Verhalten ist umso schädlicher, weil erst in den letzten Wochen vorher fünf Ärzte aus dem Kreis Staßfurt republikflüchtig geworden waren, davon vier niedergelassene Ärzte.

In Wallrode bei Dresden wollte der einzige dort praktizierende Arzt seine Praxis seinem Sohne – der Arzt in Westdeutschland ist – übergeben, weshalb der Sohn in die DDR übersiedeln wollte. Eine Übersiedlung wurde jedoch davon abhängig gemacht, dass der Sohn eine Stellung in einer Poliklinik annimmt. Dies lehnte er jedoch ab.

Dem seit 1946 in Westdeutschland tätigen Arzt Dr. [Name 17], der seinen Vater, der Arzt in den Pfeifferschen Stiftungen in Magdeburg ist,[28] besuchen wollte, wurde die Einreise mit Auto verweigert. In der Antragsbegründung wurde darum gebeten, weil der Arzt aus Westdeutschland lungenkrank ist.

Der niedergelassene Arzt Dr. [Name 18] aus Magdeburg hat eine Aufenthaltsgenehmigung für drei Wochen beantragt, erhielt jedoch nur die Genehmigung für drei Tage. Ein Arzt aus Halberstadt beschwerte sich, weil er keine Aufenthaltsgenehmigung für seine Tochter bekommen hat.

In allen Fällen waren die betroffenen Personen einmal selbst sehr ungehalten und zum anderen ist es wahrscheinlich, dass diese Unzufriedenheit und Missstimmung von diesen Kreisen weitergetragen wird und dann größere Ausmaße annehmen kann. Außerdem gibt es noch eine Reihe anderer Überspitzungen und Beispiele falschen und schädlichen Verhaltens, die sich nicht nur auf die mit Aufenthaltsgenehmigungen und PM 12a zusammenhängenden Fragen beschränken.

Der Zahnarzt Dr. [Name 19] (NDPD) vom Land-Ambulatorium Klingenthal, [Bezirk] Karl-Marx-Stadt, wurde vom Rat des Kreises Klingenthal fristlos entlassen, weil er DM[29] 2 000 unterschlagen und für private Behandlungen Medikamente entnommen haben soll. Die Entlassung geschah, ohne vorher die Sachlage genau zu überprüfen, sodass am Ende nur noch ein Betrag von ca. 300 DM als Ergebnis einer fehlerhaften Buchführung übrigblieb und [Name 19] von dem Nachfolger des inzwischen abgelösten Vorsitzenden des

nen der DDR unter Führung der SED. Sie war insbesondere mit der Vorbereitung der Volkskammerwahlen befasst und stellte die Kandidatenlisten auf.

28 Die Pfeifferschen Stiftungen, gegründet 1889, sind eine Einrichtung der Diakonie in Magdeburg zur Pflege und Betreuung von Kranken, Alten und Menschen mit Behinderungen. Im Zusammenhang mit den Auseinandersetzungen zwischen der DDR-Führung und der evangelischen Kirche waren die Stiftungen Anfang der 1950er-Jahre enteignet worden, die Enteignung wurde aber nach Protesten der Magdeburger Kirchenleitung wieder rückgängig gemacht.

29 Im Zuge der Währungsreform im Juli 1948 auf dem Gebiet der Sowjetischen Besatzungszone wurde die Reichsmark als bis dahin gültiges Zahlungsmittel durch die Deutsche Mark der Deutschen Notenbank abgelöst. Bis 1964 hieß die Währung in der DDR also auch Deutsche Mark (DM). Erst 1964 wurde sie in Mark der Deutschen Notenbank (MDN) und mit Gründung der Staatsbank der DDR im Jahr 1968 in Mark der DDR (M) umbenannt.

Rates des Kreises empfohlen wurde, sich wieder zu bewerben. [Name 19] lehnte dies ab.

In der Besprechung der Institutsdirektoren in der Akademie am 21.10.1958 wurde der Jahreskongress 1958 und der Termin für 1959 behandelt.[30] Für 1959 erläuterte der Rektor den Termin 31.8. bis 6.9.1959 und begründete die Notwendigkeit hierfür damit, dass zum selben Zeitpunkt in Karlsruhe der Therapie-Kongress[31] stattfindet und damit viele Ärzte, die sonst nach dem Westen fahren, abgehalten werden. Nach dieser Erklärung gab es eine allgemeine Ablehnung des Termins mit Hinweisen wie:

- keine Konkurrenz-Unternehmen;
- neuen Kurs im Gesundheitswesen beachten;
- Freiheit der Entscheidung des Arztes zu lassen.

Bei einer Aussprache am 1.10.1958 zwischen den Ärzten des Kreiskrankenhauses Lichtenstein und dem Vorsitzenden des Rates des Kreises Hohenstein[-Ernstthal], *Schröter*[32] (SED), brachte ein Arzt zum Ausdruck, dass man in Lichtenstein ein Wohnhaus für vier Ärzte bauen müsste, dann hätte man sofort genügend Ärzte für das Krankenhaus. Auf diesen Vorschlag antwortete der Genosse Schröter sinngemäß: Wenn wir eine Wohnung für einen Arbeiter bauen, dann kostet uns diese 20 000 DM. Eine Wohnung für einen Arzt dagegen kostet aber 45 000 DM und das können wir uns nicht leisten, da bauen wir lieber Wohnungen für die Arbeiter. Auf eine andere ebenfalls im Zusammenhang mit dem Wohnungsproblem gestellte Frage antwortete Schröter mit einem viertelstündigen Überblick über die weltpolitische Lage, ohne dabei auf die gestellte Frage einzugehen. Die zu dieser Aussprache anwesenden Ärzte haben nach deren Beendigung erklärt, dass die Aussprache nutzlos vergeudete Zeit wäre, da nicht auf ihre Fragen eingegangen wurde und sie keine Aufklärung erhielten.

In Berlin-Buch, Röbellweg, wohnen in Neubauten ca. 80 Ärzte. Die Häuser stehen ca. 80 m von der S-Bahn entfernt. Eine Bebauung des Geländes zwischen Röbellweg und S-Bahn war bis Sommer 1958 nicht geplant. Von den Ärzten wurde deshalb vorgeschlagen, dieses Gelände zum Bau von Kinderspielplätzen, einem gemeinsamen Waschhaus und Garagen zu benutzen. Seit

30 Hier ist die Deutsche Akademie der Wissenschaften (DAW, später Akademie der Wissenschaften der DDR) und deren Klasse für Medizin gemeint. Der von dieser Institution jährlich durchgeführte Kongress fand 1958 vom 14. bis 18.10. im Deutschen Hygienemuseum in Dresden statt. Im Jahr 1959 fand der Kongress für ärztliche Fortbildung der Klasse für Medizin der DAW vom 15. bis 19.9.1959 in Leipzig statt. Vgl. Jahrbuch der Deutschen Akademie der Wissenschaften zu Berlin 1959. Berlin 1960, S. 41.

31 Gemeint ist die »Deutsche Therapiewoche Karlsruhe«, eine Verbindung von Ärztekongress und Heilmittelausstellung. Sie fand zwischen 1945 und 1993 jährlich im August/September statt.

32 Im Original durchgehend: »Schröder«. Lothar Schröter, Jg. 1921, SED-Funktionär, 1954–67 Vorsitzender des Rates des Kreises Hohenstein-Ernstthal.

Sommer 1958 wurden ihnen jedoch Pläne des Stadtbezirkes Pankow bekannt, nach denen das noch freie Gelände mit Wohnhäusern bebaut werden soll. Darüber sind die Ärzte sehr unzufrieden, weil dadurch sehr enge Höfe entstehen würden, die Geräuschbelastung (S-Bahn und Dampfbahnzüge) durch Entstehung von Schallkanälen sich verstärke und die vorgeschlagenen Garagenbauten nicht realisiert werden könnten. In mehreren Aussprachen mit einer Kommission der Ärzte wurde bisher noch kein Ergebnis erzielt. Das führte seitens der Ärzte zu unzufriedenen Diskussionen folgender Art: dass sie die ganze Angelegenheit als einen Ausdruck des Mitplanens und Mitregierens betrachten und sehr verbittert sind, weil ihre Vorschläge nicht beachtet werden; dass sich die Republikflucht von Ärzten, die im Röbellweg wohnen, verstärken wird.

Erste negative Auswirkungen zeigten sich bereits zur Wahl am 16.11.1958, wo bis 10.30 Uhr erst zwölf Ärzte ihre Stimme abgaben.[33] Davon ging der größte Teil in die Wahlkabinen und strich die Wahlzettel hörbar durch. Die am Nachmittag eingesetzten Schlepper[34] erhielten von einem Teil der Ärzte in sehr arroganter Art die Antwort, dass bis 20.00 Uhr gewählt werden könnte und sie daher erst kurz vor 20.00 Uhr wählen werden.

Wie der Leiter der Abrechnungsstelle und Mitglied des CDU-Vorstandes in Magdeburg, Dr. Weinert,[35] erklärte, wollte nach dem Kommuniqué der Kulturbund die Ärzteschaft veranlassen, dass sie eine Kommission bildet, welche überprüft, ob man die Beschlüsse der Partei (das Kommuniqué) auch richtig erfüllt. (Der Kulturbund in Magdeburg ist bereits vor einiger Zeit negativ in Erscheinung getreten, als er eine Aussprache mit Ärzten organisierte, auf der es zu Provokationen kam.)

Schon vor ca. zwei bis drei Jahren wurde von Dr. [Vorname Name 20] Krankenhaus Friedrichshain und einem Physiker ein Herz- und Lungen-Apparat entwickelt, mit dem seit dieser Zeit Versuche an Tieren erfolgreich durchgeführt wurden. Da jedoch nicht die nötigen Erfahrungen vorhanden waren, um diesen Apparat bei Herzoperationen am Menschen anzuwenden, wollte Dr. [Name 20] nach Schweden fahren, wo ein derartiges Gerät bereits angewandt wurde. Eine Einladung von einem schwedischen Professor lag bereits vor, auch die Zusicherung, an Operationen mit diesem Apparat teilzunehmen. Die Reise wurde Dr. [Name 20] vom Ministerium für Gesundheitswesen mit der Begründung abgelehnt, dass kein Geld vorhanden sei. Wenn er jedoch in die Sowjetunion zu einem Erfahrungsaustausch fah-

33 Am 16.11.1958 fand die Wahl zur Volkskammer der DDR statt. Es war die dritte Volkskammerwahl seit Bestehen der DDR.

34 Mit Schlepper sind hier die eingesetzten »Wahlhelfer« gemeint, die an den Nachmittagen der Wahlsonntage mit einer Wahlurne zu vermeintlichen und tatsächlichen Nichtwählerinnen und Nichtwählern geschickt wurden, um diese zur Stimmabgabe aufzufordern.

35 Walter Weinert, Jg. 1907, Neurologe, Mitglied der Arbeitsgemeinschaft Gesundheits- und Sozialwesen beim Hauptvorstand der CDU, Vorsitzender der Kreisgewerkschaftsgruppe Ärzte Magdeburg.

ren wolle, dürfe er das. Vor ca. zwei Jahren kam ein Westberliner Professor zu Dr. [Name 20] um sich den Apparat anzusehen. Dieser Professor wurde anschließend in die USA geschickt, um an einem solchen Apparat zu hospitieren. Seit ca. acht Wochen arbeitet der Professor nun selbst an so einem Apparat in Westberlin. Dr. [Name 20] ist hierüber sehr verärgert, weil er der Meinung ist, dass wir diesen Apparat vor Westberlin haben konnten. Selbst ein sowjetischer Professor war bei ihm und hat sich für den Apparat interessiert. Jetzt, nachdem in Westberlin der Apparat bereits arbeitet, wird Dr. [Name 20] die Reise nach Schweden endlich genehmigt. Er wird diese Reise Mitte Januar 1959 antreten.

Aufgrund der im vorstehenden Bericht angeführten vielfältigen Erscheinungen kommt ein beträchtlicher Teil der Ärzte zu der Schlussfolgerung, dass sie im Ministerium für Gesundheitswesen nicht ihren richtigen Vertreter haben und dass zumindest die Leitung des Ministeriums mit einem Fachmann besetzt werden müsste.

Bemerkungen des Direktors der Augenklinik der Humboldt-Universität, Prof. Velhagen,[36] über die Lage der Augenheilkunde in der DDR im Zusammenhang mit der Brüsseler Tagung der Augenärzte, über die er übereinstimmend mit den übrigen Tagungsteilnehmern aus der DDR u. a. Folgendes berichtete:[37]

a) Zu einigen politischen und organisatorischen Fragen:

Eine schlechte politische Auswirkung auf die westlichen Tagungsteilnehmer hatte die Tatsache hervorgerufen, dass die Mitglieder der DDR-Delegation ohne Ehefrauen erschienen, was zu einer Meinung führte, dass die Behörden der DDR diese Ehefrauen nicht mitfahren lasse, um die Republikflucht der Delegationsmitglieder zu verhindern. Ebenso hätte die »Massenflucht von Augenärzten, die in der DDR führende Stellungen und aussichtsreiche Stellen inne hatten« und die in keinem Falle durch Abwerbungen veranlasst worden wären, einen »tiefen Eindruck auf die Fachgenossen in aller Welt hinterlassen« und wäre im Verkehr mit den DDR-Ärzten ständiges Gesprächsthema gewesen.

Diese beiden Dinge hätten sie in eine peinliche Situation gebracht. Auch die zur Anmeldung der Ärzte aus der DDR zu dieser Tagung notwendigen organisatorischen Schritte wären durch das Staatssekretariat für Hoch- und Fachschulwesen und durch das Ministerium für Gesundheitswesen verzögert worden, was der Kongressleitung eine Mehrarbeit durch nochmalige Umorganisation verursachte. Aus diesem Grunde könnten auch die Teilnehmer aus der DDR nicht für Leitungen oder Präsidien der Tagung vorgesehen werden.

36 Karl Velhagen, Jg. 1897, Augenarzt und Hochschulprofessor, 1950–58 Professor für Augenheilkunde und Direktor an der Universitäts-Augenklinik in Leipzig, 1958–67 Professor für Augenheilkunde und Direktor der Augenklinik an der Humboldt-Universität zu Berlin.

37 Berichtet wird hier über den XVIII. Internationalen Kongress für Ophthalmologie (Augenheilkunde), der vom 8. bis 12.9.1958 in Brüssel stattfand.

b) Zu fachlichen Fragen:

Die Brüsseler Tagung habe gezeigt, dass die Augenheilkunde in der DDR einen »Keulenschlag« erlitten habe, um viele Jahre zurückgefallen sei und sich nicht mehr auf dem Weltniveau bewege.

- Die optische Ausstattung der Kliniken und die operative sowie die personelle und instrumentale Ausrüstung der Abteilungen für Schielkrankheiten lägen hinter dem auch bei uns möglichen Niveau.
- Die Industrie für die Augenheilkunde bleibe in der DDR in steigendem Maße zurück, trotzdem sie vor acht Jahren voranging.
- Große Gebiete der Augenkrankheiten, wie intraokulare Geschwülste und Netzhautentzündungen, könnten nicht zeitgemäß behandelt werden. Die Patienten müssen nach Westdeutschland überwiesen werden bzw. erblinden.

Die mit dem Kongress verbundene große Ausstellung der Instrumenten-Industrie hätte ein erschütterndes Ergebnis für die DDR gehabt, deren Firmen auf dieser Ausstellung auch nicht vertreten waren, weil ihre Erzeugnisse nicht mehr dem Weltniveau entsprechen. Sie hätten aber auch keine Besucher entsandt, um sich über die Anforderungen der ophthalmologischen Kliniken und Praxen orientieren zu können. Velhagen schreibt dazu wörtlich: »Auf dem Gebiete der DDR liegen Orte, von denen aus früher die ganze Welt monopolartig mit augenoptischen Instrumenten, Brillen, augenchirurgischen Instrumenten und Prothesen versorgt wurde. Sämtliche Betriebe waren 1946 noch arbeitsfähig. Jetzt haben alle genannten Industrien ihre Führung verlegt, und zwar nach der Schweiz, Westdeutschland, England, Frankreich, Italien und natürlich auch nach den USA. Die Ophthalmologen der DDR haben seit Jahren immer wieder warnend ihre Stimme erhoben, wurden aber mit Versprechungen oder Totschweigen abgefertigt. Jetzt müssen sie sich sogar von den sowjetischen und tschechischen Kollegen sagen lassen, dass die Führung an die Schweiz übergegangen ist.« Ähnlich sei es mit der wissenschaftlichen Literatur aus der DDR bestellt, deren Bedeutung anscheinend unterschätzt und deren Herausgabe verzögert würde.

Im Zusammenhang mit dem Kommuniqué des Politbüros äußerte Velhagen, dass den Ärzten ihre Perspektive nicht klar sei, mit der Begründung,

- die Einstellungsanträge dauerten zu lange,
- die Assistentenordnung würde einer Entlassungsordnung gleichgesetzt,
- die Republikfluchten seien nicht organisiert, sondern Ausdruck, dass die Ärzte keinen Ausweg in ihrer Entwicklung sehen.

Das Kommuniqué sei nicht weit genug gegangen: »Vertrauen gewinne man in acht Jahren, aber nicht in drei Tagen, verlieren kann man es aber in neun Stunden.« Außerdem versuchte Velhagen nachzuweisen, dass es in der DDR keine Freiheit der religiösen Betätigung gebe, besonders in den Einrichtungen des Gesundheitswesens.

14. Januar 1959

Information Nr. 3/59 – Bericht über die Stimmung der Bevölkerung der DDR zum Friedensvertrag-Vorschlag der Sowjetunion

Quelle: BArch, MfS, ZAIG 221, Bl. 1–7 (2. Expl.: zurückgegebenes Matern-Exemplar).
Serie: Informationen.
Verteiler: Ulbricht, Matern/Ablage, Honecker, Norden, Neumann, KGB Berlin-Karlshorst (»Freund«) – MfS: Mielke.
Bemerkungen: Das 2., für Matern vorgesehene Exemplar ist gleichzeitig als Ablage-Exemplar ausgewiesen.
Verweise: Informationen 4/59 und 9/59.

Dieser Bericht soll eine erste Einschätzung der Stimmung und einen vorläufigen Überblick über die bis jetzt bekannt gewordenen Argumente geben, wobei es zurzeit noch nicht möglich ist, bedeutungsvolle Unterschiede in der Reaktion der einzelnen Bevölkerungsschichten festzustellen, mit Ausnahme eines Teiles der ehemaligen Umsiedler.

Sofort nach Bekanntwerden des Vorschlages der Sowjetunion über einen Friedensvertrag[1] durch den Rundfunk nahm schon ein beträchtlicher Teil der Bevölkerung der DDR spontan und vorwiegend in positivem Sinne dazu Stellung. Durch die weiteren Veröffentlichungen und Kommentare sowie durch die auf Initiative der Parteiorganisationen in den Betrieben, Verwaltungen und sonstigen Institutionen einberufenen Kurzversammlungen und anderer Agitation wurde erreicht, dass neben der Note über die Berlin-Frage[2] der Friedensvertrag-Vorschlag Hauptgegenstand der Diskussion ist bzw.

1 Im Januar 1959 legte die Sowjetunion den Entwurf eines Friedensvertrages der im Zweiten Weltkrieg an den Kämpfen gegen Deutschland beteiligten Staaten mit der DDR und der Bundesrepublik den Besatzungsmächten als Vorschlag vor. Am 10.1.1959 überreichte der Botschafter der Sowjetunion M. G. Perwuchin diesen Entwurf Walter Ulbricht. Als Voraussetzungen für den Abschluss des Vertrages werden darin der Austritt beider deutscher Staaten aus allen Militärbündnissen, der Verzicht auf moderne Waffensysteme, keinerlei Ansprüche auf die ehemals deutschen Ostgebiete und der Abzug aller Besatzungstruppen formuliert. Zum Wortlaut des Entwurfes siehe ND v. 11.1.1959.

2 Am 27.11.1958 übergab das sowjetische Außenministerium den westlichen Besatzungsmächten USA, Großbritannien und Frankreich eine Note, in der die Sowjetunion ankündigte, der DDR die volle Kontrolle über die Verbindungswege zwischen Westdeutschland und Westberlin zu übertragen, sollte es nicht innerhalb eines halben Jahres zu einer vertraglichen Vereinbarung der alliierten Mächte kommen, die Westberlin den Status einer entmilitarisierten Freien Stadt garantierte. Dies beinhaltete den Abzug der Truppen der Westalliierten aus der Stadt. Damit kündigte die Sowjetunion den Viermächte-Status Berlins quasi auf. Diese Note war dem Vorschlag für einen Friedensvertrag mit den beiden deutschen Staaten vom Januar 1959 vorausgegangen und leitete die sogenannte zweite Berlin-Krise ein. Vgl. dazu ausführlich Wettig, Gerhard: Chruschtschows Berlin-Krise 1958 bis 1963. Drohpolitik und Mauerbau. München 2006.

werden beide – nachdem die Diskussionen über die Berlin-Frage in letzter Zeit etwas zurückgegangen waren – oft in einem engen Zusammenhang behandelt.

Bis auf ganz wenige Ausnahmen wird der Friedensvertrag-Vorschlag ohne wesentliche Unterschiede innerhalb der einzelnen Bevölkerungsschichten begrüßt und vor allem auf dessen große politische Bedeutung hingewiesen, ohne in vielen Fällen auf die einzelnen Artikel einzugehen. Das hat seine Ursache mit darin, dass viele über die Einzelheiten noch nicht richtig informiert sind.

Ein weiterer Ausdruck der Zustimmung sind die aus diesem Anlass eingegangenen vielfältigen Produktionsverpflichtungen. Auch konnte in vielen Fällen festgestellt werden, dass Personen, die bisher aus den verschiedensten Gründen zu politischen Ereignissen undurchsichtige und negative Stellungen bezogen, diesen Vorschlag begrüßten; z. B. als RIAS-Hörer[3] bekannte oder solche Personen, die gegen die Oder-Neiße-Friedensgrenze[4] eingestellt waren oder Personen, die bisher den Noten der SU keine Beachtung schenkten, sie als Manöver abtaten usw.

Eine Reihe von Bürgern der DDR will auch von sich aus durch Übersendung der Vorschläge dafür sorgen, dass der westdeutschen Bevölkerung diese im richtigen Wortlaut bekanntwerden, damit die üblichen Entstellungen in der Presse und im Rundfunk Westdeutschlands ihre Wirksamkeit verlieren.

Der größte Teil dieses die Note begrüßenden Personenkreises und damit auch der größte Teil der Bevölkerung der DDR, betont dabei mit den verschiedensten Worten und in den verschiedensten Abwandlungen

- dass die SU damit wieder – wie schon so oft – bewiesen hat, wie sehr ihr der Frieden am Herzen liegt,
- dass dies ein neuerlicher wahrer Freundschaftsbeweis gegenüber dem ganzen deutschen Volke sei,
- dass diese konkreten Vorschläge die Kriegstreiber immer mehr entlarven und
- dass der Zeitpunkt für die Vorschläge gut gewählt worden sei.

3 Der RIAS (Rundfunk im amerikanischen Sektor) wurde von der US-amerikanischen Militärverwaltung in Westberlin eingerichtet und strahlte 1946 bis 1993 zwei Hörfunkprogramme, ab Ende der 1980er-Jahre auch ein Fernsehprogramm aus. Der RIAS galt in der DDR als amerikanischer Propagandasender und seine Hörerschaft als der politischen Gegnerschaft verdächtig.

4 Das Potsdamer Abkommen vom 2.8.1945 regelte den Verlauf der deutsch-polnischen Grenze entlang der Flüsse Oder und Lausitzer Neiße. Damit fielen die vor dem Zweiten Weltkrieg zu Deutschland gehörenden Provinzen östlich des Grenzverlaufes unter polnische Administration. Die DDR und Polen erkannten mit der Unterzeichnung des Görlitzer Abkommens vom 6.7.1950 die Oder-Neiße-Linie endgültig als deutsch-polnische Staatsgrenze an. Im Sprachgebrauch der DDR erhielt sie die Bezeichnung »Oder-Neiße-Friedensgrenze«.

(Letzteres bringen sie in Verbindung mit dem Start der kosmischen Rakete,[5] mit dem Besuch des Genossen Mikojan[6] in Amerika[7] und der Reise des Genossen Grotewohl[8] nach Afrika und Asien.[9])

Für diese Argumente könnte eine Vielzahl von Beispielen angeführt werden. Hier einige der typischsten:

Der verdiente Arzt des Volkes Dr. [Name 1], Werneuchen, [Kreis] Strausberg, erklärte: »Der Friedensvertragsentwurf der SU ist ein weiterer Schritt zur friedlichen Wiedervereinigung Deutschlands, an der auch wir als Intelligenz brennend interessiert sind. Ich bin als Arzt deshalb daran so interessiert, weil der Friedensvertragsentwurf einen wahrhaft humanistischen Charakter trägt.« Der Bäckermeister [Name 2] aus Strausberg äußerte, dass er nicht verstehen kann, dass es immer noch Handwerker gibt, die keine positive Meinung zur Politik der DDR haben. Der Glasermeister [Name 3] aus Freienwalde nahm ebenfalls eine positive Haltung zum Friedensvertragsentwurf ein und verpflichtete sich zu Ehren der Note, für 1 000 DM[10] Glaserarbeiten im Nationalen Aufbauwerk[11] durchzuführen. Propst Ehlers[12] aus Doberan sag-

5 Gemeint ist der Start einer sowjetischen unbemannten Rakete am 2.1.1959. Die Rakete mit dem Namen »XXI. Parteitag« sollte in die Umlaufbahn des Mondes eindringen und der Sowjetunion damit einen Vorsprung vor den USA im Wettlauf um die Erforschung des Mondes verschaffen. Dieses ambitionierte Vorhaben scheiterte aber, da die Rakete in die Umlaufbahn der Sonne geriet. Vgl. ND v. 4.1.1959.

6 Anastas Howhannessi (russ. Anastas Iwanowitsch) Mikojan, Jg. 1895, sowjetischer Politiker, ab 1923 Mitglied des ZK der KPdSU, 1935–66 Mitglied des Politbüros bzw. des Präsidiums der KPdSU, 1955–64 erster Stellvertreter des Vorsitzenden des Ministerrates der Sowjetunion.

7 Mikojan hielt sich als erster ranghoher sowjetischer Politiker Anfang 1959 auf einer offiziell als privat deklarierten Reise in den USA auf. Er traf dort am 5.1.1959 mit Außenminister John F. Dulles zu einem Gespräch zusammen, in dessen Verlauf er auf eine Vereinbarung über den Austritt der DDR und der Bundesrepublik aus dem Warschauer Vertrag bzw. der NATO drang.

8 Otto Grotewohl, Jg. 1894, SPD-Politiker, ab 1946 SED-Funktionär und bis 1954 mit Wilhelm Pieck paritätischer Vorsitzender der SED, 1949–64 Ministerpräsident bzw. Vorsitzender des Ministerrates der DDR.

9 Vom 4. bis 16.1.1959 reiste Otto Grotewohl an der Spitze einer ostdeutschen Delegation in die Vereinigte Arabische Republik, den Irak und nach Indien. Die SED-Führung formulierte als Maximalziel dieser Reise, die diplomatische Anerkennung der DDR durch diese Staaten und den Austausch von Botschaftern, was Grotewohl nicht erreichen konnte. Allein mit Kairo vereinbarte er die Errichtung von Generalkonsulaten. Vgl. Hoffmann, Dierk: Otto Grotewohl (1894–1964). Eine politische Biographie. München 2009, S. 638–645.

10 Im Zuge der Währungsreform im Juli 1948 auf dem Gebiet der Sowjetischen Besatzungszone wurde die Reichsmark als bis dahin gültiges Zahlungsmittel durch die Deutsche Mark der Deutschen Notenbank abgelöst. Bis 1964 hieß die Währung in der DDR also auch Deutsche Mark (DM). Erst 1964 wurde sie in Mark der Deutschen Notenbank (MDN) und mit Gründung der Staatsbank der DDR im Jahr 1968 in Mark der DDR (M) umbenannt.

11 Das Nationale Aufbauwerk der DDR wurde 1951 gegründet, um auf der Grundlage von freiwilliger, unentgeltlicher Arbeit Bauvorhaben in Ostberlin realisieren zu können. Später wurde es auf die gesamte DDR ausgeweitet. Träger war die Nationale Front.

12 Hans-Martin Ehlers, Jg. 1906, evangelischer Theologe, ab 1949 Propst der Propstei Bad Doberan.

te: »Ich begrüße den Friedensvertragsentwurf und werde diesen heute noch durcharbeiten. Ich halte es für sehr richtig, mit allen Pastoren eine Aussprache zu führen und meine, dass die staatlichen Organe hierzu einladen sollten und ein Vertreter der SED oder der Nationalen Front als Gesprächsführer mit den Pastoren über den Friedensvertrag diskutieren sollte.«

Der parteilose Diplomingenieur und Leiter des Hauptlabors des VEB Kombinats Gölzau, [Kreis] Köthen,[13] erklärte: »Die westdeutschen Sender haben schon das ganze Jahr hindurch die Noten der SU, welche den Inhalt hatten, Deutschland wieder den Platz einzuräumen, den es verdient, verdreht. Ich habe noch vor einem Jahr den Westsendern oft Glauben geschenkt. Jetzt aber nehme ich einen anderen Standpunkt ein. Ich weiß, dass nur die SU das Beste für uns will, was dieser Vorschlag beweist. Insbesondere sind es die Punkte, wo wir uns als Deutsche ein Wirtschaftsleben aufbauen können, dass sich entwickeln würde, wie es noch nie dagewesen ist. Ich freue mich, dass die SU uns Deutsche nicht mit den Faschisten vergleicht, sondern als Deutsche behandelt, die für den Frieden arbeiten und kämpfen, wogegen die USA die SS-Banditen und Faschisten wieder in hohe Staatsstellungen bringt.« (Besonders aus Kreisen der Intelligenz wurden viele solcher eindeutig zustimmenden Meinungen bekannt.)

Ein großer Teil der solche und ähnliche Stellungnahmen abgebenden Personen glaubt aber nicht recht an einen auch von ihnen gewünschten Erfolg der sowjetischen Vorschläge und vertritt die Meinung, dass die Westmächte wie bisher immer nicht darauf eingehen werden: »Die SU hat schon viele gute Vorschläge unterbreitet, ohne dass sie von den Westmächten angenommen worden wären. So wird es auch diesmal sein und alles bleibt beim Alten.« Aus diesem Grunde macht man sich auch Gedanken darüber, welche Maßnahmen seitens der SU und der Westmächte folgen werden, ohne sich darüber klar werden zu können.

Die besonders bei der Diskussion über die Berlin-Note festzustellende Befürchtung, dass es zu kriegerischen Auseinandersetzungen kommen könnte, wird dabei zwar noch ausgesprochen, aber in einem sehr viel kleineren Maße, was besonders auf die »durch die kosmische Rakete dokumentierte Kraft der SU« zurückzuführen ist.

Im Vergleich mit den zustimmenden Äußerungen haben die unklaren Stellungnahmen nur einen geringen Anteil und direkt feindliche Reaktionen wurden nur vereinzelt festgestellt. Hauptgegenstand dieser unklaren und z. T. negativen Meinungen sind vor allem zwei Probleme:

a) Die Grenzregelung[14]

13 Gemeint ist das VEB Braunkohlekombinat Gölzau in Weißandt-Gölzau.

14 In dem Entwurf eines Friedensvertrages wird Deutschland als Staat in den Grenzen vom 1.1.1959 beschrieben. Dies gilt auch für den Grenzverlauf zwischen der DDR und der Bundesrepublik bis zur Vollendung der angestrebten staatlichen Einheit. Beide deutsche Staaten sollen in Übereinstimmung mit dem Potsdamer Abkommen von 1945 auf alle Rechte

b) Die Regelung der Streitkräfte mit den damit zusammenhängenden Fragen der Bewaffnung.[15]

Dabei haben die Unklarheiten und z. T. das Nichteinverständnis mit der Grenzregelung den größeren Umfang und werden in allen Bezirken und Bevölkerungsschichten diskutiert, wenn sie dort auch die Minderheit ausmachen. Besonders befasst sich ein Teil der ehemaligen Umsiedler mit diesem Artikel über die Grenzregelung. Es werden dabei folgende typische Stellungnahmen abgegeben:

- Viele werden enttäuscht sein, dass die Ostgebiete verloren sind und sie nicht mehr in ihre Heimat zurückkommen.
- Wenn wir einen Friedensvertrag abschließen, so gehört ganz Deutschland dazu, auch die ehemaligen Ostgebiete.
- Das Gebiet, welches von Deutschland an Polen abgetreten wurde, sollte man zurückgeben und die SU sollte das von Polen genommene Gebiet an Polen zurückgeben.
- Wo gibt es denn so etwas, dass alles so bleiben soll, wie es am 1.1.1959 war, die sollen erst einmal Schlesien zurückgeben.
- Wenn die SU in ihren Noten einmal sagen würde, was mit den »Vertriebenen« werden soll und mit den ehemaligen deutschen Gebieten, dann würden die Noten ganz anders behandelt werden und die SU würde auch mehr Anerkennung finden. Sie brauchten nur zu sagen, dass die Oder-Neiße-Grenze noch nicht endgültig ist und es würde ein lautes Hurra ertönen.
- »Die Vertriebenen könnten nie wieder Freunde einer Regierung werden, die sie vertrieben oder dieses geduldet hat.«
- Man soll uns auch, wie drüben im Westen, eine Abfindung für das, was wir verloren haben, geben.
- Wieso will die SU die Stadt Königsberg für sich in Anspruch nehmen, wo doch immer gesagt wird, dass die SU keine Raubkriege führt. Etwas anderes wäre es noch, wenn man Polen dieses Gebiet zugesprochen hätte.

und Ansprüche auf die ehemaligen deutschen Gebiete östlich der Oder-Neiße-Grenze einschließlich der Städte Danzig und Kaliningrad (Königsberg) verzichten, außerdem die Ungültigkeit des Münchner Abkommens von 1938 und die Zugehörigkeit des ehemaligen Sudetengebietes zur Tschechoslowakei sowie das Gebiet Elsass-Lothringens als französisches Staatsgebiet anerkennen. Vgl. ND v. 11.1.1959.

15 Der sowjetische Vorschlag für einen Friedensvertrag mit Deutschland sah den Aufbau eigener deutscher Streitkräfte vor, die mit dem notwendigen Kriegsmaterial, Waffen und Geräten ausgerüstet werden sollten. Darüber hinaus sollte Deutschland der Erwerb, der Besitz und die Produktion von ABC-Waffen, Raketen und gelenkten Geschossen, Bombenflugzeugen und U-Booten verboten werden. Alle ausländischen Truppen sollten nach Inkrafttreten des Vertrages aus Deutschland abgezogen und zukünftig auch nicht mehr stationiert werden. Vgl. ND v. 11.1.1959.

In mehreren Fällen versuchten Personen, die diese Argumente anführen, ihre eigene Meinung hinter dem Hinweis zu verstecken, »dass besonders die Westmächte mit dieser Grenzregelung nicht einverstanden sein werden«.

Zur Frage der Streitkräfte und deren Bewaffnung empfindet es ein Teil als ungerecht oder zumindest einer nochmaligen Überlegung wert, dass Deutschland verboten wird, Raketen, Bomben und U-Boote zu besitzen, da im Falle eines Überfalles durch einen Staat, der diese Waffen besitzt, Deutschland sich nicht wehren könne.

Dieser Artikel wird auch unter dem Gesichtspunkt der Weltraumforschung betrachtet. Ein Angehöriger der Kriminalpolizei des VPKA Rostock, Mitglied der SED, betonte z. B., dass er ganz begeistert von der Note sei, dass jedoch die Beschränkung in militärischen Fragen nicht klar genug ausgedrückt sei. Bei einer solchen Formulierung – irgendwelche Raketen zu besitzen, herzustellen oder auszuprobieren – würde Deutschland keine Möglichkeit haben, sich an der Weltraumforschung mit Raketen, Satelliten usw. zu beteiligen. Andere beachtenswerte Argumente, die jedoch nur vereinzelt auftraten, sind,

- dass die SU nur deswegen diesen Entwurf unterbreitet habe, weil sie sonst in der Berlin-Frage ihr Ziel nicht erreichen würde. (Bezirk Potsdam)
- Die Vorschläge sollen nur bezwecken, die Verhältnisse in der DDR auch auf Westdeutschland zu übertragen. (eine Lehrerin aus Zinnowitz)
- Man sei nur interessiert daran, eine Lösung der Deutschen Frage zu finden, weil die »Ostzone« sowieso aus dem letzten Loch pfeifen würde. Es wäre nicht abzustreiten, dass wir weit hinter Westdeutschland liegen würden und es sonst noch ein Fiasko geben würde. (ein freiberuflicher Masseur aus Weimar)
- Der Abschluss eines Friedensvertrages sei nur dann möglich, wenn die Einheit Deutschlands bestehe. (Kombinat Schmirchau[16]/Ronneburg) (Vereinzelt werden in diesem Zusammenhang »freie Wahlen« als eine Voraussetzung dazu angeführt.)
- Wenn die SU alles der DDR übergibt, dann kommen die Amis und es gibt eine große Schießerei wie in Ungarn.[17] (ein Betriebsschutzangehöriger des VEB Pyrotechnik Berlin/Buchholz)[18]

16 Im Original: »Schmierchau«. Gemeint ist ein Schacht bzw. Bergbaubetrieb der Wismut.

17 Die Bemerkung bezieht sich auf den Volksaufstand in Ungarn, der am 23.10.1956 mit Demonstrationen in Budapest begann, die sich in den folgenden Tagen auf das ganze Land ausweiteten. Bereits am Abend des 23.10. bat Parteichef Ernő Gerő die sowjetische Armee um Hilfe. Am 24.10. wurde die Forderung der Demonstranten nach der Berufung des reformorientierten Kommunisten Imre Nagy zum Ministerpräsidenten erfüllt, am 25.10. wurde Parteichef Gerő durch Janos Kádár ersetzt. Zeitgleich kam es zu Angriffen auf die Demonstranten, bei denen etwa 200 Personen getötet wurden. Vgl. dazu u. a. Varga, László: Der Fall Ungarn. Revolution, Intervention, Kádárismus. In: Engelmann, Roger; Großbölting, Thomas; Wentker, Hermann (Hg.): Kommunismus in der Krise. Die Entstalinisierung 1956 und die Folgen. Göttingen 2008, S. 127–136.

18 Die genaue Bezeichnung lautete VEB Pyrotechnik Silberhütte, Werk Berlin-Buchholz.

Eine direkte Ablehnung des gesamten Vertrages konnte nur in sehr vereinzelten Fällen festgestellt werden, z. B. im VEB Bergmann Borsig[19] – wo insgesamt gesehen eine sehr positive Stimmung herrschte und von der überwiegenden Mehrheit der Arbeiter und Angestellten der Friedensvertragsentwurf begrüßt wurde – sprachen sich in einer Kurzversammlung acht Kollegen dagegen aus, weil dieser Friedensvertrag »zu einseitig« sei.

19 Der VEB Bergmann-Borsig war der größte Hersteller von Kraftwerkskomponenten in der DDR und hervorgegangen aus der 1891 von Sigmund Bergmann gegründeten »Bergmann Electricitäts-Werke Aktiengesellschaft«.

27. Januar 1959

Information Nr. 6/59 – Bericht über die Feindtätigkeit in der Zeit vom 1. Januar bis 31. Dezember 1958

Quelle: BArch, MfS, ZAIG 185, Bl. 1–10 (6. Expl.).
Serie: Informationen.
Verteiler: KGB Berlin-Karlshorst (»Freund«) – MfS: Mielke, Walter, Beater, HA V, Ablage, Ziehm.

Der Bericht beschränkt sich auf folgende Arten feindlicher Tätigkeit:
I. *Verbreiten von Hetzschriften und Hetzflugblättern feindlicher Zentralen*
a) Verbreitung durch Ballon
b) Verbreitung auf dem Postwege
c) Verbreiten durch Personen
II. *Verbreiten selbstgefertigter Hetzschriften*
III. *Anonyme Hetze und Drohungen durch Briefe und telefonische Anrufe*
IV. *Anmalen von Hetzlosungen und faschistische Schmierereien*
V. *Offene hetzerische und verleumderische Äußerungen*
VI. *Abreißen und Beschädigen von Fahnen, Plakaten u. a.*
VII. *Tätlichkeiten und Provokationen gegen VP-Angehörige und andere Staats- und Parteifunktionäre*

Im Vergleich zu 1957 ist im Jahre 1958, besonders aber im II. Halbjahr, die Feindtätigkeit auf den genannten Gebieten – mit Ausnahme der Verbreitung von Hetzflugblättern und der Begehung von Tätlichkeiten gegen VP-Angehörige und andere Staats- und Parteifunktionäre – angestiegen. Zur besseren Einschätzung ist dabei zu bemerken, dass ein großer Teil der Feindtätigkeit auf die Monate Juli, Oktober und November entfällt, wobei die in Vorbereitung und Durchführung des V. Parteitages[1] und der Volkswahlen[2] festgestellten Delikte meistens Ursachen für das Ansteigen sind.

1 Der V. Parteitag der SED fand vom 10. bis 16.7.1958 unter der Losung »Der Sozialismus siegt« in Berlin statt. Walter Ulbricht verkündete damals die Vollendung des Aufbaus des Sozialismus und gab für die DDR das Ziel aus, »bis 1961 […] den Pro-Kopf-Verbrauch Westdeutschlands bei den Nahrungsmitteln und den wichtigsten industriellen Konsumgütern zu erreichen und zu übertreffen«. Zit. nach: Weber, Hermann: Geschichte der DDR. 2. Aufl. der akt. u. erw. Neuausg. München 2000, S. 199 f.

2 Gemeint ist die Wahl zur Volkskammer der DDR, die am 16.11.1958 stattfand. Es war die dritte Volkskammerwahl seit Bestehen der DDR.

I. Verbreiten von Hetzschriften und Hetzflugblättern feindlicher Zentralen[3]

Im Jahre 1958 wurden insgesamt 7 330 208 Hetzschriften sichergestellt, dies sind 34 % weniger als im Jahre 1957 (11 092 131). Davon wurden 5 656 883 Exemplare durch Ballon und 1 673 325 Exemplare durch die Post eingeschleust.

Die einzelnen Zentralen waren daran wie folgt beteiligt:
NTS[4]/ZOPE:[5] 30 %
SPD:[6] 25,5 %
Verschiedene: 15 %
KgU:[7] 13 %

3 Als Feindzentralen, später als Feindobjekte, wurden vom MfS westliche Institutionen und Organisationen bezeichnet, denen subversive Aktivitäten gegen die DDR und/oder andere kommunistische Staaten unterstellt wurden. Dazu zählten neben westlichen Geheimdiensten auch kirchliche Organisationen, Medien, politische Organisationen wie Parteistiftungen und Ostbüros der Bundestagsparteien, Bildungseinrichtungen und andere.

4 Der Narodno-Trudowoj Sojus (NTS), deutsch: Volksarbeitsbund, war eine seit 1930 bestehende russische Emigrantenorganisation, deren »geschlossener Sektor« streng konspirativ organisiert gegen die Sowjetunion arbeitete. Dabei ging es vor allem um die Verbreitung von antikommunistischem Propagandamaterial. Zur Zielgruppe dieser Aktivitäten gehörten in der SBZ/DDR vor allem die Angehörigen der sowjetischen Truppen. Ab Ende der 1940er-Jahre wurde der NTS insbesondere von US-amerikanischen Geheimdienststellen unterstützt und angeleitet, von den sowjetischen Sicherheitsorganen und unter deren Federführung auch vom MfS wurde er vehement bekämpft. Vgl. Stöver, Bernd: Die Befreiung vom Kommunismus: Amerikanische »Liberation Policy« im Kalten Krieg 1947–1991. Köln u. a. 2002, S. 318–331.

5 Die ZOPE (Zentralnoje Objedinjenije Poslewoennych Emigrantow, deutsch etwa: Zentralverband der Nachkriegsemigranten) war eine im November 1952 in München durch das US-amerikanische Office of Policy Coordination (OPC) gegründete russische Exilgruppe. Die ZOPE unterhielt enge Kontakte zum NTS, zu den Ostbüros der westdeutschen Parteien und zur Vereinigung politischer Ostflüchtlinge (VPO). Hauptaktivität der ZOPE, die u. a. vom Bundesministerium für Gesamtdeutsche Fragen finanziert wurde, war die Verbreitung von Flugblättern, die mittels Ballons in die DDR geschickt wurden. Vgl. Stöver, Bernd: Die Befreiung vom Kommunismus. Amerikanische »Liberation Policy« im Kalten Krieg 1947–1991. Köln u. a. 2002, S. 331–334.

6 Das Ostbüro der SPD wurde 1946 zur Unterstützung der von der Zwangsvereinigung betroffenen ostdeutschen Sozialdemokraten gegründet. Zu seinen Aufgaben gehörten Flüchtlingsbetreuung, Informationsbeschaffung und das Einschleusen von Informations- und Propagandamaterialien in die SBZ/DDR. Vgl. Buschfort, Wolfgang: Parteien im Kalten Krieg. Die Ostbüros von SPD, CDU und FDP. Berlin 2000.

7 Die »Kampfgruppe gegen Unmenschlichkeit« war eine antikommunistische Organisation, die von Westberlin aus in die DDR hineinwirkte. Sie wurde 1949 u. a. von Rainer Hildebrandt gegründet, 1951 übernahm Ernst Tillich die Leitung. 1959 wurde die KgU aufgelöst. Wegen ihrer Anbindung an amerikanische Geheimdienststellen und des zeitweisen Einsatzes auch militanter Mittel, galt sie dem MfS als besonders gefährlicher Gegner. Vgl. Heitzer, Enrico: Die Kampfgruppe gegen Unmenschlichkeit (KgU). Widerstand und Spionage im Kalten Krieg 1948–1959. Köln u. a. 2015; Merz, Uwe: Kalter Krieg als antikommunistischer Widerstand. Die Kampfgruppe gegen Unmenschlichkeit 1948–1959. München 1987; Engelmann, Roger: Die Kampfgruppe gegen Unmenschlichkeit. In: Henke, Klaus-Dietmar; Steinbach, Peter; Tuchel, Johannes (Hg.): Widerstand und Opposition in der DDR. Köln u. a. 1999, S. 183–192.

CDU:[8] 8 %
UfJ:[9] 7 %
DGB:[10] 1,5 %

Zu a: Verbreitung durch Ballon

Im Jahre 1958 wurden insgesamt 5 656 883 durch Ballon eingeschleuste Hetzschriften sichergestellt; das ist fast die Hälfte weniger als im Jahre 1957. Im II. Halbjahr 1958 wurden 17 % mehr Hetzschriften als im I. Halbjahr 1958 sichergestellt.

Eine beachtenswerte Veränderung zeigt sich weiter in dem Anteil der einzelnen Agentenorganisationen an der Verbreitung von Flugblättern durch Ballon. Den Hauptanteil aller Hetzschriften trug 1958 erstmalig die NTS/ZOPE mit 45 %. 1957 hatte sie dagegen nur einen Anteil von 19 %, sodass bei dieser Zentrale 1958 die Hetzschriftenverbreitung am meisten angestiegen ist. Anteilmäßig folgen dann das Ostbüro der SPD mit 34 % (1957 – 32 %) und die KgU mit 18 % (1957 – 12 %). Damit hat sich auch bei diesen Zentralen der Anteil leicht vergrößert, was jedoch bei dem allgemeinen Rückgang der Flugblattverbreitung durch Ballon nur relativ zu sehen ist. Der UfJ, das Ostbüro der CDU und das Ostbüro des DGB erreichten zusammen nur 2,5 % (1957 – 12 %), während die Hetzschriften unbekannter und verschiedener Herkunft auf 1,5 % zurückgingen. (1957 – 25 %). Der UfJ und das Ostbüro der CDU konzentrierten sich 1958 genau wie 1957 auf den Hetzschriftenversand durch die Post.

Die meisten Hetzschriften wurden im Bezirk Magdeburg fest- und sichergestellt, dann folgt der Bezirk Erfurt (17 %), während in den Bezirken Karl-

8 Das Ostbüro der CDU wurde 1948 von dem in den Westen geflohenen ehemaligen Vorsitzenden der Ost-CDU, Jakob Kaiser, ins Leben gerufen. Es widmete sich der Unterstützung von SED-kritischen Mitgliedern der Ost-CDU, der Informationsbeschaffung und der Einschleusung von Informations- und Propagandamaterial in die SBZ/DDR. Vgl. Buschfort, Wolfgang: Parteien im Kalten Krieg. Die Ostbüros von SPD, CDU und FDP. Berlin 2000.

9 Der Untersuchungsausschuss freiheitlicher Juristen (UfJ) wurde im Oktober 1946 in Westberlin gegründet und war wesentlich von aus der SBZ/DDR geflohenen Juristen geprägt. Er widmete sich vor allem der Erfassung von Unrechthandlungen und verarbeitete seine Erkenntnisse in umfangreichen Dokumentationen und in Propagandamaterialien, die teilweise wieder in den Osten eingeschleust wurden. In den frühen 1950er-Jahren wurde die Organisation überwiegend vom CIA finanziert, ihre Aktivitäten sind im Kontext der US-amerikanischen »Liberation Policy« zu sehen. Die Staatssicherheit bekämpfte den UfJ mit großem Aufwand und großer Härte, u. a. auch mit Entführungen. Vgl. Hagemann, Frank: Der Untersuchungsausschuß Freiheitlicher Juristen 1949–1969. Frankfurt/M. u. a. 1994.

10 Das 1951 unter der Ägide des Internationalen Bundes Freier Gewerkschaften gegründete Ostbüro des DGB hatte seinen Sitz in Düsseldorf und Westberlin. Leiter des DGB-Ostbüros war Gerhard Haas, Jg. 1920, Rechtsschutzsekretär des Berliner DGB. Bei seinen propagandistischen Aktivitäten in der DDR, die überwiegend von geflohenen ehemaligen Funktionären des FDGB getragen wurden, firmierte es in dieser Zeit häufig als »Nurgewerkschaftliche Opposition im FDGB«. Vgl. Fricke, Karl Wilhelm; Engelmann, Roger: Konzentrierte Schläge. Staatssicherheitsaktionen und politische Prozesse 1953–1956. Berlin 1998, S. 74–76.

Marx-Stadt, Gera, Schwerin und Suhl je Bezirk zwischen 7 bis 10 % aller Flugblätter gefunden wurden. Das *Ostbüro der SPD* konzentrierte sich besonders auf die Bezirke Magdeburg, Schwerin, Karl-Marx-Stadt und Suhl, *NTS/ZOPE* besonders auf die Bezirke Magdeburg, Erfurt und Suhl, KgU hauptsächlich auf den Bezirk Potsdam.

Bei den im II. Halbjahr 1958 durch Ballon eingeschleusten Hetzflugblättern sind die nachfolgend aufgeführten in größeren Mengen angefallen:

- »Freistadt Berlin, heißt KZ auf Termin.« (Hetze gegen SU)
- »Der 16. November« (Hetze gegen MfS und Wahlen)
- »Chruschtschow[11] lässt die Maske fallen.« (Hetze gegen SED und die Hinrichtung Nagy[12] und Maleter[13])
- »Gebot der Stunde – Widerstand.« (Hetze gegen V. Parteitag und Normen)[14]
- »Ulbricht[15] zurückgepfiffen.« (Hetze gegen Gen. Ulbricht)
- »Die Wunschträume der SED.« (Hetze gegen V. Parteitag und Normen)
- »Im Zeichen der Schwäche.« (Hetze gegen SED – bezüglich Kampf gegen Revisionismus)

Die Hetzschriften der NTS/ZOPE sind zum größten Teil in russischer Schrift abgefasst.

Aus dem Inhalt der eingeschleusten Hetzschriften sind folgende Hauptrichtungen der Hetzpropaganda der Feindzentralen ersichtlich:

1. Gegen den 1. Sekretär des ZK, Gen. Ulbricht, um das Vertrauen unserer Bevölkerung zur Partei zu untergraben und zum anderen die Mitglieder der SED gegen die Parteiführung aufzuhetzen, um die [sic!] Einheit und Geschlossenheit unserer Partei zu schaden.
2. Die Arbeiter gegen reale Normen und die Erfüllung der Beschlüsse des V. Parteitages aufzuhetzen.

11 Nikita Sergejewitsch Chruschtschow, Jg. 1894, sowjetischer Politiker, 1953–64 Erster Sekretär des ZK der KPdSU, zudem 1958–64 als Vorsitzender des Ministerrats Regierungschef der Sowjetunion.

12 Imre Nagy, Jg. 1896, ungarischer Politiker, 1953 bis zu Amtsenthebung und Parteiausschluss im Jahr 1955 Ministerpräsident, im Zuge des ungarischen Aufstandes 1956 erneut Einsetzung als Ministerpräsident, nach Niederschlagung des Aufstandes Verhaftung und 1958 in einem Geheimprozess zum Tode verurteilt und hingerichtet.

13 Pál Maléter, Jg. 1917, ungarischer Offizier, schloss sich während des Ungarischen Volksaufstandes 1956 den Aufständischen an und wurde von der neuen Regierung als Verteidigungsminister eingesetzt, Festnahme im November 1956, zusammen mit Imre Nagy zum Tode verurteilt.

14 Auf dem V. Parteitag der SED wurde ein äußerst ambitioniertes Wirtschaftsprogramm beschlossen, dessen Ergebnisse die Überlegenheit des sozialistischen über das kapitalistische Wirtschaftssystem beweisen sollten. Das war nur mit einer enormen Produktionssteigerung zu erreichen, was u. a. eine Erhöhung der Arbeitsnormen zur Folge hatte.

15 Walter Ulbricht, Jg. 1893, SED- und Staatsfunktionär, 1950–71 General- bzw. Erster Sekretär des ZK der SED, 1960–73 Vorsitzender des Staatsrates der DDR.

3. Gegen die Sowjetunion zu hetzen, insbesondere bezüglich der Wiedervereinigung Deutschlands und der Abhängigkeit der DDR von der SU.

Zu b: Verbreitung auf dem Postwege

Im Jahre 1958 konnten 1 673 325 auf dem Postwege verschickte Hetzschriften eingezogen werden, das sind ca. 70 000 mehr als im Jahre 1957. Schwerpunkte waren hier Dresden (224 000 Exemplare), Karl-Marx-Stadt (166 000 Exemplare), Potsdam (155 000 Exemplare) und Magdeburg (143 000 Exemplare). Im Vergleich des I. zum II. Quartal 1958 haben sich in der Anzahl der Hetzschriften und in den genannten Schwerpunktbezirken keine Veränderungen ergeben.

Das Ostbüro der CDU konzentrierte sich dabei besonders auf die Bezirke Dresden und Potsdam, das SPD-Ostbüro auf die Bezirke Magdeburg, Schwerin, Karl-Marx-Stadt und Gera.

Auf die einzelnen Feindzentralen entfallen:
- UfJ: 30 %
- CDU-Ostbüro: 29 %
- Verschiedene: 16 %
- SPD-Ostbüro: 13 %
- KgU: 11 %
- DGB: 0,6 %
- NTS/ZOPE: 0,4 %

Bei den durch Post versandten Hetzschriften handelt es sich zum größten Teil um die schon bekannten, regelmäßig erscheinenden »Bezirkszeitungen« und »Monatsausgaben«.[16]

Von den wichtigsten auf dem Postwege eingeschleusten Hetzschriften werden anschließend einige Titel der gefälschten Einheit (SPD-Ostbüro)[17] aufgeführt, aus denen bereits die Zielrichtung ersichtlich ist:

16 Viele der von den Ostbüros der SPD, CDU und FDP publizierten Schriften erschienen regelmäßig – wöchentlich oder monatlich – und trugen mitunter im Titel oder Untertitel die Bezeichnung »Monatsschrift« oder »Monatsblatt« (z. B. »Das Deutsche Monatsblatt«, Zeitschrift der Exil-CDU, die auch vom Ostbüro verteilt wurde). Auch Mitteilungsblätter der westdeutschen Bezirksverbände der Parteien wurden in den Osten geschmuggelt und dort verteilt (z. B. die Mitteilungsblätter der Westberliner CDU). Darauf wird hier angespielt. Vgl. Buschfort, Wolfgang: Parteien im kalten Krieg. Die Ostbüros von SPD, CDU und FDP. Berlin 2000, S. 119–129.

17 Das Ostbüro der SPD verbreitete kritische Artikel über den stalinistisch geprägten Kommunismus nicht nur auf Flugblättern, sondern publizierte zwischen 1954 und 1959 die Publikationsreihe »Einheit«. Sie erschien in fast identischer Aufmachung wie die gleichnamige Theoriezeitschrift der SED, aber fast immer mit dem Hinweis auf das SPD-Ostbüro als Herausgeber und nur vereinzelt in Tarnumschlägen, die die wahre Herausgeberschaft verschleierten. Die Zeitschrift erschien im angegebenen Zeitraum mehr als 50 Mal in einer Auflage von etwa 10 000 Exemplaren pro Heft. Vgl. Buschfort, Wolfgang: Parteien im Kalten Krieg. Die Ostbüros von SPD, CDU und FDP. Berlin 2006, S. 123 f.

- »Rosa Luxemburg,[18] der Leninismus und die SED.«
- »Zurück zu Stalin.«
- »Zum neuen Konflikt Moskau-Belgrad.«[19]
- »MTS – ja oder nein.«[20]
- »Die neue Opposition in der SED.«
- »Der Fall Mielke[21] – Unternehmen Bülowplatz.«[22]
- »Biographie unserer Zeit – Ulbricht.«
- »Sozialdemokratie und Kommunismus.«
- »Das 33. Plenum des ZK der SED – Enthüllung eines Geheimprotokolls.«[23]
- »Die Philosophie Ernst Blochs[24] und der menschliche Sozialismus.«
- »Ermordet, verbannt, verschwunden.«
- »Kunst und Literatur unter dem totalitären Sowjetregime.«

»Die ständigen Oppositionskämpfe in der KPdSU.«

18 Rosa Luxemburg, Jg. 1871, bedeutende Vertreterin der deutschen Arbeiterbewegung und des Antimilitarismus, Sozialistin und Marxistin, wirkte ab 1887 in der polnischen, ab 1898 in der deutschen Sozialdemokratie, Chefredakteurin der Zeitschrift »Die Rote Fahne«, Mitbegründerin der »Spartakusgruppe«, gründete am 1.1.1919 die KPD mit, nach Niederschlagung des Spartakusaufstandes zusammen mit Karl Liebknecht verhaftet und ermordet.

19 Nachdem sich das Verhältnis zwischen der Sowjetunion und Jugoslawien während der sowjetischen sogenannten Tauwetterperiode etwas entspannt hatte, verschärfte Moskau nach der Niederschlagung des Ungarischen Volksaufstandes 1956 den Druck auf Belgrad wieder. Offenbar befasst sich das genannte Heft mit diesem Konflikt.

20 Die Maschinen-Traktoren-Stationen (MTS) wurden mit Gründung der ersten Landwirtschaftlichen Produktionsgenossenschaften (LPG) im Jahr 1952 eingerichtet und stellten den LPG landwirtschaftliche Geräte zu niedrigsten Konditionen zur Verfügung. Vorgängereinrichtungen waren die 1948 gegründeten Maschinen-Ausleih-Stationen, die aus dem Besitz enteigneter Großgrundbesitzer stammende Traktoren und Erntemaschinen an Klein- und Neubauern ausliehen. Die MTS waren eigenständige volkseigene Produktionsbetriebe. Ihr Maschinenpark wurde ab Anfang der 1960er-Jahre systematisch an die LPG übergeben. Sie wurden in Kreisbetriebe für Landtechnik umbenannt und ihre Aufgaben auf Reparatur und Wartung der Maschinen beschränkt.

21 Erich Mielke, Jg. 1907, SED-Funktionär, 1957–89 Minister für Staatssicherheit der DDR.

22 Am 9.8.1931 erschossen Erich Mielke und sein Komplize Erich Ziemer zwei Polizisten am Berliner Bülowplatz, nachdem am Tag zuvor ein KPD-Sympathisant in einem Handgemenge von der Polizei erschossen worden war.

23 Für das 33. ZK-Plenum, das vom 16. bis 19.10.1957 stattfand, hatte das MfS im Auftrag der SED ein umfangreiches Dossier zusammengestellt, das »partei- und staatsfeindliche Gruppierungen« an Universitäten und Hochschulen, von Künstlern und Literaten gegründete Debattierzirkel und kritische Äußerungen von Schriftstellern, Lektoren und Rundfunkjournalisten, insbesondere die Kritik von Schülern Ernst Blochs, auflistete.

24 Ernst Bloch, Jg. 1885, Philosoph, Marxist, ab 1948 Lehrstuhl für Philosophie an der Universität Leipzig, Mitglied der Deutschen Akademie der Wissenschaften zu Berlin (DAW) und angesehener Philosoph in der DDR, seit dem ungarischen Volksaufstand 1956 auf Gegenkurs zum SED-Regime, 1957 zwangsweise Emeritierung und Lehrverbot, 1961 Reise in die Bundesrepublik Deutschland, von der er nicht in die DDR zurückkehrte.

Zu c.: Verbreiten durch Personen

Neben der Einschleusung durch Ballon und Post wurden in der Berichtszeit ca. 452 Fälle bekannt, wo derartige Hetzschriften und Flugblätter (3 216 Stück) durch Personen weiterverbreitet oder ausgelegt wurden. 1957 waren es dagegen 341 Vorkommnisse dieser Art.

Besonders war dies in den Bezirken Berlin, Magdeburg, Potsdam, Karl-Marx-Stadt, Suhl und Dresden festzustellen. Die Hetzschriften wurden zu 75 % in Straßen, Häusern und Grundstücken und zu 20 % in Betrieben abgelegt.

II. Verteilen selbstgefertigter Hetzschriften

Das Verbreiten selbstgefertigter Hetzschriften ist im Jahre 1958 im Vergleich zu 1957 angestiegen. Es wurden insgesamt 2.966 Exemplare beschlagnahmt, davon allein im Monat November (Volkswahlen) ca. 50 %. Gegenüber dem I. Halbjahr wurde im II. Halbjahr 1958 die vierfache Menge selbstgefertigter Hetzschriften festgestellt. Der größte Teil der Hetzschriften (95 %) wurde in Straßen, Häusern und Grundstücken abgelegt, dagegen in den Betrieben nur 3 %.

Die sichergestellten Exemplare beinhalteten in 1.925 Fällen Hetze gegen die Volkswahlen und in 570 Fällen Hetze gegen Partei und Regierung und deren Funktionäre. In 168 Fällen wurden Forderungen nach einem »menschlichen Sozialismus« und nach Lohnerhöhung gestellt. 56 Exemplare richteten sich direkt gegen den 1. Sekretär des ZK, Gen. Ulbricht. Alle übrigen Hetzschriften beinhalteten Hetze gegen die SU und die LPG.

Schwerpunkte sind die Bezirke Karl-Marx-Stadt (939), Potsdam (516) und Halle (479), in denen allein 65 % der gesamten selbstgefertigten Hetzschriften verbreitet wurden.

III. Anonyme Hetze und Drohungen durch Briefe und telefonische Anrufe

Eine steigende Tendenz zeigt sich 1958 auch in der Hetze und Drohung mittels anonymer Briefe und Anrufe, wobei diese Feindmethoden sich besonders im II. Halbjahr erheblich verstärkten. Insgesamt wurde 1958 die Versendung von 198 derartig individuell abgefassten Briefen und die Anwendung von 106 Anrufen bekannt; davon allein im II. Halbjahr 138 Briefe und 88 Anrufe, hauptsächlich mit hetzerischem Inhalt. Diese Zahlen müssen jedoch noch als unvollständig angesehen werden, sodass sich die wirklichen Vorkommnisse dieser Art noch wesentlich erhöhen.

In 97 Fällen wurde versucht, Partei- und Staatsfunktionäre und Angehörige der Intelligenz durch Androhung von Tätlichkeiten unsicher zu machen und in 14 Fällen wurde direkt zur Republikflucht aufgefordert.

Schwerpunkte sind die Bezirke Halle (65), Dresden (44), Magdeburg (38), Karl-Marx-Stadt (28) und Leipzig (27). Allein in diesen fünf Bezirken sind 66 % der Delikte erfolgt.

IV. Anmalen von Hetzlosungen und faschistischen Schmierereien

Auch beim Anmalen von Hetzlosungen und faschistischen Schmierereien zeigt sich eine ansteigende Tendenz. 1958 wurden 2 304 solcher Schmierereien bekannt. Allein in die Zeit der Vorbereitung und Durchführung der Volkswahlen und des V. Parteitages fallen die Hälfte dieser Delikte.

Insgesamt sind besonders die faschistischen Schmierereien (Hakenkreuze, SS-Runen, Heil Hitler usw.), die bisher immer um 40 % schwankten, auf 66 % angestiegen. 17 % der Losungen und Schmierereien richten sich gegen Partei und Regierung, 12 % direkt gegen die Volkswahlen, 3 % direkt gegen den Gen. Ulbricht, Hetze gegen Normen und die Seifert-Methode[25] (21 Losungen) und drei Aufforderungen zum Streik.

Den größten Anteil haben die Bezirke Karl-Marx-Stadt (15 %), Halle (14 %), Dresden (13 %), Erfurt (12 %) und Berlin (11 %). Die Hetzlosungen wurden zur Hälfte in Betrieben und zur Hälfte in der Öffentlichkeit angeschmiert.

V. Offene hetzerische und verleumderische Äußerungen

Die offene mündliche Hetze ist im Vergleich zu 1957 ebenfalls angestiegen. Es wurden 1 027 derartige Vorkommnisse bekannt und 533 Personen im Zusammenhang mit der Begehung von hetzerischen und staatsverleumderischen Äußerungen von der VP inhaftiert. Im Vergleich zum I. Halbjahr ist die offene Hetze im II. Halbjahr um 37 % angestiegen.

Circa 35 % der betreffenden Personen waren angetrunken und zu 28 % erfolgte die Hetze in Gaststätten. Nur 7 % der Delikte entfallen auf die Betriebe, während die restlichen 65 % auf der Straße und in Verkehrsmitteln erfolgten. Ungefähr die Hälfte aller Täter waren Arbeiter und Bauern und 23 % Jugendliche.

25 Die Seifert-Methode ist eine nach Erich Seifert benannte Arbeitsmethode im sozialistischen Wettbewerb, »die zur Rationalisierung und Durchsetzung höherer Arbeitsnormen diente«. Sie »wurde auf dem V. SED-Parteitag (10.–16.7.1958) bekannt gemacht und anschließend vom FDGB massenwirksam popularisiert« und bedeutete, »nach Möglichkeiten zur Verbesserung der persönlichen wie der betrieblichen Arbeitsorganisation, also nach Rationalisierung der Arbeitsprozesse, zu suchen«. Konsequent angewandt, bewirkte sie »eine Reduzierung der normierten Fertigungszeiten«, sodass die Arbeitsproduktivität steigen konnte, »bei Störungen der Arbeitsorganisation aber auch Lohneinbußen hingenommen werden mussten, weil Ausfallzeiten nur im Durchschnitts- und nicht im Leistungslohn bezahlt wurden«. Vgl. Sattler, Friederike: Seifert-Methode. In: FDGB-Lexikon. Funktion, Struktur, Kader und Entwicklung einer Massenorganisation der SED (1945–1990). Hg. v. Dowe, Dieter; Kuba, Karlheinz; Wilke, Manfred. Bearb. v. Kubina, Michael. Berlin 2009, online abrufbar unter: http://library.fes.de/FDGB-Lexikon (letzter Abruf: 12.4.2022).

In erster Linie wandte sich die Hetze und Verleumdung gegen die DDR und führende Partei- und Staatsfunktionäre (48 %). Weiter richtete sie sich gegen die NVA und VP (22 %), Volkswahl (6 %), LPG (4 %), SU (3 %), Gen. Ulbricht (2 %). 15 % der bekannt gewordenen Delikte trugen faschistischen Charakter.

Als Schwerpunkte sind hier die Bezirke Berlin (28 %), Magdeburg (27 %) und Potsdam (21 %) zu nennen, die den weitaus größten Teil an diesen Vorkommnissen aufweisen.

VI. Abreißen und Beschädigen von Fahnen, Plakaten u. a.

Das Abreißen und Beschädigen von Fahnen, Bildern, Transparenten und Plakaten ist im Vergleich zu 1957 am stärksten angestiegen. Im Berichtzeitraum wurden 9 118 solcher Delikte bekannt.

Diese Art der Feindtätigkeit trat besonders stark während der Vorbereitung und Durchführung der Volkswahlen in einem bisher nicht festgestellten Umfange in Erscheinung. Allein auf diese Zeit (Oktober bis November 1958) entfallen 84 % der gesamten Delikte.

Im Einzelnen wurden 8 191 Plakate und Transparente, 751 Fahnen, 95 Bilder und 81 Wandzeitungen beschädigt bzw. abgerissen. In 183 Fällen wurden Jugendliche als Täter ermittelt und in 50 Fällen Arbeiter. 156 Personen wurden inhaftiert. Schwerpunkte sind die Bezirke Berlin (1 401), Erfurt (1 315), Magdeburg (1 127) und Dresden (1 028).

VII. Tätlichkeiten und Provokationen gegen VP-Angehörige und andere Staats- und Parteifunktionäre

Die Tätlichkeiten gegen VP-Angehörige, SED-Mitglieder, LPG-Vorsitzende und andere Funktionäre oder fortschrittliche Personen sind zurückgegangen, sodass sie mit 507 Fällen nur zwei Drittel der 1957 erfolgten Tätlichkeiten (744) ausmachen. Reine Terrordelikte konnten dabei nach den Berichten der Bezirksverwaltungen nicht ermittelt werden, obwohl die politischen Motive besonders bei Punkt b) offensichtlich sind.

a) Es handelt sich zu 90 % um Tätlichkeiten gegen VP-Angehörige bei deren Dienstausübung. So gingen z. B. diesen Tätlichkeiten zu 82 % Verkehrsbelehrungen, PA-Kontrollen, Schlichten von Schlägereien und anderes Eingreifen voraus. Typisch ist auch, dass 40 % aller Täter betrunken waren und die Vorkommnisse sich in großer Anzahl in Gaststätten ereigneten. Die Hälfte der Täter waren Jugendliche, 26 % Arbeiter. 376 Personen wurden inhaftiert. Schwerpunkte sind hier die Bezirke Berlin (187), Magdeburg (147) und Potsdam (98).

b) In 34 Fällen richteten sich die Tätlichkeiten gegen SED-Mitglieder, LPG-Angehörige und Volkskammerabgeordnete, die meistens von den Tätern durch provokatorische Äußerungen und Hetze herausgefordert wurden. Als Täter überwiegen Jugendliche; 20 Personen wurden inhaftiert.

Bemerkung:

Die Analyse der Gesamtheit der im Bericht angeführten feindlichen Delikte ergibt, dass die Bezirke Berlin, Magdeburg, Karl-Marx-Stadt und Potsdam absolute Schwerpunkte sind, zwischen denen nur ein sehr geringer Unterschied besteht.

Die übrigen Bezirke folgen dann erst mit größerem Abstand.

7. Februar 1959

Information Nr. 12/59 – Bericht über die staatsverräterische Gruppe an der Technischen Hochschule Dresden

Quelle: BArch, MfS, ZAIG 169, Bl. 1–5 (2. Expl.: zurückgegebenes Honecker-Exemplar).
Serie: Informationen.
Verteiler: Ulbricht, Honecker – MfS: Ablage.
Vermerk: Im Dokumentenkopf: »(Von HA V gefertigt)«.
Verweis: Information 118/59.

Am 28.1.1959 bzw. 29.1.1959 wurde von der Bezirksverwaltung Dresden des Ministeriums für Staatssicherheit eine an der Technischen Hochschule[1] bestehende staatsverräterische Gruppe festgenommen, die sich »Nationalkommunistischer Studentenbund Deutschlands« nannte.[2] Diese Gruppe setzte sich aus 15 Studenten[3] zusammen, von denen zwölf Studenten inhaftiert wurden. Zwei Mitglieder der staatsfeindlichen Gruppe stellten sich Mitte Januar 1959 freiwillig dem Ministerium für Staatssicherheit, während ein Student seit Dezember 1958 republikflüchtig ist.

Die inhaftierten Mitglieder der staatsfeindlichen Gruppe sind Studenten im 6. Semester in den Fachrichtungen Maschinenwesen, Elektrotechnik, Papiertechnologie und Physik. Ein Student setzte im Januar 1959 infolge man-

1 Die Technische Hochschule Dresden wurde 1961 zur Technischen Universität umbenannt.

2 Der »Nationalkommunistische Studentenbund Deutschlands« wurde 1956 an der Technischen Hochschule Dresden (heute Technische Universität Dresden) von Studenten gegründet, die sich bereits Mitte der 1950er-Jahre noch als Schüler in Pirna und Grimma zusammengefunden hatten und in Freundeskreisen aktuelle politische und hochschulpolitische Fragen diskutierten. Die insgesamt 14 Mitglieder gaben sich im Frühjahr1958 ein 16-Punkte-Programm, das u. a. politische Forderungen wie Meinungs- und Pressefreiheit, freie Wahlen, Pluralismus der Ideologien, Auflösung des MfS und die Aufhebung der Beschränkungen im Reiseverkehr enthielt. Auf hochschulpolitischem Gebiet forderten sie z. B. die Abschaffung der vormilitärischen Ausbildung der Studenten, die Einschränkung des gesellschaftswissenschaftlichen Unterrichts und eine größere Freizügigkeit bei der Auswahl der Hochschule und der Studienfächer. Die Gruppe lehnte die Anwendung von Gewalt nicht grundsätzlich ab und besorgte sich Waffen und Sprengstoff. Sie initiierte Flugblattaktionen, beschaffte verbotene Literatur und versuchte zur Westberliner KgU und dem Ministerium für gesamtdeutsche Fragen Kontakt aufzunehmen. Am 29.1.1959 wurden die Mitglieder verhaftet. Bereits im April 1959 lief der erste Prozess gegen vier von ihnen. Sie erhielten Zuchthausstrafen zwischen fünf und zehn Jahren. Am 23.4.1959 wurden sechs weitere Mitglieder in einem zweiten Prozess zu Zuchthausstrafen zwischen drei und sechs Jahren verurteilt. Vgl. Lienert, Matthias: Zwischen Widerstand und Repression. Studenten der TU Dresden 1946–1989. Köln u. a. 2011, S. 91–162; Kowalczuk, Ilko-Sascha: Geist im Dienste der Macht. Hochschulpolitik in der SBZ/DDR 1945–1961. Berlin 2003, S. 466–468.

3 Im Unterschied zu den Angaben des MfS wird in der Literatur über die Gruppe stets von 14 Mitgliedern gesprochen.

gelnder Leistungen an der Technischen Hochschule sein Studium an der Ingenieurschule für Werkstofftechnik in Karl-Marx-Stadt fort.

Ihrer sozialen Herkunft nach sind zwei Beschuldigte Arbeiterkinder, vier Beschuldigte kommen aus den Kreisen der Intelligenz und sechs Beschuldigte stammen aus kleinbürgerlichen Schichten. Alle Beschuldigten haben bis zu ihrer Immatrikulation die Oberschule besucht und vor ihrem Studium nicht in der Produktion gearbeitet. Sie sind 20 bzw. 21 Jahre alt. Vier der Beschuldigten sind Mitglieder der CDU.

Der Vater des Beschuldigten *Klandt,* Jürgen[4] ist von der Regierung der DDR als Verdienter Erfinder des Volkes ausgezeichnet worden. Er hat keine Kenntnis von der verbrecherischen Tätigkeit seines Sohnes.

Die bisherige Untersuchung ergab, dass bereits im Jahre 1954 an der Oberschule in Pirna eine Gruppe von dem Beschuldigten *Bauer*[5] gebildet und geleitet wurde, deren Ziel es war, außerhalb der FDJ die Freizeit ihrer Mitglieder zu gestalten. Nachdem die fünf Mitglieder dieser Gruppe im Sommer 1956 das Studium an der Technischen Hochschule aufgenommen hatten, führten sie weiterhin in unregelmäßigen Abständen Zusammenkünfte durch, wobei aufgrund der Beeinflussung durch westdeutsche Hetzsender, staatsfeindliche Literatur und Westreisen die geführten Diskussionen immer mehr staatsfeindlichen Charakter erhielten.[6]

Im Frühjahr 1958 wurde beschlossen, diese Gruppe zu vergrößern und zu einer aktiven staatsfeindlichen Tätigkeit überzugehen. Entsprechend dieses Beschlusses wurde die Gruppe durch die Werbung negativer Studenten auf insgesamt 15 Personen vergrößert. Die Gruppe besaß eine Konzeption, in der sie einen sogenannten freien Meinungsaustausch, freie Entscheidungen über Interessengemeinschaften, die Beseitigung der militärischen Bündnisse

4 Jürgen Klandt, Jg. 1937, Ingenieur, Verurteilung zu fünfeinhalb Jahren Zuchthaus im zweiten Prozess gegen die Mitglieder des »Nationalkommunistischen Studentenbundes« am 23.4.1959, Begnadigung im Juli 1962.

5 Gerhard Bauer, Jg. 1938, Ingenieur, studierte 1959 Schwachstromtechnik an der TU Dresden, wurde im ersten Prozess gegen die Mitglieder des »Nationalkommunistischen Studentenbundes« , der vom 13. bis 18.4.1959 stattfand, zu zehn Jahren Zuchthaus verurteilt, war nach seiner Haftentlassung im Jahr 1964 langjährig im VEB Strömungsmaschinenbau tätig.

6 Gerhard Bauer gründete zusammen mit Christian Ramatschi (Jg. 1938), beide waren Schüler der Rainer-Fetscher-Oberschule in Pirna, den »Jugendbund für gegenseitige Unterstützung«, eine staatlich nicht zugelassene Gruppierung, die sich in den elterlichen Wohnungen traf, um über Politik zu sprechen und gemeinsam verbotene Literatur zu lesen. Über Ramatschi erhielt Armin Schreiter, der Schüler an der Oberschule in Grimma war, Kontakt zum »Jugendbund«. Ihre Gesellschaftskritik richteten die Jugendlichen vor allem gegen Einschränkungen der Reisefreiheit und des Hochschulzugangs. Sie forderten die Abschaffung des Russischunterrichts als Pflichtfach und die Zulassung unabhängiger Jugend- und Studentenorganisationen. Diese Forderungen verbreiteten sie auf Informationsblättern im Freundeskreis. Aus dieser Gruppierung ging der »Nationalkommunistische Studentenbund Deutschlands« hervor. Vgl. Lienert, Matthias: Zwischen Widerstand und Repression. Studenten der TU Dresden 1946–1989. Köln u. a. 2011, S. 105 f. u. 139–143.

und der vormilitärischen Ausbildung sowie die Einschränkung des gesellschaftswissenschaftlichen Grundstudiums, freien Reiseverkehr in alle Staaten, Pressefreiheit und einen Konkurrenzkampf in der sozialistischen Industrie forderten. Im Dezember 1958 fassten die Beschuldigten *Bauer* und *Schreiter*[7] diese Konzeption zu einem sogenannten 16-Punkte-Programm zusammen, in dem die einzelnen Forderungen teilweise mit Grundsätzen aus der Verfassung der DDR demagogisch verbrämt wurden. Zum Zwecke der Verwirklichung der Konzeption beschlossen Mitglieder der Gruppe die Durchführung von Flugblattaktionen und für eventuell sich notwendig machende terroristische Überfälle bzw. zur Verteidigung bei Festnahmen den Ankauf von Waffen. Dementsprechend erfolgte die Beschaffung von drei Pistolen, Kaliber 6,35 mm, 7,65 mm und 9 mm mit Munition sowie aus Westberlin der Kauf von drei Gaspistolen.

Da verschiedene Mitglieder deshalb Bedenken gegen eine Weiterarbeit der Gruppe erhoben, wurde Ende Oktober 1958 eine Zusammenkunft aller Gruppenmitglieder in einer Wohnung einberufen. In einer geheimen Wahl wurde gegen zwei Stimmen festgelegt, die staatsverräterische Tätigkeit fortzusetzen. Gleichzeitig wurde der Beschuldigte *Schreiter* als Leiter der Gruppe eingesetzt und aus den zuverlässigsten Mitgliedern eine sogenannte Sicherheitsgruppe gebildet. Diese aus fünf Beschuldigten bestehende Gruppe hatte die Aufgabe, Waffen zu organisieren, ein Warnsystem festzulegen und den Schutz bei feindlichen Aktionen zu übernehmen.

Im November 1958 fand eine weitere Zusammenkunft statt, bei der drei Untergruppen geschaffen wurden und Bauer die Anweisung gab, zur besseren Tarnung der staatsfeindlichen Tätigkeit der CDU beizutreten. Dieser Anweisung leisteten drei Gruppenmitglieder bisher Folge.

Um Waffen und Flugblätter für die staatsverräterische Tätigkeit zu erhalten, suchte der Beschuldigte *Dalpke*[8] im September und November 1958 die sogenannte Kampfgruppe gegen Unmenschlichkeit[9] auf. Dort erhielt er an-

7 Armin Schreiter, Jg. 1938, Maschinenbauingenieur, studierte ab 1957 Maschinenbau an der TU Dresden, Verurteilung zu acht Jahren Zuchthaus im ersten Prozess gegen die Mitglieder des Studentenbundes, Haftentlassung 1964 aus dem Zuchthaus Torgau.

8 Hanns-Lutz Dalpke, Jg. 1937, Ingenieur, studierte ab September 1956 Papiertechnik an der TH Dresden, Verurteilung zu siebeneinhalb Jahren Zuchthaus im ersten Prozess gegen die Mitglieder des »Nationalkommunistischen Studentenbundes«, Haftentlassung 1964 aus dem Zuchthaus Torgau, 1965 Ausreise in die Bundesrepublik, dort Beendigung seines Studiums und langjährige Tätigkeit im höheren Management der papierverarbeitenden Industrie.

9 Die »Kampfgruppe gegen Unmenschlichkeit« (KgU) war eine antikommunistische Organisation, die von Westberlin aus in die DDR hineinwirkte. Sie wurde 1949 u. a. von Rainer Hildebrandt gegründet, 1951 übernahm Ernst Tillich die Leitung. 1959 wurde die KgU aufgelöst. Wegen ihrer Anbindung an amerikanische Geheimdienststellen und des zeitweisen Einsatzes auch militanter Mittel, galt sie dem MfS als besonders gefährlicher Gegner. Vgl. Heitzer, Enrico: Die Kampfgruppe gegen Unmenschlichkeit (KgU). Widerstand und Spionage im Kalten Krieg 1948–1959. Köln u. a. 2015; Merz, Uwe: Kalter Krieg als antikommunistischer Widerstand. Die Kampfgruppe gegen Unmenschlichkeit 1948–1959. München

geblich die Aufforderung, die staatsverräterische Gruppe wegen allzu großer Gefährdung aufzulösen und die Mitglieder derselben anzuweisen, aktiv in den Massenorganisationen mitzuarbeiten und diese von innen heraus zu zersetzen. Die Lieferung von Waffen und Flugblättern sei durch den ihm namentlich nicht bekannten Mitarbeiter der »KgU« abgelehnt worden.

Im Dezember 1958 sowie im Januar 1959 suchte Dalpke gemeinsam mit dem Beschuldigten Bauer die Westberliner Dienststelle des sogenannten Bundesministeriums für gesamtdeutsche Fragen[10] auf, um mit *Lemmer*[11] persönlich über eine Unterstützung für ihre staatsverräterische Tätigkeit zu beraten. In beiden Fällen erhielten die Beschuldigten nach ihren Aussagen von einem ihnen namentlich nicht bekannten Mitarbeiter die Auskunft, dass *Lemmer* nicht anwesend sei. Sie wurden aufgefordert, Ende Januar 1959 erneut vorzusprechen. Aufgrund ihrer Festnahme konnten sie dieses Vorhaben nicht durchführen. *Dalpke* und *Bauer* behaupten, dem ihnen namentlich nicht bekannten Mitarbeiter des Lemmer-Ministeriums keine Angaben über die Existenz und Tätigkeit ihrer Gruppe gemacht zu haben.

Außerdem bereiteten die Mitglieder der staatsfeindlichen Gruppe eine Flugblattaktion vor, die im Februar 1959 stattfinden sollte. Sie beschafften sich einen Abzugsapparat und größere Mengen Papier. Der Beschuldigte *Schreiter* arbeitete schriftlich den Text eines Flugblattes aus, in dem der sowjetische Friedensvertrag[12] verleumdet, sogenannte freie Wahlen sowie ein aktiver Kampf gegen die Regierung der DDR durch Bildung von Untergrundgruppen gefordert wird. Zum gleichen Zeitpunkt schickten die Gruppenmitglieder ein Schreiben an die BBC, welches den Westberliner Studentenkongress[13] verur-

1987; Engelmann, Roger: Die Kampfgruppe gegen Unmenschlichkeit. In: Henke, Klaus-Dietmar; Steinbach, Peter; Tuchel, Johannes (Hg.): Widerstand und Opposition in der DDR. Köln u. a. 1999, S. 183–192.

10 Das Bundesministerium für gesamtdeutsche Fragen wurde 1949 gegründet und 1969 im Zuge der neuen Ostpolitik der Bundesregierung in Bundesministerium für innerdeutsche Angelegenheiten umbenannt. Alle diplomatischen Kontakte zwischen der Bundesrepublik Deutschland und der DDR lagen formal im Zuständigkeitsbereich dieses Ministeriums, nicht des Auswärtigen Amtes.

11 Ernst Lemmer, Jg. 1898, CDU-Politiker, bis Dezember 1947 2. Vorsitzender der Ost-CDU, dann von der Sowjetischen Militäradministration seines Amtes enthoben und Flucht in den Westen, 1950–56 stellv. Berliner Landesvorsitzender, 1956/57 Bundespostminister und 1957–62 Bundesminister für Gesamtdeutsche Fragen.

12 Im Januar 1959 legte die Sowjetunion den Entwurf eines Friedensvertrages der im Zweiten Weltkrieg an den Kämpfen gegen Deutschland beteiligten Staaten mit der DDR und der Bundesrepublik den Besatzungsmächten als Vorschlag vor. Am 10.1.1959 überreichte der Botschafter der Sowjetunion M. G. Perwuchin diesen Entwurf Walter Ulbricht. Als Voraussetzungen für den Abschluss des Vertrages werden darin der Austritt beider deutscher Staaten aus allen Militärbündnissen, der Verzicht auf moderne Waffensysteme, keinerlei Ansprüche auf die ehemals deutschen Ostgebiete und der Abzug aller Besatzungstruppen formuliert. Zum Wortlaut des Entwurfes siehe ND v. 11.1.1959.

13 Am 3. und 4.1.1959 fand an der Freien Universität (FU) Berlin ein Studentenkongress gegen Atomrüstung statt, auch als »Atomtod-Kongress« in die Geschichte eingegangen. Von den

teilt und im Namen »freiheitlicher« Studenten der DDR die Fortsetzung des Kriegskurses der Adenauer-Regierung[14] und der atomaren Aufrüstung in Westdeutschland fordert. Dieses Schreiben wurde in der BBC verlesen.[15]

Von der Parteileitung der Sozialistischen Einheitspartei Deutschlands an der Technischen Hochschule wurde ein Flugblatt herausgegeben und Versammlungen mit den Studenten und Dozenten durchgeführt, in denen die Gründe der Inhaftierung der Mitglieder der staatsverräterischen Gruppe erläutert wurden. In den Versammlungen begrüßte die überwiegende Mehrheit der Studenten und des Lehrkörpers die Liquidierung der Gruppe, forderte eine strenge Bestrafung der Beschuldigten und die öffentliche Durchführung des Prozesses. Weiterhin ist vorgesehen, die Verbrechen der staatsverräterischen Gruppe vor den Studenten der Technischen Hochschule propagandistisch auszuwerten und dabei die beiden Selbststeller auftreten zu lassen.

Beschlüssen dieses Kongresses, die sich gegen die Deutschlandpolitik aller bundesdeutschen Parteien richteten, distanzierten sich wenige Tage später sowohl der AStA als auch der Akademische Senat der FU, da sich herausgestellt hatte, dass der Kongress von der FDJ dominiert worden war. An der Vorbereitung des Kongresses war für die FDJ der spätere Vorsitzende des Schriftstellerverbandes der DDR, Hermann Kant, wesentlich beteiligt. Am Kongress nahmen u. a. Ulrike Meinhof (damals Mitarbeiterin der Zeitschrift »konkret«) und der spätere Bundeskanzler Helmut Schmidt teil. Vgl. http://userpage.fu-berlin.de/chronik/chronik_1949–1960.html#04–07-1959 (letzter Abruf: 24.11.2021).

14 Konrad Adenauer, Jg. 1876, CDU-Politiker, 1949–63 Bundeskanzler der Bundesrepublik Deutschland, 1950–66 Bundesvorsitzender der CDU.

15 Dieser Brief wurde in der Sendung »Briefe ohne Unterschrift« verlesen. Die Geschichte dieser Radiosendung wurde von der Autorin Susanne Schädlich recherchiert, die in den Archiven der BBC die Originaldokumente fand. Vgl. Schädlich, Susanne: Briefe ohne Unterschrift. Wie eine BBC-Sendung die DDR herausforderte. München 2017.

9. Februar 1959

Information Nr. 10/59 – Bericht über den Kippenrutsch im Braunkohlenwerk Nachterstedt am 2. Februar 1959

Quelle: BArch, MfS, ZAIG 168, Bl. 1–10 (5. Expl.).
Serie: Informationen.
Verteiler: Honecker – MfS: HA III, Ablage.

Am 2.2.1959 gegen 6.30 Uhr erfolgte am Ostrand des Tagebaues Nachterstedt, Bezirk Halle,[1] am Drehpunkt der Kippe[2] eine Rutschung, wobei 5,8 Mio. m^3 Erdmassen in Bewegung gerieten. Durch die abrutschenden Erdmassen wurden der Eimerkettenabsetzer AS 919, der Bandabsetzer AS 1000,[3] eine Elektrolok und elf Abraumwagen in den Tagebau gerissen und völlig verschüttet. Dabei wurde auch der Bandwärter [Name 1] verschüttet und konnte bis jetzt nicht geborgen werden.

Der Abraumbetrieb des Tagebaues ruht gegenwärtig. Der Zeitpunkt der Wiederaufnahme ist noch nicht vorauszusehen. Durch Sofortmaßnahmen wurde der Kohlevorrat für das Werk für ca. 150 Tage erhöht. Maßnahmen zur Fremdbekohlung ab 15.4.1959 über die Reichsbahn von anderen Braunkohlenwerken sind eingeleitet.

Der Sachschaden ohne Produktionsausfall beträgt nach vorläufiger Schätzung drei Mio. DM.[4]

1 Nachterstedt liegt im östlichen Harzvorland zwischen Aschersleben und Quedlinburg und ist heute ein Stadtteil der Stadt Seeland im Salzlandkreis in Sachsen-Anhalt. Ab Mitte des 19. Jahrhunderts wurde in Nachterstedt Braunkohle gefördert, anfangs untertage, später im Tagebau. 1888 wurde eine Brikettfabrik errichtet, im Jahr 1914 ein Braunkohle-Kraftwerk. In den 1960er-Jahren arbeiteten mehr als 6500 Beschäftigte im Braunkohlewerk Nachterstedt. 1990 wurde dieses aufgrund der unrentabel gewordenen Braunkohleförderung geschlossen.

2 Eine Kippe im Tagebau entsteht durch das Aufschütten des entstandenen Abraumes entweder außerhalb oder innerhalb des Tagebaus, auf der Fläche, auf welcher der Rohstoff bereits völlig abgebaut wurde. Von Kippen spricht man, im Gegensatz zu Halden, wenn der Abraum in künstlich entstandene oder natürliche Hohlräume geschüttet wird. Der Drehpunkt ist der Punkt, um den herum die Kippe aufgeschüttet wird.

3 Eimerketten- und Bandabsetzer sind Großgeräte, die im Braunkohlentagebau zum Verkippen von Abraum in den ausgekohlten Teil des Tagebaus eingesetzt werden.

4 Im Zuge der Währungsreform im Juli 1948 auf dem Gebiet der Sowjetischen Besatzungszone wurde die Reichsmark als bis dahin gültiges Zahlungsmittel durch die Deutsche Mark der Deutschen Notenbank abgelöst. Bis 1964 hieß die Währung in der DDR also auch Deutsche Mark (DM). Erst 1964 wurde sie in Mark der Deutschen Notenbank (MDN) und mit Gründung der Staatsbank der DDR im Jahr 1968 in Mark der DDR (M) umbenannt.

Bisheriges Ermittlungsergebnis

1. Vorgeschichte der Rutschung

Mitte der 1930er-Jahre wurde auf Veranlassung des damaligen Bergwerkdirektors *Scharf*[5] von der Riebeck-Montan-Union[6] im jetzigen Katastrophengebiet im Braunkohlenwerk Nachterstedt eine Bohrung in das Liegende des Unterflözes[7] niedergebracht, dabei stieß man auf eine Wasserader. Dieses Bohrloch, aus welchem das Wasser artesisch[8] austrat, konnte nicht ganz abgedichtet werden und wurde später von Erdmassen überkippt.

Im Jahre 1950 ereignete sich in diesem Gebiet eine größere Rutschung, wo ca. 150 000 m^3 in Bewegung gerieten. Als Ursache dieser Rutschung wurde eine ungenügende Kippenentwässerung festgestellt. Damals wurden der damalige Hauptdirektor [Name 2] und der Tagebauleiter [Name 3] für schuldig befunden und inhaftiert. Aufgrund eines Gutachtens, welches von dem inzwischen republikflüchtigen Dr. [Name 4], zuletzt technischer Direktor des Projektierungs-und Konstruktionsbüros Kohle in Berlin,[9] verfasst wurde, konnten die beiden Angeklagten nicht verurteilt werden. In der Auswertung dieser Rutschung wurden vonseiten des Werkes verstärkt Pegel[10] gestoßen und Brunnen angelegt, um in diesem Gebiet eine bessere Entwässerung

5 Otto Scharf, Jg. 1875, Bergbauingenieur, Bergwerksdirektor und Industriemanager, ab 1927 Vorstandsvorsitzender der A. Riebeck'schen Montanwerke.

6 A. Riebeck'sche Montanwerke AG, ein 1883 gegründetes Montanunternehmen, das 1923 von Hugo Stinnes übernommen wurde, der u. a. Beteiligungen und Bergwerksbesitz im Bereich Halle/Saale sowie in Weißenfels/Zeitz in das Unternehmen einbrachte, darunter auch die Braunkohlengrube »Concordia« bei Nachterstedt. Im Juli 1945 veranlasste die SMAD die Enteignung der beteiligten Aktionäre. Vgl. http://de.wikipedia.org/wiki/A._Riebeck'sche_Montanwerke (letzter Abruf: 24.11.2021).

7 Als Flöz wird die durch Sedimentation entstandene Lagerstätte eines Rohstoffes, in diesem Fall der Kohle, bezeichnet, die parallel zu den darunter und darüber liegenden Gesteinsschichten verläuft. Das »Liegende« eines Flözes meint im Bergbau die unterhalb des Flözes abgelagerten Gesteinsschichten.

8 Austritt des Wassers durch den Überdruck des Grundwassers.

9 Der VEB Projektierungs- und Konstruktionsbüro (PKB) Kohle Berlin wurde 1949 gegründet und 1968 aufgelöst. Der Betrieb bestand 1959 aus einer Zentrale in Berlin und den Außenstellen in Leipzig und Großräschen (Lausitz). Er war verantwortlich für den Entwurf von Tagebauen, Brikettfabriken, Industriekraftwerken, von Hilfs- und Nebenbetrieben, bearbeitete und verwaltete Dokumentationen von Lagerstättenuntersuchungen der Braunkohle. Ab 1955 wurde dem PKB Berlin die Aufbauleitung für Großbauten in der Kohleindustrie wie das Kombinat Schwarze Pumpe übertragen, ab 1958 installierte man eine Forschungsleitstelle für die Kohleindustrie. Der VEB war zunächst dem Staatssekretariat für Kohle und Energie, dann dem Ministerium für Schwerindustrie, anschließend dem Ministerium für Kohle und Energie und ab 1958 der Staatlichen Plankommission unterstellt. Vgl. VEB Projektierungs- und Konstruktionsbüro »Kohle«. Festschrift anlässlich des zehnjährigen Bestehens. Berlin 1959; Sperling, Dieter; Schossig, Wolfgang: Wirtschaftsorganisation der Braunkohlenindustrie in der SBZ/DDR von 1945 bis 1990. Cottbus 2015, S. 176 f.

10 Als Pegel werden im Bergbau ausgebaute Bohrungen bezeichnet, in denen die Höhe des Grundwasserspiegels gemessen wird.

der Kippen zu erreichen. Im Jahre 1954 traten in der heutigen Katastrophenzone zwei Liegendgrundbrüche auf. Diese Durchbrüche bewiesen, dass im Liegenden hohe Spannungen durch vorhandenes Wasser herrschen. Maßnahmen zur Entspannung des Liegenden wurden nicht eingeleitet. Es wurden nur kleinere Sicherheitsmaßnahmen, wie Aufstellung von Sicherheitsposten, Verkippung am Tage, Aufstellen von Wimpeln, durchgeführt.

Mitte des Jahres 1957 wurde die Verkippung von Erdmassen am heutigen Katastrophenort eingestellt. Diese Maßnahme war nach Aussagen der Wirtschaftsfunktionäre des Betriebes durch die Art des Tagebauaufschlusses bedingt. Im Tagebau wurde der Drehpunkt verlagert, sodass dieser Kippenteil in der heutigen Katastrophenzone stillgelegt wurde. Durch diese Maßnahmen erhöhte sich jedoch die Gefahr für die Standfestigkeit der Kippe. Das weitere Verkippen trockener Erdmassen hätte die Standfestigkeit erhöht und die hydrologischen Verhältnisse in der Kippe wesentlich verbessert.

Nach Aussagen des Abraumbetriebsleiters [Name 5] verschlammten im Sommer 1958 im heutigen Katastrophengebiet die Brunnen, welche zur Entwässerung in die Kippe niedergebracht worden waren. Im Herbst 1958 zeigten sich demzufolge starke Senkungserscheinungen auf der untersten Kippe. Die Gleise auf der Kippe senkten sich um 0,5 bis 1,5 m. Außerdem waren Rissbildungen und Setzungserscheinungen sowie Wasserausbrüche an der Kippenkante zu verzeichnen, die mit Bestimmtheit auf einen hohen Wasserstand in der Kippe schließen ließen. Diese Tatsache war der Werkleitung bekannt und sie leitete mithilfe von Experten (Dr. [Name 6]) einige kleinere Maßnahmen zur Entwässerung der Kippe ein. (Instandsetzung der vorhandenen Filterbrunnen[11] und die Planung von drei neuen Filterbrunnen). Neue Filterbrunnen wurden jedoch in diesem Bereich nicht gestoßen, da kein Bohrgerät vorhanden war.

Obwohl die geplanten Maßnahmen zur Entwässerung der Kippe nicht durchgeführt wurden und die Pegel im heutigen Katastrophengebiet immer weiter anstiegen, wurde der Absetzer AS 1000 am 1.2.1959 in das heutige Katastrophengebiet überführt und die Verkippung vorgenommen. Eine Überprüfung der Kippe hinsichtlich ihrer Standfestigkeit und Sicherheit vor Einsatz des Absetzers 1000 wurde nicht mit der genügenden Gründlichkeit durchgeführt. Der Abraumbetriebsleiter [Name 5] will vor Einsatz des Gerätes die Kippe nochmals abgegangen sein und hat sich durch Augenschein überzeugt, dass angeblich dieser Bereich in einem guten Zustand gewesen sein soll.

Aus den vorhandenen Unterlagen ist ersichtlich, dass seit der Stilllegung der Kippe im Jahre 1957 die Pegel im heutigen Katastrophengebiet ständig stiegen. Das Steigen der Pegel ist jedoch für einen Bergmann ein sehr ernstes Gefahrensignal. Aufgrund dieses Steigens der Pegel hätte dieses Gebiet vor-

11 Filterbrunnen sind Bohrlöcher zum Heben von Grundwasser, die mit Filterrohr und Filterkies ausgebaut und mit einer Unterwassermotorpumpe bestückt sind.

her exakt hinsichtlich der geologischen und natürlichen Verhältnisse untersucht werden müssen. Damit hätte die Rutschung bei Einleiten von ernsthaften Entwässerungsmaßnahmen in der Kippe verhindert werden können. Es wurden jedoch keine Maßnahmen eingeleitet um den Wasserstand in der Kippe zu senken. Weiterhin wurden die Pegelmessungen im Betrieb nicht entsprechend ihrer Bedeutung ausgewertet. Der Betrieb nahm zwar aller 14 Tage eine Messung der Pegel vor. Die Ergebnisse wurden den entscheidenden Wirtschaftsfunktionären des Betriebes zur Einsichtnahme übergeben. Außerdem erhielt die VVB Braunkohle Merseburg[12] diese Messergebnisse. Auch von dort wurden keine Maßnahmen vorgeschlagen.

Als Beispiel soll das Steigen einiger Pegel im heutigen Katastrophengebiet die gefahrvolle Situation veranschaulichen:

Der Pegel 16/56, der unmittelbar im Bereich des Absetzers 1000 stand, stieg vom 28.12.1957 bis 17.1.1959 von 37,25 m auf 43,05 m. Der Pegel 12/55, welcher ebenfalls in diesem Bereich liegt, stieg von 40,30 m auf 43,80 m. Der Pegel 19/57 stieg von 38,30 m auf 44,60 m im oben angegebenen Zeitraum.

2. Die Ursache des Kippenrutsches

Die bisherigen Ermittlungen ergaben, dass die Kippenrutschung durch die ungenügende Entwässerung in dem als Gefahrengebiet bekannten Teil der Kippe hervorgerufen wurde. Der Einsatz des AS 1000 kann die Auslösung der Katastrophe beschleunigt haben.

Die Beweisführung und Feststellung von Einzelheiten geschieht durch die eingesetzte Expertenkommission, welche nach einer von uns ausgearbeiteten Aufgabenstellung arbeitet und voraussichtlich in zwei Wochen ihre Arbeit beendet haben wird. In der Zwischenzeit erhalten wir jedoch regelmäßig Einschätzungen über den Verlauf ihrer Arbeit.

3. Schuldfrage

Aufgrund des bisherigen Ermittlungsergebnisses und des vorliegenden Sachverhaltes müssen für die aufgetretene Katastrophe eine Reihe von Personen verantwortlich gemacht werden.

12 Die Verwaltung Volkseigener Betriebe (VVB) Braunkohle Halle wurde auf Anordnung des Ministeriums für Kohle und Energie im Zusammenhang mit dem Gesetz vom 11.2.1958 über die Vervollkommnung und Vereinfachung der Arbeit des Staatsapparates in der DDR mit Wirkung vom 15.4.1958 (GBl. II 1958, S. 86) mit Sitz in Merseburg gegründet. Sie war Rechtsnachfolgerin der Revierleitung Halle der Verwaltung Volkseigener Betriebe der Kohlenindustrie und übernahm deren Aufgaben als leitendes Wirtschaftsorgan für den ihr unterstellten Teil des Industriezweiges Braunkohle. Sie unterstand der Staatlichen Plankommission, Abt. Grundstoffindustrie, seit 1966 dem Ministerium für Grundstoffindustrie. 1968 wurde die VVB Braunkohle Halle aufgelöst.

a) Dr. [Name 6, Vorname], Staatliche Plankommission,[13] Abteilung Perspektivplanung, vormals Chefgeologe der damaligen HV Braunkohle im Ministerium für Kohle und Energie[14]

Dr. [Name 6] war über die Situation im Tagebau Nachterstedt vollkommen informiert. Er wurde von den Wirtschaftsfunktionären des Betriebes bei auftretenden Störungen im Tagebau mehrfach als Berater und Gutachter hinzugezogen. Dr. [Name 6] hat keine entscheidenden Maßnahmen eingeleitet oder vorgeschlagen, die eine Verbesserung des hydrologischen und geologischen Zustandes im heutigen Katastrophengebiet herbeigeführt hätte, obwohl die objektive Notwendigkeit bestand. Dies wurde ebenfalls festgestellt bei den Untersuchungen zur Absetzerkatastrophe 1957 in Regis[15] und zum Förderbrückeneinsturz[16] 1958 in Klettwitz.[17]

Dr. [Name 6] kommt aus dem Riebeck-Konzern, in dessen Besitz das Braunkohlenwerk Nachterstedt ehemals war. Er galt schon vor 1945 als Experte für geologische Fragen des Braunkohlenbergbaues. Der Sohn des [Name 6] ist republikflüchtig, da er bei den Ungarn-Ereignissen in der Humboldt-Universität Berlin negativ in Erscheinung trat.[18]

13 Die Staatliche Plankommission (SPK) war ein zentrales staatliches Organ des Ministerrates der DDR, das 1950 aus dem Ministerium für Planung hervorgegangen war. Der SPK oblagen die gesamtstaatliche Planung und Entwicklung der Volkswirtschaft sowie die Kontrolle der Durchführung der Planaufgaben. Sie war zuständig für die Koordinierung, Ausarbeitung und Kontrolle der mittelfristigen Fünfjahrpläne und der daraus abgeleiteten jährlichen Volkswirtschaftspläne.

14 Das Ministerium für Kohle und Energie (MKE) koordinierte die Energiewirtschaft und Energiepolitik der DDR. Ihm unterstanden die volkseigenen Betriebe und Kombinate, die für die Gewinnung und Verarbeitung der Kohlevorräte in der DDR zuständig waren, darunter auch die Tagebau- und Grubenbetriebe und zeitweise der dazugehörige Maschinen- und Anlagenbau sowie alle Energiekombinate. Außerdem fiel der Ausbau der Kernenergie in die Verantwortung des Ministeriums. Das MKE entstand 1955 durch die Herauslösung der Abteilung Kohle und Energie aus dem Ministerium für Schwerindustrie, wurde aber bereits 1958 im Zuge des Neuen Ökonomischen Systems der Leitung und Planung wieder aufgelöst und die Energiewirtschaft dem Volkswirtschaftsrat unterstellt. Nach dessen Auflösung im Jahr 1965 fiel die Zuständigkeit für Kohle und Energie zunächst dem Ministerium für Grundstoffindustrie zu. Im Jahr 1972 wurde das MKE wieder ein eigenständiges Ministerium und bestand bis 1989.

15 Am 12.4.1957 kam es infolge eines Erdrutsches im Braunkohlewerk Regis zur Zerstörung des dort eingesetzten Absetzers. Vgl. ND v. 31.7.1957, S. 3.

16 Eine Förderbrücke ist eine Stahlkonstruktion mit eingebauten Bandanlagen, die einen Tagebau überspannt und die Gewinnungs-(Abraumbagger) mit der Verkippungsseite direkt verbindet.

17 Eine Rutschung auf einer Kippe, d. h. dem Areal im Tagebau, auf dem der Abraum gelagert wird, im Tagebau Klettwitz (Lausitzer Braunkohle-Revier) brachte am 9.2.1958 die dort befindliche Förderbrücke zum Einsturz. Die Braunkohleförderung in diesem Tagebau geriet dadurch im Winter 1958 ins Stocken.

18 Ermutigt durch den Volksaufstand in Ungarn sammelten Studenten der Humboldt-Universität zu Berlin Ende Oktober 1956 Unterschriften für die Abschaffung des obligatorischen Russischunterrichts und des verpflichtenden gesellschaftswissenschaftlichen Grundstu-

b) [Name 7, Vorname], Technischer Leiter des PKB »Kohle« Berlin

[Name 7] stammt aus dem AKW-Konzern.[19] Er gehörte der NSDAP und SA an, wo er den Dienstgrad eines Scharführers hatte. Heute ist [Name 7] parteilos. [Name 7] war bis 1954 Werkleiter des Braunkohlenwerkes Profen.[20] Hier wurde [Name 7] abgelöst wegen Schlampereien und Missständen, die in diesem Tagebau auftraten.

[Name 7] hat umfangreiche Westverbindungen und fährt regelmäßig nach Westdeutschland, da er Mitglied des Fachausschusses für Industriebergbau-Normen ist. Bei diesen Reisen trifft er mit Republikflüchtigen zusammen, die vormals in der Braunkohlenindustrie der DDR arbeiteten. (Dr. [Name 4], ehemaliger technischer Leiter im PKB »Kohle« Berlin, [Name 8] ehemaliger HV-Leiter der HV Braunkohle, Dr. [Name 9], ehemaliger Abteilungsleiter im PKB »Kohle« Berlin.) Außerdem besteht der Verdacht, dass [Name 7] Verbindung zum Braunkohlenindustrieverein, Sitz Köln,[21] unterhält. Der Braunkohlenindustrieverein war früher die Interessenvertretung aller Braunkohlenkonzerne in kommerzieller und technischer Hinsicht und hatte seinen Sitz in Halle. [Name 7] ist verantwortlich für die Projektierung des Tagebaues Nachterstedt. Daraus ergibt sich die Verpflichtung, die geologischen und hydrologischen Verhältnisse des Tagebaues bei der Projektierung zu berücksichtigen. Inwieweit [Name 7] hier Fehler gemacht hat, wird von der Expertenkommission gemäß ihrer Aufgabenstellung im Einzelnen untersucht.

c) VVB Braunkohle, Sitz Merseburg

Obwohl der VVB in vierzehntägigem Abstand die Pegelmessungen zugingen, wurden von dort aus keine Maßnahmen zur Verbesserung der Situation im heutigen Katastrophengebiet eingeleitet. Die Hauptverantwortlichen

diums. Am 3.11.1956 fand eine Vollversammlung der Studenten der Veterinärmedizin statt, auf der diese Forderungen bekräftigt und außerdem u. a. die Möglichkeit des Studentenaustausches mit Universitäten der Bundesrepublik und die verbesserte Beschaffung von Fachliteratur westlicher Verlage verlangt wurden. Am Abend dieses Tages versammelten sich über 1 000 Studenten am Brandenburger Tor. Nach Niederschlagung des Aufstandes in Budapest setzte auch in Ostberlin eine Verhaftungswelle ein, der viele der Teilnehmer dieser Proteste zum Opfer fielen. Ein großer Teil von ihnen flüchtete in die Bundesrepublik.

19 Die Anhaltinischen Kohlenwerke AG war ein börsennotiertes Montanunternehmen im Mitteldeutschen Braunkohlenrevier und während des Zweiten Weltkrieges der größte Brikettproduzent in Deutschland. Nach der Besetzung durch die Rote Armee 1945 erfolgte im Rahmen der Reparation der Abbau eines großen Teils des Maschinenparks der zur AG gehörenden Fabriken, wenig später die Enteignung und die Verstaatlichung der zugehörigen Tagebaue und Fabriken.

20 Der Tagebau Profen ist ein Tagebau in Sachsen-Anhalt, dem eine Brikettfabrik angegliedert war. 1968 wurde der Tagebau nebst den dazugehörigen Fabriken in den VEB Braunkohlenwerk »Erich Weinert« in Deuben integriert.

21 Deutscher Braunkohlen-Industrie-Verein, Branchenverband der deutschen Braunkohlenindustrie, wurde 1885 in Halle/Saale gegründet und hat seinen Sitz in Köln und Berlin.

hierfür sind der Markscheider,[22] der Chefgeologe und der Haupttechnologe. Die Untersuchungen im dortigen Bereich müssen von uns erst eingeleitet werden.

d) Dr. *Döring*, Rudolf,[23] Technischer Leiter des Braunkohlenwerkes Nachterstedt

Dr. D. ist seit 1933 im Braunkohlenwerk Nachterstedt beschäftigt. Er hatte schon beim Riebeck-Konzern Vertrauensstellungen inne. Er war Mitglied der NSDAP und SA und hatte hier Funktionen. 1946 wurde er Mitglied der SED.

Dr. D. war von der Situation im Tagebau genau unterrichtet. Er kannte das heutige Katastrophengebiet als Gefahrenpunkt und nahm regelmäßig Einsicht in die Pegelmessungen aus diesem Gebiet. Im Oktober 1958 wurde er vom MfS aufgefordert, unter anderem die Entwässerung des Tagebaues in Nachterstedt einzuschätzen. In seinem Gutachten schätzte Dr. D. die Entwässerung als vollkommen in Ordnung ein. Bei seiner jetzigen Aussage jedoch weist er auf erhebliche Mängel in der Wasserhaltung hin.

d) [Name 10, Vorname], Haupttechnologe des Braunkohlenwerkes Nachterstedt und Vertreter des technischen Leiters Dr. *Döring*

[Name 10] ist mit kurzen Unterbrechungen seit 1925 im Braunkohlenwerk Nachterstedt beschäftigt. Es handelt sich bei [Name 10] um einen erfahrenen Bergbaufachmann, der bereits als Leiter der Markscheiderei und als Tagebauleiter in diesem Betrieb tätig war.

Er war Mitglied der NSDAP und der SA und hatte auch schon beim Riebeck-Konzern Vertrauensstellungen inne. [Name 10] trat 1946 in die SED ein. [Name 10] ist verantwortlich für die Entwicklung des Tagebaues hinsichtlich seines planmäßigen Aufschlusses. Er setzt verantwortlich die Großgeräte im Tagebau ein.

[Name 10] war über die Situation im Tagebau vollauf unterrichtet und hatte auch die fachlichen Fähigkeiten, diese Situation richtig einzuschätzen. [Name 10] wertete die steigenden Pegelstände nicht aus und überzeugte sich auch nicht von der Standfestigkeit der Kippe vor dem Einsatz des Absetzers AS 1000. [Name 10] hatte wesentlichen Anteil, dass auf der Kippe 1½ Jahre keine Erdmassen verkippt wurden.

22 Ein Markscheider ist ein speziell im Bergbau tätiger Vermessungsingenieur. Der Markscheider ist zuständig für die Erfassung, Auswertung und Bereitstellung bergbaubezogener Geoinformationen sowie deren kartografische Darstellung. Er bearbeitet Fragestellungen der verschiedensten Bereiche wie Lagerstättenmanagement, Bergbauplanung, Genehmigungsverfahren, Raumordnung, Regionalplanung, Abbaueinwirkungen im Gebirge und an der Tagesoberfläche sowie Bergschäden.

23 Im Original durchgehend: »Döhring«. Rudolf Döring, Jg. 1900, technischer Leiter des Tagebaus Nachterstedt.

f) [Name 11, Vorname], Leiter des Tagebaues Nachterstedt

[Name 11] studierte nach 1945 an der Berg-Ingenieur-Schule Eisleben[24] und ist Maschinen-Ingenieur. Er ist seit 1955 Leiter des Tagebaues Nachterstedt. [Name 11] ist der Hauptverantwortliche für die Zustände im Tagebau Nachterstedt. Er hatte Kenntnis vom Steigen der Pegel und hat auch Maßnahmen vorgeschlagen, die eine bessere Entwässerung der Kippe im Katastrophengebiet garantieren sollten. Allerdings gelangten diese Maßnahmen nicht zur Durchführung, da, wie schon erwähnt, die dazu notwendigen Geräte fehlten. Den Auftrag, die Geräte zu besorgen, hatte der Haupttechnologe [Name 10], der jedoch von den angeschriebenen Betrieben abschlägigen Bescheid erhalten haben will. In Bezug auf die Wasserhaltung wurde [Name 11] von seinem Steiger für Entwässerungsfragen [Name 12] beraten.

g) [Name 12, Vorname], Steiger für Entwässerung im Tagebau Nachterstedt

[Name 12] ist seit 1916 im Braunkohlenwerk Nachterstedt beschäftigt und hatte als mittlerer Kader Vertrauensstellungen beim Konzern inne. [Name 12] war Aufseher im Konzernbetrieb. [Name 12] hat große Erfahrungen auf dem Gebiet der Entwässerung. Er war Mitte der 1930er Jahre beauftragt, das Bohrloch, welches der Bergwerksdirektor *Scharf* gestoßen hatte, abzudichten. [Name 12] kennt die hydrologischen Verhältnisse im Tagebau Nachterstedt genau. [Name 12] unterbreitete von sich aus jedoch keinerlei Vorschläge, wie er selbst aussagte, dem Werkleitungskollektiv, um die Gefahr am heutigen Katastrophenort zu bannen.

h) [Name 5, Vorname], Leiter des Abraumbetriebes im Tagebau Nachterstedt

[Name 5] war Mitglied der NSDAP und SA. Er war Träger des SA-Dolches. [Name 5] trat ebenfalls 1946 der SED bei. [Name 5] ist seit 1934 im Braunkohlenwerk Nachterstedt beschäftigt. Auch [Name 5] nahm beim Konzern Vertrauensstellungen ein. Er entwickelte sich vom sogenannten Aufseher, Schichtmeister, Steiger und war zuletzt verantwortlich für den Abraumbetrieb. Damit ist er auch verantwortlich für die Standfestigkeit und Sicherheit der Kippen.

Nach seinen Angaben hatte er keine Kenntnis von dem Gefahrengebiet. Er will erst 1958 bei den Senkungserscheinungen davon Kenntnis genommen haben. Er war der Meinung, dass die Maßnahmen, die er durchführte, einer Aufgabe als Abraumbetriebsleiter gerecht wurden.

24 Die Bergschule Eisleben wurde 1798 als Ausbildungseinrichtung für technische Grubenarbeiter gegründet. Nach dem Zweiten Weltkrieg wurde die nun zur Bergingenieurschule umbenannte Einrichtung von der SMAD unter die Verantwortung der Landesregierung Sachsen-Anhalt gestellt und nahm ab 1947 den Lehrbetrieb zur Ausbildung von Steigern und Bergbauingenieuren auf. 1968 wurde die Schule zu einer Ingenieurschule für Elektrotechnik und Maschinenbau umprofiliert.

Zum Ermittlungsergebnis

Aus einem Bericht des Vorsitzenden der Kreisparteikontrollkommission Aschersleben, des Gen. *Timme*[25] vom 4.2.1959 geht hervor, dass er über die Vorgeschichte der Rutschung unterrichtet war. Er kannte das heutige Katastrophengebiet als Gefahrenpunkt im Tagebau Nachterstedt. T. war selbst früher Parteisekretär in diesem Betrieb. Nach Mitteilung des Sekretärs für Wirtschaft der SED-Bezirksleitung Halle war auch die Kreisleitung Aschersleben über diese Situation allgemein informiert, ohne dies jedoch der Bezirksleitung mitzuteilen.

Das MfS hatte in Auswertung der Katastrophe von Klettwitz Untersuchungen hinsichtlich der Wasserhaltung in verschiedenen Tagebauen durchgeführt. Im Ergebnis dieser Untersuchungen wurden die entsprechenden Bezirksverwaltungen angewiesen, über diese Angelegenheit in ihrem Bereich Einschätzungen vorzunehmen. Die Kreisdienststelle Aschersleben gab sich mit dem Bericht des technischen Leiters *Döring,* dass die Entwässerung im Tagebau in Ordnung sei, zufrieden und überprüfte nicht dessen Angaben. Weitere Signale erhielt die Kreisdienststelle Aschersleben über diesen Zustand nicht.

In der weiteren Bearbeitung wird die Beweisführung erbracht, dass die Katastrophe vorwiegend durch subjektive Mängel ausgelöst wurde. Weiterhin werden die angefallenen Personen hinsichtlich einer Feindtätigkeit überprüft und bearbeitet. Das Ziel ist, diesen Vorfall mit Festnahmen abzuschließen.

25 Franz Timme, Jg. 1905, SED-Funktionär, Vorsitzender der Kreisparteikontrollkommission Aschersleben.

25. Februar 1959

Information Nr. 18/59 – Information Betreff: Provokationen an der Staatsgrenze der DDR

Quelle: BArch, MfS, ZAIG 227, Bl. 1 (6. Expl.).
Serie: Informationen.
Verteiler: Ulbricht, Stoph, Honecker, KGB Berlin-Karlshorst (»Freund«) – MfS: Kleinjung, Ablage.
Vermerk: Am Ende des Dokumentes: Unterschrift »Mielke« (in lila).
Bemerkungen: Eingefügte Betreffzeile unterhalb der Überschrift: »Bezug: Gegebene Veranlassung«.
Verweis: Information 23/59.

[Faksimile von Blatt 1]

Am 25.2.1959 wurden von der Deutschen Grenzpolizei in Salzwedel, [Bezirk] Magdeburg, im Gebiet von Reddigau und Schmölau, [Kreis] Salzwedel, [Bezirk] Magdeburg,[1] verstärkt Provokationen durch den Bundesgrenzschutz gemeldet.

Um 8.30 Uhr sollen in Reddigau zwei Jeeps mit sechs Bundesgrenzschutz-Angehörigen am 10 m Streifen[2] erschienen sein, wo sie aus Karabinern drei Schüsse in die Luft abgaben.

Um 11.00 Uhr erschienen abermals zwei Jeeps mit vier Angehörigen des Bundesgrenzschutzes am Kontrollstreifen. Diese riefen den Posten unserer Grenzpolizei zu: »Kommt raus, Ihr feigen Schweine, Ihr könnt wohl kaum noch deutsch sprechen … (unverständlich) … die Russen leben nicht mehr lange!« Die Fahrzeugnummern lauten: BG 20–219 und BG 20–284.

Um 12.25 Uhr erschienen zwei Jeeps mit vier Angehörigen des Bundesgrenzschutzes an der Schafwedelerstraße[3] im Gebiet Schmölau (hier handelt es sich vermutlich um die gleichen Fahrzeuge wie in Reddigau). Zwei Mann stiegen aus und gingen am Kontrollstreifen entlang. Nach ca. 10 Minuten fuhren die Jeeps wieder weg.

Um 14.30 Uhr erschienen an der gleichen Stelle ein Jeep mit drei Angehörigen des Bundesgrenzschutzes und ein Pkw mit zwei Zivilisten. Die Insassen

1 Reddigau und Schmölau, zwei Ortschaften im Kreis Salzwedel/Bezirk Magdeburg (heute Landkreis Altmarkkreis Salzwedel, Sachsen-Anhalt), lagen innerhalb der 5-km-Sperrzone an der innerdeutschen Grenze zu Niedersachsen.

2 Das von der DDR-Führung im Jahre 1952 eingerichtete Sperrgebiet an der Grenze zur Bundesrepublik setzte sich zusammen aus einem zehn Meter breiten Kontrollstreifen, der unmittelbar entlang der Grenze verlief, einem 500 Meter breiten »Schutzstreifen« sowie einer »5-km-Sperrzone«. Der zehn Meter breite und gepflügte Kontrollstreifen wurde auch »Todesstreifen« genannt und war ab Anfang der 1970er-Jahre mit Signalanlagen und Personen-Minenanlagen (Selbstschussanlage) ausgerüstet.

3 Es handelt sich um den Schafwedeler Weg.

des Jeeps und ein Zivilist beobachteten am Kontrollstreifen das Gebiet der DDR und fuhren gegen 14.45 Uhr wieder weg.

Vermutlich liegt der Schwerpunkt der Provokationen im Gebiet Reddigau am Bohrturm, da bereits an den Vortagen Gruppen des Bundesgrenzschutzes dort beobachtet wurden, ohne dass es zu Provokationen kam.

Bemerkung: Diese Vorkommnisse werden zzt. noch überprüft. Wenn sie den Tatsachen entsprechen, ist zu überlegen, ob eine Presseveröffentlichung angebracht ist.

28. Februar 1959

Information Nr. 22/59 – Bericht über Missstände bei der Durchführung des Sonderverkaufs im Handel

Quelle: BArch, MfS, ZAIG 175, Bl. 1–3 (5. Expl.).
Serie: Informationen.
Verteiler: Ulbricht, Leuschner, Apel – MfS: HA II, Ablage.

Bei der vom Ministerium für Handel und Versorgung und dem Ministerium der Finanzen angewiesenen Preisabwertung kam es zu Verletzungen der Anweisung 4/59, die zu einem erheblichen ökonomischen Schaden führten.[1]

Während in der DDR nur vereinzelt Fälle einer unbegründeten Preisherabsetzung zu verzeichnen waren, die sofort berichtigt werden konnten, kam es in Berlin zu Verletzungen der gegebenen Anweisung, die einen großen Schaden für die Volkswirtschaft bedeuten. Obwohl zu Bestandsaufnahmen und Umbewertungsvorschlägen laut Anweisung 4/59 Kommissionen aus weitesten Kreisen der Werktätigen gebildet werden sollten, wurde diesem Punkt in Berlin nur ungenügend Rechnung getragen. Anstelle der Kommissionen setzte die Abteilung Handel und Versorgung beim Magistrat von Groß-Berlin eine zentrale Kommission ein, die unter Verletzung der für den Sonderverkauf gegebenen Richtlinien und ohne Besichtigung der Lager und Verkaufsstätten, ungerechtfertigte eigenmächtige Umbewertungen vornahm und Listen bestätigte, die eine große Anzahl Positionen aus der Produktion von 1958 enthielten, obwohl diese bis auf Restposten vom Sonderverkauf ausgeschlossen waren.

Bereits Anfang Februar 1959 wurden bei Überprüfungen der Vorbereitungen Mängel und verantwortungslose Handlungen festgestellt. Aufgrund dieser Erfahrungen fand nochmals eine Besprechung mit allen verantwortlichen Funktionären des Handelsapparates der DDR und Groß-Berlin im Ministerium für Handel und Versorgung statt, wo nochmals Hinweise zur Beseitigung falscher Einstufungen gegeben wurden. Trotzdem wurden von den Verantwortlichen der Abteilung Handel und Versorgung beim Magistrat von Groß-Berlin nicht die nötigen Schlussfolgerungen gezogen und Veränderungen vorgenommen.

Dadurch gelangten die vom Magistrat aufgestellten unbegründeten Preisabwertungslisten an die Verkaufsstellen, die bei der Warenabgabe nach den global festgesetzten Preisen verfuhren. Durch diese Maßnahme wurde nicht eine begründete Preisabwertung, sondern eine Preissenkung bei einer Reihe hochwertiger Erzeugnisse vorgenommen, die zu einem erheblichen finanziellen Schaden zulasten des Staates führten.

1 Die hier genannte Anweisung 4/59 ist nicht auffindbar.

Bei den Kommissionsbesprechungen der Abteilung Handel und Versorgung wurde besonders darauf hingewiesen, »dass alles Mögliche in diese Preisherabsetzung einzubeziehen sei, da dies die letzte große Möglichkeit für derartige Maßnahmen wäre«. Darüber hinaus herrschte auch in den einzelnen Verkaufsstellen keine Klarheit über die Durchführung der Preisherabsetzungen, sodass durch das Verkaufspersonal und die Verkaufsstellenleiter willkürliche Preisherabsetzungen für hochwertige Erzeugnisse und Waren neuerer Produktion vorgenommen wurden.

Diese unverantwortliche Handlungsweise ist mit auf die wenigen Kommissionen bzw. auf die nicht ordnungsgemäße Tätigkeit der Überprüfungskommissionen zurückzuführen. Zum Beispiel bestand im gesamten Bezirk Berlin-Prenzlauer Berg nur eine einzige Kommission zur Überprüfung, die bei der großen Anzahl der Verkaufsstellen nicht in der Lage war – wie angewiesen – die Bestände zu überprüfen und gegebenenfalls Preiskorrekturen vorzunehmen.

Wie sich die unkorrekte Preisherabsetzung auswirkt, beweisen folgende Beispiele:

- Die Spezial-Textil-Verkaufsstelle »Sybille« Unter den Linden setzte Perlon-Blusen im Wert von 75,00 DM[2] bis auf 3,00 DM herab.[3]
- Die HO-Schuhverkaufsstelle in Hohenschönhausen, Freienwalder Straße, setzte Schweins- und Wildlederschuhe von 40,00 DM bis zu 1,00 DM herab. Dabei fanden Käufe bis zu zehn Paar statt.
- Im HO-Kaufhaus am Alex wurden Herrenhosen und Shorts zu einem Preis von 1,00 DM bis 1,95 DM angeboten.
- Die HO Industriewaren nahm eine Preisherabsetzung bei Silber und Silberwaren vor.
- Hochwertige Uhren und Erzeugnisse der Uhrenindustrie wurden zum Preis von 40,00 DM angeboten, obwohl diese in der laufenden Produktion sind und deren regulärer Preis bei über 100 DM liegt.

2 Im Zuge der Währungsreform im Juli 1948 auf dem Gebiet der Sowjetischen Besatzungszone wurde die Reichsmark als bis dahin gültiges Zahlungsmittel durch die Deutsche Mark der Deutschen Notenbank abgelöst. Bis 1964 hieß die Währung in der DDR also auch Deutsche Mark (DM). Erst 1964 wurde sie in Mark der Deutschen Notenbank (MDN) und mit Gründung der Staatsbank der DDR im Jahr 1968 in Mark der DDR (M) umbenannt.

3 Die Handelsorganisation (HO), das staatlich geführte Einzelhandelsunternehmen der DDR, betrieb neben den normalen HO-Läden spezielle Geschäfte für Waren der unterschiedlichen Branchen (Textilien, Haushaltwaren, Süß- und Schokoladenwaren etc.), in denen auch Waren höherwertiger Qualität erworben werden konnten. Diese Läden sind nicht zu verwechseln mit den Exquisit- und Delikatläden, in denen hochwertige Waren aus Import und Gestattungsproduktion (in der DDR im Auftrag westlicher Firmen produzierte Produkte) zu meist überhöhten Preisen zum Kauf angeboten wurden. Diese wurden erst 1962 (Exquisitläden) bzw. 1966 geschaffen und ihre Anzahl in den 1970er-Jahren deutlich erhöht.

Zur Beseitigung der angeführten Situation wurden im Zusammenwirken mit dem Ministerium für Handel und Versorgung folgende Maßnahmen eingeleitet:

1. Alle Warenlieferungen aus den Großhandelskontoren an den Einzelhandel wurden sofort gestoppt.
2. Es wurden mehrere Kommissionen eingesetzt, die eine Korrektur der unbegründeten Preise im Einzelhandel sowie der Preise in den Großhandelskontoren vornehmen, um eine kontinuierliche Versorgung weiterhin zu gewährleisten.
3. Einschaltung der zentralen Kommission für staatliche Kontrolle[4] und der Volkspolizei, Abt. VE,[5] zur Überprüfung schwerwiegender Verstöße in den einzelnen Handelssäulen.

4 Die Zentrale Kommission für Staatliche Kontrolle (ZKSK) wurde im Mai 1948 als Zentrale Kontrollkommission bei der Deutschen Wirtschaftskommission, der zentralen deutschen Verwaltungsinstanz in der Sowjetischen Besatzungszone, gegründet und war ein Exekutivorgan der SED. Sie konnte auf eigene Initiative, im Auftrag von Partei- und Staatsorganen oder aufgrund von Beschwerden von Bürgern Kontrollen im Staats- und Wirtschaftsapparat durchführen. Die Zuständigkeitsbereiche der Ministerien für Staatssicherheit, Nationale Verteidigung und Auswärtige Angelegenheiten waren davon ausgenommen. Aus der ZKSK ging 1963 die Arbeiter und Bauern-Inspektion hervor.

5 Die Abteilung »Verbrechen gegen das Volkseigentum« (VE) der Deutschen Volkspolizei wurde im Jahr 1955 durch die Aufwertung der bis dahin als Unterabteilung »Sozialistisches Eigentum« der Kriminalpolizei der DVP fungierenden Diensteinheit als eigenständiger Dienstzweig geschaffen. Aufgabe dieser Abteilung war die Aufklärung von gegen das Volkseigentum und die Planerfüllung gerichteten Straftaten, deren Urheber unbekannt waren. Vgl. Lindenberger, Thomas: Volkspolizei. Herrschaftspraxis und öffentliche Ordnung im SED-Staat 1952–1968. Köln 2003, digitales Reprint 2015 online abrufbar unter: http://zeitgeschichte-digital.de/doks/frontdoor/deliver/index/docId/531/file/Lindenberger_Volkspolizei_2003.pdf, bes. S. 179–183 (letzter Abruf: 24.11.2021).

5. März 1959

Information Nr. 69/59 – Bericht über den Absturz des Versuchsflugzeuges »B 152« am 4. März 1959

Quelle: BArch, MfS, ZAIG 177, Bl. 1–2 (2. Expl.).
Serie: Informationen.
Verteiler: Kein Nachweis für externe Verteilung – MfS: Wolf, Ablage.
Vermerk: Im Verteiler hinter 3. [Exemplar] »Reserve« in Steno »vernichtet«.

Von unseren Mitarbeitern im VEB Flugzeugbau Dresden-Klotzsche[1] wird über den Absturz und die möglichen Ursachen Folgendes mitgeteilt:[2]

Es handelte sich um den 2. Probeflug der »B 152«, der ursprünglich schon für Sonntag, den 1.3.1959 angesetzt, dann aber nicht durchgeführt, sondern überraschend für den 4.3.1959 neu festgelegt wurde. Die Gründe für diese Terminverschiebung sind noch nicht konkret bekannt.

Da zum vorgesehenen Zeitpunkt (am 4.3.1959 um 9.00 Uhr) der Luftraum gesperrt war, startete die »B 152« in den Mittagsstunden des 4.3.1959 nach Freigabe des Luftraumes.

Der Start sowie auch der Flug bis zum Absturz kurz vor der Landung verliefen einwandfrei. Die »B 152« befand sich 50 Minuten in der Luft und hatte teilweise eine Flughöhe bis zu 6 000 m. Auch die Funksprechverbindung funktionierte einwandfrei; die letzte Verbindung bestand zehn Sekunden vor dem Absturz, als die Anflugerlaubnis für den Flugplatz erteilt wurde. Irgendwelche Mängel wurden bis zu diesem Zeitpunkt nicht durchgegeben.

Berichten von Augenzeugen aus Ottendorf-Okrilla[3] zufolge, sei der Flug selbst bis kurz vor dem Absturz normal gewesen (die Flughöhe betrug zu diesem Zeitpunkt ca. 400 m), aber aus den Antriebsaggregaten hätten sie Stichflammen (brennende Auspuffgase) gesehen. Ein stärkerer Neigungswinkel zur

1 Nachdem im Dezember 1954 vom Politbüro der SED in Abstimmung mit der Sowjetunion der Aufbau einer Flugzeugindustrie in der DDR beschlossen worden war, wurde 1955 der VEB Flugzeugwerke Dresden in Dresden-Klotzsche gegründet. Innerhalb von drei Jahren entstand die VVB Flugzeugbau, deren Kernbetrieb das Flugzeugwerk wurde. Neben dem Lizenzbau der sowjetischen Iljuschin Il-14P wurde hier das Verkehrsflugzeug »B-152« entwickelt, das aber bei seinem zweiten Testflug abstürzte. Die 152, auch als Typ 152 oder Baade B-152, Dresden 152, Typ 152, VEB 152 oder VL-DDR 152 bekannt, war das erste in den 1950er-Jahren entwickelte deutsche Passagierstrahlflugzeug und das wichtigste Projekt des Flugzeugbaus in der DDR. Alle weiteren Entwicklungen des Dresdner Flugzeugwerkes gelangten aufgrund technischer Mängel bzw. wegen fehlender Absatzmöglichkeiten nie bis zur Serienfertigung. Das Werk verlegte sich nach Beendigung des Flugzeugbaus im Jahr 1961 auf die Instandsetzung der Flugzeuge der NVA und des Warschauer Paktes.

2 Das Flugzeug B-152 stürzte am 4.3.1959 bei seinem zweiten Testflug in der Nähe von Ottendorf-Okrilla ab. Die Ursachen dafür konnten nie mit aller Gewissheit geklärt werden. Bei dem Absturz kamen die vier Besatzungsmitglieder ums Leben.

3 Die Gemeinde Ottendorf-Okrilla lag im Kreis Bautzen, Bezirk Dresden und gehört heute zum Landkreis Bautzen.

Erde sei erst kurz vor dem Aufprall festzustellen gewesen. Die Augenzeugen berichten weiter, nur einen einzigen Knall gehört und eine Art Funkenregen mit anschließender Rauchwolke gesehen zu haben, woraus man schließen kann, dass die »B 152« erst durch den Aufprall explodierte. Auch die Tatsache, dass einzelne Teile des vollkommen zerstörten Flugzeuges bis zu einem Umkreis von 400 m in Flugrichtung gefunden wurden, lässt diese Vermutung zu.

Über die Ursachen des Absturzes besteht noch keine Klarheit. Aus dem Abnahmedokument ist ersichtlich, dass die Enteisungsanlage des Flugzeuges noch nicht funktionierte und dass auch noch keine vollständige Bodenabnahme des Flugzeuges erfolgte.

Nach den Begleitumständen zu urteilen ist es auch sehr wahrscheinlich, dass die »B 152« noch nicht 100%ig startklar war und der 2. Probeflug eine überstürzte Maßnahme darstellte. So wurde z. B. von der Absicht gesprochen, nach Leipzig zu fliegen, vermutlich um im Flugzeug die Großkundgebung zu überfliegen (was über dem Werkgelände in 100 m Höhe probiert werden sollte).[4]

Die Werkleitung hält eventuell Materialfehler, menschliches Unvermögen (Versagen des Piloten) oder Sabotage für möglich.

Die Untersuchungskommission hat ihre Arbeit aufgenommen.

4 Am 4.3.1959 fand in Leipzig eine Großkundgebung anlässlich des Besuches von Nikita S. Chruschtschow in der Messestadt statt, auf der Ulbricht und Chruschtschow gemeinsam auftraten. Um den sowjetischen Parteichef zu beeindrucken und so die Verkaufschancen des Flugzeuges zu verbessern, war ein Demonstrationsflug über dem Messegelände in Leipzig vorgesehen.

12. März 1959

Information Nr. 101/59 – Bericht über Missstimmungen bei Prämienzahlungen

Quelle: BArch, MfS, ZAIG 220, Bl. 1–3 (5. Expl.).
Serie: Informationen.
Verteiler: Leuschner, Verner, Warnke, Apel – MfS: Ablage.

Nach vorliegenden Informationen ist es bei der Auszahlung der Jahresabschlussprämien in einigen Betrieben erneut zu Unstimmigkeiten gekommen, die meist auf eine nicht richtige Prämienaufteilung zurückzuführen sind. Diese falsche Durchführung der Prämienzahlung wirkte sich negativ auf das Verhältnis zwischen den Arbeitern und Angestellten und auf die weitere Steigerung der Arbeitsproduktivität aus.

In einigen Fällen zeigte sich, dass auch die BPO und BGL nicht in entsprechendem Maße bei der Aufschlüsselung der Prämien mitgewirkt oder die Arbeiter über die Prämienverteilung aufgeklärt haben.

Aus den Diskussionen zur Prämienverteilung ist übereinstimmend ersichtlich, dass sich die Arbeiter nicht gegen eine Differenzierung der Prämien aussprechen, sondern nur zunehmend gegen die großen Unterschiede in der Höhe der Prämien für Produktionsarbeiter und der mittleren und leitenden Angestellten Stellung nehmen und darüber ihr Missfallen ausdrücken. In diesem Zusammenhang wird von den Produktionsarbeitern die Meinung vertreten, dass sie doch die Werte schaffen und durch den Einsatz ihrer Arbeitskraft die Pläne erfüllen, weshalb sie auch Anspruch auf richtige Würdigung ihrer Leistungen und dementsprechend auf höhere Prämien hätten. Dafür einige Beispiele:

Im VEB Kfz-Werk IFA Plauen, [Bezirk] Karl-Marx-Stadt,[1] wurden z. B. an 48 Verwaltungsangestellte 6 000 DM[2] und an 250 Produktionsarbeiter 4 000 DM Prämiengelder verteilt. Während *jeder* Verwaltungsangestellte eine Prämie in Höhe von 100 DM bis 500 DM erhielt, wurde nur *jeder zweite* Produktionsarbeiter mit 60,00 DM bis 80,00 DM Prämie bedacht. Aufgrund dieser Prämienverteilung äußerten sich Arbeiter, »dass es keinen Zweck habe

1 VEB Kfz-Instandsetzungswerk I für Großraumfahrzeuge Plauen wurde 1954 errichtet, unterstand der Bezirksdirektion für Kraftverkehr Bezirk Karl-Marx-Stadt und wurde 1960 mit dem VEB Kfz-Zubehör- und Instandsetzungswerk Plauen zum VEB Kraftfahrzeug-Instandsetzung Plauen (Vogtland) vereinigt.

2 Im Zuge der Währungsreform im Juli 1948 auf dem Gebiet der Sowjetischen Besatzungszone wurde die Reichsmark als bis dahin gültiges Zahlungsmittel durch die Deutsche Mark der Deutschen Notenbank abgelöst. Bis 1964 hieß die Währung in der DDR also auch Deutsche Mark (DM). Erst 1964 wurde sie in Mark der Deutschen Notenbank (MDN) und mit Gründung der Staatsbank der DDR im Jahr 1968 in Mark der DDR (M) umbenannt.

die Pläne zu erfüllen, denn den Vorteil hätten ja doch immer die Verwaltungsangestellten«.

Ähnlich war das Verhältnis im VEB Blechverformungswerk Bernsbach, [Kreis] Aue, [Bezirk] Karl-Marx-Stadt.[3] Durch die Prämienverteilung verärgert, äußerten sich Arbeiter wie folgt: »In Zukunft reißen wir uns hinsichtlich der Produktionssteigerung kein Bein mehr aus. Die Prämienverteilung wird ja sowieso ungerecht vorgenommen, indem ein Produktionsarbeiter 70,00 DM und die Angestellten 300 bis 1 000 DM erhalten.«

Im VEB Paka in Glashütte, [Kreis] Dippoldiswalde, [Bezirk] Dresden,[4] erhielt ein Hofmeister für zehn Arbeiter 70,00 DM Prämiengelder, sodass auf einen Arbeiter 7,00 DM kamen. Andererseits erhielt der Werkleiter eine Prämie von 1 300 DM, der Buchhalter 800 DM. Ähnlich waren auch die Prämien der anderen Angestellten. Auch in diesem Falle erklärten die Arbeiter, dass sie damit nicht einverstanden sein können.

Im VEB Reparaturwerk Neubrandenburg[5] kam es zu Unstimmigkeiten bei der Verteilung von Wettbewerbsprämien. In der Werkhalle II wurde 1958 ein halbjähriger Wettbewerb durchgeführt, für den die Prämien im Januar 1959 ausgezahlt wurden. Da die verfügbare Summe nur sehr gering war, beschloss die Wettbewerbskommission, die Prämien in Höhe von 15,00, 17,00 und 20,00 DM auszuzahlen. Aufgrund der geringen Höhe wurde die Prämie nicht als materieller Anreiz betrachtet. Als ein neuer Wettbewerb abgeschlossen werden sollte, forderten die Arbeiter [Name 1], [Name 2], [Name 3] und [Name 4], dass erst die Summe für die Prämie bekannt gegeben werden müsse. Durch die schlechte Arbeit der BPO und BGL war es bisher nicht möglich einen neuen Wettbewerb abzuschließen.

Ähnliche Fälle wie in der Industrie werden auch aus der Landwirtschaft berichtet. Zum Beispiel standen der MTS Waldenburg, [Kreis] Glauchau, [Bezirk] Karl-Marx-Stadt, insgesamt 10 000 DM Prämiengelder zur Verfügung. Bei der Aufteilung dieser Summe kam es jedoch zu Missfallensäußerungen und Empörung der Traktoristen, weil der Direktor der MTS 1 300 DM und sein Stellvertreter 1 000 DM erhielten, während die Traktoristen lediglich 50,00 bis 150 DM bekamen.

Im Staatlichen Forstwirtschaftsbetrieb Klingenthal, [Bezirk] Karl-Marx-Stadt, kam es ebenfalls zu Unstimmigkeiten, da der Oberförster und der Hauptbuchhalter 700 DM bzw. 800 DM Prämien erhielten, während an die Arbeiter nur ca. 100 DM ausgezahlt wurden.

3 Korrekt: VEB Blechformwerke Erzgebirge in Bernsbach.

4 VEB Vereinigte Pappen und Kartonagenwerke (Paka) in Glashütte.

5 Der VEB Reparaturwerk Neubrandenburg war ein Rüstungsbetrieb der DDR, hatte neben Neubrandenburg Standorte in Gützkow und Teterow und gehörte zum VEB Kombinat Spezialtechnik Dresden. Hier wurden vornehmlich Panzer der NVA und anderer Streitkräfte des Warschauer Paktes repariert.

20. März 1959

Information Nr. 145/59 – Bericht über die Entwicklung der Republikflucht im Jahre 1958

Quelle: BArch, MfS, ZAIG 186, Bl. 1–21 (1. Expl.).
Serie: Informationen.
Verteiler: Kein Nachweis für externe Verteilung – MfS: Mielke, Wolf, Walter, Krusch, KGB Berlin-Karlshorst (»Freund«), Ablage.
Vermerk: Im Dokumentenkopf, quer neben dem Verteiler (handschriftlich): »Gen. Irmler zurück« und »Walter, Wolf, (...[unleserlich])«
Bemerkungen: Im Verteiler wurde neben dem Ablageexemplar »(hat Gen. Beater)« notiert.
Verweis: Bericht Nr. 134/5 v. 22.10.1958.

I. Allgemeine Einschätzung

Die Republikflucht aus der DDR nach Westberlin und Westdeutschland zeigte in den vergangenen Jahren zahlenmäßig eine wechselhafte Entwicklung, wobei die jährlichen Republikfluchten – mit Ausnahme des Jahres 1954 – zwischen 270 000 und 316 000 lagen.

Seit 1954, wo 173 279 Personen republikflüchtig wurden, ist im Jahre 1958 erstmalig wieder ein erheblicher Rückgang der Republikflucht eingetreten.

Nach statistischen Angaben der HVDVP sind 1958 insgesamt 193 714 Bürger der DDR republikflüchtig geworden.

Wie aus den nachfolgenden Vergleichszahlen ersichtlich ist, beträgt damit der Rückgang der Republikfluchten gegenüber 1956 122 314 Personen (-38,7 %) und gegenüber 1957 111 240 Personen (-36,5 %).

Vergleichszahlen der Vorjahre:

[Jahr]	HVDVP (Hauptabteilung PM)	Westzahlen (Ministerium für »Vertriebene, Flüchtlinge«)[1]
1953	270 440	331 390
1954	173 279	184 198
1955	270 115	252 870
1956	316 028	279 189
1957	304 954	261 622
1958	193 714	204 092 (»Die Welt«)
1953/58	1 528 530	1 513 361

1 Vollständig: Bundesministerium für Vertriebene, Flüchtlinge und Kriegsgeschädigte.

Nach den statistischen Angaben der HVDVP, die insgesamt gesehen im Wesentlichen mit den Westzahlen übereinstimmen, sind im Zeitraum von 1953 bis 1958 insgesamt 1 528 530 Bürger der DDR republikflüchtig geworden.

Das sind im Verhältnis zur Gesamtbevölkerungszahl ca. 8,6 %, oder anschaulich gesehen, dass etwa jeder 11. Bürger die DDR illegal nach Westberlin oder Westdeutschland verlassen hat.

Die rückläufige Entwicklung der Republikflucht im Jahre 1958 zeigt sich auch in den monatlichen Durchschnittszahlen. Während 1956 monatlich im Durchschnitt noch 26 335 Bürger die DDR verließen, waren es 1957 im Monatsdurchschnitt 25 412 Personen und 1958 für den gleichen Zeitraum 16 142 Republikflüchtige.

Bemerkenswert ist dabei besonders, dass erstmalig nach dem Inkrafttreten des Passgesetzes[2] ein Rückgang von monatlich über 20 000 Republikfluchten auf unter 15 000 und im Dezember 1958 – offensichtlich beeinflusst durch die sowjetischen Berlin-Vorschläge[3] – ein Rückgang auf 8 930 erfolgte. Die Zahlen für Dezember 1958 sind der niedrigste Stand der Republikflucht nach Beginn der statistischen Erfassung durch die HVDVP im Jahre 1953.

Im Januar 1959 zeigt sich allerdings mit 11 602 Republikfluchten bereits wieder ein erhebliches Ansteigen gegenüber dem Vormonat.

Durch die Auswirkung des Passgesetzes haben sich auch wesentliche Veränderungen dahingehend ergeben, dass die illegale Abwanderung fast ausschließlich ohne PM 12a[4] und über Westberlin erfolgte. Wurden vor Anwen-

2 Das Passgesetz der DDR vom 15.9.1954 regelte die Pass- und Visumpflicht für das Betreten und Verlassen des Gebietes der DDR. Paragraph 8 des Gesetzes schrieb das Verlassen oder Betreten der DDR »aus dem Ausland« ohne Genehmigung als Straftatbestand fest. In der Änderung des Gesetzes vom 11.12.1957 wurde der Passus »aus dem Ausland« gestrichen. Damit wurde auch das Verlassen der DDR in Richtung Bundesrepublik ohne Genehmigung zur Straftat, die alternativ mit einer Gefängnisstrafe bis zu drei Jahren oder einer Geldstrafe geahndet werden konnte. Diese Verschärfung steigerte den Unmut besonders jener DDR-Bürger, die Verwandtschaft im Westen hatten. Passgesetz der Deutschen Demokratischen Republik, Gesetz vom 11.12.1957. In: GBl. I 1957, S. 650; vgl. Bispinck , Henrik: »Republikflucht«. Flucht und Ausreise als Problem für die DDR-Führung. In: Hoffmann, Dierk; Schwartz, Michael; Wentker, Hermann (Hg.): Vor dem Mauerbau. Politik und Gesellschaft in der DDR der fünfziger Jahre. München 2003, S. 285–309, bes. S. 295.

3 Am 27.11.1958 übergab das sowjetische Außenministerium den westlichen Besatzungsmächten USA, Großbritannien und Frankreich eine Note, in der die Sowjetunion ankündigte, der DDR die volle Kontrolle über die Verbindungswege zwischen Westdeutschland und Westberlin zu übertragen, sollte es nicht innerhalb eines halben Jahres zu einer vertraglichen Vereinbarung der alliierten Mächte kommen, die Westberlin den Status einer entmilitarisierten Freien Stadt garantierte. Auch der im Januar 1959 durch die Sowjetunion vorgelegte Entwurf eines Friedensvertrages enthielt in Artikel 25 den Passus, Westberlin einen solchen Status zu geben.

4 Pass- und Meldebescheinigung 12a. Ersatzbescheinigung für den Personalausweis. Die PM 12a mussten Bürger der DDR nach Abschaffung des Interzonenpasses im November 1953 für Reisen in den Westen beantragen. Bei Aushändigung der Bescheinigung war der Personalausweis beim Volkspolizeikreisamt zu hinterlegen.

dung des Passgesetzes ca. 60 % mit PM 12a direkt nach Westdeutschland republikflüchtig, erfolgt jetzt das illegale Verlassen der DDR fast ausnahmslos über Westberlin und nur zu 8,5 % unter Ausnutzung von PM 12a.

Die bezirksweise Aufgliederung der Republikfluchten – Abschnitt II – beweist, dass die Bezirke Berlin, Potsdam und Rostock über dem DDR-Durchschnitt liegen und damit rein zahlenmäßig als Schwerpunkte gelten, denen dann mit geringem Unterschied die Bezirke Schwerin, Neubrandenburg, Magdeburg, Halle und Erfurt folgen.

Den geringsten Anteil an der Republikflucht 1958 – bezogen auf die Bevölkerungszahl des Bezirkes – haben die Bezirke Suhl, Karl-Marx-Stadt und Dresden.

In der Entwicklung der Republikflucht im Jahre 1958 zeigt sich gegenüber den Vorjahren eine beachtenswerte Veränderung.

Zahlen- und anteilmäßig ist 1958 die Republikflucht der zur Intelligenz gerechneten Berufsgruppen (davon besonders Wissenschaftler, Ärzte, Ingenieure, Techniker) einschließlich Lehrer und Oberschüler erheblich angestiegen.

Unter Berücksichtigung der anfangs gegebenen Einschätzung, dass 1958 die Republikflucht im Allgemeinen zurückgegangen ist, muss die zahlenmäßige Zunahme der illegalen Abwanderung dieser Personenkreise um oft das Mehrfache als besonders schwerwiegend angesehen werden, zumal unter Berücksichtigung dieser Situation die prozentuale Steigerung die wirkliche Lage nicht richtig wiedergibt.

Als für die DDR besonders bemerkbarer Schwerpunkt hat sich 1958 die Republikflucht von Ärzten, Lehrern und Ingenieuren herausgestellt.

Weiterhin ist als Schwerpunkt die illegale Abwanderung von Wissenschaftlern und Oberschülern einzuschätzen.

1957 wurden insgesamt 425 Ärzte republikflüchtig; 1958 hat sich diese Zahl auf 1 269 erhöht. Dies entspricht einer Steigerung auf 298 %.

Im Jahre 1957 verließen 1 796 Lehrer die DDR. 1958 waren es 2 611 Lehrer, die illegal nach Westberlin und Westdeutschland gingen = Steigerung auf 145 %.

1957 wurden 683 Ingenieure republikflüchtig, 1958 dagegen 1 324. Das bedeutet eine Steigerung auf 193 %.

Wissenschaftler wurden 1957 insgesamt 58 republikflüchtig, 1958 waren es 235. Dies entspricht einer Zunahme auf 405 %.

Prozentual am stärksten ist die Zunahme der Republikflucht bei Oberschülern. 1957 verließen 246 Oberschüler illegal die DDR, 1958 waren es 3 107, was einer prozentualen Steigerung auf 1 263 % gleichkommt.

Trotz dieser Entwicklung ist den Materialien der Bezirke zu entnehmen, dass kaum noch eine gründliche Aufklärung und Analysierung der Fluchtgründe erfolgt, was natürlich andererseits auch kaum dazu beitragen kann, entsprechende Gegenmaßnahmen auf diesem Gebiet einzuleiten. Ähnlich muss die Situation in der Tätigkeit anderer staatlicher Organe gegen die Republikflucht eingeschätzt werden.

II. Statistische Übersicht (nach Angaben der HVDVP)

Im Jahre 1958 wurden insgesamt 193 714 Personen republikflüchtig. Dementsprechend haben im DDR-Maßstab 1958 auf je 1 000 Einwohner ca. elf Personen illegal die DDR verlassen.

Nach den einzelnen Monaten ergibt sich im Vergleich zu den Vorjahren folgende Übersicht:

[Monat]	1956	1957	1958
Januar	24 682	20 986	22 296
Februar	26 696	18 981	12 678
März	23 803	19 206	11 154
April	27 665	19 245	13 550
Mai	24 323	30 635	11 547
Juni	26 841	33 064	14 090
Juli	22 763	22 949	15 272
August	26 660	27 855	19 409
September	32 826	35 734	24 888
Oktober	33 748	30 703	21 455
November	28 014	26 101	18 445
Dezember	18 007	19 495	8 930
Gesamt	316 028	304 954	193 714

Die illegale Abwanderung in den wichtigsten Berufsgruppen:

1958	Arbeiter	Angestellte	Bauern/LPG		Wissenschaftler	Ingenieure/Techniker		Ärzte	Lehrer
Januar	6391	3012	190	110	12	152	26	106	292
Februar	3756	1658	124	77	7	83	20	66	124
März	3367	1475	134	80	7	64	9	46	105
April	3593	1756	148	107	20	88	16	110	231
Mai	3219	1611	108	64	10	71	12	83	163
Juni	3998	1918	98	95	27	124	12	106	166
Juli	4126	2221	129	93	18	101	23	113	165
August	4930	2672	122	108	30	130	26	180	416
September	6637	3485	147	95	40	158	33	176	465
Oktober	6278	2991	134	119	20	163	44	134	251
November	2723	269074	90	106	25	124	22	90	168
Dezember	2576	1418	68	79	19	66	11	59	65
Gesamt	54594	26891	1492	1133	235	1324	254	1269	2611

Vergleichszahlen der Vorjahre:

1955/58	Arbeiter	Angestellte	Bauern/LPG		Wissen-schaftler	Ingenieure/Techniker		Ärzte	Lehrer
1955	105 410	39 943	2 334	1 836	69	2 028	523	290	2 243
1956	111 831	49 777	3 345	1 676	57	1 627	383	501	1 994
1957	129 275	41 609	2 313	2 038	58	683	263	425	1 796
1958	54 594	26 891	1 492	1 133	235	1 324	254	1 269	2 611
Gesamt	401 110	158 220	9 484	6 683	419	5 662	1 423	2 485	8 644

Wie die vorgenannten Vergleichszahlen beweisen, ist lediglich bei den Arbeitern ein weit über den Durchschnitt liegender Rückgang in der Republikflucht eingetreten. Während sie allgemein 1958 gegenüber 1957 um 36,5 % zurückging, beträgt der Rückgang bei den Arbeitern 58 %.

In der altermäßigen Zusammensetzung liegt der Hauptanteil – wie in den Vorjahren – bei der Altersgruppe von 18 bis 25 Jahren.

Beachtenswert ist ferner, dass im Verhältnis zur Gesamtzahl der illegalen Abwanderungen mehr Frauen als Männer die DDR verlassen.

Während die Zahl der republikflüchtigen Männer 71 138 beträgt, waren es 87 053 Frauen = (ca. 45 % zur Gesamtzahl). Bei Kindern waren es 35 523.

In den *einzelnen Bezirken* der DDR kommt auf je 1 000 Einwohner die aus nachstehender Tabelle ersichtliche Anzahl von Republikflüchtigen:

[Bezirk]	republikflüchtig insgesamt	R-flucht pro 1 000 Einwohner
Groß-Berlin	23 549	20
Potsdam	23 510	19
Rostock	11 142	12
Schwerin	7 511 (DDR-Durchschnitt)	11
Neubrandenburg	7 380	10
Magdeburg	14 830	10
Halle	21 321	10
Erfurt	13 359	10
Gera	6 768	9
Leipzig	14 580	9
Frankfurt	10 634	8
Cottbus	7 101	8
Dresden	15 035	7
Karl-Marx-Stadt	14 066	6
Suhl	2 929	5

III. Ursachen der Republikflucht

Die bisherige Aufklärung der Ursachen für die Republikflucht lässt keine umfassende und konkrete Einschätzung zu.

In den häufigsten Fällen werden als Ursache für die Republikflucht persönliche oder private Gründe angeführt, die noch dahingehend ergänzt werden, dass »politische Motive« keinen Einfluss darauf ausgeübt hätten.

Eine nähere Untersuchung der angegebenen Gründe zeigt jedoch, dass sie nur bedingt den wirklichen Ursachen der illegalen Abwanderung entsprechen, da sie häufig nur den äußeren oder letzten Anlass bilden oder als Vorwand benutzt werden.

Im Jahre 1958 ist dagegen offensichtlich geworden, dass die sogenannten »materiellen Gründe« als Ursache für die Republikflucht gegenüber den Vorjahren erheblich zurückgegangen sind.

Wesentlich stärker und offensichtlich zunehmender tritt dagegen in Erscheinung, dass für die Republikflucht politisch-ideologische Unklarheiten und mangelndes sozialistisches Bewusstsein als Ursache bestimmend sind, während dagegen die »persönlichen oder materiellen Gründe« nur noch als äußerer Vorwand oder Anlass dienen.

Daraus resultiert auch mit die unterschiedliche Entwicklung in der Republikflucht der Intelligenz gegenüber den Arbeitern und Bauern, bei denen bekanntlich die Republikflucht erheblich zurückgegangen ist.

In den Kreisen der Intelligenz zeigen sich noch weitaus stärker derartig bürgerliche Auffassungen und kirchliche Bindungen, die als maßgebliche Ursachen zur Republikflucht dieser Personenkreise führen.

Besonders deutlich wurde dies im Jahre 1958 im Volksbildungswesen der DDR, wo die sozialistische Umgestaltung bei einer Reihe von Professoren, Dozenten, Assistenten und Lehrern dazu führte, dass sie im Zusammenhang mit den damit verbundenen Veränderungen republikflüchtig wurden.

Diese »politischen Gründe«, die fast ausschließlich nur politisch-ideologische Unklarheiten sind, können jedoch keineswegs mit den vom Westen propagierten »politischen Fluchtgründen« gleichgesetzt werden.

Bei fast allen Republikflüchtigen bestand aufgrund ihrer politischen Einstellung kein Grund zur »Flucht«, da für sie dadurch keine persönlichen oder fachlichen Nachteile entstanden.

Trotz der 1958 geführten psychologischen Kampagne zur Unterstützung der Republikflucht, die ihren Höhepunkt mit der provokatorischen Bundestagssitzung im September 1958 in Westberlin erreichte,[5] müssen die westdeutschen Dienststellen und Publikationsorgane eingestehen, dass wirkliche »politische Fluchtgründe« nur in geringem Umfange anzutreffen sind.

5 Zwischen 1955 und 1958 tagte der Bundestag insgesamt vier Mal in Westberlin. Der Bundestag kam im Jahr 1958 zu seiner 41. bis 43. Sitzung im Großen Hörsaal der Technischen Universität vom 1. bis 3.10. zusammen.

Um jedoch die psychologische Kriegsführung wirkungsvoll weiterführen und die Zahl der Republikflüchtigen möglichst aufrechterhalten zu können, wurden deshalb auf der genannten Bundestagssitzung eine Reihe von Maßnahmen beschlossen, die eine Aufnahme und Anerkennung als »politischer Flüchtling« erleichtern sollen.[6]

Diese Einschätzung der Fluchtgründe geht auch aus den Stellungnahmen einzelner führender Funktionäre der CDU und SPD hervor.

Zum Beispiel vertraten *Lemmer*[7] und *Wehner*[8] in einem Gespräch über die Ursachen der Republikflucht die Ansicht, dass der weitaus größte Teil der Republikflüchtigen in der DDR nicht unter »Gewissendruck« steht, sondern »Panikstimmung« und »materielle Motive« als Gründe für die illegale Abwanderung anzusehen seien.

Unter »Panikstimmung« verstehen sie dabei die durch ihre psychologische Tätigkeit hervorgerufene Einstellung zum Passgesetz und den Reisebeschränkungen.

Der Westberliner Bürgermeister *Kressmann*[9] erklärte im Februar 1959, »dass nur 10 % aller Flüchtlinge wirkliche ›politische Flüchtlinge‹ seien«.

Nach einer Umfrage des »Infratest-Instituts« München/Hamburg[10] erklärte der Vertreter dieses Instituts, *Ernst,*[11] dass nur in verhältnismäßig wenig Fällen »politische Gründe« für die Republikflucht vorlagen, dagegen die große Mehrzahl der Gründe als »leibnah« zu bezeichnen war.

Auf die Organisierung der Republikflucht durch die verschiedenartigsten Dienststellen, Organisationen, Konzerne usw. wird in diesem Bericht nicht näher eingegangen. Ausführliche Materialien liegen dazu in dem Bericht

6 Vermutlich ist an dieser Stelle kein Bundestagsbeschluss, sondern eine Entschließung des Bundestages gemeint. Sie wurde am 1.10.1959 einstimmig angenommen, nachdem im Bundestag über eine Große Anfrage aller im Parlament vertretenen Fraktionen betreffend »Flüchtlingsfragen und Zonenverhältnisse« debattiert worden war. Vgl. Deutscher Bundestag, 3. Wahlperiode, 41. Sitzung, Stenographischer Bericht, online abrufbar unter: www.bundestag.de/services/opendata (letzter Abruf: 25.10.2021).

7 Ernst Lemmer, Jg. 1898, CDU-Politiker, bis Dezember 1947 2. Vorsitzender der Ost-CDU, dann von der Sowjetischen Militäradministration seines Amtes enthoben und Flucht in den Westen, 1950–56 stellv. Berliner Landesvorsitzender, später Bundespostminister (1956/57) und Bundesminister für Gesamtdeutsche Fragen (1957–62).

8 Herbert Wehner, Jg. 1906, Politiker, KPD (bis 1942), SPD (ab 1946), 1949–66 Vorsitzender des Bundestagsausschusses für Gesamtdeutsche und Berliner Fragen, 1964–66 stellv. Vorsitzender der SPD-Bundestagsfraktion, 1969–83 Vorsitzender der SPD-Bundestagsfraktion.

9 Willy Kressmann, Jg. 1907, SPD-Politiker, 1949–62 Bezirksbürgermeister von Berlin-Kreuzberg.

10 Das Infratest-Institut wurde 1947 als »Institut zur Erforschung der Wirkung publizistischer Mittel« an der Universität München gegründet und 1949 in »Infratest« umbenannt.

11 Wolfgang Ernst, Jg. 1922, Meinungsforscher und Unternehmer, nach Studium gründete Ernst mit seiner späteren Frau Lena-Renate Ernst (Wissenschaftlerin, Mitgesellschafterin und Mitgeschäftsführerin) 1947 das Meinungsforschungsinstitut »Infratest«, 1955 Gründung der Infratest Marktforschung und Sozialforschung KG, München, ab 1957 Beginn der systematischen Fernsehforschung.

»Über die Organisierung der Republikflucht als wesentlicher Bestandteil der aggressiven NATO-Politik« vom 22.10.1958 vor (Nr. 134/58).[12]

Eine Reihe von Republikfluchten sind aber auch auf Überspitzungen und bürokratische Maßnahmen staatlicher Organe zurückzuführen.

Dies trifft besonders auf Erteilung von Genehmigungen zur Übersiedlung nach Westdeutschland und Westberlin sowie auf die Erteilung von PM 12a und Aufenthaltsgenehmigungen zu.

Zum Beispiel verließ die Kindergärtnerin [Vorname Name 1] aus Bad Düben, [Bezirk] Leipzig, illegal die DDR. Brieflich teilte sie der Volkspolizei mit, dass sie die DDR nicht verlassen hätte, wenn ihrem Verlobten, der nach Abschluss des Studiums in die DDR kommen wollte, wenigstens einmal im Jahr die Aufenthaltsgenehmigung erteilt worden wäre.

Die [Vorname Name 2] aus Berlin-Adlershof stellte drei Anträge auf legalen Verzug zu ihrem Ehemann nach Westberlin, der dort seinen kranken und nicht mehr zum Umzug zu bewegenden Vater pflegt. Sämtliche Anträge wurden vom Rat des Stadtbezirks abgelehnt, woraufhin sie Ende November 1958 republikflüchtig wurde.

Ähnliche Erscheinungen zeigen sich besonders bei alleinstehenden älteren Personen – vorwiegend Rentner im hohen Alter – die zu ihren Kindern oder näheren Verwandten in Westberlin oder Westdeutschland ziehen wollen.

Wie aus weiteren Informationen bekannt wurde, wird in Westberlin im Zusammenhang mit der Berlin-Frage mit einem erneuten Ansteigen der Republikflucht gerechnet.

Der Präsident des Westberliner Landesarbeitsamtes, *Potratz,*[13] äußerte dazu, dass z. B. eine verstärkte Republikflucht von Akademikern erwartet wird, die eine Schließung der Grenzen befürchten würden.

Offensichtlich muss damit gerechnet werden, dass in dieser Richtung erneut bestimmte Gerüchte lanciert werden, um die Republikflucht von Kreisen der Intelligenz erneut zu verstärken.

Ursachen der Republikflucht bei Ärzten

In der Mehrzahl wird die Republikflucht bei Ärzten auf persönlich-individuelle Ursachen zurückgeführt.

Eine nähere Betrachtung dieser »Gründe« lässt aber erkennen, dass sie zwar als äußerer Anlass und oftmals auch als letzter Anstoß für die Republikflucht dienen, die wirklichen Ursachen aber zunehmend in der politischen Haltung zu suchen sind und dagegen die persönlich-materiellen Gründe zurückgehen.

12 Vgl. Bericht Nr. 134/58 über die Organisierung der Republikflucht als wesentlicher Bestandteil der aggressiven NATO-Politik v. 22.10.1958; BArch, MfS, ZAIG 72, Bl. 16–61.

13 Hans Potratz, Jg. 1904, Jurist, 1954/55 Vorsitzender einer Kammer für Arbeitslosenversicherung am Sozialgericht Berlin, 1955–68 tätig im Landesarbeitsamt Berlin, davon 1957/58 Direktor und 1958–68 Präsident.

Diese ist daraus ersichtlich, dass eine Reihe von ihnen angeführter persönlicher Gründe in Wirklichkeit gar nicht existieren oder durch entsprechende Beschlüsse der Partei und Regierung beseitigt wurde und äußert sich auch in solchen Stellungnahmen,

- dass sie sich nicht offen politisch zur DDR bekennen können,
- dass sie sich durch ihre weitere Tätigkeit in den Krankenhäusern und Polikliniken[14] der DDR und die an sie gerichteten Forderungen »politisch exponieren« müssten,
- dass sie ihre »freie Betätigung« durch die Schließung der Privatpraxen mit einer Tätigkeit als Gehaltsempfänger unter politischer Kontrolle vertauschen müssten,
- dass ihre religiösen Bindungen sie an einem weiteren Verbleib in der DDR hindern würden,
- dass sie in der DDR »unfrei« wären u. a.

Dabei ist oftmals erkenntlich, dass es nicht eine direkte feindliche Einstellung zur DDR ist, die zur Republikflucht führt, sondern zum überwiegenden Teil eine politisch schwankende Haltung und vor allem ein ungenügendes Vertrauen zur Entwicklung in der DDR.

Diese Haltung ist offensichtlich auch entscheidend dafür, dass nach Veröffentlichung des Kommuniqués des Politbüros über Fragen des Gesundheitswesens am 18.9.1958[15] die Republikfluchten von Ärzten zwar zurückgegangen sind, aber mit 134 im Oktober, 90 im November, 59 im Dezember und 85 im Januar 1959 noch wesentlich über den Zahlen der genannten Monate des Vorjahres liegen und trotz gewisser Anzeichen noch keine absolute Änderung erkennen lassen.

Nach Veröffentlichung des Kommuniqués verließen allein in den letzten drei Monaten des Vorjahres (Oktober bis Dezember) noch 283 Ärzte die

14 Polikliniken waren in der DDR ambulante Kliniken, die verschiedene medizinische Fachbereiche unter einem Dach versammelten.

15 Am 16.9.1958 befasste sich das Politbüro des ZK der SED mit der Situation im Gesundheitswesen, insbesondere mit der verstärkten Republikflucht der Ärzte. Als Ergebnis dieser Beratung veröffentlichte das ND am 18.9.1958 ein Kommuniqué des Politbüros, in dem umfassende Verbesserungen für die medizinische Intelligenz angekündigt wurden. Durch den Abbau bürokratischer Hürden bei Beschwerden und Anfragen sowie hinsichtlich der selbstständigen Tätigkeit von Ärzten, Zahnärzten und Apothekern, die Verbesserung der wissenschaftlichen Arbeitsbedingungen und die Förderung des wissenschaftlichen Nachwuchses auf diesem Gebiet sollte ein »echtes Vertrauensverhältnis« zwischen Partei und Ärzteschaft hergestellt werden. Außerdem wurden konkrete Versprechungen wie Reiseerleichterungen für Ärzte in die Bundesrepublik und nach Westberlin, ausreichend Plätze an Oberschulen und Universitäten für Arztkinder, die Sicherung von Ferienplätzen und die Verbesserung der Altersversorgung für niedergelassene Ärzte gemacht. Zur Umsetzung dieser Maßnahmen und zur weiteren Klärung von »Fragen des Gesundheitswesens und der medizinischen Intelligenz« wurde der Einsatz einer speziellen Kommission angekündigt. (ND v. 18.9.1958, S. 1).

DDR, das sind 22,3 % der im Verlauf des Jahres republikflüchtig gewordenen Ärzte.

In den bekannt gewordenen Gründen und Ursachen für die Republikfluchten in den Monaten Oktober bis Dezember 1958 sind neben den bereits genannten auch noch häufig solche anzutreffen, dass kein Vertrauen zu einer richtigen Durchführung der Beschlüsse bestehen würde, eine zu große Arbeitsüberlastung, ungenügende Weiterbildungsmöglichkeit und mangelnde Unterstützung mit brauchbaren Medikamenten und Instrumenten herrsche.

Als äußerer Anlass der Republikflucht von Ärzten im vergangenen Jahr war häufig die Ablehnung eines Studienplatzes für ihre Kinder festzustellen.

Diese Erscheinung, die auch in den anderen Kreisen der Intelligenz auftrat, ging sogar soweit, dass selbst die Ablehnung einer bestimmten Studienrichtung oder die Forderung nach Ableistung eines praktischen Jahres als unannehmbar bezeichnet und als Anlass für die Republikflucht angegeben wurden.

Zum Beispiel verließ der praktische Arzt Dr. [Name 3, Vorname] aus Döbeln, [Bezirk] Leipzig, die DDR, da sein Sohn nicht zum Studium zugelassen wurde.

Dr. [Name 4, Vorname] aus Königs Wusterhausen, Bahnhofstraße schrieb zu seiner Republikflucht, »dass er in der DDR keine Entwicklung für seinen Sohn gesehen hätte und dass durch die Note der Sowjetunion für ihn die Gefahr eintreten würde, dass er bei einer vollkommenen Spaltung seine Verwandten in Westberlin und Westdeutschland nicht mehr besuchen könne«.

Bei einem anderen, ebenfalls umfangreichen Kreis von Ärzten war das Passgesetz die angebliche Ursache zur Republikflucht.

So verließen der Chirurg Dr. [Vorname Name 5] und seine Frau (Ärztin in der Poliklinik) aus Aschersleben, [Bezirk] Halle, die DDR, weil sie mit dem Passgesetz nicht einverstanden waren. Aus Westdeutschland teilten sie mit, dass sie nach Aufhebung des Passgesetzes bereit wären, wieder in die DDR zurückzukehren.

Neben religiösen Bindungen muss auch eine gewisse Arbeitsüberlastung als Anlass der Republikflucht von Ärzten erwähnt werden.

Prof. *Noack,*[16] Leiter der Frauenabteilung der Medizinischen Akademie Magdeburg, hatte starke kirchliche Bindungen und war bestrebt, den Gottesdienst und die Betreuung der Kranken durch Pfarrer in der Medizinischen Akademie zu erreichen. (Der Vater des Prof. *Noack* ist Pfarrer).

Der selbstständige Zahnarzt Dr. [Vorname Name 6] aus Wittenberg, [Bezirk] Halle, war ebenfalls stark kirchlich gebunden. Im letzten Jahr wurden

16 Hugdieter Noack, Jg. 1919, Mediziner, 1952–58 Oberarzt an der Universitätsfrauenklinik Leipzig, 1958 Professor mit Lehrauftrag für Gynäkologie und Geburtshilfe an der Medizinischen Akademie Magdeburg, nach Übersiedlung in die Bundesrepublik ab 1959 tätig am Deutschen Krebsforschungsinstitut Heidelberg, 1960–84 Chefarzt der Frauenklinik des Evangelischen Johannes-Krankenhauses Bielefeld.

ihm fünf Anträge auf PM 12a abgelehnt, weil seine Tochter illegal die DDR verließ.

Über großen Ärztemangel wird besonders aus dem Bezirk Karl-Marx-Stadt berichtet. Es kommt in diesem Zusammenhang bereits häufig zu negativen Diskussionen und die Situation kann zu weiteren Republikfluchten beitragen.

So äußerte der Chefarzt des Krankenhauses Meerane, Dr. *Lutter:*[17] »Ich war jetzt 15 Wochen lang jeden Sonntag im Einsatz. Wenn dieser Zustand in Westdeutschland zu verzeichnen wäre, würde bei uns in der Presse allerhand zu lesen sein. Wir sind mehr ausgebeutet als die Ärzte in den kapitalistischen Ländern.«

In diesem Krankenhaus gibt es nur noch drei Fachärzte. Für die Kreiskinderfachabteilung musste ein Pflichtassistent im 2. Dienstjahr eingesetzt werden, um die Betreuung überhaupt aufrecht zu erhalten.

Eine der wesentlichsten Ursachen in diesen Kreisen ist jedoch die organisierte Abwerbung durch eine Vielzahl persönlich-fachlicher Verbindungen nach Westdeutschland, insbesondere zu Ärztekreisen.

Das geht daraus hervor, dass der größte Teil der abgeworbenen Ärzte sofort zu einem bestimmten Zielort in Westdeutschland fährt und unmittelbar nach seinem Übertritt auch in entsprechenden Stellungen tätig ist, obwohl vielen westdeutschen Ärzten diese Möglichkeiten verweigert werden.

Wie aus einem Bericht des »Bundesministeriums für Vertriebene, Flüchtlinge und Kriegsgeschädigte« von 1958[18] ersichtlich ist, sind auch umfangreiche staatliche Maßnahmen zur Unterstützung der organisierten Republikflucht von Ärzten eingeleitet worden.

Es wird dort u. a. erklärt:

»Bei der Eingliederung der freien Berufe sind die anfänglichen Schwierigkeiten im Wesentlichen überwunden.

Die Berufsorganisationen und die für die Entscheidung zuständigen Zulassungsstellen sind bestrebt, den noch nicht eingegliederten, vertriebenen oder geflüchteten Ärzten, Zahnärzten und Dentisten die Zulassung zur Kassenpraxis zu ermöglichen.«

Als eine noch relativ weit verbreitete Methode der Abwerbung muss auch die angesprochen werden, Ärzte auf Kongressen und Tagungen in Westdeutschland zum Verlassen der DDR aufzufordern. Häufig werden dabei bereits bestehende persönlich-fachliche Bindungen ausgenutzt, um durch Ver-

17 Im Original: »Luther«. Hanns Lutter, Jg. 1907, Medizinalrat, 1953–73 Ärztlicher Direktor des Krankenhauses Meerane.

18 Gemeint ist möglicherweise: Die Betreuung der Vertriebenen, Flüchtlinge, Zugewanderten, Evakuierten, Kriegssachgeschädigten, Heimkehrer, Kriegsgefangenen, heimatlosen Ausländer, ausländischen politischen Flüchtlinge, rückgeführten Personen, Auswanderer durch das Bundesministerium für Vertriebene, Flüchtlinge und Kriegsgeschädigte. [Bonn] 1959.

sprechungen und günstige Angebote die Zusicherung zur Republikflucht zu erhalten.

In den meisten Fällen bleiben jedoch die konkreten Umstände dieser Abwerbung unbekannt oder darauf beschränkt, dass er kurze Zeit vor seiner Republikflucht an einem Ärztekongress in Westdeutschland teilgenommen hat.

In geringerem Umfang ist die Republikflucht von Ärzten auch auf die Veröffentlichung von günstigen Stellenangeboten in westlichen Fachzeitschriften zurückzuführen.

In der offensichtlich auch in der DDR zur Verteilung gelangenden »Ärztlichen Fachzeitschrift«[19] waren z. B. folgende günstige Angebote enthalten:

Amerikanische Dienststellen suchten Ärzte für Afrika und andere südliche Länder. Für den vorgesehenen Einsatz als medizinischer Berater in größeren Hospitälern[20] sollte neben einem festen Monatsgehalt ein Betrag von 20 000 WM jährlich auf Konto gezahlt werden.

Französische Dienststellen versprachen für eine derartige Tätigkeit neben einem festen Monatsgehalt 30 000 WM jährlich.

Ursachen der Republikflucht bei Lehrern

Eine der Hauptursachen der illegalen Abwanderung von Lehrern besteht in der Ablehnung der sozialistischen Umgestaltung des Schulwesens, mit dem Hinweis oder der Begründung, dass sich die Schule nur der Bildungs- und Erziehungsarbeit im »allgemeinen Sinne« widmen sollte und die sozialistische Erziehung »mit ihrem Gewissen nicht zu vereinbaren wäre«.

Diese Einstellung in diesen Kreisen ist wesentlich auf starke konfessionelle Bindungen und andere feindliche Einflüsse und Verbindungen zu reaktionären Kräften zurückzuführen.

Die Bedeutung des konfessionellen Einflusses zeigt eine Analyse im Bezirk Rostock, wo bei 40 von insgesamt 56 republikflüchtig gewordenen Lehrern (Juni bis August 1958) die Ursachen der illegalen Abwanderung darauf zurückgeführt wurden, dass die betreffenden Lehrer aufgrund ihrer kirchlichen Bindung und Einstellung die sozialistische Umgestaltung des Schulwesens ablehnten bzw. dazu in Widerspruch gerieten und deshalb die DDR verließen. Dazu liegen eine Vielzahl von Beispielen vor, wobei jedoch teilweise ersichtlich ist, dass auch Unklarheiten über das Wesen der sozialistischen Erziehung zu derartigen Auffassungen und Entschlüssen geführt haben. Von einer Reihe republikflüchtig gewordener Lehrer wurde dagegen die sozialistische Erziehung kategorisch abgelehnt.

In diesem Zusammenhang sind auch eine Reihe von organisatorischen Mängeln und administrativen Maßnahmen zu sehen, die bestehende Unklar-

19 Eine »Ärztliche Fachzeitschrift« konnte nicht ermittelt werden.
20 Im Original: »Hospitalen«.

heiten über den Inhalt der sozialistischen Umgestaltung im Schulwesen verstärkten und ohne Zweifel zur Republikflucht von Lehrern beitrugen.

Am deutlichsten kommt dies in administrativen Versetzungen, unsachgemäßen Aussprachen und überspitzten Forderungen zum Ausdruck.

Zum Beispiel wurde im Kreis Stralsund, [Bezirk] Rostock, während der Sommerferien 1958 der größte Teil der Lehrer versetzt, obwohl dazu keine begründete Veranlassung bestand.

Diese administrative Maßnahme führte im Gegenteil dazu, dass verschiedene Schulen eine völlig ungenügende Besetzung mit Fachlehrern aufwiesen, während an anderen Schulen derartige Lehrkräfte überflüssig waren.

Unter den Lehrern der genannten Kreise führte diese Maßnahme zu großer Unruhe und Unsicherheit und ist bei einer Reihe der in dieser Zeit republikflüchtig gewordenen Lehrer vermutlich auch als der äußere Anlass zur illegalen Abwanderung zu betrachten.

In verschiedenen Kreisen des Bezirkes Rostock wurden für die 8. Klassen nur Genossen als Klassenlehrer eingesetzt und die anderen Lehrer abgelöst. Diese Maßnahme wurde damit begründet, dass nur Genossen in der Lage wären, in den 8. Klassen der Jugendweihe zum Durchbruch zu verhelfen.[21]

In den Sitzungen des Pädagogischen Rates[22] im Bezirk Frankfurt/O. wurde die Zugehörigkeit zur Kirche behandelt, wobei das Prinzip der Überzeugung verletzt und von den Lehrern indirekt der Kirchenaustritt gefordert wurde.

Durch diese Maßnahme wurden einige Lehrer zur Republikflucht veranlasst.

Eine wesentliche Ursache für die Republikflucht von Lehrern ist die Abwerbung, wobei besonders republikflüchtige Lehrer als Organisatoren in Erscheinung treten.

Durch die vielseitigen persönlich-fachlichen Verbindungen der Lehrer untereinander bieten sich in dieser Hinsicht große Möglichkeiten, die offensichtlich auch in großem Umfange ausgenutzt werden. Das ist besonders mit daraus ersichtlich, dass häufig nach der Republikflucht eines Lehrers von ei-

21 Die Jugendweihe ist eine freireligiöse oder säkulare Initiationsfeier für Jugendliche, die in der Regel im 14. Lebensjahr stattfindet. Sie geht in ihren Ursprüngen auf das 19. Jahrhundert zurück und wurde bald von der Arbeiterbewegung aufgegriffen. Nach anfänglichem Zögern beschloss das SED-Politbüro im März 1954, die Jugendweihe in der DDR als Alternative zur christlichen Konfirmation und Kommunion einzuführen. Die evangelischen und katholischen Kirchen betonten von Beginn an die Unvereinbarkeit des neuen Ritus mit dem christlichen Glauben, sahen seit den 1970er-Jahren aber von einem Kirchenausschluss bei Teilnahme der Jugendweihe ab. Vgl. Wentker, Hermann: Die Einführung der Jugendweihe in der DDR: Hintergründe, Motive und Probleme. In: Mehringer, Hartmut (Hg.): Von der SBZ zur DDR. Studien zum Herrschaftssystem in der Sowjetischen Besatzungszone und in der Deutschen Demokratischen Republik. München 1995, S. 139–165; Anhalt, Markus: Die Macht der Kirchen brechen. Die Mitwirkung der Staatssicherheit bei der Durchsetzung der Jugendweihe in der DDR. Göttingen 2016, S. 15–26.

22 Seit Anfang der 1950er-Jahre nannte sich in der DDR die Lehrerkonferenz »Pädagogischer Rat«.

ner Schule in kurzer Zeit weitere Abwanderungen folgen, wobei oftmals ein Briefwechsel dem vorausgegangen ist.

Teilweise gehen dabei die feindlichen Kräfte sehr offen vor, wie dies das nachfolgende Beispiel beweist:

Der Oberschullehrer [Name 7] aus Neustadt (Dosse), [Bezirk] Potsdam, schrieb aus Westberlin an das Lehrerkollegium, »dass er wirklich nicht mehr in der Lage gewesen wäre, die ›politische Belastung‹, die in der DDR von den Lehrern gefordert wurde, auszuhalten«.

In seinem Brief fordert er die Lehrer auf, ebenfalls nach Westberlin zu kommen; er hoffe in nächster Zeit »mehrere seiner ehemaligen Kollegen in Westberlin begrüßen zu können«.

Begünstigt werden die verschiedensten Abwerbungsversuche durch eine Reihe von Rundfunk- und Presseveröffentlichungen, wonach in Westdeutschland großer Bedarf an Lehrern besteht. Nach einer Mitteilung des Sozialdemokratischen Pressedienstes fehlen an den Grund- und Oberschulen Westdeutschlands 7 000 Lehrer.

Neben den bereits angeführten Ursachen traten aber auch häufig solche in Erscheinung wie Familienzusammenführung, Ehezerwürfnis, Arbeitsüberlastung, Angst vor Bestrafung, Wohnungsschwierigkeiten usw.

Einschätzend muss jedoch gesagt werden, dass in der Vergangenheit der Republikflucht von Lehrern nicht genügend Beachtung beigemessen wurde, was sich u. a. darin ausdrückt, dass völlig ungenügend die Ursachen aufgeklärt wurden.

Ursachen der Republikflucht bei Angehörigen der technischen Intelligenz

Im Jahre 1958 wurden 1 324 Ingenieure und 254 Techniker republikflüchtig.

Diese Zahl der Republikflüchtigen entspricht etwa zwei bis drei Jahresabgängen der Hochschule für Maschinenbau und der Ingenieurschule für Schwermaschinenbau in Karl-Marx-Stadt, die damit praktisch in einem Jahr republikflüchtig geworden sind.

Anschaulich gesehen bedeutet dies auch, dass 1958 die in diesem Jahr fertig ausgebildeten Kräfte von zusammen fünf bis sechs Hoch- und Fachschulen der vorgenannten Fachrichtungen republikflüchtig geworden sind.

Auf der Grundlage der Informationen der Bezirke lässt sich keine konkrete Einschätzung geben, welches die Ursachen für die verstärkte Republikflucht in diesen Personenkreisen sind.

Soweit überhaupt eine Aufklärung der Gründe für die Republikflucht erfolgte, wurden »persönliche Motive« als Hauptursache für den illegalen Weggang von Angehörigen der technischen Intelligenz angegeben.

Dabei reicht die Skala dieser »Gründe« von Nichtzusagen der Arbeitsstelle, Unzufriedenheit in seiner Arbeit, Meinungsverschiedenheiten im Betrieb, nervlicher und gesundheitlicher Überlastung bis zu Ehezerwürfnis und Erbschaft in Westdeutschland.

In Einzelfällen werden als Ursachen auch solche Motive angeführt: Nichteinverständnis mit dem Passgesetz, Bespitzelung und Bedrohung, Ablehnung der politischen Entwicklung in der DDR u. a.

Die vorgenannten Gründe und Ursachen sind jedoch keinesfalls als real einzuschätzen, da sie vorwiegend nur dementsprechende Äußerungen der Republikflüchtigen zur Begründung ihres Wegganges zur Grundlage haben.

Als Hauptgrund für die illegale Abwanderung dieser Personenkreise muss vielmehr Abwerbung durch persönlich-fachliche Verbindungen angesehen werden, da sie in der Regel eine gut gesicherte Existenz und gute Entwicklungsmöglichkeiten verlassen, sich in Westdeutschland sofort in bestimmte Zielorte begeben und dann auch relativ schnell in entsprechenden Stellungen tätig sind.

Dabei wird offenkundig, dass die westdeutschen Orte und oftmals sogar die Firmen mit denen identisch sind, die aus den vorangegangenen persönlich-fachlichen Verbindungen stammen.

Eine Reihe von Republikfluchten dieser Personenkreise ist weiterhin darauf zurückzuführen, dass sie bei der Teilnahme an Fachtagungen und Kongressen in Westdeutschland aufgefordert werden, die DDR illegal zu verlassen. Obwohl 1958 nur in Einzelfällen dafür die Beweise erbracht werden konnten, muss diese Methode doch als sehr wirksam eingeschätzt werden, da in weitaus größerer Zahl Ingenieure und Techniker kurze Zeit nach dem Besuch derartiger Veranstaltungen in Westdeutschland die DDR verließen.

In diesem Zusammenhang wird auf den Bericht über die organisierte Republikflucht verwiesen, der eine Vielzahl von Beispielen der Abwerbung enthält.[23]

Ursachen der Republikflucht von Oberschülern:

Die erhebliche Zunahme der Republikflucht von Oberschülern im Jahre 1958 ist in erster Linie darauf zurückzuführen, dass mit Durchsetzung sozialistischer Prinzipien bei der Auswahl von Studienbewerbern eine große Anzahl von Oberschülern zum Studium abgelehnt oder für die Ableistung des »praktischen Jahres« in der Produktion vorgeschlagen wurden.

Da aber ihre gesamte Erziehung bisher darauf gerichtet war, mit dem Abschluss der Oberschule auch den Freibrief für die Aufnahme des Studiums zu erhalten, führten die o. g. Veränderungen zu der verstärkten Republikflucht der davon betroffenen Oberschüler.

In weitaus geringerer Anzahl wurden auch solche Gründe bekannt, dass Oberschüler ihren bereits republikflüchtig gewordenen Eltern folgten, mit diesen gemeinsam die DDR verließen – vorwiegend in Kreisen der Intelligenz – oder durch die Aufnahme des Studiums in Westdeutschland und

23 Vgl. Bericht-Nr. 134/58 über die Organisierung der Republikflucht als wesentlicher Bestandteil der aggressiven NATO-Politik v. 22.10.1958; BArch, MfS, ZAIG 72, Bl. 16–61.

Westberlin den gesellschaftswissenschaftlichen Unterricht zu umgehen versuchen.[24] Von letzteren Personen wird dabei vereinzelt zum Ausdruck gebracht, dass sie nach Abschluss ihres Studiums wieder in die DDR zurückkehren wollen.

IV. Zahlenmäßige Übersicht über Rückkehrer und Erstzuziehende

Im Jahre 1958 kamen 54 600 Personen in die DDR, davon 42 203 Rückkehrer und 12 397 Erstzuziehende.

Im Vergleich zu den Vorjahren und der Republikflucht ergibt sich folgendes Verhältnis:

[Jahr]	R-fluchten	Rückkehrer	Erst-zuziehende	Insgesamt	prozentuales Verhältnis d. Rückkehrer u. Erstzuziehenden zur Gesamtheit der R-flucht
1955	270 115	41 837	30 991	72 828	26,9 %
1956	316 028	48 625	24 306	72 931	23,0 %
1957	304 954	58 247	19 680	77 927	25,5 %
1958	193 714	42 203	12 397	54 600	28,1 %
Gesamt	1 084 811	190 912	87 374	278 286	25,6 %

24 Für alle Studenten in der DDR war das Gesellschaftswissenschaftliche Grundstudium ab 1951 verpflichtend. Inhalte waren Marxismus-Leninismus, Politische Ökonomie sowie Dialektischer und Historischer Materialismus, die in Zwischen- und Hauptprüfungen kontrolliert wurden und ebenso wie nicht-bestandene Fachprüfungen zum Ende des Studiums führen konnten.

Bei den in der Republikflucht als Schwerpunkt anzusehenden Personenkreisen ist 1958 folgende Entwicklung:

[Jahr]	Wissensch.	Ingenieure	Ärzte	Lehrer
Rückkehrer	2	65	24	81
Erstzuziehende	8	36	16	12
Gesamt	10	101	40	93

Altersmäßig liegt der Hauptanteil bei den Rückkehrern und Erstzuziehenden wie bei den Republikflüchtigen in den Altersgruppen von 18 bis 25 Jahren.

31. März 1959

Information Nr. 155/59 – Bericht über Schwächen und Missstände auf verschiedenen Gebieten der Industrie

Quelle: BArch, MfS, ZAIG 178, Bl. 1–5 (2. Expl.).
Serie: Informationen.
Verteiler: Leuschner – MfS: Ablage, HA III.

1. Staatsplanvorhaben Zett-Programm im EKB Bitterfeld[1]

Nach vorliegenden Informationen ist der Termin für den Abschluss der Investtätigkeit des Zett-Programms im EKB Bitterfeld gefährdet, da die Zulieferbetriebe ihre Liefertermine in vielen Fällen nicht einhalten. Wie dazu bekannt wurde, wird die Nichteinhaltung der Termine mit dem verspäteten Eingang der technischen Unterlagen vom Konstruktions- und Ingenieurbüro Leipzig[2] und der vollkommenen Auslastung der Produktionskapazitäten mit Export u. a. wichtigen Staatsaufträgen begründet. Hinzu kommt noch eine erhebliche Störung des Bauablaufes, die hauptsächlich auf eine völlig ungenügende Projektierung zurückgeführt wird.

Da der Bausektor gezwungen ist, ohne präzise Unterlagen und ohne konkrete Technologie zu arbeiten, ergeben sich ständig Änderungen, die zu verzettelter Bauausführung, Stillstandszeiten u. a. Missständen führen. Zum Beispiel wurde die Anlage der Jode-Rückgewinnung von der Ingenieur-Abteilung Bau des EKB fünf Mal projektiert, weil sich die Technologie nicht klar werden konnte. Die nicht termingerechte Anlieferung der Stahlbauteile durch den VEB Leipziger Stahlbau und Verzinkerei[3] wird ebenfalls mit verspätetem Eingang

1 Das VEB Elektrochemische Kombinat (EKB) Bitterfeld war 1959 der größte Hersteller von Chlor- und Chlorprodukten, Kunststoff- und Kunststoffprodukten und Graphit in der DDR, beherbergte den einzigen Hüttenaluminiumbetrieb der DDR, war bedeutendster Produzent von DDT sowie anderer Insektizide und beschäftigte zu diesem Zeitpunkt etwa 14 000 Arbeitskräfte. 1969 wurden das EKB Bitterfeld, die VEB Farbenfabrik Wolfen und fünf weitere Betriebe zum Chemiekombinat Bitterfeld (CKB) verschmolzen. Angaben über ein »Zett-Programm« des EKB konnten nicht ermittelt werden. Möglicherweise sollte es Z (wie Zirkon-)-Programm heißen und damit die speziell für die Sowjetunion geplante Zirkon-Produktion im EKB-Bitterfeld gemeint sein.

2 Der Betrieb wurde 1945 als Konstruktions- und Ingenieurbüro Chemie Leuna GmbH gegründet, 1951 in einen VEB mit Sitz in Merseburg umgewandelt, 1953 nach Leipzig verlegt und firmierte von da an unter dem Namen VEB Konstruktions- und Ingenieurbüro Chemie Leipzig. Er fungierte als zentraler technologischer Projektierungsbetrieb für den Sektor Chemie. 1970 wurde der Betrieb dem VEB Chemieanlagenbau Leipzig und zwei Jahre später dem VEB Chemieanlagenbau- und Montagekombinat Leipzig angegliedert.

3 Der VEB Leipziger Stahlbau und Verzinkerei entstand 1947 durch Verstaatlichung des Unternehmens Eisenhochbau Grohmann & Frosch mit Sitz in Leipzig-Plagwitz und Leipzig-Lindenau. Er wurde der VVB Ausrüstungen für Bergbau und Schwerindustrie (ABUS) Halle zugeordnet. In den 1950er-Jahren begann der Betrieb neben dem Stahlhochbau mit der Fertigung von Krananlagen. Vgl. Müller, Armin: Institutionelle Brüche und personelle Brü-

der technologischen Angaben und Unklarheiten bei der Anfertigung der statischen Berechnungen begründet.

2. Situation im VEB Kupferbergbau Niederröblingen[4]

Entsprechend den Planaufgaben, den DDR-Anteil der Kupferproduktion der Sangerhauser Mulde[5] von 17 % im Jahre 1956 auf 47 % im Jahre 1960 zu steigern, ist in den zum Schwerpunkt erklärten Schachtanlagen Niederröblingen und Nienstedt eine sehr schnelle Aufwärtsentwicklung eingetreten, die aber jetzt zu einigen Disproportionen und Schwächen geführt hat. Wie bekannt wurde, gewährleistet die in Niederröblingen eingesetzte Fördermaschine unter den gegenwärtigen Bedingungen nicht den vollen Betriebsablauf. Diese vom VEB Nobas Nordhausen[6] (Hersteller der mechanischen Teile), Motorenwerk Dessau[7] und Sachsenwerk Niedersedlitz[8] (Hersteller der Hauptmaschinen) und VEB Elektro-Apparate-Werk Treptow[9] (elektrische Teile) gebaute Fördermaschine ist häufigen Störungen ausgesetzt, was u. a. dazu führte, dass bei einer Seilfahrt[10] 45 Kumpel in der Schachtröhre hängenblieben und erheblichen Gefahren ausgesetzt waren. Ähnliche Erscheinungen sollen sich auch bei den nach der Volksrepublik Polen exportierten und bei den im »Martin-Hoop-Werk« in Zwickau[11] eingesetzten Fördermaschinen dieser Art zeigen. Zur vollen Ausnutzung der Produktionsmöglichkeiten ist nach den vorliegenden Angaben der schnellste Einsatz einer zweiten Fördermaschine notwendig,

cken: Werkleiter in Volkseigenen Betrieben der DDR in der Ära Ulbricht. Köln/Weimar/Wien (Böhlau) 2006, S. 76–79.

4 Die Schachtanlage VEB Kupferbergbau Niederröblingen im Mansfelder Land nahm 1958 ihren Betrieb auf. Hier wurde zunächst in einem, ab 1962 in zwei Schächten Kupfer gefördert. 1964 wurde das Werk in VEB Bergwerk Bernhard Koenen umbenannt.

5 Die Sangerhäuser Mulde bezeichnet das Bergbaugebiet (Kupferschiefer) um Sangerhausen, in Abgrenzung zur Mansfelder Mulde.

6 Der VEB Nobas Nordhausen wurde 1948 aus zwei Privatunternehmen gegründet und produzierte Universalbagger und Straßenwalzen.

7 VEB Elektromotorenwerk Dessau (1949–51 VEM Elektromotoren- und Kompressorenwerk Dessau).

8 Ab 1953 VEB Elektromaschinenbau Sachsenwerk, Dresden-Niedersedlitz (zuvor seit 1946 eine Sowjetische Aktiengesellschaft), gehörte zum VEB Kombinat Elektromaschinenbau (VEM), produzierte vorrangig Mittel- und Großmaschinen und blieb bis 1990 Alleinhersteller für mittlere und große elektrische Maschinen für die Industrie in der DDR.

9 Der VEB Elektro-Apparate-Werke Berlin-Treptow »Friedrich Ebert« (EAW) (bis 1961 »Josef W. Stalin«) war Stammbetrieb des Kombinats VEB Elektro-Apparate-Werke (K VEB EAW) und mit über 8 000 Beschäftigten einer der größten Hersteller von Elektrogeräten in der DDR.

10 Als Seilfahrt wird im Bergbau die Beförderung von Personen in einem Schacht mit dem an einem Seil hängenden Förderkorb oder anderer geeigneter und bergbehördlich zugelassener Fördergefäße bezeichnet. Der Terminus wird abgeleitet von Fahrung, dem bergmännischen Begriff für die Fortbewegung der Bergleute.

11 Der VEB »Martin-Hoop-Werk« war ein Steinkohlenwerk im Zwickauer Kohlenrevier.

für deren vorfristige Lieferung aber von der Staatlichen Plankommission[12] keine Investmittel bereitstehen sollen.

Als ein weiteres erhebliches Hemmnis für die schnelle Steigerung der Produktion wirkt sich das Fehlen von Förderwagen und Rohren aus. Von 700 im IV. Quartal 1958 durch den VEB Förderwagenbau Vetschau[13] zu liefernden Förderwagen hat der VEB Niederröblingen nur ca. 300 erhalten.

Durch den vorzeitigen Abbau erfolgt gegenwärtig in Niederröblingen nur eine künstliche Bewetterung.[14] Eine natürliche Bewetterung soll erst erfolgen, wenn die Verbindung zur Schachtanlage Nienstedt hergestellt ist, was voraussichtlich im II. Halbjahr 1959 erfolgen wird.[15] In diesem Zusammenhang ist noch beachtenswert, dass die künstliche Bewetterung ausschließlich von der Stromzuführung durch den Anschluss an eine Freileitung abhängt, wobei in der letzten Zeit durch Stromstörungen und Stromsperren bereits erhebliche Schwierigkeiten auftraten. Bei Katastrophen besteht deshalb die Gefahr, dass die Bewetterung gestört wird und dann keine bzw. nur eine ungenügende Rettungsmöglichkeit für die Kumpel besteht.

3. Materialschwierigkeiten im VEB Kalikombinat »Werra«[16]

Seit längerer Zeit wird vom VEB Kalikombinat »Werra« bei der VVB Kali vergeblich versucht, sie bei der Beschaffung der Kurbelwelle für den NH3 Verdichter I zu unterstützen.

Nach einer vorliegenden Information ist jedoch bisher nichts erfolgt, sodass bisher nicht bekannt ist, wann und von wem die Kurbelwelle geliefert werden kann. Durch die nicht volle Einsatzfähigkeit des NH3 Verdichter I wird bereits 1959 eine Minderproduktion von 18 000 bis 20 000 t Glaubersalz eintreten, die sich 1960 vermutlich noch erhöhen wird. Es besteht die Gefahr, dass bei Auftreten der geringsten Störung an einem weiteren Verdichter des Kraftwerks die gesamte Glaubersalz-Produktion, die zu 90 % exportiert wird, ausfällt.

12 Die Staatliche Plankommission (SPK) war ein zentrales staatliches Organ des Ministerrates der DDR, das 1950 aus dem Ministerium für Planung hervorgegangen war. Der SPK oblagen die gesamtstaatliche Planung und Entwicklung der Volkswirtschaft sowie die Kontrolle der Durchführung der Planaufgaben. Sie war zuständig für die Koordinierung, Ausarbeitung und Kontrolle der mittelfristigen Fünfjahrpläne und der daraus abgeleiteten jährlichen Volkswirtschaftspläne.

13 Der VEB Förderwagenbau Vetschau stellte in den 1950er-Jahren Förderwagen für den Bergbau her, spezialisierte sich später auf Waggonausrüstungen und die Produktion von Drehgestellen.

14 Der Begriff Bewetterung bezeichnet im Bergbau alle technischen Maßnahmen zur Versorgung der Bergwerksschächte mit frischer Luft.

15 In Nienstedt befand sich Schacht 2 des VEB Kupferbergbau Niederröblingen.

16 Das VEB Kalikombinat »Werra« wurde 1959 gegründet. Es war Teil der VVB Kali in Erfurt, die 1958 aus der Hauptverwaltung Kali- und Nichterzbergbau mit Sitz in Erfurt hervorgegangen war. Zum Kalikombinat »Werra« gehörten die Kaliwerke in Merkers, Dorndorf und Unterbreizbach (Westthüringen).

Eine weitere Schwierigkeit besteht in der Beschaffung von Millisekundenzündern und Bohrkronen. Die von der DHZ Chemie Berlin gelieferten Zünder haben zu 50 % nur eine Länge von 2 m, obwohl sie in einer Schaftlänge von 3 m benötigt werden.

Vom Ankerwerk Schmalkalden[17] werden nur zwei Drittel der benötigten Bohrkronen geliefert.

Größere Missstände bestehen auch in der Beschaffung von Ersatzteilen für Bunkerpendel-Wagen vom Werk Salzgitter, was dazu geführt hat, dass aus den im Kaliwerk »Karl Marx«[18] vorhandenen drei Wagen einer demontiert wurde, um mit den gewonnenen Einzelteilen die restlichen zwei Wagen einsatzfähig zu halten.

4. Produktion von Graphit-Großkohlen

Nach einer vorliegenden Meldung ist im Februar dieses Jahres im EKB Bitterfeld der Umformer zur Produktion von Graphit-Großkohlen ausgefallen. Obwohl vom EKB Bitterfeld sofort mit dem VEB-VEM Leipzig[19] wegen Reparatur des Umformers Verbindung aufgenommen wurde, wird mit dem Ausfall der Produktion von den für den Export und die Stahlindustrie der DDR wichtigen Graphit-Großkohlen für ein Jahr gerechnet. Angeblich würde dieser Zeitraum vergehen, da der VEB-VEM mit Reparaturen überfüllt ist und die Reparatur selbst auch eine längere Zeit in Anspruch nehmen soll.

5. Mangel an Herbiziden[20] für Landwirtschaft

Wie bekannt wurde ist für die Bearbeitung einer Nutzfläche von 200 000 ha noch nicht der Bedarf an Herbiciden gedeckt. Es fehlen 150 t Stäube Hormin, 90 t Herbicid Leuna M und 200 t Spritz Hormit.

Das Nichtvorhandensein dieser Mittel auf der angegebenen Fläche bedeutet einen Ertragsausfall von ca. 60 000 t Getreide. Auch für 1960 zeichnet sich bereits wieder eine derartige Entwicklung ab, da durch Rohstoffmangel die

17 Das VEB Ankerwerk Schmalkalden war durch die Zusammenlegung der Vereinigten Schmalkalder Metallwerke mit anderen volkseigenen Betrieben entstanden und produzierte Werkzeuge, insbesondere Bohrwerkzeuge. Im Jahr 1956 erfolgte der Zusammenschluss mit dem VEB Universalwerk Schmalkalden zur VEB Werkzeug- und Besteckfabrik, weshalb der Betrieb zum Zeitpunkt der Erstellung des vorliegenden Berichtes eigentlich bereits diesen Namen trug.

18 Die Kali-Schachtanlage VEB Kaliwerk »Karl Marx« befand sich in Sollstedt im Südharz (heute Landkreis Nordhausen) und gehörte zur VVB Kali, die 1970 aufgelöst und in das VEB Kombinat Kali mit Sitz in Sondershausen überführt wurde, zu dem alle Kali- und Steinsalzwerke der DDR gehörten.

19 Der VEM (Vereinigung volkseigener Betriebe des Elektromaschinenbaues) Anlagenbau Leipzig ging 1949 aus dem ehemaligen Technischen Büro Leipzig der Siemens-Schuckertwerke hervor, das 1948 in Volkseigentum übergegangen war. 1953 wurde der Name in VEB Starkstrom-Anlagenbau Leipzig geändert. Der Betrieb wurde 1969 in das neu gebildete Kombinat VEB Starkstrom-Anlagenbau Leipzig-Halle eingegliedert.

20 Im Original: »Herbicide«. Herbizide sind Unkrautvernichtungsmittel.

Produktionskapazitäten nicht ausgelastet werden und für das IV. Quartal 1959 noch der Export von 300 t vorgesehen ist.

6. Auto-Lager in Berlin-Staaken

Bei einer Besichtigung der Gebäude auf dem ehemaligen Flugplatzgelände in Berlin-Staaken wurde festgestellt, dass sich in den Hallen ein Lager mit ca. 100 bis 200 Pkw vom Typ »Wartburg« befindet. Da sich auf diesem Gelände noch ein Kohlen- und Getreidelager befindet, sind die Wagen bereits derart verschmutzt, dass ein Verrotten derselben befürchtet werden muss.

7. Lagerung von Wolle im VEB Spinnerei Naunhof Kreis Grimma[21]

In dem VEB Spinnerei Naunhof Kreis Grimma lagern nach uns vorliegenden Meldungen seit 1958 ca. 20 t Wolle guter Qualität, die dem Verderb ausgesetzt sind. Für diese Wolle besteht angeblich auf den modernen Maschinen keine Verarbeitungsmöglichkeit. Aus diesen Gründen sollen auch in Betrieben des Kreises Mittweida noch über 100 t Wolle lagern.

8. Verpackungsschwierigkeiten bei Kühlschränken im VEB DKK Scharfenstein[22]

Nach einer vorliegenden Information treten im Zusammenhang mit der Anordnung Nr. 283 über die Verwendung von Wellpappkartonagen im VEB DKK Scharfenstein erhebliche Schwierigkeiten bei der Verpackung von Kühlschränken auf. Entsprechend der genannten Anordnung ist dem Betrieb das Kontingent für Wellpappkartonagen gestrichen worden, obwohl die gesamte Technologie der Verpackungsabteilung auf die Verwendung einer Einheitsverpackung aus Wellpappe abgestimmt ist. Durch diese Maßnahme würden sich hinsichtlich der Umstellung auf Holzverpackung eine Vielzahl von Veränderungen für den Betrieb ergeben, die mit größeren finanziellen Mitteln und dem Einsatz weiterer Arbeitskräfte verbunden wären.

Es wird um Kenntnisnahme und Überprüfung gebeten. Bei Nichtbestätigung einzelner Informationen bzw. bereits erfolgten Veränderungen bitte ich um entsprechende Vermerke am Berichtsrand.

21 Die in Naunhof seit den 1880er-Jahren befindliche Baumwollspinnerei wurde in der DDR zum VEB und 1964 Teil des VEB Baumwollspinnerei Leipzig.

22 Der VEB DKK »Scharfenstein« war ein bedeutender Produzent von Haushaltskühlschränken in der DDR. Er gehörte ab 1958 zur VVB Luft- und Kältetechnik Berlin, welche dem Ministerium für Schwermaschinenbau unterstellt war.

2. April 1959

Information Nr. 168/59 – Bericht über die Beschlagnahme einer Ladung Borerz für die DDR

Quelle: BArch, MfS, ZAIG 179, Bl. 1–2 (2. Expl.).
Serie: Informationen.
Verteiler: Kein Nachweis für externe Verteilung – MfS: Mielke, Ablage.

Wie bekannt wurde, ist während der Leipziger Frühjahrsmesse 1958 von der DIA Chemie mit dem Griechen [Name], wohnhaft in Frankfurt/M., ein Vertrag über die Lieferung von 6 700 t Borerz abgeschlossen worden. Borerz gilt als Embargoware. Der Wert dieses Vertrages beläuft sich auf 500 000 Dollar. Die Fracht wurde bei einer Versicherungsanstalt in der Schweiz gegen Beschlagnahme, Seeräuberei und Kriegseinfluss versichert.

Als Liefertermin war im Vertrag der Mai 1958 vorgesehen. Zu diesem Zeitpunkt wurde jedoch die Auslieferung des Erzes aus Zypern durch die Türkei verweigert. Erst Mitte März 1959 ist die Ladung von der Türkei aus in See gegangen. Die Fracht hat der Dampfer »Martha« übernommen, der unter unbekannter Flagge und mit falschen Papieren die Erzladung nach der DDR bringen sollte.

Nach zuverlässigen Informationen ist das Schiff am 21.3.1959 in der Nähe von Gibraltar gestoppt worden. Nach offiziellen Meldungen ist das Schiff durch die amerikanische Marine nach dem Hafen Piräus aufgebracht worden. Von der Staatsanwaltschaft in Athen soll die Ladung Borerz beschlagnahmt und auf Weisung des griechischen Handelsministeriums ein Verfahren gegen die Exporteure eingeleitet worden sein. Als Exporteur wird in diesen Verlautbarungen ein im demokratischen Sektor von Berlin wohnender Grieche angegeben.

Wie weiter bekannt wurde, hat die Heimatreederei die Freigabe und Genehmigung zur Weiterfahrt bisher erfolglos gefordert. Daraufhin soll die Reederei am 23.3.1959 den Dampfer zurückgerufen haben.[1]

1 Das Aufbringen des Schiffes wurde möglich durch Informationen Franz Saretzkis (Jg. 1926). Er war Ökonom und ab 1951 im Staatlichen Komitee für Materialversorgung, ab 1964 bei der SPK der DDR tätig. Dort hatte er einen guten Überblick über die Lage vor allem in der chemischen Industrie. 1952 ließ er sich durch die CIA werben und spionierte bis zu seiner Verhaftung im Jahr 1969 für sie. Mit seinen Informationen erarbeitete die CIA eine effektive Embargoliste für wichtige Rohstoffe, in die auch Borerz aufgenommen wurde, das ein wichtiger Grundstoff für die Glas-, Keramik- und Pharmaindustrie ist. Saretzki gab sein Wissen, dass Borerz aus der Türkei importiert werden sollte, an die CIA weiter, die dafür sorgte, dass der Frachter von US-Kriegsschiffen aufgebracht wurde. Der DDR entstanden dadurch wirtschaftliche Schäden im zweistelligen Millionenbereich. Vgl. Roth, Günther: Topspion und Saboteur – der Fall Saretzki. In: Kierstein, Herbert (Hg.): Heiße Schlachten im Kalten Krieg. Unbekannte Fälle und Fakten. Berlin 2007, S. 89–92, sowie online abrufbar unter: https://de.wikipedia.org/wiki/Franz_Saretzki (letzter Abruf: 14.1.2020).

3. April 1959

Information Nr. 171/59 – Bericht über Missstände und Schwierigkeiten in der Entwässerung von Braunkohlen-Tagebauen im Bezirk Cottbus

Quelle: BArch, MfS, ZAIG 174, Bl. 6–8 (2. Expl.).
Serie: Informationen.
Verteiler: Kein Nachweis für externe Verteilung – MfS: Mielke, Ablage.

Nach vorliegenden Informationen bestehen bei der Entwässerung einzelner Tagebaue im Bezirk Cottbus immer noch erhebliche Missstände und Schwierigkeiten, die zu erneuten Katastrophen oder erheblichen Produktionshemmnissen führen können. Aus Meldungen ist ersichtlich, dass bei der VVB Braunkohle Senftenberg[1] noch ungenügende Klarheit über das Problem der Entwässerung besteht, was mit auf ungenügende Koordinierung bei der Projektierung zurückgeführt wird.

Dazu folgende Beispiele:

Im *Tagebau Scado*[2] – BKW »John Schehr« Hoyerswerda, [Bezirk] Cottbus,[3] – wurde aufgrund der Gefährdung der Förderbrücke I bereits 1958 eine Kommission eingesetzt, die die Schwerpunkte feststellte und Maßnahmen zur Veränderung der Situation vorschlug. Diese Vorschläge wurden jedoch bisher von den Wirtschaftsfunktionären im Betrieb, der VVB und auch dem Sektor Kohle der Staatlichen Plankommission[4] ungenügend beachtet, was mit dazu führte, dass am 9. und 12.2.1959 die bereits bekannten Setzungen an der Vorkippe[5] auftraten.[6]

1 Die VVB Braunkohle Cottbus mit Sitz in Senftenberg wurde im April 1958 gegründet und war bis 1968 zuständig für den Lausitzer Raum. Sie ging aus der Revierleitung Senftenberg, VVB der Kohlenindustrie, hervor. Neben der VVB Braunkohle Cottbus bestanden noch die VVB Braunkohle Leipzig und die VVB Braunkohle Halle.

2 Für die Ortschaft und den Tagebau Scado werden sowohl in der Literatur als auch in Internetquellen die Schreibweisen mit »c« und mit »k«, also »Scado« und »Skado«, verwendet.

3 Im Original: »John Scheer«. Das Braunkohlewerk (BKW) »John Schehr« in Laubusch (Kreis Hoyerswerda), später umbenannt in »Glückauf«, wurde 1949 gegründet.

4 Die Staatliche Plankommission (SPK) war ein zentrales staatliches Organ des Ministerrates der DDR, das 1950 aus dem Ministerium für Planung hervorgegangen war. Der SPK oblagen die gesamtstaatliche Planung und Entwicklung der Volkswirtschaft sowie die Kontrolle der Durchführung der Planaufgaben. Sie war zuständig für die Koordinierung, Ausarbeitung und Kontrolle der mittelfristigen Fünfjahrpläne und der daraus abgeleiteten jährlichen Volkswirtschaftspläne.

5 Unter Setzung versteht man im Bergbau die langsame Senkung einer Aufschüttung, in diesem Fall der Vorkippe, also des Areals, das der eigentlichen Kippe vorgelagert ist.

6 Vgl. Information 14/59.

Der nach diesen Vorfällen von der VVB ausgearbeitete und dem Betrieb übergebene Maßnahmeplan verspricht zwar bei Realisierung eine Verbesserung der gegenwärtigen Situation, verändert aber nach unserer Einschätzung nicht grundlegend die Lage, da die Hauptursache – die schlechte Hangenden- und Kippenentwässerung – nicht beseitigt wird.[7] So zeigen sich bereits wieder im Bereich der Förderbrücke I – am schwankenden Ende – starke Ausblutungen im Abraumschnitt. Die Pegel[8] – die keinesfalls den Erfordernissen entsprechen – sind in der letzten Zeit erneut angestiegen. Der Entwässerungsgraben zwischen Kohlentiefschnitt[9] und Vorkippe war verschüttet, sodass die Wassermassen nicht abfließen konnten. Obwohl zur Beseitigung dieser Situation zwei Pumpen eingesetzt wurden, ist jedoch keine grundlegende Änderung zu erwarten, da die Entwässerungsstrecke längs des Tagebaues liegt und somit eine ständige Zufuhr neuer Wassermassen erfolgt.

Ohne eine grundlegende Veränderung dieser Lage durch den Vortrieb[10] von Entwässerungsgräben, Einsatz weiterer Pumpen, Verringerung des Abraumschnittes, konstruktive Änderungen an der Brücke u. a. Maßnahmen ist die bestehende Gefährdung der Förderbrücke nicht zu beseitigen. Dabei ist zu bemerken, dass zzt. für den Streckenvortrieb günstige Bodenverhältnisse bestehen, die sich aber 1960 ändern, da schwere Erdmassen anstehen und somit der Streckenvortrieb gegenüber dem Abbau noch mehr zurückgehen wird.

Im *Tagebau-Neuaufschluss Meuro*[11] werden die geplanten Termine hinsichtlich Entwässerung, Absümpfung, Abteufung[12] usw. ebenfalls nicht eingehalten. Dabei zeigt sich, dass offensichtlich durch ungenügende Koordinierung bei der Projektierung und mangelnder Klarheit über die Probleme der Abwässerung bei der VVB verschiedene Projekte geplant und zum Teil auch begonnen werden. Diese ungenügende Klarheit über die Grundfragen führte u. a. dazu, dass mit dem Bau einer Neutralisierungsanlage begonnen wurde,

7 Das Hangende bezeichnet in der bergmännischen Fachsprache die Schicht, die über der Lagerstätte, im Falle des Kohlebergbaus über dem Kohleflöz, liegt. Eine Kippe entsteht durch das Aufschütten des im Tagebau entstandenen Abraumes entweder außerhalb oder innerhalb des Tagebaus, auf der Fläche, auf welcher der Rohstoff bereits völlig abgebaut wurde. Von Kippen spricht man, im Gegensatz zu Halden oder Hochkippen, wenn der Abraum in künstlich entstandene oder natürliche Hohlräume geschüttet wird.

8 Als Pegel werden im Bergbau ausgebaute Bohrungen bezeichnet, in denen die Höhe des Grundwasserspiegels gemessen wird.

9 Wird die Kohle unterhalb der Arbeitsebene eines Schaufelrad- oder Eimerkettenbaggers gewonnen, spricht man von einem Tiefschnitt.

10 Unter Vortrieb versteht man im Bergbau das Herstellen einer Strecke durch Wegschaffen des Gesteins. Ein Streckenvortrieb – oder auch anders bezeichnet als Auffahrung – bildet nur den Rohbauzustand, der in weiteren Arbeitsgängen ausgebaut werden muss.

11 Meuro (Kreis Senftenberg, Bezirk Cottbus) liegt heute im Landkreis Oberspreewald-Lausitz und ist Teil der Gemeinde Schipkau. Der Großtagebau Meuro wurde 1958 aufgeschlossen.

12 Die Herstellung eines senkrechten Grubenschachtes wird als Abteufung bezeichnet. Die Bezeichnung leitet sich von dem bergmännischen Begriff »Teufe« (Tiefe) ab.

obwohl angeblich Materialschwierigkeiten und Arbeitskräftemangel des VEB Kohleanlagen Leipzig das Projekt von vornherein fragwürdig machten.

Bei dem Bau einer Holzrohrleitung vom Hörlitzer Teich[13] zur Elster wurden nicht die Interessen des Synthesewerks Schwarzheide[14] berücksichtigt, was dazu führte, dass sie wegen Zuführung aggressiver Wässer den Weiterbau ablehnten.

Im *Tagebau-Neuaufschluss Burghammer*[15] sind bisher die Aufschließarbeiten ohne wesentliche Schwierigkeiten durchgeführt worden. Durch den Abschluss der Arbeiten ist jetzt jedoch die Lage entstanden, dass die Fremdbetriebe ihre Bohrgeräte abziehen und dem Tagebau alle anfallenden Bohrarbeiten selbst überlassen. Die Kapazität der werkeigenen Bohrgeräte ermöglicht aber nur eine etwa 50%ige Erfüllung der Bohraufgaben, wodurch eine planmäßige Entwässerung des Tagebaues nicht mehr gewährleistet ist. Hinzu kommt noch, dass an den einzelnen Uta-Pumpen[16] Mängel auftreten, indem die Kabel an den Anschlussenden Wasser durchlassen. Nach einer vorliegenden Meldung wird außerdem das für Uta-Pumpen im Fünf-Jahrplan festgelegte Kontingent gegenüber den Aufgaben der Braunkohle im Bezirk Cottbus als zu niedrig eingeschätzt.

Als weiteres Problem wird in diesem Zusammenhang die Beschaffung einer Streckenvortriebsmaschine angesehen, da die Erledigung der jährlichen Streckenauffahrung mit Handarbeit als nicht mehr möglich bezeichnet wird.

13 Hörlitz (Kreis Senftenberg, Bezirk Cottbus) ist heute Teil der Gemeinde Schipkau im Landkreis Oberspreewald-Lausitz.

14 Der VEB Synthesewerk Schwarzheide wurde 1935 als Hydrierwerk Schwarzheide zur Herstellung von synthetischem Benzin aus Braunkohle errichtet und diente seit 1972 vor allem der Polyurethanproduktion. Es war der größte Betrieb zur Polyurethanherstellung innerhalb des RGW.

15 Burghammer (Kreis Hoyerswerda, Bezirk Cottbus) ist heute ein Ortsteil der Gemeinde Spreetal im Landkreis Bautzen in Sachsen. Der Aufschluss des Tagebaus Burghammer begann 1959. Dort wurde bis 1973 Braunkohle gefördert.

16 Uta-Pumpen sind Tiefbrunnenpumpen, mit denen das Wasser in den Schächten abgepumpt werden konnte.

29. April 1959

Information Nr. 248/59 – Bericht über die Lieferungen minderwertiger und nicht handelsüblicher Orangen und Zitronen

Quelle: BArch, MfS, ZAIG 183, Bl. 1–2 (2. Expl.).
Serie: Informationen.
Verteiler: Kein Nachweis für externe oder interne Verteilung.

Nach vorliegenden Informationen wurden durch den DIA Nahrung[1] im Rahmen der Planmenge I/59 Auslandsverträge über 760 t netto Orangen mit Italien [und] 940 t netto Zitronen mit Libanon abgeschlossen.

Nach Eingang dieser Waren begannen die Großhandelskontore beim GHK Obst und Gemüse, Leithandel Berlin, sofort zu reklamieren.[2] Die Zitronen waren überreif, angefault, durchnässt, mit Ungeziefer befallen und daher nur bedingt lagerfähig. Der Verderbprozess beträgt 21 bis 54 %. Da beim Großhandel bereits erhebliche Bestände lagern, ist ein sofortiger Warenumschlag nicht möglich. Dadurch entstehen der Volkswirtschaft erhebliche Verluste.

Bei den italienischen Orangen wurde reklamiert, dass die Früchte bitter und ausgetrocknet sind und dass es sich um Blondorangen handelt, die bereits zurzeit des Einganges auf anderen Märkten nicht mehr gehandelt werden.

Aufgrund der geminderten Qualität der Ware wurde vom GHK Obst und Gemüse, Leithandel Berlin, gefordert, die Ware zu herabgesetzten Prei-

1 Im September 1951 gingen die 1949 gegründete Gesellschaft »Deutscher Außenhandel, Anstalt des öffentlichen Rechts« mit den drei Fachabteilungen Holz, Metall, Maschinen- und Elektrotechnik und die »Gesellschaft für Innerdeutschen Handel« auf Beschluss des Ministerrates der DDR in den 18 branchenspezifischen »Volkseigenen Handelsunternehmen Deutscher Innen- und Außenhandel« (VEH DIA) auf. Dem VEH DIA wurde die Abwicklung aller Außenhandelsgeschäfte übertragen und damit faktisch ein staatliches Außenhandelsmonopol errichtet, das Anfang 1958 mit dem Gesetz über den Außenhandel der DDR juristisch untermauert wurde. Vgl. Steiner, André (Hg.): Überholen ohne einzuholen. Die DDR-Wirtschaft als Fußnote der deutschen Geschichte? Zeittafel zur DDR-Wirtschaftsgeschichte. Berlin 2006, S. 145–186; Fäßler, Peter E.: Durch den »Eisernen Vorhang«. Die deutsch-deutschen Wirtschaftsbeziehungen 1949–1969. Köln, Weimar, Wien 2006, S. 81 f.

2 Ab 1949 wurden auf dem Gebiet der DDR für die einzelnen Sparten des Großhandels »Deutsche Handelszentralen« (DHZ) gegründet, welche die Versorgung der volkseigenen Industrie mit Produktionsmaterial und den Absatz der Produktion zu gewährleisten hatten. Die DHZ errichteten eigene Handelsniederlassungen und führten den Großhandel eigenständig durch. 1954 wurden diese DHZ dem Ministerium für Handel und Versorgung unterstellt und in Großhandelskontore (GHK) umgewandelt. 1956 wurden die GHK für Lebensmittel aus der zentralen Verwaltung durch das MHV herausgenommen und den Räten der Bezirke unterstellt. Die Aufgaben dieser GHK bestanden in der Versorgung von Einzelhandelsverkaufsstellen, Großverbrauchern und Gaststätten mit Lebens- und Genussmitteln. Ab 1958 wurden die GHK aufgelöst und Großhandelsgesellschaften gebildet, die ebenfalls den Räten der Bezirke und der Kreise zugeordnet waren.

sen zu verkaufen. Vom Ministerium für Handel und Versorgung wurde eine Preisreduzierung bestätigt.

Als Ursache für die schlechte Qualität der eingekauften Südfrüchte wurde vom MAI angeführt, dass der Valutaplan für Einkäufe im kapitalistischen Ausland so knapp bemessen sei, dass keine qualitativ bessere Ware gekauft werden könne, wenn die beauflagte und von der Staatlichen Plankommission[3] bestätigte Planmenge erfüllt werden soll. Außerdem würden bei nicht voller Aufbringung der Planmengen durch den DIA Schwierigkeiten mit dem Handel entstehen und die Prämienzahlung beim DIA Nahrung infrage gestellt werden. Dieser Begründung steht jedoch gegenüber, dass für die qualitativ weitaus schlechteren Zitronen aus dem Libanon 30 % mehr bezahlt werden mussten als für einwandfreie Ware aus Italien.

Weiterhin dürfte die Abnahme derartig minderwertiger Südfrüchte kaum mit den minimalsten vertraglichen Qualitätsforderungen in Übereinstimmung stehen, sodass die Vermutung naheliegt, dass die Einkäufe zugunsten der Lieferpartner ohne konkrete Qualitätsbedingungen getätigt wurden.

Es wird vorgeschlagen, durch die ZKSK[4] umgehend das Zustandekommen dieser Geschäfte zu untersuchen und Maßnahmen einzuleiten, um weitere Verluste bei den bereits angelieferten oder noch eintreffenden Südfrüchten weitgehend zu vermeiden.

3 Die Staatliche Plankommission (SPK) war ein zentrales staatliches Organ des Ministerrates der DDR, das 1950 aus dem Ministerium für Planung hervorgegangen war. Der SPK oblagen die gesamtstaatliche Planung und Entwicklung der Volkswirtschaft sowie die Kontrolle der Durchführung der Planaufgaben. Sie war zuständig für die Koordinierung, Ausarbeitung und Kontrolle der mittelfristigen Fünfjahrpläne und der daraus abgeleiteten jährlichen Volkswirtschaftspläne.

4 Die Zentrale Kommission für Staatliche Kontrolle (ZKSK) war ein 1948 durch die Deutsche Wirtschaftskommission in der SBZ gegründetes zentrales staatliches Organ zur Kontrolle der Planwirtschaft im Range eines Ministeriums, das auf eigenes Betreiben, im Auftrag von Staats- und Parteiorganen, aber auch aufgrund von Hinweisen von Bürgern Kontrollen im Staats- und Wirtschaftsapparat durchführte. Ausgenommen davon waren die Verantwortungsbereiche der Ministerien für Staatssicherheit, Nationale Verteidigung und Auswärtige Angelegenheiten, die SED und die Blockparteien. Aus der ZKSK ging 1963 die Arbeiter- und Bauerninspektion hervor.

4. Mai 1959

Information Nr. 249/59 – Bericht über einige Erscheinungen von Schematismus, Missachtung von Partei- und Regierungsbeschlüssen, falscher Kaderpolitik und anderen Schwächen im Arbeitsstil der Institutionen und Dienststellen des Bauwesens in der DDR und deren schädliche Auswirkungen

Quelle: BArch, MfS, ZAIG 184, Bl. 1–12 (3. Expl.).
Serie: Informationen.
Verteiler: Ulbricht, Leuschner – MfS: Ablage.

Aus einer Reihe von Informationen ist ersichtlich, dass auf einigen wichtigen Gebieten des Bauwesens in der DDR verschiedene Schwächen und Missstände aufgetreten sind, die sich hemmend auf die Aufgaben und die Tätigkeit des Bauwesens auswirken und deshalb einer schnellen Überprüfung und Veränderung bedürfen.

I. Über die Tätigkeit des Ministeriums für Bauwesen

Als ein wesentliches Hemmnis in der Tätigkeit des Ministeriums für Bauwesen müssen nach vorliegenden Informationen noch bestehende Unklarheiten und Meinungsverschiedenheiten über Strukturfragen angesehen werden. Bekanntlich wurden bereits in den letzten drei bis vier Jahren laufend Strukturveränderungen innerhalb des Ministeriums für Bauwesen vorgenommen, was offensichtlich mit dazu geführt hat, dass die operative Arbeit vernachlässigt wurde, da man diese Veränderungen an sich zum Problem machte.[1]

In den Jahren 1955 bis 1957 bestand das oberste Leitungskollektiv des Ministeriums aus einem Minister, zwei Staatssekretären und zwei stellvertretenden Ministern. Der Stellenplan des Ministeriums umfasste zu dieser Zeit ca. 500 Planstellen.[2] In der Vorbereitung und Durchführung des Gesetzes vom 11.2.1958[3] wurden für das Ministerium für Bauwesen 290 Planstellen

1 Das Ministerium für Bauwesen erhielt erst im Jahr 1958 diese Bezeichnung. Von 1949–58 hieß es Ministerium für Aufbau. Zwischen 1952 und 1958 kam es jährlich zu Umstrukturierungen, die eine Ausbildung und Verfestigung klarer Verwaltungsstrukturen verhinderten. Im Einzelnen dazu siehe: Bundesarchiv, Ministerium für Bauwesen, Teil 1 Ministerium für Aufbau (1949–1958), Einleitung online abrufbar unter: http://www.argus.bstu.bundesarchiv.de/DH1-24875/index.htm?kid=4bb70786-780d-4d7e-833c-c4deab8f3672 (letzter Abruf: 6.2.2020).

2 Das Bundesarchiv ermittelte anhand des Telefonverzeichnisses des Ministeriums für das Jahr 1955 365 Mitarbeiter, darunter einen sowjetischen Berater. Siehe Internetquelle: Bundesarchiv, Ministerium für Bauwesen, Teil 1 Ministerium für Aufbau (1949–1958), Einleitung online abrufbar unter: http://www.argus.bstu.bundesarchiv.de/DH1-24875/index.htm?kid=4bb70786-780d-4d7e-833c-c4deab8f3672 (letzter Abruf: 6.2.2020).

3 Das Gesetz über die Vervollkommnung und Vereinfachung der Arbeit des Staatsapparates in der DDR vom 11.2.1958 zielte vor allem im Bereich der Wirtschaftsleitung auf Verände-

und ein bzw. zwei stellvertretende Minister festgelegt, jedoch nie verwirklicht.[4]

Dieser schleppende Zustand wirkte sich nachteilig auf die gesamte Arbeit des Ministeriums aus. Es gab Unzufriedenheiten, Arbeitsunlust und Disziplinlosigkeit unter den Mitarbeitern. Ein großer Teil der Arbeitszeit wurde für Diskussionen über den weiteren Einsatz der Mitarbeiter verwandt. Dieser Zustand war bis zum Einsatz des Genossen *Scholz*[5] als Minister zu verzeichnen, von dem sich die Mitarbeiter und die leitenden Funktionäre eine generelle Veränderung dieses unverantwortlichen Zustandes erhofften.

Aber Minister Scholz gab unmittelbar nach seinem Antritt in individuellen Besprechungen mit den Hauptsachabteilungsleitern und deren Stellvertretern zu verstehen, dass entgegen den bereits genannten Veränderungen entsprechend dem Gesetz vom 11.2.1958 abermals eine *neue Struktur* des Ministeriums für Bauwesen festgelegt werden und das Ministerium unbedingt wieder stark gemacht werden müsse, mehr Mitarbeiter benötigt würden und einige Zweige des Bauwesens zu zentralisieren seien. Da aber die in ähnlicher Form bereits vorhanden gewesene Struktur, wie sie vom Gen. *Scholz* vorgeschlagen wurde, sich nicht bewährt hatte, wurde er von einigen Mitarbeitern auf diese Lage hingewiesen.

Obwohl er damit gegen die bereits vorhandenen Erfahrungen einer Reihe verantwortlicher Mitarbeiter sprach, wurde die vom Minister *Scholz* vorgeschlagene Struktur im Ministerium für Bauwesen durchgesetzt. Er gab dabei mit Nachdruck zu verstehen, dass seine Meinung in dieser Frage vollkommen richtig sei, wobei er sich auch darauf berief, dass er für diese Veränderungen die Zustimmung der Genossen Walter *Ulbricht*[6] und Heinrich *Rau*[7] hätte. Dieses Vorgehen hat dazu geführt, dass ein großer Teil leitender Mitarbeiter

rungen, die in geringem Maße zu einer Dezentralisierung führten. Die wichtigste Änderung war die Auflösung der sieben Ministerien, die für die industrielle Produktion zuständig waren. Deren Aufgaben wurden teilweise von der mit weiteren Kompetenzen ausgestatteten Staatlichen Plankommission und neu gegründeten »Vereinigungen Volkseigener Betriebe« (VVB) sowie von ebenfalls neu geschaffenen Wirtschaftsräten bei den Räten der Bezirke übernommen. Vgl. Gesetz über die Vervollkommnung und Vereinfachung der Arbeit des Staatsapparates in der DDR; GBl. I 1958, S. 117–120.

4 Entsprechend der dort vorhandenen Unterlagen spricht das Bundesarchiv von 299 vorgesehenen Planstellen, einem Staatssekretär als 1. Stellvertreter des Ministers und einem 2. Stellvertreter des Ministers. Vgl. Bundesarchiv, Ministerium für Bauwesen, Teil 1 Ministerium für Aufbau (1949–1958), Einleitung online abrufbar unter: http://www.argus.bstu.bundesarchiv.de/DH1-24875/index.htm?kid=4bb70786-780d-4d7e-833c-c4deab8f3672 (letzter Abruf: 6.2.2020).

5 Ernst Scholz, Jg. 1913, SED-Funktionär, 1958–63 Minister für Bauwesen der DDR.

6 Walter Ulbricht, Jg. 1893, Partei- und Staatsfunktionär, 1950–71 General- bzw. Erster Sekretär des ZK der SED, 1960–73 Vorsitzender des Staatsrates der DDR.

7 Heinrich Rau, Jg. 1899, SED-Funktionär, 1949 Kandidat und 1950–61 Vollmitglied des SED-Politbüros und stellv. Vorsitzender des Ministerrates, 1950–52 Vorsitzender der Staatlichen Plankommission, 1955–61 Minister für Außenhandel und Innerdeutschen Handel.

des Ministeriums für Bauwesen über die Leitungstätigkeit des Ministers stark beunruhigt ist und dabei die durchgesetzte Struktur als falsch bezeichnet und ablehnt. Staatssekretär Kosel[8] erklärte z. B., dass das Leitungskollektiv von der Vorberatung und Entscheidung wichtiger Beschlüsse ausgeschaltet wird, was sich besonders bei den strukturellen Veränderungen zeigte.

Der Minister setzte neben der Verstärkung des Ministeriums auch ein erhöhtes Weisungsrecht gegenüber den Bezirken durch und ordnete die Rückführung einiger bezirksgeleiteter Betriebe unter die direkte Leitung des Ministeriums an, wodurch die Beschlüsse des 33. Plenums zum Teil ignoriert und die Übertragung größerer Rechte und Verantwortung an die Räte der Bezirke weitgehendst rückgängig gemacht wurde.[9]

In diesem Zusammenhang gibt es auch Diskussionen darüber, dass in den Thesen des Politbüros über die Aufgaben des Bauwesens im Siebenjahrplan erklärt wird, große Industriebauten ab 1961 durch die dem Ministerium für Bauwesen unterstellten Baubetriebe durchzuführen.[10] Dabei wird die Vermutung ausgesprochen, dass ein Teil von Baukapazitäten, die zzt. bezirklich geleitet werden, wieder zentral übernommen und den örtlichen Organen danach nur noch Baubetriebe mit kleineren Planauflagen unterstehen würden.

Wie aus weiteren Informationen ersichtlich ist, wird auch der Einfluss der Parteileitung des Ministeriums für Bauwesen auf die fachlichen Probleme als völlig unzureichend eingeschätzt. Dabei wird die Ansicht vertreten, dass sich die Parteileitung in Abhängigkeit vom Minister Scholz befindet, von dem fast ausschließlich (in seiner Funktion als Leitungsmitglied und Minister) die Themen der Parteileitungssitzungen bestimmt werden und dessen Diskussionsbeiträge auch mehr oder weniger als Schlusswort gelten. Auf dieser Ba-

8 Gerhard Kosel, Jg. 1909, Architekt, 1932–54 Tätigkeit in der Sowjetunion, seit 1954 Abteilungsleiter, 1955–61 Staatssekretär und Erster Stellvertreter des Ministers im Ministerium für Aufbau bzw. für Bauwesen, 1961 Präsident der Deutschen Bauakademie.

9 Das 33. Plenum des ZK der SED tagte vom 16. bis 19.10.1957. Ergebnis dieser Tagung war ein Aktionsprogramm für die ökonomische Entwicklung der DDR bis zum Jahr 1960. Dieses sah u. a. die Konzentration auf die Entwicklung der Kohle-, Chemie- und Energieproduktion, die Steigerung der Bruttoproduktion der Industrie um 134 % gegenüber 1955 und eine bedeutende Erhöhung der landwirtschaftlichen Erträge vor. Die Investitionsmittel für den Wohnungsbau sollten gegenüber dem ersten Fünfjahrplan (1951–1955) verdoppelt werden. Zur effektiveren Wirtschaftsleitung wurde vorgeschlagen, der Staatlichen Plankommission die planmäßige Leitung der Volkwirtschaft zu übergeben, die Industrieministerien aufzulösen und deren Aufgaben den VVB zu übertragen sowie bei den Räten der Bezirke sogenannte Wirtschaftsräte zu bilden. Diese Vorschläge wurden 1958 im Gesetz über die Vervollkommnung und Vereinfachung der Arbeit des Staatsapparates realisiert. Vgl. ND v. 20.2.1957.

10 Am 6. und 7.5.1959 fand in Berlin die 3. Baukonferenz statt. Zuvor ließ das Politbüro unter der Überschrift »Die sozialistische Umgestaltung der Bauwirtschaft ist eine Aufgabe der gesamten Volkswirtschaft« Thesen über Aufgaben und Ziele des Bauwesens sowie deren Verwirklichung im Rahmen des Siebenjahrplanes veröffentlichen, welche die Grundlage für die Beratungen der Baukonferenz darstellten. Vgl. ND v. 1.4.1959.

sis – also ohne eingehende Beratung – würden dann auch die Beschlüsse der Parteileitung entstehen. Bemängelt wird dabei besonders, dass wichtige fachliche Schwerpunktaufgaben und -probleme in der Parteileitung nicht behandelt werden, weil Gen. Scholz die Meinung vertritt, dass diese Probleme, obwohl sie für die Arbeit des gesamten Ministeriums von außerordentlicher Bedeutung sind, nicht in die Parteileitung gehören, sondern administrativ von der Leitung des Ministeriums zu lösen sind. Als nicht richtig wird dabei auch angesehen, dass Gen. Kosel als ZK-Mitglied in den meisten Fällen nicht zu den Parteileitungssitzungen hinzugezogen wird.

Als Auswirkung einer solchen Arbeitsweise und des ungenügenden Einflusses der Parteiorganisation und -leitung gibt es im Ministerium für Bauwesen eine Reihe von Unklarheiten, die auf das gesamte Bauwesen hinderlich wirken und die Arbeitsweise negativ beeinflussen:

1) Wie durch Informationen ersichtlich wurde, bestehen noch größere Unklarheiten und Meinungsverschiedenheiten über den Beschluss der Chemie-Konferenz in Leuna, Bau- und Montagekombinate (für Chemie in Halle, für Kohle in Cottbus) zu bilden, die sich bereits bis 1.1.1959 konstituieren sollten.[11]

Vom Bezirksbaudirektor in Halle wird z. B. zum Ausdruck gebracht, dass er mit einer solchen Verfahrensweise des Ministeriums für Bauwesen nicht einverstanden ist, vor solch wichtigen, den Bezirk Halle betreffenden Entscheidungen nicht mit ihm zu sprechen. Er vertritt die Ansicht, dass bei der erfolgten Regelung zur Erfüllung des Chemie-Programms erhebliche Kapazitäten vom Wohnungsbau abgezogen werden, was dazu führt, dass im Bezirk Halle die Erfüllung des Wohnungsbauprogramms infrage gestellt ist.

Im Bezirk Cottbus wurden ähnliche Einwände gemacht und an dem überbetonten Zentralismus scharfe Kritik geübt, weil hier ebenfalls bezirklich geleitete Kapazitäten in zentralgeleitete übergehen. Die Genossen der Bezirksleitung der SED in Cottbus sind z. B. der Meinung, wenn schon ein Bau- und Montagekombinat für die Bereiche Kohle und Energie gebildet wird, dann

11 Vom 3. bis 4.11.1958 wurde in den Leuna-Werken unter der Leitung des ZK der SED und der Staatlichen Plankommission eine Chemiekonferenz abgehalten, die mit der Annahme des »großen Programms zur Entwicklung der chemischen Industrie der DDR« endete. Unter der Losung »Chemie gibt Brot, Wohlstand und Schönheit« peilte die SED-Führung mit diesem Programm das ehrgeizige Ziel an, die wissenschaftlichen und technischen Grundlagen so zu modernisieren, dass eine Verdoppelung der chemischen Produktion möglich war. Dazu sollten zunächst die Kohle verarbeitenden Chemiebetriebe modernisiert und erweitert und ab Mitte der 1960er-Jahre auf der Basis von Erdöllieferungen aus der Sowjetunion eine petrochemische Industrie aufgebaut werden. Ziel war, die chemische Industrie zum zweitgrößten Industriezweig der DDR umzubauen. Das hatte Auswirkungen auf die gesamte Volkswirtschaft der DDR. Das Chemieprogramm war Herzstück der auf dem V. Parteitag der SED formulierten Aufgabe, die Bundesrepublik im Pro-Kopf-Verbrauch wichtiger Lebensmittel und Konsumgüter bis zum Jahr 1961 nicht nur einzuholen, sondern auch zu überholen. Vgl. ND v. 5.11.1958.

sollte es doch örtlich begrenzt gehalten werden, da andernfalls wiederum ein riesiger Verwaltungsapparat entsteht.

2) Ähnliche Unklarheiten zeigen sich auch beim Bau des Erdölkombinats Schwedt.[12]

Am 12.3.1959 waren zwei Genossen von der VEB Baustoffversorgung Frankfurt/Oder[13] beim Ministerium für Bauwesen, um die Versorgung der Großbaustelle Schwedt mit Baumaterial zu klären. Durch einen stellvertretenden Abteilungsleiter wurde ihnen mitgeteilt, dass das Ministerium für Bauwesen keine Kontingente für Schwedt eingeplant hat, weil dafür der Bezirk verantwortlich ist, was aber nach den bisherigen Feststellungen nicht den Tatsachen entspricht. Der Bezirk Frankfurt/O. ist nur für die Bereitstellung von Material für 300 Wohnungseinheiten in Schwedt verantwortlich. Dieses Material ist auch vorhanden und der Bau wurde bereits begonnen. Der stellvertretende Abteilungsleiter Gen. [Name 1], (Parteileitungsmitglied) erklärte wörtlich: »Wir können Euch nicht helfen, schaltet doch die Staatliche Kontrolle[14] oder die Staatssicherheit ein«.

Um darüber Klarheit zu erlangen, suchten die Frankfurter Genossen den Stellvertreter des 2. Stellvertreters des Ministers, Genossen Clement,[15] auf, der in überheblicher und interessenloser Form zum Ausdruck brachte, dass er vom Erdölkombinat Schwedt auch schon einmal etwas gehört habe. Nach den Kontingenten befragt, erklärte er, dass bei ihm und bei der Staatlichen Plankommission[16] nichts eingeplant sei. Als die Genossen von Frankfurt/O.

12 Im Zuge des Chemieprogramms wurde Schwedt als Standort für ein Erdölwerk vorgesehen und bestätigt. Hier wurde im November 1960 der Grundstein für ein erdölverarbeitendes Werk gelegt, das im April 1964 unter dem Namen Erdölverarbeitungswerk Schwedt den Betrieb aufnahm und zum wichtigsten Lieferanten für Kraftstoffe in der DDR wurde. Das Erdöl floss ab 1963 durch die Erdölleitung »Druschba« aus dem sowjetischen Tjumen direkt nach Schwedt. Im Jahr 1970 wurde das Werk im Zuge der Kombinatsbildung Stammwerk des VEB Petrolchemisches Kombinat Schwedt und produzierte neben Kraftstoffen auch Faserrohstoffe für die Textilproduktion, Stickstoffdünger für die Landwirtschaft, Möbel aus Polyurethan, Futtermittel und Haushaltschemikalien.

13 Mindestens in jeder Bezirksstadt gab es einen VEB Baustoffversorgung zur Großversorgung der örtlichen und zentralen Betriebe mit Baumaterialien aller Art. Sie unterstanden der VVB Baumaterialien Berlin, dem späteren VEB Kombinat Baustoffversorgung Berlin.

14 Gemeint ist die Zentrale Kommission für Staatliche Kontrolle (ZKSK). Sie war ein 1948 durch die Deutsche Wirtschaftskommission in der SBZ gegründetes zentrales staatliches Organ zur Kontrolle der Planwirtschaft im Range eines Ministeriums, das auf eigenes Betreiben, im Auftrag von Staats- und Parteiorganen, aber auch aufgrund von Hinweisen von Bürgern Kontrollen im Staats- und Wirtschaftsapparat durchführte. Ausgenommen davon waren die Verantwortungsbereiche der Ministerien für Staatssicherheit, Nationale Verteidigung und Auswärtige Angelegenheiten, die SED und die Blockparteien. Aus der ZKSK ging 1963 die Arbeiter- und Bauerninspektion hervor.

15 Clement, weitere Angaben zur Person konnten nicht ermittelt werden.

16 Die Staatliche Plankommission (SPK) war ein zentrales staatliches Organ des Ministerrates der DDR, das 1950 aus dem Ministerium für Planung hervorgegangen war. Der SPK oblagen die gesamtstaatliche Planung und Entwicklung der Volkswirtschaft sowie die Kontrolle der

seine schluderhafte Arbeit kritisierten, wurde er ausfällig. Sie sollten »nicht ulkig werden, denn der ganze Bau in Schwedt gehe Frankfurt gar nichts an. Das Ministerium wisse selbst, was zu tun sei.« Er brachte auch klar zum Ausdruck, dass das Objekt in keinem staatlichen Plan enthalten sei und er nicht wisse, woher das Material dafür genommen werden soll. Ohne klare Auskunft erhalten zu haben, mussten die Genossen nach Frankfurt/O. zurückfahren.

3) Umfangreiche ablehnende Diskussionen gibt es über die vom Gen. Scholz angeordnete Veränderung der Planung des Ministeriums für Bauwesen.

Während es nach dem 11.2.1958 im Ministerium für Bauwesen eine Abteilung Planung gab, die als koordinierende Abteilung zwischen den örtlichen Organen des Staatsapparates und der Staatlichen Plankommission wirkte, gibt es nach der jetzigen Struktur im Ministerium für Bauwesen in den drei Bereichen je eine Abteilung Planung und außerdem eine zentrale Abteilung Planung. Das bedeutet, dass die Räte der Bezirke sowie die VVB ihre Pläne mit vier verschiedenen Abteilungen abstimmen müssen, um die richtigen Planzahlen zu erhalten. Die Mitarbeiter in den Planungsabteilungen diskutierten bereits dahingehend, dass die Verantwortlichen für diese Umorganisierung zur Rechenschaft gezogen werden sollten, da im Ergebnis dieser Veränderungen die Planung erschwert wurde.

4) Aus einer Reihe von Informationen ist auch ersichtlich, dass erhebliche und ernste Bedenken gegen die vom Genossen Scholz im Ministerium für Bauwesen betriebene Kaderpolitik bestehen. So wurde ohne Zustimmung der dafür verantwortlichen Chemie-Kader-Kommission der Hauptdirektor für das Bau- und Montagekombinat Chemie, Präßler,[17] durch den Gen. Scholz persönlich eingesetzt, obwohl wichtige Hinweise über dessen bisherige Tätigkeit (z. B. die Gründe seines Ausscheidens aus diesem Ministerium für Nationale Verteidigung) dagegensprachen.

Der ehemalige HV-Leiter für Zement aus dem Ministerium für Bauwesen, Lampe,[18] wurde im Zuge der Reorganisation wegen Unzuverlässigkeit an die Basis versetzt und vom Minister Scholz jetzt entgegen des Beschlusses der ZKK[19] in das Ministerium für Bauwesen zurückgeholt und in die wichtige Funktion des Planungsleiters für Baustoffe eingesetzt. Weitere Beispiele die-

Durchführung der Planaufgaben. Sie war zuständig für die Koordinierung, Ausarbeitung und Kontrolle der mittelfristigen Fünfjahrpläne und der daraus abgeleiteten jährlichen Volkswirtschaftspläne.

17 Im Original: »Pressler«. Horst Präßler, Jg. 1919, Diplom-Ökonom und Bauingenieur, 1959–60 Hauptdirektor für das Bau- und Montagekombinat Chemie, später verschiedene leitende Funktionen im Ministerium für Bauwesen.

18 Lampe, weitere Angaben zur Person konnten nicht ermittelt werden.

19 Die Bezeichnung Zentrale Kontrollkommission ist eine frühere Bezeichnung für Zentrale Kommission für Staatliche Kontrolle, die eigentlich nur bis 1949 üblich war.

ser Art, die bereits bis zu gewissen Konzentrationen negativer Elemente reichen, liegen vor.

5) Die Brigadeeinsätze als wichtige operative Aufgabe des Ministeriums für Bauwesen in den Bezirken wurden nach der bisherigen Einschätzung äußerst mangelhaft vorbereitet und brachten nicht das vorgesehene Ergebnis.

Im Institut für Typung der Deutschen Bauakademie[20] wurden die Einsätze z. B. wie folgt durchgeführt: Vonseiten des Ministeriums für Bauwesen wurden die Mitarbeiter schematisch (listenmäßig) in die Bezirke geschickt, ohne dabei die beruflichen Kenntnisse zu beachten und ohne mit den Leitkräften [sic!] des Instituts über den genauen Einsatz zu beraten, sodass der größte Teil der Mitarbeiter berufsfremd eingesetzt wurde. Auf der anderen Seite gab es dadurch viele Abteilungen im Ministerium und auch im Institut, die ihre eigentlichen Aufgaben überhaupt nicht durchführten.

II. Zur Arbeitsweise der Leitung der Deutschen Bauakademie

Ähnliche Mängel wie im Ministerium für Bauwesen sind auch in der Arbeit der Leitung der Akademie zu verzeichnen, die es nach Einschätzung verantwortlicher Mitarbeiter des Bauwesens im Wesentlichen bis heute noch nicht verstand, die Hauptaufgabe der DBA zu lösen.

Jahrelang versuchte man auch hier durch Reorganisationen und Strukturveränderungen den Ausweg zu finden. Die in einer Entschließung festgelegten Aufgaben sowie Vorschläge zur Veränderung des Arbeitsstils sind in den prinzipiellen Fragen bisher ungelöst geblieben und werden nicht zum Gegenstand einer kritischen Auseinandersetzung des Präsidiums gemacht. Wie bekannt wurde, soll auch eine neu zu erarbeitende Vorlage für das Politbüro wieder wie in der bisherigen Arbeit der Leitung auf Strukturveränderungen und Stellenplanfragen ausweichen. An dem schlechten Arbeitsstil des Präsidiums wurde zwar schon sehr viel Kritik geübt, jedoch noch keine wesentlichen Veränderungen erreicht. Es finden zwar regelmäßig Tagungen statt, ohne dabei aber die falschen Auffassungen zu beseitigen, bei der Abfassung von Beschlüssen von der jeweiligen politischen Situation auszugehen und richtungsweisende Anleitungen für die Institutsleitungen zu geben.

Im Institut für Technik und Ökonomie, dem bedeutungsvollsten Institut der DBA, das die wichtigsten technischen Voraussetzungen zur Lösung der

20 Die Deutsche Bauakademie wurde am 1.1.1951 auf Beschluss des Ministerrates als zentrale wissenschaftliche Einrichtung für Architektur und Bauwesen in der DDR gegründet und hatte ihren Sitz in Berlin. Sie unterstand in direkter Linie dem Ministerium für Bauwesen. Das Institut für Typung war eines der zahlreichen Institute, die der Akademie angehörten. Unter Typung wird die Vereinheitlichung verschiedener Produktvarianten, hier der verschiedenen Bauelemente, zwecks Verkleinerung des Sortiments mit dem Ziel der weitgehenden Ausschöpfung von Rationalisierungsmöglichkeiten verstanden. Vgl. Gabler Wirtschaftslexikon, Online-Lexikon, Stichwort Typung, online abrufbar unter: https://wirtschaftslexikon.gabler.de/definition/typung-49147/version-272387 (letzter Abruf: 3.6.2022).

Hauptaufgabe des Bauwesens schaffen soll, wird z. B. nur ein geringer Teil der Arbeitszeit für die notwendigen Forschungsaufträge verwandt. Dieser Zustand wird von einigen leitenden Mitarbeitern auch als sehr ernst erkannt und sie beabsichtigen – über den Präsidenten hinweg – den Genossen Walter Ulbricht über diesen untragbaren Zustand zu informieren.

Auch von anderen Beschäftigten häufen sich in letzter Zeit die Meinungen und Hinweise über die Unfähigkeit des Präsidenten und anderer Leitungsmitglieder und dass man die Leitungsmethoden grundsätzlich verändern muss. Der Präsident, Prof. Liebknecht,[21] und der Vizepräsident, Prof. Collein,[22] entschuldigen sich damit, dass ihnen zu viele Funktionen übertragen wurden. Offensichtlich sind aber die Ursachen auch mit darauf zurückzuführen, dass Prof. Liebknecht Auseinandersetzungen über bestehende unklare Fragen und Differenzen ausweicht, diesen nicht auf den Grund geht und sie klärt, sondern die persönliche Seite dieser Differenzen in den Vordergrund stellt. Obwohl er ständig die Entwicklung eines Meinungsstreites fordert, ist jedoch andererseits ersichtlich, dass er keinen selbstständigen Beitrag leistet und auch dem entschiedenen Kampf ausweicht. Er entschuldigt dabei seine eigene Unsicherheit in Fragen der Architektur und des Städtebaus damit, dass es auch bei den sowjetischen Architekten und Städtebauern noch keine ganz klaren Auffassungen gäbe, wobei offensichtlich mit von Bedeutung ist, dass seine theoretischen Kenntnisse als unzureichend eingeschätzt werden. So weicht er auch etwas komplizierten ideologischen Fragen aus. Nach Auffassung leitender Mitarbeiter ist auch in der nächsten Zeit keine Veränderung dahingehend zu erwarten, dass Prof. Liebknecht diese Schwäche überwindet und wirklich mit selbstständigen Beiträgen auftritt.

Da aber auch die Kenntnisse der anderen Genossen in der Leitung der Deutschen Bauakademie als unzureichend eingeschätzt werden (Prof. Collein, Prof. Paulick,[23] Gen. Latus,[24] Prof. Schmidt[25]) wirkt sich diese Lage dahingehend aus, dass unter den Mitarbeitern der DBA eine allgemeine Unsicherheit besteht.

21 Kurt Liebknecht, Jg. 1905, Architekt, 1951–61 Präsident der Deutschen Bauakademie, kommissarischer Leiter des Architekturbeirats des Ministerrates der DDR, 1954–63 Mitglied des ZK der SED.

22 Edmund Collein, Jg. 1906, Architekt und Städtebauer, ab 1951 Vizepräsident der Deutschen Bauakademie, ab 1958 Direktor des Instituts für Gebiets-, Stadt- und Dorfplanung der DBA.

23 Richard Paulick (Pseudonym: Peter Winsley), Jg. 1903, Architekt und Städtebauer, ab 1951 Mitglied der Deutschen Bauakademie und Direktor des Instituts für Wohnbauten, Leiter des Aufbaustabs Stalinallee in Berlin, 1955–65 Vizepräsident der DBA, 1959–63 Chefarchitekt von Hoyerswerda.

24 Latus, weitere Angaben zur Person konnten nicht ermittelt werden.

25 Hans Schmidt, Jg. 1893, Schweizer Architekt und Architekturtheoretiker, ab 1956 Chefarchitekt am Institut für Typung beim Ministerium für Aufbau und Übersiedlung nach Berlin, 1958–61 Direktor des Instituts für Theorie und Geschichte der Baukunst an der DBA.

III. Zur Arbeitsweise der Projektierung

Circa 80 % aller Industriebauten der DDR, wie z. B. das Kraftwerk Schwarze Pumpe,[26] Kraftwerk Lübbenau,[27] Kraftwerk Berzdorf,[28] Atomkraftwerk[29] u. a. unterliegen der gleitenden Projektierung,[30] wobei der Projektierungsverlauf im Durchschnitt vier bis sechs Wochen beträgt, was z. B. bei Nichteinhaltung der Termine durch die Entwurfsbüros für Industriebau zwangsläufig zur Arbeitseinstellung einzelner Baustellen bzw. ganzer Bauvorhaben führen kann.

Während in den vergangenen Jahren immer mehr Privatarchitekten und Privatingenieure von den Entwurfsbüros als Subauftragnehmer ausgeschaltet wurden, was sich sehr positiv auf die volkseigenen Entwurfsbüros auswirkte, werden gegenwärtig wiederum Subaufträge an Privatarchitekten übergeben. Als Grundlage dafür dient eine vertrauliche Dienstanweisung vom Februar 1959, die vom Minister *Scholz* herausgegeben wurde. Wie auch leitende Funktionäre des Bauwesens einschätzen, führt diese Maßnahme unweigerlich zu einer Stärkung des kapitalistischen Sektors in der Bauwirtschaft, obwohl bei einer richtigen Auslastung des Arbeitstages in den Entwurfsbetrieben eine Einschaltung von Privatleuten zu vermeiden ist. Die überwiegende Mehrzahl der im Entwurfsbüro für Industriebau tätigen Architekten und Ingenieure ist über die verstärkte Einschaltung von Privat-Architekten und -Ingenieuren stark verärgert, was sich auch in einem erheblichen Absinken der Arbeitsleistung zeigt. Als Ursache wird angeführt, dass ein erheblicher Teil dieser frei-

26 Das VEB Kombinat Schwarze Pumpe wurde 1958 gegründet und war ein Kombinat zur kombinierten Verwertung und Veredelung der in den umliegenden Tagebauen geförderten Braunkohle in unmittelbarer Nähe der Ortschaft Schwarze Pumpe bei Spremberg. Bis Anfang der 1970er-Jahre entstand eine Anlage aus mehreren miteinander vernetzten Gaswerken, Kokereien, Heizkraftwerken und Brikettfabriken mit den dazugehörigen Hilfs- und Nebenanlagen, die ab 1970 als VEB Gaskombinat Schwarze Pumpe und ab 1986 unter dem Namen VEB Gaskombinat »Fritz Selbmann« Schwarze Pumpe firmierte.

27 Das Kraftwerk Lübbenau war ein Braunkohlekraftwerk, das 1959 ans Netz ging. Nach Fertigstellung des gesamten Kraftwerksbaus im Jahr 1964 galt das Werk seinerzeit als das größte Dampfkraftwerk Europas. 1996 wurde es stillgelegt.

28 Das Großkraftwerk Berzdorf hatte seinen Standort in Hagenwerder – heute ein Stadtteil der Stadt Görlitz –wurde 1958 in Betrieb genommen und mit Braunkohle aus dem Berzdorfer Becken befeuert. 1960 erhielt es den Namen »Völkerfreundschaft«. Bis 1974 wurden zwei weitere Kraftwerksblöcke gebaut und das Werk so eines der größten Braunkohlekraftwerke Europas.

29 Mit der Inbetriebnahme eines Kernforschungsreaktors im Dezember 1957 in Rossendorf bei Dresden nahm die DDR eigene Forschungen zur Nutzung der Kernenergie auf. Ambitionierte Planungen sahen 20 Kernkraftwerke (KKW) vor, die bis 1970 ans Netz gehen sollten. Tatsächlich wurden nur zwei KKW in Betrieb genommen – 1966 das KKW in Rheinsberg und sieben Jahre später das KKW in Lubmin bei Greifswald.

30 Als »gleitende Projektierung« wird ein Projektierungsverfahren genannt, bei dem sich aufeinanderfolgende Projektierungsvorgänge überlappen. Eine »gleitende Projektierung« entsteht besonders durch Gleichzeitigkeit der Ausführungsprojektierung und der Realisierung des Projektes.

schaffenden Ingenieure und Architekten aus den volkseigenen Entwurfsbüros hervorgegangen ist und, trotzdem sie nicht immer die entsprechende fachliche Qualifikation besitzen, jetzt oft das drei- bis vierfache mehr verdienen als ein Mitarbeiter der VE-Entwurfsbüro.

Es gibt in den Entwurfsbüros eine Reihe von Diskussionen, in denen zum Ausdruck kommt, dass man in der Vergangenheit bestrebt war, den Freischaffenden möglichst kleine Aufträge zu erteilen oder sie ganz in den volkseigenen Sektor einzureihen. Deshalb sei ihnen unverständlich, dass jetzt von offizieller Seite ganz entgegengesetzt verfahren wird. Sie vermuten, dass dies von einigen Personen vertuscht wird, in der Hoffnung, dass sich diese Situation im Laufe der Zeit von allein normalisiert.

IV. Über Schwierigkeiten in der Zement- und Asbestbetonherstellung

1) Entgegen des Ministerratsbeschlusses, bis zum 31.12.1958 drei neue Zementwerke mit einer Kapazität von einer Million Klinkerleisten zu errichten,[31] wurden nur zwei Zementwerke neu errichtet und zwar Rüdersdorf III[32] mit einer projektierten Kapazität von 330 Tt und Karsdorf II[33] mit einer Kapazität von 700 Tt. Die festgelegte Kapazität wurde damit jedoch eingehalten.

Als Inbetriebnahmetermin wurde für beide Werke durch das Ministerium für Bauwesen der 1.9.1958 festgelegt. Durch die Verzögerung im Bauablauf, insbesondere in Karsdorf, sowie durch Verzögerung in der Auslieferung der Ausrüstungen traten jedoch in beiden Werken erhebliche Rückstände ein, die die Inbetriebnahme zum 1.9.1958 nicht mehr ermöglichten. Erst im Februar 1959 ging das Zementwerk Rüdersdorf in Probebetrieb. Die aufgestellten Anlagen zeigten dabei derartige technische Mängel in der Konstruktion und Montage, dass sie in keinem Falle ihrer Funktion gerecht wurden. So mussten z. B. fast alle Elektromotoren ausgewechselt werden. Die Leistungen und Tourenzahlen stimmten mit den Erfordernissen nicht überein. Die gesamte Elektroinstallation musste vollkommen erneuert werden. Außerdem wurden die Mahlanlagen für die Rohmehlaufbereitung unter falschen Voraussetzun-

31 Der Ministerrat der DDR beriet in einer Sitzung am 21.4.1955 über mehrere Beschlüsse zur ökonomischen Stärkung der DDR, darunter auch über einen Beschluss über »Die wichtigsten Aufgaben im Bauwesen«. Er billigte die darin aufgeführten Maßnahmen, die zuvor auf der 1. Baukonferenz der DDR, die vom 3. bis 6.4.1955 in Berlin stattfand, beschlossen worden waren und u. a. den Bau von zwei Zementwerken im Jahr 1956 und eines im Jahr 1957 vorsahen. Vgl. ND v. 6.4.1955, S. 4, u. v. 23.4.1955, S. 1 f.

32 Das Zementwerk in Rüdersdorf bei Berlin war der größte baustoffproduzierende Betrieb in der DDR. Nachdem das vor dem Zweiten Weltkrieg erbaute Zementwerk durch die Sowjetunion demontiert worden war, baute die DDR hier ihr größtes Zementwerk auf. Das Zementwerk Rüdersdorf III entstand Ende der 1950er-Jahre.

33 Das Zementwerk in Karsdorf (Bezirk Halle, Kreis Nebra, heute Burgenlandkreis in Sachsen-Anhalt) wurde 1951 zum volkseigenen Betrieb. In den 1950er und hauptsächlich 1960er-Jahren kam es im »VEB Zementwerk Karsdorf« zu zahlreichen Um- und Ausbauphasen.

gen projektiert, da der Wassergehalt des Kalksteins nicht wie angegeben 5 bis 6 %, sondern bis 19 % beträgt.

Im Werk Karsdorf II trat ein erheblicher Rückstand im Bauablauf ein, sodass den Maschinenbaubetrieben nicht die geforderten Montagetermine gesichert wurden. Dies führt dazu, dass der erste Ofen nicht – wie ursprünglich vorgesehen – am 1.9.1958, sondern erst am 10.6.1959 in Betrieb geht. Der Termin für den 2. Ofen ist der 1.7.1959. Die restlichen beiden Öfen sollen am 1.9.1959 in Betrieb genommen werden. Es muss jedoch darauf hingewiesen werden, dass diese Termine nur unter Anspannung aller Kräfte eingehalten werden können.

Durch die Verschiebung der Inbetriebnahmetermine tritt eine erste Gefährdung des Volkswirtschaftsplanes in Zement ein.

Im Zementwerk Karsdorf ist der Rückstand so groß, dass die geplante Zementproduktion auf keinen Fall gebracht werden kann. Es wird mit einer Nichterfüllung von 83 Tt. gerechnet.

2) Laut Ministerratsbeschluss vom 15.3.1956 sollte die Produktion von Asbestbetonerzeugnissen in dem neuen Werk Rothensee[34] im Jahre 1957 aufgenommen werden. Alle zur Realisierung dieses Beschlusses notwendigen Maßnahmen wurden von den Verantwortlichen des Ministeriums für Bauwesen jedoch so schleppend durchgeführt, sodass in Magdeburg-Rothensee das im Bau befindliche Werk voraussichtlich erst im Jahre 1960 seine Produktion aufnehmen wird.

Weitere Ursachen der jahrelangen Verzögerung liegen aber auch darin begründet, dass der westdeutsche Eternitkonzern,[35] der auf dem Gebiet der Asbestbetonerzeugung führend ist, mit allen Mitteln versucht, die Produktion von Asbestbeton bei uns in der DDR zu verhindern. Im März dieses Jahres erklärte [Name 2] vom Eternit-Kundendienst[36] in der DDR wörtlich: »Die DDR wird erst in etwa vier Jahren in der Lage sein, die Produktion in Rothensee aufzunehmen und auch dann werden erneute Schwierigkeiten auftreten, da die DDR nicht über die entsprechenden technischen Kader verfügt. Asbestbeton ist nicht nur eine Mischung von 75 % hochwertigem Portlandzement und 25 % Asbest, sondern es gehören noch einige Kniffe dazu, die der betrieblichen Geheimhaltung unterliegen«.

Hinderlich ist in der Baustoffindustrie auch das Fehlen entsprechender Kader. Zum Beispiel sind in der Zementindustrie die mittleren und höheren

34 Mit dem Bau des Asbest-Beton-Werkes in Magdeburg-Rothensee wurde im Jahr 1957 begonnen. Seine volle Leistungsfähigkeit sollte der Betrieb nach Prognosen im Jahr 1958 erst im Jahr 1961 erreichen. Vgl. Neue Zeit v. 8.10.1958, S. 3. Der Betrieb hieß dann VEB Asbestzementwerke »Otto Grotewohl« Magdeburg-Rothensee und unterstand der VVB Bauelemente und Faserbaustoffe.

35 Gemeint ist die bundesdeutsche Eternit AG, die 1949 aus der Deutschen Asbestzement AG hervorging.

36 Eternit war ein auch in der DDR gebräuchlicher Markenname für Faser- bzw. Asbestzement.

Funktionen von Personen besetzt, die zwar jahrzehntelange berufliche Erfahrungen haben, jedoch keine theoretischen Kenntnisse besitzen. Dieser Personenkreis kennt sich untereinander sehr gut und schiebt sich gegenseitig die entsprechenden Funktionen zu. Sehr deutlich wird diese völlig unnormale Lage bei einer Analyse der in der Baustoffindustrie beschäftigten Personen mit Hoch- bzw. Fachschulbildung. Von ca. 70 000 Beschäftigten in der Baustoffindustrie besitzen nur ca. 0,3 % eine abgeschlossene Hoch- bzw. Fachschulausbildung. Nach bisherigen Einschätzungen gewährleisten auch die eingeleiteten Maßnahmen keine grundlegende Änderung dieser Kadersituation.

19. Mai 1959

Information Nr. 303/59 – Bericht über einige organisatorische und strukturelle Mängel in der Arbeit des Projektierungs- und Konstruktionsbüros Kohle in Berlin

Quelle: BArch, MfS, ZAIG 187, Bl. 1–3 (4. Expl.).
Serie: Informationen.
Verteiler: Neumann, Leuschner, Apel – MfS: Ablage.

Durch verschiedene Feststellungen und Hinweise wurden in letzter Zeit einige Mängel bekannt, die sich hindernd auf die maximale Annäherung der Projektierung an die Tagebaue auswirken.

In einer Reihe uns vorliegender Stimmen, Vorschläge, Einschätzungen und anderer diesbezüglicher Hinweise werden zur Beseitigung der Hauptmängel verschiedene – nachfolgend zusammengefasste – Veränderungen als notwendig erachtet, die im Wesentlichen Folgendes beinhalten:

Die Zentrale des Projektions- und Konstruktionsbüros (PKB) in Berlin[1] ist nach Cottbus oder Leipzig zu verlegen und hat die Grundsatzaufgaben (Forschung, Lagerstättenkarteien, Bauwesen, Energetik usw.) einschließlich der Verwaltungsaufgaben zu lösen. Sie ist verantwortlich für die Anleitung und Kontrolle der in den VVB und BKW zu bildenden Projektierungsgruppen.

Die Bauabteilung und Energieprojektierung werden den entsprechenden Industriezweigen und die Abteilung Ersatz- und Verschleißteile dem Deutschen Brennstoffinstitut[2] zugeordnet, zumal das PKB nicht in der Lage ist, die Arbeit dieser »Hilfsabteilungen« positiv zu beeinflussen.

1 Der VEB Projektierungs- und Konstruktionsbüro (PKB) Kohle Berlin wurde 1949 gegründet und 1968 aufgelöst. Der Betrieb bestand 1959 aus einer Zentrale in Berlin und den Außenstellen in Leipzig und Großräschen (Lausitz). Er war verantwortlich für den Entwurf von Tagebauen, Brikettfabriken, Industriekraftwerken, von Hilfs- und Nebenbetrieben, bearbeitete und verwaltete Dokumentationen von Lagerstättenuntersuchungen der Braunkohle. Ab 1955 wurde dem PKB Berlin die Aufbauleitung für Großbauten in der Kohleindustrie wie das Kombinat Schwarze Pumpe übertragen, ab 1958 installierte man eine Forschungsleitstelle für die Kohleindustrie. Der VEB war zunächst dem Staatssekretariat für Kohle und Energie, dann dem Ministerium für Schwerindustrie, anschließend dem Ministerium für Kohle und Energie und ab 1958 der Staatlichen Plankommission unterstellt. Vgl. VEB Projektierungs- und Konstruktionsbüro »Kohle«. Festschrift anlässlich des zehnjährigen Bestehens. Berlin 1959; Sperling, Dieter; Schossig, Wolfgang: Wirtschaftsorganisation der Braunkohlenindustrie in der SBZ/DDR von 1945 bis 1990. Cottbus 2015, S. 176 f.

2 Das Deutsche Brennstoffinstitut wurde 1956 durch Anordnung des Ministers für Kohle und Energie der DDR zwecks Grundlagenforschung, praxisorientierter Forschung und Rationalisierung für die Kohle- und Energiewirtschaft in der DDR gegründet. Schwerpunkt der Tätigkeit waren die Gewinnung und Veredelung von Brennstoffen. Dem Institut wurden das Torfinstitut Rostock, die Versuchsbrikettfabrik Bitterfeld und die Versuchskokerei Siegmar-Schongau angegliedert. Es entwickelte sich zum wissenschaftlich-technischen Zentrum der

Diese strukturellen Veränderungen würden sowohl einen neuen Arbeitsstil fördern und u. a. auch ermöglichen, die unbedingt erforderliche technologische Autorenkontrolle besser auszuüben. Das heißt, nach der Abschlussbesprechung über das Ausführungsprojekt hat das PKB Kohle weiterhin eine Kontrolle über die Durchführung der Projekte auszuüben. Verstöße, die gegen das Projekt auftreten, sind dem Sektor Kohle bei der Staatlichen Plankommission[3] oder der VVB zu signalisieren. Änderungen und Verbesserungen, die sich aus der praktischen Arbeit ergeben, sind gemeinsam vom Betrieb, dem PKB Kohle und der VVB zu analysieren und zu verwirklichen. Die Finanzierung für die technologische Autorenkontrolle muss mit der Projektierung einhergehen.

Auch das Schwergewicht der gesamten Projektierungsarbeit würde dann bei den VVB und BKW liegen und es müssten dort Projektierungsgruppen eingerichtet werden, die ihre Projekte in Zusammenarbeit mit den Werktätigen erarbeiten. Zwischen den Projektierungsgruppen und den Praktikern in den VVB und BKW sind sozialistische Arbeitsgemeinschaften zu gründen, die von Anfang an in der Projektierung zusammenarbeiten und in denen auch die Technische Bergbau-Inspektion[4] (als Kontrollorgan) zur Mitarbeit verpflichtet werden muss. Die Projektierungsgruppen werden dem Verwaltungsapparat des PKB Kohle unterstellt.

Die Gütekontrolle der Projekte, die zzt. beim PKB Berlin durchgeführt wird, wäre aufzulösen und am Projektierungsort vorzunehmen. Der gegenwärtige Zustand, dass die Projekte zwischen den Außenstellen und der Zentrale hin- und hergefahren werden, welches wiederum eine zeitliche Verzögerung der Projektierung bringt, würde somit beseitigt. Die Verantwortlichkeit der Projektingenieure würde ebenfalls bedeutend erhöht.

Vor jedem Projekt sind hydrologische und geologische Gutachten anzufertigen (sowohl Ausführungsprojekt bei Neuaufschlüssen als auch bei Tagebauerweiterungen und laufender Projektierung). Die Gütekontrolle muss ih-

Kohleindustrie und der Gaswirtschaft der DDR. In der Regierungszeit Erich Honeckers wurde es in Brennstoffinstitut Freiberg umbenannt, ab 1990 erhielt es aber seinen ursprünglichen Namen zurück.

3 Die Staatliche Plankommission (SPK) war ein zentrales staatliches Organ des Ministerrates der DDR, das 1950 aus dem Ministerium für Planung hervorgegangen war. Der SPK oblagen die gesamtstaatliche Planung und Entwicklung der Volkswirtschaft sowie die Kontrolle der Durchführung der Planaufgaben. Sie war zuständig für die Koordinierung, Ausarbeitung und Kontrolle der mittelfristigen Fünfjahrpläne und der daraus abgeleiteten jährlichen Volkswirtschaftspläne.

4 Die Technische Bergbauinspektion (TBI) hatte ihren Sitz in Leipzig und war für die Kontrolle der planmäßigen Entwicklung der Bergbausicherheit sowie des Grubenrettungs- und Gasschutzwesens zuständig und legte die Schwerpunktaufgaben der Forschung und Entwicklung fest. Im September 1959 ging aus der TBI die Oberste Bergbehörde beim Ministerrat der DDR hervor.

ren Schwerpunkt auf die Berücksichtigung dieser Gutachten im Projekt lenken.

Die Kontrolle durch die Technische Bergbau-Inspektion (TBI) muss schon beim Entstehen der Projekte einsetzen. Zu diesem Zweck haben die Mitarbeiter der TBI laufend an der Arbeit der Projektierungsgruppen in den VVB und Braunkohlenwerken teilzunehmen. Das Projekt darf erst ausgeführt werden, wenn es durch die TBI bestätigt ist.

20. Mai 1959

Information Nr. 322/59 – Bericht über Schwächen und Mängel in der Durchführung des Chemieprogramms

Quelle: BArch, MfS, ZAIG 188, Bl. 7–17 (4. Expl.).
Serie: Informationen.
Verteiler: Neumann, Leuschner, Apel – MfS: Ablage.
Verweis: Information 103/59.

Ergänzend zu unserem Bericht vom 12.3.1959 (Nr. 103/59) wurden weitere Hinweise über bisher aufgetretene Schwächen und Mängel bei der Durchführung des Chemie-Programms bekannt, die jedoch keinen Anspruch auf Vollständigkeit erheben und für die einzelnen Gebiete keine umfassende Einschätzung ermöglichen.[1]

Nach den vorliegenden Informationen zeigen sich die bisherigen Schwächen und Mängel besonders auf folgenden Gebieten:

1. in der Bereitstellung von Investitionsmitteln,
2. in der Durchführung der Projektierungsaufgaben,
3. in der Bereitstellung der Baukapazitäten und Ausrüstungen,
4. im Kadereinsatz für die Aufgaben der Chemie.

1. Bereitstellung von Investitionsmitteln

Wie aus vorliegenden Meldungen ersichtlich ist, bestehen zzt. noch immer größere Unklarheiten über die Finanzierung von Schwerpunktaufgaben des Chemie-Programms. In der Zentrale der Deutschen Investitionsbank[2] wird

1 Vom 3. bis 4.11.1958 wurde in den Leuna-Werken unter der Leitung des ZK der SED und der Staatlichen Plankommission eine Chemiekonferenz abgehalten, die mit der Annahme des »großen Programms zur Entwicklung der chemischen Industrie der DDR« endete. Unter der Losung »Chemie gibt Brot, Wohlstand und Schönheit« peilte die SED-Führung das ehrgeizige Ziel an, die wissenschaftlichen und technischen Grundlagen so zu modernisieren, dass eine Verdoppelung der chemischen Produktion möglich war. Dazu sollten zunächst die Kohle verarbeitenden Chemiebetriebe modernisiert und erweitert und ab Mitte der 1960er-Jahre auf der Basis von Erdöllieferungen aus der Sowjetunion eine petrochemische Industrie aufgebaut werden. Ziel war, die chemische Industrie zum zweitgrößten Industriezweig der DDR umzubauen. Das hatte Auswirkungen auf die gesamte Volkswirtschaft der DDR. Das Chemieprogramm war Herzstück der auf dem V. Parteitag der SED formulierten Aufgabe, die Bundesrepublik im Pro-Kopf-Verbrauch wichtiger Lebensmittel und Konsumgüter bis zum Jahr 1961 nicht nur einzuholen, sondern auch zu überholen. In diesem Zusammenhang wurden in Abstimmung mit dem Rat für gegenseitige Wirtschaftshilfe (RGW) die Vorhaben Erdölverarbeitungswerk Schwedt, Leuna 2, Chemiefaserwerk Guben, Gipsschwefelsäurewerk Coswig/Anhalt, PVC Fabrik im Elektrochemischen Kombinat Bitterfeld und im VEB Buna der Ausbau der Produktion auf Kohle-Karbid Basis als vorrangige Projekte erklärt. Vgl. ND v. 5.11.1958.

2 Die Deutsche Investitionsbank war eine dem Ministerium für Finanzen der DDR unterstellte zentrale staatliche Bank für die Finanzierung und Kontrolle von Investitionen in der volkseigenen und der privaten Wirtschaft, in Genossenschaften und staatlichen Einrichtun-

z. B. erklärt, dass für die Erfüllung der Aufgaben der chemischen Industrie im Jahre 1959 noch 69,2 Mio. DM[3] Investitionsmittel fehlen, davon
- für das Chemiefaser-Kombinat Guben 8,6 Mio. DM,[4]
- für das Gipsschwefelsäurewerk II Coswig 18,0 Mio. DM,[5]
- für das EKB Bitterfeld – PC-Programm 3,0 Mio. DM,[6]
- für das Zirkon-Programm im EKB 6,5 Mio. DM.[7]

Für die Projekte Schwedt[8] und Guben[9] sollen dabei noch Beträge von anderen Werken abgezogen werden. Diese Beträge würden dann später im Rückfluss an die entsprechenden Werke zu deren Verfügung zurückgegeben wer-

gen. Sie gewährte Kredite in diesen Bereichen und für staatlich verwaltete Betriebe, war Kommanditist bei Betrieben mit staatlicher Beteiligung, verwaltete langfristige Forderungen einschließlich der 1945 von deutschen Banken geschlossenen Forderungen. Sie wurde 1948 geschaffen und war Bestandteil des staatlichen Bankensystems der DDR. 1968 wurden ihre Aufgaben durch die Industrie- und Handelsbank der DDR übernommen.

3 Im Zuge der Währungsreform im Juli 1948 auf dem Gebiet der Sowjetischen Besatzungszone wurde die Reichsmark als bis dahin gültiges Zahlungsmittel durch die Deutsche Mark der Deutschen Notenbank abgelöst. Bis 1964 hieß die Währung in der DDR also auch Deutsche Mark (DM). Erst 1964 wurde sie in Mark der Deutschen Notenbank (MDN) und mit Gründung der Staatsbank der DDR im Jahr 1968 in Mark der DDR (M) umbenannt.

4 Die Grundsteinlegung für das Chemiefaserwerk Guben erfolgte im Mai 1960. Der Probebetrieb begann im September 1964. Einen Monat später lief der Produktionsbetrieb an. In dem VEB wurden verschiedene Chemiefasern produziert, darunter die Dederon-Feinseide.

5 Das Gipsschwefelsäurewerk II in Coswig wurde 1960 in Betrieb genommen und sollte nach endgültiger Fertigstellung 220 000 Tonnen Schwefelsäure jährlich produzieren. Damit war das Werk seinerzeit der weltgrößte Produzent dieser Grundchemikalie. Als Nebenprodukt fiel dabei der Baustoff Portlandzement an. Der Betrieb mit seinen ca. 3 000 Beschäftigten wurde 1979 in das neu gebildete VEB Kombinat Agrochemie Piesteritz integriert.

6 Das VEB Elektrochemische Kombinat (EKB) Bitterfeld war 1959 der größte Hersteller von Chlor- und Chlorprodukten, Kunststoff- und Kunststoffprodukten sowie Graphit in der DDR, beherbergte den einzigen Hüttenaluminiumbetrieb der DDR, war bedeutendster Produzent von DDT und anderer Insektizide und beschäftigte zu diesem Zeitpunkt etwa 14 000 Arbeitskräfte. 1969 wurden das EKB Bitterfeld, die VEB Farbenfabrik Wolfen und fünf weitere Betriebe zum Chemiekombinat Bitterfeld verschmolzen. In dem 1959 vom ZK der SED verabschiedeten Chemieprogramm wurde die Errichtung eines neuen Kunststoff-(PC)-Werkes in Bitterfeld mit einer geplanten Jahreskapazität von 7 200 Tonnen genannt.

7 Speziell für die Sowjetunion wurden im EKB Bitterfeld Ende der 1950er-Jahre eine Vinylchlorid-Nachchlorierungs- und eine Reinst-Zirkon-Anlage gebaut. Zirkon wird in Kernreaktoren und bei der Ummantelung von radioaktiven Abfällen für die Endlagerung eingesetzt.

8 Im Zuge des Chemieprogramms wurde Schwedt als Standort für ein Erdölwerk vorgesehen und bestätigt. Hier wurde im November 1960 der Grundstein für ein erdölverarbeitendes Werk gelegt, das im April 1964 unter dem Namen Erdölverarbeitungswerk Schwedt den Betrieb aufnahm und zum wichtigsten Lieferanten für Kraftstoffe in der DDR wurde. Das Erdöl floss ab 1963 durch die Erdölleitung »Druschba« aus dem sowjetischen Tjumen direkt nach Schwedt. Im Jahr 1970 wurde das Werk im Zuge der Kombinatsbildung Stammwerk des VEB Petrolchemisches Kombinat Schwedt und produzierte neben Kraftstoffen auch Faserrohstoffe für die Textilproduktion, Stickstoffdünger für die Landwirtschaft, Möbel aus Polyurethan, Futtermittel und Haushaltschemikalien.

9 Gemeint ist hier der Bau des Chemiefaserwerkes in Guben.

den. Eine endgültige Klärung durch den Sektor Investitionen der Staatlichen Plankommission[10] soll noch nicht erfolgt sein, obwohl bereits seit Oktober 1958 entsprechende Verhandlungen geführt werden.

Nach vorliegenden Informationen wird von verschiedenen Wirtschaftsfunktionären die Ansicht vertreten, dass von der Staatlichen Plankommission mit der Zuteilung hoher Investmittel den Betrieben eine falsche Perspektive gegeben wird, da die eingeplanten Mittel in Wirklichkeit größtenteils nicht zur Verfügung stünden. Nach diesen Meinungsäußerungen sollte z. B. Leuna[11] im 2. Fünfjahrplan 609 Mio. DM erhalten, 255 Mio. DM seien jedoch in Wirklichkeit nur realisiert worden. Dabei wird teilweise offen zum Ausdruck gebracht, dass derartige Differenzen zwischen der Planung und Realisierung nicht mehr als Planungsfehler angesehen werden könnten.

Aus dem Bereich der VVB Kunstfaser und Mineralöle wurde bekannt, dass die Neuaufteilung der Kontrollziffern bis 1965 durch die Abteilung Chemie nicht mit den erteilten Produktionskennziffern übereinstimmen und teilweise weit unter den in der 1. Direktive vorgesehenen Investitionen liegen würde, obwohl bereits eine generelle Erhöhung der Investmittel für die chemische Industrie erfolgt wäre. Andererseits seien jedoch 1959 Investitionen geplant oder bereits in Durchführung begriffen, für die keine zwingende Notwendigkeit vorliege. Zum Beispiel wurden für Premnitz[12] für 740 000 DM Wasserleitungsrohre beschafft, obwohl deren Einbau erst für 1960 vorgesehen ist. Das Kombinat Espenhain[13] hat für 1959 bereits die elektrische Ausrüstung für eine

10 Die Staatliche Plankommission (SPK) war ein zentrales staatliches Organ des Ministerrates der DDR, das 1950 aus dem Ministerium für Planung hervorgegangen war. Der SPK oblagen die gesamtstaatliche Planung und Entwicklung der Volkswirtschaft sowie die Kontrolle der Durchführung der Planaufgaben. Sie war zuständig für die Koordinierung, Ausarbeitung und Kontrolle der mittelfristigen Fünfjahrpläne und der daraus abgeleiteten jährlichen Volkswirtschaftspläne.

11 Die Leuna-Werke waren der größte Betrieb der chemischen Industrie in der DDR. Sie wurden, nachdem sie nach Ende des Zweiten Weltkrieges als SAG in sowjetischen Besitz gelangt waren, 1954 Volkseigener Betrieb und in VEB Leuna-Werke Walter Ulbricht umbenannt. 1959 wurde, neben dem Weiterbetrieb des Altwerkes, mit dem Bau des Werkes Leuna II zur Herstellung petrochemischer Produkte begonnen, einem Schwerpunkt des 1959 beschlossenen Chemie-Programms.

12 Premnitz (Bezirk Potsdam) galt aufgrund des dort angesiedelten Chemiefaserwerkes, das insbesondere Viskosefasern produzierte, als wichtiger Standort der chemischen Industrie in der DDR. Das Werk, das vor Ende des Zweiten Weltkrieges der IG Farben angehörte, wurde 1949 in einen volkseigenen Betrieb umgewandelt und trug ab 1970 den Namen VEB Chemiefaserwerk »Friedrich Engels«.

13 Der VEB Kombinat Espenhain war ein Betrieb zur Gewinnung und Verarbeitung von Braunkohle, südlich von Leipzig nahe des Ortes Espenhain gelegen. Nach Ende des Zweiten Weltkrieges war der Betrieb zunächst als SAG in sowjetischem Besitz. 1954 übereignete die Sowjetunion alle Betriebsanlagen der DDR. Das Werk umfasste zu diesem Zeitpunkt eine Brikettfabrik, eine Schwelerei, Anlagen zur Teerverarbeitung und Schwefelgewinnung sowie ein Großkraftwerk und wurde später um petrochemische Anlagen erweitert.

Koksaustrittmaschine vertraglich gebunden, obwohl die Maschine erst 1960 oder 1961 benötigt wird.

Im VEB Fettchemie Karl-Marx-Stadt[14] soll ein Kesselhaus mit 1656000 DM rekonstruiert werden, obwohl bereits 1963 wegen Neubau eines Kraftwerkes dessen Stilllegung vorgesehen ist. Bis zu diesem Zeitpunkt ist die Dampfversorgung gesichert.

Von der VVB Textilmaschinenbau wurde bekannt, dass die Umstellung auf Chemiefaser-Produktion wegen fehlender Investmittel große Schwierigkeiten bereitet. Nach den vorliegenden Informationen sind in dieser VVB für die Zeit von 1960–1962 die geringsten Investitionen zur Verfügung gestellt worden, obwohl für diesen Zeitraum die größten Produktionsauflagen bestehen. Die größten Investitionsmittel würden für 1964–1965 zur Verfügung stehen, trotzdem in dieser Zeit die Produktionsauflagen zurückgehen und teilweise weitaus geringer sind. Diese Entwicklung soll bereits dazu geführt haben, dass Investträger zzt. zur Erfüllung ihrer Aufgaben Verträge über das Invest-Planvolumen hinaus abschließen.

2. Durchführung der Projektierungsaufgaben

Ergänzend zum Bericht vom 12.3.1959 wurde bekannt, dass der bisherige Stand der Projektierung für das Chemie-Programm 1959 noch immer als äußerst unzureichend eingeschätzt wird.

Nach vorliegenden Informationen sollen allein bei der Zentrale der deutschen Investitionsbank 93 Anträge auf »gleitende Projektierung«[15] mit einem Wert von 270 Mio. DM vorliegen, davon allein im VEB Buna[16] 36 Anträge.

14 Der VEB Fettchemie Karl-Marx-Stadt war ein bedeutendes Chemieunternehmen und hatte neben seinem Hauptsitz in Karl-Marx-Stadt (heute Chemnitz) weitere Produktionsstandorte in Mohsdorf, Oberlichtenau, Zwickau, Dresden und Hirschfelde. 1946 wurde der Betrieb, vor dem Zweiten Weltkrieg die H. Th. Böhme AG bzw. Böhme Fettchemie GmbH, enteignet und firmierte ab 1948 als VEB Fettchemie und Fewa-Werke Chemnitz, ab 1956 dann als VEB Fettchemie Karl-Marx-Stadt. Im Rahmen der zentralen Lenkung der DDR-Chemieindustrie wurde der Betrieb wechselnden VVB zugeordnet, ab 1980 gehörte er zum Kombinat Haushaltchemie Genthin und ab 1984 schließlich zum Chemiekombinat Bitterfeld. Hergestellt und vertrieben wurden Seifen, Waschmittel, Textil- und Lederhilfsmittel, Schädlingsbekämpfungsmittel, kosmetische Präparate und Erzeugnisse der organischen Chemie. Innerhalb des RGW war er der einzige Hersteller von synthetischen Gerbstoffen.

15 Als »gleitende Projektierung« wird ein Projektierungsverfahren genannt, bei dem sich aufeinanderfolgende Projektierungsvorgänge überlappen. Eine »gleitende Projektierung« entsteht besonders durch Gleichzeitigkeit der Ausführungsprojektierung und der Realisierung des Projektes.

16 Das Kombinat VEB Chemische Werke Buna war Nachfolger der ehemaligen Buna-Werke GmbH Schkopau, des weltweit ersten Werkes zur Herstellung von synthetischem Kautschuk. Nach dem Zweiten Weltkrieg zunächst SAG wurden die Buna-Werke 1954 Volkseigentum der DDR und entwickelten sich zu einem der fünf größten Industriekombinate der DDR, das wichtigster Hersteller für thermoplastische und elastische Kunststoffe (»Plaste und Elaste aus Schkopau«) war. Ab 1958 galt das Werk als der größte Karbidproduzent der Welt.

Auf die Stellung des stellv. Leiters der Buna-Werke, Dr. Moll,[17] zur »gleitenden Projektierung« wurde bereits im o. g. Bericht verwiesen. Allein für das SU-Programm,[18] Projekt Dunkelsteuerung Buna[19] und für das Projekt Kalkerzeugung Rübeland[20] sollen erst ca. 30 % des Grundprojekts für 1959 vorliegen.

Innerhalb der VVB Mineralöle wird an zwölf Vorhaben wegen Fehlens vollständiger Unterlagen mit Ausnahmegenehmigung gearbeitet. Für Bauvorhaben im Jahre 1960 sind wenige und ab 1961 keine Projektanten vorhanden.

Aus mehreren Informationen geht hervor, dass von den Projektierungsbüros ihr Rückstand in der Durchführung der Aufgaben teilweise mit fehlender Einheitlichkeit und mangelnder gegenseitiger Abstimmung der Projektierungsaufgaben in der Abteilung Chemie der Staatlichen Plankommission begründet wird. In diesem Zusammenhang wird auch wiederholt erklärt, dass die Projektierungskapazität der DDR für das Chemie-Programm zu gering sei, aber trotz Kenntnis dieser Lage und geeigneter Vorschläge zu deren Überwindung – u. a. vom KIB Chemie Leipzig[21] – nur geringfügige Veränderungen vorgenommen werden. Völlig unzureichend und unterbesetzt werden besonders die Abteilungen für Elektro-Projektierung und Mess- und Regeltechnik eingeschätzt. Als besonders hinderlich wird weiter bemängelt, dass die volkseigenen Projektierungsbüros, die den VVB unterstellt sind, nicht die Voraussetzungen für die Erfüllung ihrer Aufgaben besitzen. Diese Situation hätte u. a. auch dazu geführt, dass die Projektierung für das Faserkombinat Guben erst jetzt dem KIB Leipzig übertragen worden wäre, obwohl bereits seit zehn Monaten davor gewarnt wurde, die Projektierung durch die zustän-

17 Friedrich Moll, Jg. 1897, Chemiker, Mitglied der LDP, Produktionsdirektor und stellv. Werkleiter der Buna-Werke, 1951 Nationalpreis der DDR.

18 Gemeint ist die speziell für die Sowjetunion im EKB Bitterfeld geplante Produktion von Zirkon (siehe Fußnote 7).

19 Das Kombinat VEB Chemische Werke Buna benötigte für den Betrieb seiner Karbid-Abteilung so viel Energie, dass die Energiewirtschaft der DDR den Bedarf häufig nicht decken konnte. Dem versuchte man beizukommen, indem man die Energieversorgung stundengenau plante, um die Öfen in Spitzenlastzeiten vorübergehend abschalten und die Spitzenabnahmemengen des benötigten Stroms in die lastarmen Nachtzeiten verlegen zu können. Dies wurde als Dunkelsteuerung bezeichnet.

20 Im Zuge des 1958 beschlossenen Chemieprogramms nahm der Bedarf an Kalk als Rohstoff für die Karbiderzeugung enorm zu. Deshalb wurden Maßnahmen zur Intensivierung der Kalkförderung in den Kalkwerken Rübeland und Elbingerode im Harz eingeleitet. Die VEB Harzer Kalk- und Zementwerke Rübeland wurden zum größten Kalkproduzenten der DDR.

21 Der Betrieb wurde 1945 als Konstruktions- und Ingenieurbüro Chemie Leuna GmbH gegründet, 1951 in einen VEB mit Sitz in Merseburg umgewandelt, 1953 nach Leipzig verlegt und firmierte von da an unter dem Namen VEB Konstruktions- und Ingenieurbüro Chemie Leipzig. Er fungierte als zentraler technologischer Projektierungsbetrieb für den Sektor Chemie, wurde 1970 dem VEB Chemieanlagenbau Leipzig und zwei Jahre später dem VEB Chemieanlagenbau- und Montagekombinat Leipzig angegliedert.

dige VVB selbst durchführen zu lassen, da nicht die Voraussetzungen dafür vorhanden sind. Die Überprüfung der bisher geleisteten Arbeiten habe diese Warnung vollauf bestätigt, da im KIB Leipzig die Projektierung nochmals völlig neu begonnen werden musste.

Diese Schwächen und Mängel in der Projektierung haben bereits bei einzelnen verantwortlichen Wirtschaftsfunktionären zu Äußerungen geführt, zu überlegen, ob das Chemie-Programm nicht auf ein oder zwei Jahre unterbrochen werden könnte, um in dieser Zeit die erforderlichen Projektierungsunterlagen zu erarbeiten. Anderenfalls müsste der jetzige Zustand der »gleitenden Projektierung« und der ungenügenden Erarbeitung der Dokumentationen anerkannt werden.

In dieser Richtung soll sich u. a. auch Prof. Dr. Nelles[22] ausgesprochen haben, der gleichzeitig sein Unverständnis darüber ausdrückte, warum für die Schaffung von Kapazitäten zur Herstellung wichtiger Chemie-Erzeugnisse noch ökonomische Begründungen abgegeben werden sollen, obwohl die Durchführung dieser Aufgaben doch von »zentralen Stellen« bereits angewiesen sei. Wie bekannt wurde, zeigen sich die Auswirkungen dieser Auffassungen und der geschilderten Situation bereits in der Arbeit einzelner VVB und Betriebe.

Aus dem Bereich der VVB Mineralöle wurde bekannt, dass die meisten Betriebe zwei bis drei Varianten des Perspektivplanes ausarbeiten, mit der Begründung, dass die Staatstermine aufgrund der Projektierung, der Bausituation und hoher Investitionen in einigen Betrieben als irreal angesehen werden. Dabei zeichnet sich die Tendenz ab, die wichtigsten Aufgaben um ein bis zwei Jahre zu verschieben, was bedeutet, rohstoffmäßig das gesamte Faser- und Plasteprogramm zu gefährden, zum Beispiel wird von Leuna erst für 1964 die Lieferung von Äthylen angeboten, obwohl dies bereits laut Plan 1962 in Buna gebraucht wird.

Als Folge mangelnder Projektierung – besonders der Fehlprojektierung in Lützkendorf[23] – wird die Entwicklung des Schmieröl-Bedarfs in der DDR angesehen. Entgegen den Planaufgaben, dass die DDR ab 1961 als Schmieröl-Exporteur im sozialistischen Lager auftreten soll, ist es nach vorliegenden

22 Johannes Nelles, Jg. 1910, Chemiker, renommierter Spezialist für die Herstellung synthetischen Kautschuks, 1945–67 Leiter des VEB Chemische Werke Buna in Schkopau, ab 1953 Mitglied, ab 1956 Professor an der Akademie der Wissenschaften sowie an der Technischen Hochschule für Chemie in Leuna-Merseburg, 1949 und 1951 Nationalpreis II. Klasse (jeweils im Kollektiv), 1957–66 stellvertretender Vorsitzender des Forschungsrates der DDR.

23 Im Original: »Lützgendorf«. Das Mineralölwerk in Lützkendorf in der Nähe von Leuna, wurde ab 1936 errichtet und zu einer der größten Raffinerieanlagen Deutschlands für die Herstellung von Kraft- und Schmierstoffen ausgebaut. Im Juli 1948 wurde es als VEB Mineralölwerk Lützkendorf in die VVB Kohlenwertstoffe eingegliedert. Die Produkte aus dem VEB firmierten unter dem Markennamen »Addinol«, der bekanntesten Marke der DDR für Mineralölprodukte. Das Werk deckte nach einer Erweiterung der Produktionsanlagen ab 1964 den Großteil des Schmierstoffbedarfs der DDR ab.

Angaben notwendig 1960 13,3 Tt, 1961 88,0 Tt, 1962 52,7 Tt, 1963 60,1 Tt, 1964 47,9 Tt und 1965 69,1 Tt Schmieröl zu importieren. Da für die Projektierung von Lützkendorf als Projektant Dr. [Name] verantwortlich war, wurden bereits wiederholt Bedenken dahingehend bekannt, ihn als Projektanten für das Erdölkombinat Schwedt arbeiten zu lassen.

Aufgrund dieser Lage in der VVB Mineralöle wurden aus der VVB Elektrochemie bereits Hinweise bekannt, dass die Termine für den Ausbau des Faserkombinats Guben und anderer Chemiefaserbetriebe als unreal angesehen werden. Es wird gefordert, dass die VVB Mineralöle erst nachweisen muss, zu welchen Terminen und mit welchen Mengen sie die erforderlichen Rohstoffe zur Verfügung stellen kann. Nach vorliegenden Informationen bestehen hinsichtlich der Kapazität und der Sicherung der Rohstoffversorgung für das Faserkombinat Guben noch größere Unklarheiten. Entgegen dem Beschluss des Politbüros soll in einer Besprechung der Abteilung Leichtindustrie der Staatlichen Plankommission mit der VVB Chemiefaser eine erneute Veränderung der Aufgabenstellung für das Faserkombinat Guben erfolgt sein. Daraus würde sich eine Erhöhung des Arbeitskräftebedarfs von 5 000 auf 7 500 Personen, eine Mehraufwendung von finanziellen Mitteln und Verzögerung der Inbetriebnahme-Termine ergeben. Von Prof. Correns,[24] Prof. Klare[25] und Prof. Nelles soll übereinstimmend geäußert worden sein, dass selbst für die erste Ausbaustufe für 5 000 Jato[26] die Rohstofflage bei DMT (Dimethylterephtalat) für die Lanonfaser[27] noch völlig ungelöst sei. Prof. Nelles vertritt die Ansicht, dass nicht mehr als 1 300 Jato zur Verfügung stehen würden.

24 Erich Correns, Jg. 1896, Chemiker, 1949 Nationalpreis der DDR, 1950–81 Präsident des Nationalrats der Nationalen Front, 1951 ordentliches Mitglied der Deutschen Akademie der Wissenschaften, 1953–59 Professor für chemische Technologie der Zellstoffherstellung an der TH Dresden, 1957 Mitglied des Forschungsrats.

25 Hermann Klare, Jg. 1909, Chemiker, ab 1951 Direktor des VEB Kunstfaserwerks »Wilhelm Pieck« Schwarza, 1953–61 Abteilungsleiter, dann bis 1969 Direktor des Instituts für Faserstoff-Forschung der DAW in Teltow; 1954–61 zugleich Professor an der TH für Chemie Leuna-Merseburg, 1961 ordentliches Mitglied der Deutschen Akademie der Wissenschaften, 1963–68 deren Vize-, 1968–79 deren Präsident.

26 Jato steht für Jahrestonne. Bei der Angabe von Fertigungskapazitäten von Massenware, wie beispielsweise Stahl oder Chemikalien, wird anstelle von »Tonnen pro Jahr« oft die Umschreibung »Jahrestonne(n)«, kurz »Jato« genutzt.

27 Lanon ist eine ältere Bezeichnung für Grisuten, die Handelsbezeichnung für die Polyesterfaser PE in der DDR. Grisuten hatte ähnliche Gebrauchseigenschaften wie die Polyamidfaser Dederon und war in der DDR ein viel verwendeter Grundstoff der Bekleidungsindustrie. Daraus wurden sogenannte pflegearme Blusen, Regenmäntel, Anzug-, Kostüm- und Rockstoffe, Gardinen und Badebekleidung, aber auch Filter, Planen und künstliche Arterien hergestellt. Das Ausgangsprodukt für die Grisuten-Oberbekleidung, die Terephthalsäure, wurde im Erdölverarbeitungswerk Schwedt produziert und im Chemiefaserwerk Premnitz weiterverarbeitet.

Von leitenden Personen westdeutscher Konzerne wurde bekannt, dass sie ihre Verwunderung darüber aussprechen, warum in Guben der Aufbau des Kombinats auf der Basis der Perlonfaser[28] erfolgt. In Westdeutschland wäre man zu der Überzeugung gekommen, die Perlon-Produktion nicht zu vergrößern, da dem Licht ausgesetztes Perlon nach kurzer Zeit große Fertigkeitsverluste erleiden würde. Dagegen soll die Nylon-Produktion[29] erheblich gesteigert werden, da Nylon-Fasern weitaus günstigere Eigenschaften besitzen würden und den Polyesterfasern eine größere Zukunft eingeräumt wird.

3. Bereitstellung der Baukapazitäten und Ausrüstungen

Nach bisher vorliegenden Angaben, die auch von der Zentrale der Deutschen Investitionsbank bestätigt werden, fehlen für die Durchführung des Chemie-Programms 1959 noch für ca. 31 Mio. DM Baukapazitäten. Besonders betroffen werden davon die Vorhaben des SU-Programms, da wegen unvollständiger Dokumentationen noch keine oder nur ungenügende Objektbeauflagungen erfolgten. Als Schwerpunkt tritt nach bisherigen Feststellungen der Bezirk Halle auf, wo auch nach Einleitung oder Vorbereitung überbezirklicher Maßnahmen noch erhebliche Baukapazitäten fehlen. Vom Buna-Werk sind noch immer 10 Mio. DM Bauleistungen für 1959 nicht vertraglich gebunden. Außerdem bestehen große Mängel in der Erfüllung der vertraglich gebundenen Bauleistungen. Die Baubetriebe im Buna-Werk haben im I. Quartal 1959 nur 8,6 % des Jahresplanes erfüllt.

Aus der VVB Mineralöle wurde bekannt, dass bisher in den Betrieben dieser VVB für 1959 Bauleistungen in Höhe von ca. 9 Mio. DM nicht untergebracht werden konnten. Davon allein 5,1 Mio. DM beim Kombinat Böhlen[30]

28 Perlon ist der Handelsname für Polycaprolactam, eine Polyamidfaser, die 1938 von dem Chemiker Paul Schlack als deutsche Antwort auf die in den USA produzierte Nylonfaser entwickelt wurde. Sie weist eine hohe Reiß-, Knickbruch- und Scheuerfestigkeit auf, ist leicht, hoch elastisch und strapazierfähig. Nachdem sie im Zweiten Weltkrieg vor allem im militärischen Bereich Anwendung fand, wurden in den 1950er-Jahren aus dieser Kunstfaser auf breiter Basis auch Textilien hergestellt.

29 Nylon ist der US-amerikanische Handelsname für Polyhexamethylenadipinsäureamid, aus der die erste vollsynthetische Faser hergestellt wurde. Sie wurde 1935 von Wallace H. Carothers in den USA entwickelt und zwei Jahre später patentiert. Die Nylonfaser wurde zuerst für Zahnbürstenköpfe verwendet, bevor daraus Damenstrümpfe als Massenware produziert wurden und damit der Durchbruch zur Verwendung in der Textilherstellung gelungen war.

30 Der VEB Kombinat Böhlen entstand im Mai/Juni 1952 infolge der Übergabe der SAG Kombinat Böhlen aus dem Staatseigentum der UdSSR an die DDR, ab November 1952 VEB Kombinat »Otto Grotewohl« Böhlen, ab 1970 Teilbetrieb des VEB Petrolchemisches Kombinat Schwedt. Mit 7 800 Beschäftigten hatte der Betrieb 1987 einen Anteil von ca. 12 % der industriellen Warenproduktion des Bezirks Leipzig. Vgl. Zimmermann, S.: Die Geschichte des Kombinatsbetriebes »Otto Grotewohl« Böhlen im VEB Petrolchemisches Kombinat Schwedt. Diss. Freiberg 1970; Bischoff, Ursula: Der Einfluss der bergbaulichen Traditionen und großindustriellen Entwicklungen auf das soziale Gefüge und die Mobilität der Braunkohlenarbeiterschaft von Borna, phil. Diss. Berlin 2000, online abrufbar unter: http:\\edo-

und 4 Mio. DM beim Mineralölwerk Lützkendorf. Diese Lage widerspricht offensichtlich den Beteuerungen der Leitung des Ministeriums und der Vertreter des Bauwesens in der Chemie-Kommission der Staatlichen Plankommission über die Möglichkeiten der Realisierung des Bauplanes.

Ähnliche Mängel ergeben sich nach vorliegenden Informationen in der Bereitstellung von Baumaterialien und Ausrüstungsgegenständen. Im Bezirk Halle sind dementsprechend von den für 1959 vorgesehenen 89 000 t Betonfertigteilen nur 49 000 t sichergestellt. In der VVB Elektrochemie sind bei einem Stahlbedarf von 25 440 t ca. 6 850 t nicht gedeckt. Davon entfallen auf das SU-Programm in Buna 3 200 t. Nach einer Meldung sollen trotz Überarbeitung des Bedarfs durch die Abteilung Chemie der Staatlichen Plankommission noch ca. 30 % des Gesamtbedarfs bei Stahlkonstruktionen nicht abgedeckt sein.

Für das Objekt Schwedt[31] wird der tägliche Kiesbedarf von ca. 300 m³ aus einer Entfernung von etwa 200 km (Korschen[32] und Neubrandenburg) herangeholt, obwohl eine ergiebige Kiesgrube in Bralitz bei Oderberg[33] in unmittelbarer Nähe liegt. Bisher wurde vom Ministerium für Aufbau[34] kein Baubetrieb mit der Nutzung beauftragt.

Für den Aufbau der für das erste Atomkraftwerk[35] wichtigen Zirkon-Anlage im EKB Bitterfeld soll es bisher noch nicht gelungen sein, 24 Trafos und 30 Hochvakuum-Pumpen vertraglich zu binden.

Aus mehreren Hinweisen ist ersichtlich, dass bei dem größten Teil der VVB des Maschinenbaues noch keine klaren Vorstellungen über die Aufgaben bestehen, die von ihren Betrieben zur Durchführung des Chemieprogramms zu erfüllen sind. Besonders zeige sich dies z. B. in den angebotenen Lieferterminen für schwere elektrotechnische Ausrüstungen, Rohrleitungen und mess- und regeltechnische Anlagen, die die Termine des Chemie-Programms gefährden und zum Teil unmöglich machen. Aus dem Bereich der VVB Förderanlagen Leipzig wurde bekannt, dass für Transportanlagen für die Objekte Schwedt

c.hu-berlin.de/dissertationen (letzter Abruf: 30.11.2021); StArch Leipzig, 20687 – VEB Otto Grotewohl Böhlen.

31 Gemeint ist der Bau des Petrolchemischen Kombinates Schwedt.

32 Es ist unklar, welcher Ort hier gemeint ist. Es gibt das polnische Korsze (deutsch: Korschen), das aber etwa 600 km von Schwedt entfernt liegt.

33 Bralitz (Kreis Bad Freienwalde, Bezirk Frankfurt/O.) liegt zwischen Oderberg und Bad Freienwalde an der Alten Oder.

34 Das Ministerium für Aufbau wurde im Zuge der Realisierung des »Gesetzes über die Vervollkommnung und Vereinfachung der Arbeit des Staatsapparates in der Deutschen Demokratischen Republik« vom 11.2.1958 umstrukturiert und erhielt den Namen Ministerium für Bauwesen. Zum Zeitpunkt der Erstellung des vorliegenden Berichtes war die Umbenennung bereits erfolgt.

35 Das erste Atomkraftwerk der DDR ging 1966 in Rheinsberg ans Netz. Ein Abkommen mit der Sowjetunion hatte 1955 den Weg für ein eigenes Atomprogramm in der DDR geebnet. 1957 wurde der erste Forschungsreaktor im damaligen »Zentralinstitut für Kernphysik« in Rossendorf bei Dresden seiner Bestimmung übergeben.

und Guben jeglicher Projektierungsvorlauf fehlt, was eine erhebliche Gefährdung der Auslieferung der Ausrüstungen für 1960 bedeutet.

Bemängelt wird weiterhin, dass die Produktion von Perlonzwirnmaschinen für die Ausrüstung der neuen Chemiefaser-Betriebe nicht dem neuesten Stand der Technik entsprechen würde. Die zzt. gefertigten Maschinen laufen mit 280 m Abzug. Trotzdem im Perlonbetrieb durch eine Veränderung der Abzug bereits auf 400 m erhöht wurde, weigert sich der VEB Spinnzwirn in Karl-Marx-Stadt,[36] die Maschinen umzubauen und die entsprechenden Garantien dafür zu übernehmen.

Der VEB Stanzila in Karl-Marx-Stadt,[37] welcher Kopse (Hilfsmittel für Textilmaschinen) im Ziehverfahren herstellt und dafür eine komplette Vorrichtung besitzt, wurde mit der Produktion von Milchkannen beauftragt. Dem Werk wurde nach Protest mitgeteilt, dass die Milchkannenproduktion nicht anderweitig untergebracht werden könnte. Dafür wurde vom Staatlichen Gussbüro Berlin[38] vorgeschlagen, die Kopse zu importieren (240 000).

Das Elektrochemische Kombinat Bitterfeld will einen Teil seiner artfremden Produktion, z. B. Bino-Würze,[39] Eipulver und Bonbonschachteln, an einen VE-Betrieb (K)[40] übergeben. Dieser Betrieb ist bereit, alle Verpflichtungen und Aufgaben zu übernehmen. Trotzdem scheiterten sämtliche bisherigen Verhandlungen, da kein Organ dem EKB den Anteil in der Brutto-Produktion – der von dem neuen Betrieb übernommen wird – vom Plan absetzt.

Über die Beschaffung von Textilfarbstoffen und chemischen Hilfsmitteln wurden Äußerungen bekannt, wonach von der Leitung der Staatlichen Plankommission aufgrund des angespannten Import- und Exportplanes der Bezug von chemischen Grundwerkstoffen um 10 Mio. VE gekürzt oder in spätere Quartale zurückgestellt worden sei. Da es sich dabei um Grundstoffe handelt, aus denen die Chemie diverse Produkte für die Weiterverarbeitung in der Textilindustrie herstellt, würde diese Kürzung einen Produktionsausfall im Werte von 200 Mio. DM (Trikotagen, Stoffe, Strümpfe, Kunstleder und Leder) hervorrufen.

36 Der VEB Spinnzwirn Karl-Marx-Stadt stellte Spinnmaschinen her.

37 Zum Zeitpunkt der Erstellung des Berichtes gab es einen VEB Stanzila nur in Dresden.

38 Das Staatliche Gussbüro unterstand der Staatlichen Plankommission und war zuständig für die Planung, Regulierung und Genehmigung von Aufträgen an Gießereibetriebe. Das Zentral-Gussbüro der DDR befand sich in Leipzig. Im Jahr 1952 wurde es durch einen Beschluss des Ministeriums für Maschinenbau der Deutschen Handelszentrale Maschinen- und Fahrzeugbau angegliedert, behielt aber seinen Sitz in Leipzig. Filialen des Büros gab es auch in anderen (Bezirks-)Städten und in Berlin. Vgl. Neue Zeit v. 17.2.1952, S. 8, u. v. 13.7.1952, S. 7.

39 Bino war das Pendant zur Marke Maggie, die in der DDR nicht erhältlich war. Herstellungsort für die flüssige Speisewürze, gekörnte Brühe, Brühpaste, Brühwürfel und Soßenwürfel war das Elektrochemische Werk Bitterfeld-Nord. Daher leitete sich auch er Name ab (Bitterfeld-Nord). Bis 1952 durften den Würzartikeln Abfälle aus der PVC-Produktion zugesetzt werden.

40 Mit VEB (K) wurden kreisgeleitete volkseigene Betriebe bezeichnet.

Vom Außenhandel wird die Ansicht vertreten, dass die Richtzahlen des Außenhandels für das Chemie-Programm zu allgemein gehalten sind, wodurch größere Schwierigkeiten bei der Realisierung auftreten. Die vorhandene Aufgabenstellung und das dazu vorliegende Zahlenmaterial würden eine ernsthafte Arbeit verhindern.

4. Kadereinsatz für die Aufgaben der Chemie

Aus dem VEB Komplette Chemieanlagen[41] wurde bekannt, dass der Stellenplan bisher nur zu 30 % besetzt werden konnte. Von den zum Einsatz vorgesehenen 150 Objekt-Ingenieuren sind erst 25 vorhanden. Der Betrieb, der die größten Aufgaben in der technischen Ausrüstung der Chemiebetriebe zu übernehmen hat, sei daher gezwungen, dass für ca. 90 % aller Projekte von den Projektierungsstellen und Investabteilungen der chemischen Industrie für die Durchführung der Investitionen Direktverträge mit Unterprojektanten und Zulieferbetrieben abgeschlossen und damit praktisch dem wirksamen Einfluss des Betriebes entzogen werden.

In der VVB Chemie- und Klimaanlagen ist es bisher nicht gelungen, innerhalb eines Jahres einen Technischen Leiter einzusetzen. Die zur Verstärkung der VVB bereitgestellten Planstellen können nicht besetzt werden, da die bisherigen Bemühungen zur Gewinnung qualifizierter Kader scheiterten. Auch unter den von der Kaderkommission der Staatlichen Plankommission für das Chemie-Programm ausgewählten 120 Kadern sollen weitverbreitet Stimmungen vorhanden sein, unbedingt im Betrieb zu bleiben und eine Arbeitsaufnahme in zentralen Stellen abzulehnen. Unter den Absolventen der Ingenieurschule in Köthen[42] sind Stimmungen vorhanden, dass eine Arbeitsaufnahme als Jungingenieure in den Leuna-Werken abgelehnt wird, da sie dort – das würden die bisherigen Erfahrungen zeigen – nur mit zweitrangigen Arbeiten betraut würden. In diesem Zusammenhang wurde bekannt, dass unter den wirtschaftswissenschaftlichen Kadern in der Chemie-Industrie bezüglich ihrer Gehalts-Eingruppierung in die sogenannten »W-Gruppe« Verärgerung besteht. Diese Veränderung hätte zur Folge, dass sie im Verhältnis zur I-Gruppe, in der die technischen Kräfte eingestuft sind, ca. 300 DM Gehalt monatlich weniger bekommen.[43] Nach Ansicht der davon betroffenen

41 Der VEB Komplette Chemieanlagen Dresden lieferte Luftzerlegungsanlagen, Anlagen für die Pharmazie und Polyurethanerzeugung, Anlagen zur Gewinnung etherischer Öle sowie Pilot- und Versuchsanlagen.

42 Die Staatliche Ingenieurschule Köthen wurde am 5.10.1948 eröffnet, 1952 in Fachschule für Chemie Köthen und 1956 in Ingenieurschule für Chemie umbenannt. 1959 wurde ihr der Name »Frédéric Joliot-Curie« verliehen und 1969 erhielt sie den Status einer Hochschule. Im Rahmen des Chemieprogramms der SED sollten die Studienplätze hier im Jahr 1959 von 800 auf 900 und bis zum Jahr 1963 noch einmal auf 1 000 erhöht werden. Vgl. ND v. 25.4.1959, S. 4.

43 Im Gehaltsgruppenkatalog der DDR wurden der W-Gruppe Arbeitskräfte zugeordnet, die einen Abschluss als Diplom-Ökonom oder Fachschul-Ökonom vorweisen konnten. Die

Kreise würde die in den Tarifen zum Ausdruck kommende »Zweitrangigkeit« der Wirtschaftswissenschaftler die z. T. noch mit erheblichen reaktionären Ansichten belasteten Techniker in der von ihnen vertretenen Ansicht stärken, wonach die Wirtschaftswissenschaft auf der Grundlage des Marxismus-Leninismus eben doch keine Wissenschaft sei. Zum anderen wird zum Ausdruck gebracht, dass diese Maßnahme besonders den Teil der Kader betreffen würde, in dem die meisten Mitglieder der Partei und zuverlässigen Parteilosen tätig sind.

I-Gruppe gab es nicht, wahrscheinlich ist hier die J-Gruppe gemeint. Als »J-Gruppen« (J I bis J V) wurden in der DDR die Gehaltsgruppen der technischen Intelligenz bezeichnet. Vgl. Fritz, W.: Kleines Lexikon der amtlichen Erwerbstätigenstatistk in der DDR. Historical Social Research, Transition (Online Supplement), 2, 1–137, online abrufbar unter: https://doi.org/10.12759/hsr.trans.2.v01.2000 (letzter Abruf: 1.3.2021); Haas, Gerhard; Leutwein, Alfred: Die rechtliche und soziale Lage der Arbeitnehmer in der Sowjetischen Besatzungszone. Hg. v. Bundesministerium für gesamtdeutsche Fragen. Bd. 2: Anlagenteil, 5., erw. u. erg. Aufl., Bonn 1959, S. 146–148.

21. Mai 1959

Information Nr. Nr. 323/59 – Ergänzung zum Bericht über die Organisierung der Republikflucht als wesentlicher Bestandteil der aggressiven NATO-Politik vom 22. Oktober 1958

Quelle: BArch, MfS, ZAIG 186, Bl. 22–26 (4. Expl.).
Serie: Informationen.
Verteiler: Kein Nachweis für externe Verteilung – MfS: Mielke, Ablage.
Bemerkung: Für das 2.,3. und 5. Exemplar ist »Ablage Mappe 134« angegeben.
Verweis: Bericht Nr. 134/58 v. 22.10.1958.

Nachstehend einige konkrete Beispiele zur neuerlichen Beweisführung der im Bericht vom 22. Oktober 1958 analysierten Feindtätigkeit auf diesem Gebiet.[1]

Abwerbung durch Ausnutzung persönlicher Kontakte

Das Beispiel des festgenommenen Werner *Pose*[2] aus Düsseldorf zeigt mit besonderer Eindringlichkeit, wie sich die westlichen Geheimdienste der Abwerbung von namhaften Wissenschaftlern aus der DDR als einer Hauptform der Feindtätigkeit bedienen.

Pose war während seiner Kriegsgefangenschaft in der SU bis 1953 u. a. im Forschungsinstitut Obninsk[3] bei Moskau[4] als technischer Laborant tätig, wo auch sein Bruder, der Wissenschaftler Prof. Dr. Heinz Pose[5] als Physikalischer Leiter arbeitete, der jetzt als international bekannter Kernphysiker

1 Vgl. Bericht-Nr. 134/58 über die Organisierung der Republikflucht als wesentlicher Bestandteil der aggressiven NATO-Politik v. 22.10.1958; BArch, MfS, ZAIG 72, Bl. 16–61.

2 Werner Pose, Jg. 1909, Kaufmann, 1945 sowjetische Kriegsgefangenschaft, bis 1953 technischer Laborant in einem von seinem Bruder Heinz Pose geleiteten geheimen Kernforschungslabor in Obninsk. Versuchte im Auftrag der CIA seinen Bruder zur Übersiedlung in die USA zu bewegen, was Heinz Pose ablehnte. Im April 1959 vom Bezirksgericht Dresden wegen Spionage und Verleitung zum Verlassen der DDR zu sechs Jahren Zuchthausstrafe verurteilt, nach Gnadenerweis Haftentlassung im Dezember 1961. Vgl. Maddrell, Paul: Spying on Science. Western Intelligence in Divided Germany 1945–1961. Oxford, New York 2006, S. 199–201.

3 Im Original: »Obeninskoje«.

4 In Obninsk wurde 1945 unter dem Codenamen »Labor V« ein geheimes Zentrum für Kernforschung unter der Leitung von Heinz Pose eingerichtet. Heute heißt das Institut Staatliches Wissenschaftliches Zentrum der Russischen Föderation – Physikalisch-Energetisches-Institut A. I. Leipunski.

5 Heinz Pose, Jg. 1905, Physiker, 1939 Professor in Halle, an NS-Kernwaffenforschung beteiligt, 1945–59 Kernforschung in der UdSSR sowie ab 1957 Lehrstuhl an der Technischen Hochschule in Dresden, nach Rückkehr in die DDR 1959–70 Direktor des Instituts für Allgemeine Kerntechnik an der Technischen Hochschule Dresden und Lehrstuhl für Neutronenphysik der Reaktoren.

ständiger Vertreter der DDR im Vereinigten Kernphysikalischen Institut in Dubna ist.

Zu Werner *Pose* wurde nach seiner ordnungsgemäßen Rückkehr nach Westdeutschland im November 1953 bereits im Lager Friedland[6] vom englischen Geheimdienst Kontakt aufgenommen, nachdem schon vor seiner Rückkehr Mitarbeiter des englischen Geheimdienstes bei seiner Frau vorsprachen.

Mister *Candlin*[7] vom englischen Geheimdienst verlangte Spionageangaben über das sowjetische Forschungsinstitut und vor allem über die Tätigkeit und Lage seines Bruders, Prof. Dr. Heinz *Pose,* die zur Vorbereitung einer Abwerbung dienen sollten und die *Pose* gegen Bezahlung und andere berufliche Vergünstigungen auch machte.

Mit dem gleichen Ziel traten in der Folgezeit auch der Bonner Bundesnachrichtendienst und die Mitarbeiter *Greer*[8] und *Löwe*[9] vom amerikanischen Geheimdienst an *Pose* heran und von *Löwe* erhielt *Pose* die konkreten Aufträge zur Abwerbung seines Bruders. Um bei dieser feindlichen Tätigkeit beweglicher sein zu können, erhielt er zur Umgehung geschäftlicher Schwierigkeiten ein hohes Darlehen und monatliche Zuschüsse, sodass er insgesamt von den feindlichen Geheimdiensten bereits vor der geplanten Abwerbung ca. 25 000 DM West erhielt.

Unter Ausnutzung des verwandtschaftlichen Verhältnisses und unter dem Vorwand, seinen Bruder wiedersehen zu wollen, suchte *Pose* diesen mehrere Male in Berlin, Frankfurt/M. und in Genf auf, um seinen Bruder zur Republikflucht zu veranlassen. Obwohl allen diesbezüglichen Aufforderungen zur Republikflucht von seinem Bruder entschieden entgegengetreten wurde, versucht *Pose* im Juni 1958 anlässlich einer wissenschaftlichen Tagung in Genf, seinen Bruder mit dem Mitarbeiter des amerikanischen Geheimdienstes, *Löwe,* der deshalb ebenfalls nach Genf kam, in Verbindung zu bringen, unter dem Vorwand, es handle sich bei *Löwe* um einen Vertreter des Weißen Hauses, der bevollmächtigt sei, einen Vertrag mit seinem Bruder abzuschließen. Dabei wurde ihm eine Professur in den USA unter erstklassigen Bedingungen für sich und seine Familie versprochen.

Als auch dieser Versuch der Abwerbung misslang, weil Prof. Dr. *Pose* ablehnte, versuchte *Pose* Ende Oktober 1958 in Berlin im Auftrage des amerikanischen Geheimdienstes seinen Bruder zu Angaben über einige Forschungsarbeiten in der SU zu bewegen, offensichtlich, um ihn bei Gelingen dieser Provokation unter Druck zu setzen und ihn auf diese Weise abzuwerben.

6 Gemeint ist das Grenzdurchgangslager Friedland bei Göttingen.

7 Candlin, weitere Angaben zur Person konnten nicht ermittelt werden. Es handelt sich vermutlich um einen Decknamen.

8 Greer, weitere Angaben zur Person konnten nicht ermittelt werden. Es handelt sich vermutlich um einen Decknamen.

9 Löwe, weitere Angaben zur Person konnten nicht ermittelt werden. Es handelt sich vermutlich um einen Decknamen.

Ausnutzung Republikflüchtiger zur Spionage- und Agententätigkeit gegen die DDR

Der Jugendliche [Vorname Name 1] aus Frankfurt/O., [Straße, Nr.], verließ 1957 die DDR und meldete sich in Westberlin im Jugendlager Berlin-Kladow. Von hier wurde er mit dem Engländer »Thomas« in Verbindung gebracht und von diesem – obwohl er erst 15 Jahre alt war – zur Spionagetätigkeit für den englischen Geheimdienst angeworben.

Im Auftrage des englischen Geheimdienstes unternahm [Name 1] 20 Spionagefahrten in die DDR und führte seinen Freund [Vorname Name 2] zur Anwerbung zu.

Des Weiteren erhielt er vom englischen Geheimdienst den Auftrag, den Reichsbahnangestellten [Vorname Name 3], der mit der Mutter des [Name 1] einen gemeinsamen Haushalt führte, zur Anwerbung nach Westberlin zuzuführen.

Zur Tarnung seiner Spionageinformationen erhielt [Name 1] vom englischen Geheimdienst eine Streichholzschachtel, in der sich unter einem doppelten Boden nummerierte Abbildungen sowjetischer Waffen befanden, sodass [Name 1] in seinen Spionageberichten lediglich die Nummer und Anzahl der festgestellten Waffen anzuführen brauchte.

Die inhaftierte [Vorname Name 4] wurde nach ihrer Republikflucht im Januar 1958 im Flüchtlingslager Berlin-Marienfelde vom englischen Geheimdienst zur Spionage- und Agententätigkeit gegen die DDR angesprochen.

In der Westberliner Gaststätte *Schmelzer* wurde sie unter dem Decknamen »Edeltraud *Fuhrmann*« vom englischen Geheimdienst angeworben und in die DDR zurückgeschickt.

Von dem Mitarbeiter des englischen Geheimdienstes »*Baron*« erhielt sie den Auftrag, in den Städten Oranienburg, Strausberg, Teltow und Potsdam intime Verhältnisse zu Angehörigen der bewaffneten Kräfte der DDR anzuknüpfen und sie zur Flucht nach Westberlin zu veranlassen.

Nach der Flucht sollte sie diese Personen dem englischen Geheimdienst zuführen.

Gleichzeitig wurde sie beauftragt, in verschiedenen Grenzorten am Ring um Berlin Schleusungspunkte zu erkunden.

Der festgenommene [Vorname Name 5] aus Kaltenwestheim, [Straße], Bezirk Suhl, wurde Ende 1958 zum dritten Mal republikflüchtig. In Bad Neustadt[10] erhielt er Verbindung zum amerikanischen Geheimdienst.

Unter dem Decknamen »*Buby*« wurde [Name 5] zur Agententätigkeit für den amerikanischen Geheimdienst verpflichtet und in die DDR zurückgeschickt.

10 Vermutlich Bad Neustadt an der Saale.

Vor seiner Rückkehr in die DDR wurde [Name 5] in der amerikanischen Geheimdienststelle von dem Mitarbeiter *Büchel*[11] geschult und im Pistolengebrauch ausgebildet.

Vom amerikanischen Geheimdienst erhielt er den Auftrag, den Schacht des Kaliwerkes »Marx-Engels« in Unterbreizbach, [Bezirk] Suhl, unter Wasser zu setzen. Zu diesem Zweck erhielt er die Anweisung, weitere Personen für die Durchführung dieses Auftrages zu gewinnen.

Des Weiteren erhielt er vom amerikanischen Geheimdienst in Bad Neustadt den Auftrag, nachts das Gebäude des Kommandos der Deutschen Grenzpolizei in Kaltennordheim in Brand zu setzen und die im MTS-Stützpunkt Kaltennordheim stationierten Traktoren durch Einstreuen von Sand in die Ölwannen unbrauchbar zu machen.

Nach der Ausführung dieser Aufträge sollte [Name 5] sofort die DDR verlassen.

Nachdem der Republikflüchtige [Vorname Name 6], ein kriminelles Element, wohnhaft gewesen in Zella-Mehlis, bereits im Westberliner Flüchtlingslager Marienfelde von drei Mitarbeitern des amerikanischen Geheimdienstes zu Spionageangaben militärischer Art und besonders über die Produktion von Schreib-, Rechen- und Buchungsmaschinen aufgefordert wurde, brachte man ihn dann in einen Nebenraum einer Bier- und Weinstube auf dem Kurfürstendamm in Westberlin mit weiteren Angehörigen des amerikanischen Geheimdienstes in Verbindung, von denen er zur Feindtätigkeit gegen die DDR angeworben wurde und den Decknamen »Paul *Rose*« erhielt.

Nach einer kurzen Schießausbildung im amerikanischen Armeelager in Berlin-Grunewald, wurde er zur Ausbildung auf die Agentenschule Nagold/Schwarzwald geschickt. Dort wurde er zusammen mit weiteren Agenten des amerikanischen Geheimdienstes in mehreren speziellen Kursen geschult, wie Schreib-, Rechen- und Buchungsmaschinen zu zerstören sind, wobei er bis ins Kleinste gehende Erläuterungen, wie Öl auf die Gummiwalzen schütten, verchromte Teile durch Salzsäure zerstören, und andere detaillierte Hinweise für seine zukünftige Diversionstätigkeit erhielt. Außerdem begann dort seine Ausbildung im Funken.

Nach Beendigung der Kurse erhielt [Name 6] den Auftrag, in die DDR zurückzukehren und weitere konkrete Aufträge jeweils in Westberlin in der bereits bezeichneten Bier- und Weinstube vom amerikanischen Geheimdienst entgegenzunehmen, was [Name 6] auch tat.

Er wurde dort beauftragt, Spionage- und Diversionstätigkeit in der DDR durchzuführen und sollte zu diesem Zweck im »Mercedes« – Hauptwerk in Zella-Mehlis[12] arbeiten, um dort vor allem für den Export in die SU be-

11 Büchel, weitere Angaben zur Person konnten nicht ermittelt werden. Es handelt sich vermutlich um einen Decknamen.

12 Vollständig: Mercedes-Büromaschinenwerke AG i. V. in Zella-Mehlis.

stimmte Buchungs- und Rechenmaschinen zu zerstören und Zeichnungen und Kataloge von Buchungs- und Rechenmaschinen sowie Zählwerke und Motoren solcher Maschinen an den amerikanischen Geheimdienst auszuliefern. Dabei wurde schon genau festgelegt, wie er einen neu entwickelten Motor für Rechenmaschinen, der erstmalig auf der Leipziger Frühjahrsmesse 1959 gezeigt werden sollte, entwenden und an den amerikanischen Geheimdienst übergeben sollte.

Später sollte er die Arbeitsstelle wechseln und im VEB Simson Suhl[13] Motoren und speziell deren Kolben unbrauchbar machen.

Für die Durchführung dieser feindlichen Aufträge sollte er 500 DM West erhalten.

[Name 6] wurde festgenommen.

13 Vollständig: VEB Fahrzeug und Gerätewerk Simson Suhl.

25. Mai 1959

Information Nr. 337/59 – Bericht über die Stimmung der Bevölkerung der DDR zur Konferenz der Außenminister in Genf

Quelle: BArch, MfS, ZAIG 190, Bl. 1–4 (2. Expl.).
Serie: Informationen.
Verteiler: Kein Nachweis für externe oder interne Verteilung.
Vermerk: Im Dokumentenkopf: »nicht rausgegangen«, »nicht versenden!«.

[Faksimile von Blatt 1]

Die Außenministerkonferenz in Genf hat bei allen Bevölkerungskreisen der DDR eine sehr starke Resonanz gefunden.[1] In vielen Betrieben und Hausgemeinschaften wurden in Versammlungen die Außenministerkonferenz begrüßt und durch Zustimmungserklärungen und Unterschriftensammlungen ein erfolgreicher Verlauf der Konferenz gefordert. Darüber hinaus wurde aus Anlass der Genfer Konferenz eine große Anzahl Verpflichtungen zur Steigerung der Produktion abgegeben.

Während der überwiegende Teil der Werktätigen auf einen positiven Ausgang der Konferenz hofft, werden aber auch von einer großen Anzahl – trotz zustimmender Erklärungen – Zweifel über den Erfolg der Konferenz geäußert und die Meinung vertreten, dass auf der Konferenz sowieso kein positives Ergebnis erreicht wird, da die Westmächte auch diesmal nicht von ihrer bisherigen sturen Politik abrücken. In diesem Zusammenhang wird auf frühere Konferenzen verwiesen, bei denen die Westmächte zu den Friedensvorschlägen der Sowjetunion ebenfalls eine ablehnende Haltung einnahmen.

Besondere Zustimmung und Anerkennung findet die gleichberechtigte Teilnahme der deutschen Delegationen an der Konferenz. Diese Tatsache so-

1 Am 11.5.1959 begann in Genf die Konferenz der Außenminister der alliierten Besatzungsmächte, auf der die beiden deutschen Außenminister Lothar Bolz (DDR) und Heinrich von Brentano (BRD) als Beobachter teilnahmen. In zwei Phasen, vom 11.5. bis 20.6. und vom 13.7.bis 5.8.1959 berieten die Außenminister der USA, Frankreichs, Großbritanniens und der Sowjetunion über die Berlin- und die Deutschlandfrage. Die Sowjetunion beharrte dabei auf ihre im November 1958 gestellten Forderungen und dem Friedensvertragsentwurf vom 10.1.1959. Sie drohte mit dem Abschluss eines separaten Friedensvertrages mit der DDR, würden die Westmächte nicht auf ihre Forderungen eingehen. Letztere befürworteten die Vereinigung Ost- und Westberlins nach freien Wahlen und unter Kontrolle der UNO sowie einen Stufenplan zur Wiedervereinigung beider deutscher Staaten auf der Grundlage freier Wahlen und einer gemeinsam zu entwerfenden Verfassung. Die Konferenz endete faktisch ergebnislos, weil keine Einigung erreicht werden konnte. Vgl. Wettig, Gerhard, Chruschtschows Berlin-Krise 1958 bis 1963. München 2006, S. 55–70; Lemke, Michael: Die Berlinkrise 1958 bis 1963: Interessen und Handlungsspielräume der SED im Ost-West-Konflikt. Berlin 1995, S. 129–137.

wie das Zustandekommen der Konferenz selbst werden fast ausnahmslos als ein großer Erfolg der Sowjetunion und der DDR gewertet.[2]

Der weitaus größte Teil bringt dabei der Delegation der DDR volles Vertrauen entgegen und sieht in ihr den Vertreter der Interessen des ganzen deutschen Volkes. Dem Auftreten der Delegation der DDR wird von allen Bevölkerungsschichten große Bedeutung beigemessen und diese Tatsache – insbesondere auch von Angehörigen der Intelligenz – als eine Anerkennung der DDR gewertet.

Demgegenüber wird das Verhalten der westdeutschen Delegation, vor allem *Brentanos,*[3] auf das Schärfste verurteilt. Wiederholt wird dabei zum Ausdruck gebracht, dass ein Außenminister, der die deutsche Sprache verleugnet, niemals deutsche Interessen vertreten kann. Die Haltung *Brentanos* in Genf wird als Beweis dafür angesehen, dass die westdeutschen Vertreter nicht mit ehrlichen Absichten nach Genf gekommen sind.

Zum Antrag des Gen. *Gromyko,*[4] Vertreter der Regierungen der Volksrepublik Polen und der ČSR an der Konferenz als vollberechtigte Verhandlungspartner zu beteiligen, herrschen bei einzelnen Bürgern noch Unklarheiten. Verschiedentlich werden Befürchtungen geäußert, dass durch diesen Antrag die Konferenz scheitern könne, »da diese beiden Staaten das Deutschlandproblem nichts angehe.« Andererseits gibt es vereinzelt Meinungen, dass bei einer Teilnahme der Volksrepublik Polen und der ČSR auch Italien, Belgien, Holland, Norwegen und Dänemark zur Konferenz eingeladen werden müssten, da diese Länder während des letzten Krieges ebenfalls von Deutschland besetzt wurden.

Die meisten Diskussionen beinhalten jedoch Stellungnahmen zum Friedensvertrags-Entwurf und zur Berlin-Frage, die seit Beginn der Genfer Konferenz wieder stark in den Vordergrund gerückt sind, ohne dass sich dabei

2 Am 2.3.1959 hatte die Sowjetregierung Noten an die Regierungen der USA, Frankreichs und Großbritanniens gerichtet. Darin warnte sie vor einer militärischen Konfrontation und schlug ein Gipfeltreffen der Regierungschefs der Westmächte und der Sowjetunion vor. Alternativ dazu wäre eine Außenministerkonferenz denkbar. Etwa zeitgleich ging auch eine Note an die Regierung der DDR. Darin klärte die sowjetische Regierung die Führung der DDR über den Inhalt der an die Westmächte gerichteten Noten auf und warb für den von ihr entworfenen Friedensvertrag. Sie forderte, die Regierungen Polens und der ČSR sowie Vertreter der DDR und der BRD an dem angestrebten Gipfeltreffen der Regierungschefs bzw. der Außenministerkonferenz teilnehmen zu lassen. Vgl. ND v. 4.3.1959, S. 1 u. 5; Dokumente zur Berlin-Frage 1944–1966. Hg. v. Forschungsinstitut der Deutschen Gesellschaft für Auswärtige Politik e.V., Bonn in Zusammenarbeit mit dem Senat von Berlin. 4. Aufl., München 1987. S. 376 f.

3 Heinrich von Brentano, Jg. 1904, CDU-Politiker, 1949–55 und 1961–64 Vorsitzender der CDU/CSU-Bundestagsfraktion, 1955–61 Bundesaußenminister.

4 Andrej A. Gromyko, Jg. 1909, sowjetischer Politiker, 1952/53 sowjetischer Botschafter in London, seit April 1953 1. Stellvertreter des sowjetischen Außenministers Wjatscheslaw M. Molotow, 1957–1985 Außenminister der Sowjetunion.

die einzelnen (sowie positiven als auch negativen) Argumente wesentlich von den schon in den vorherigen Berichten angeführten unterscheiden.[5]

Die Vorschläge und Äußerungen der Westmächte (4-Stufenplan),[6] ihre Taktik und Ziele, wie sie auf der Konferenz in Erscheinung treten, werden bei Weitem nicht in diesem Ausmaß wie die Vorschläge der SU und der DDR diskutiert. Aber wo dies der Fall ist, wird dabei das Vorgehen der Westmächte meist abgelehnt.

Negative oder feindliche Stimmen sind Einzelerscheinungen. Ebenfalls vereinzelt sind solche Fälle, wo man sich mehr oder weniger die Ansichten der Westmächte zu eigen macht, sie als richtig hinstellt und verteidigt.

Zur Genfer Konferenz traten bisher vereinzelt folgende negativen Argumente auf:

- Die sozialistischen Staaten müssten Zugeständnisse machen.
- Warum wird der Plan der Westmächte (Paketplan) nicht veröffentlicht?
- Man sollte »Freie Wahlen« durchführen, da würde man schon sehen, wer mehr Stimmen hat.
- Es gibt keine Einigung, so lange aus Ost- und Westdeutschland noch etwas herauszuholen ist.
- Das von Polen übernommene Land sollte an Deutschland zurückgegeben werden, damit wäre den Westmächten der Wind aus den Segeln genommen.

5 Vgl. Information 9/59. Im Januar 1959 legte die Sowjetunion den Entwurf eines Friedensvertrages der im Zweiten Weltkrieg an den Kämpfen gegen Deutschland beteiligten Staaten mit der DDR und der Bundesrepublik den Besatzungsmächten als Vorschlag vor. Als Voraussetzungen für den Abschluss des Vertrages werden darin der Austritt beider deutscher Staaten aus allen Militärbündnissen, der Verzicht auf moderne Waffensysteme, keinerlei Ansprüche auf die ehemals deutschen Ostgebiete und der Abzug aller Besatzungstruppen formuliert. Dem vorausgegangen war eine Note, die das sowjetische Außenministerium am 27.11.1958 den westlichen Besatzungsmächten USA, Großbritannien und Frankreich übergab und in der die Sowjetunion ankündigte, der DDR die volle Kontrolle über die Verbindungswege zwischen Westdeutschland und Westberlin zu übertragen, sollte es nicht innerhalb eines halben Jahres zu einer vertraglichen Vereinbarung der alliierten Mächte kommen, die Westberlin den Status einer entmilitarisierten Freien Stadt garantierte. Dies beinhaltete den Abzug der Truppen der Westalliierten aus der Stadt. Damit kündigte die Sowjetunion den Viermächte-Status Berlins quasi auf und leitete die sogenannte zweite Berlin-Krise ein. Dazu siehe: Wettig, Gerhard: Chruschtschows Berlin-Krise 1958 bis 1963. Drohpolitik und Mauerbau. München 2006; zum Wortlaut des Entwurfes vgl. ND v. 11.1.1959.

6 Auf der Genfer Außenministerkonferenz 1959 unterbreiteten die Westmächte einen Vier-Stufen-Plan zur Wiedervereinigung Deutschlands, nach dem US-amerikanischen Außenminister auch Herter-Plan genannt: 1. Vereinigung von West- und Ostberlin nach freien Wahlen unter der Kontrolle der UNO; 2. Einsetzung eines »deutschen Ausschusses« durch die vier Besatzungsmächte zur Vorbereitung freier Wahlen; 3. Entwurf einer Verfassung durch eine gewählte »gesamtdeutsche Versammlung«; 4. Abschluss eines Friedensvertrages durch die auf der Grundlage dieser Verfassung gebildete gesamtdeutschen Regierung. Siehe: Siegler, Heinrich von (Hg.): Dokumentation der Genfer Außenministerkonferenz 1959. Bd. 1, [o. O., 1959], S. 59–70.

- So wie der Versailler Vertrag[7] die Grundlage zum 2. Weltkrieg war, wird der vorgeschlagene Friedensvertrag die Grundlage zum 3. Weltkrieg bilden.
- Der Bevölkerung der DDR wird nicht alles gesagt. Die Veröffentlichungen wären zu einseitig.
- Das Verhalten Brentanos sei richtig, denn die Weltsprache sei ohnehin Englisch und Französisch, die deutsche Sprache sei noch nie Verhandlungssprache gewesen.
- Es sei nicht richtig, dass Brentano und andere westdeutsche Regierungsmitglieder durch unsere Publikationsorgane angegriffen würden, dadurch käme es nie zu einer Einigung in politischen Fragen.
- Wenn ein Friedensvertrag mit uns abgeschlossen wird, steht der Krieg vor der Tür.
- Wir als Deutsche könnten doch nur sehr wenig Einfluss auf das Ergebnis der Konferenz nehmen.
- Zu den Tagungen zeigen sie sich die Zähne und hinterher sind sie wieder gut Freund.

Im Bezirk Rostock wird durch Angehörige der »Zeugen Jehovas« verbreitet, dass nach Auslegung der Bibel die Konferenz nicht zum Erfolg führen und keine Einigung erzielt werden wird. Das Thema der Konferenz sei sinnlos, da »Jehova lenkt und leitet«.[8]

Neben diesen negativen Stimmen gibt es auch vereinzelt Fälle, wo mit dem Ausgang der Konferenz Spekulationen verbunden werden. So wird von Bürgern in den Bezirken Magdeburg und Suhl die Meinung vertreten, dass nach der Genfer Konferenz der Interzonenverkehr gelockert wird, damit die Spannungen zwischen beiden deutschen Staaten verringert werden.

7 Mit der Unterzeichnung des auf der Friedenskonferenz von Paris (28.1.1919–21.1.1920) ausgehandelten Friedensvertrages von Versailles endete der Erste Weltkrieg auf völkerrechtlicher Ebene. Deutschland unterzeichnete den Vertrag am 28.6.1919 im Spiegelsaal des Versailler Schlosses. Aufgrund der Art und Weise des Zustandekommens sowie der darin festgelegten hohen Reparationskosten und umfangreichen Gebietsabtretungen empfand Deutschland den Vertrag als demütigend. Die Folgen der territorialen Verluste schwächten die deutsche Wirtschaft zudem enorm. In der Geschichtsschreibung wird der Versailler Vertrag deshalb vielfach als Ausgangspunkt für das Erstarken des Nationalsozialismus betrachtet.

8 Die Zeugen Jehovas sind eine christlich-fundamentalistische Religionsgemeinschaft. Jehova ist ihre Bezeichnung für Gott, der allmächtig und ewig sei, das Leben und die Menschen erschaffen habe und ihre Geschicke lenkt. Die Dreifaltigkeitslehre lehnen sie ab. Die Zeugen Jehovas bezeichnen sich selbst als theokratische Organisation. Bekannt sind sie vor allem durch ihre ausgeprägte Missionstätigkeit. In der DDR wurden sie im August 1950 verboten und systematisch verfolgt. Da sie als »imperialistische Feindorganisation« eingestuft wurden, lag ihre Bekämpfung in der Zuständigkeit der Staatssicherheit. Vgl. Hirch, Waldemar: Die Glaubensgemeinschaft der Zeugen Jehovas während der SED-Diktatur. Unter besonderer Berücksichtigung ihrer Observierung und Unterdrückung durch das Ministerium für Staatssicherheit. Frankfurt/M. 2003; Dirksen, Hans-Hermann: »Keine Gnade den Feinden unserer Republik«. Die Verfolgung der Zeugen Jehovas in der SBZ/DDR 1945–1989. Berlin 2003.

Im Kreis Meiningen, [Bezirk] Suhl, halten werktätige Einzelbauern ihr Geld zurück und bringen es nicht zur Bank. Sie wollen »erst abwarten, was die Konferenz bringt«.

In Elsterwerda, [Bezirk] Cottbus, wurde von ehemaligen Umsiedlern geäußert, dass sie bei einem erfolgreichen Abschluss der Genfer Konferenz wieder nach Schlesien zurückkommen.

Im Bezirk Erfurt wurde bei der Werbung von Jugendlichen zur NVA erklärt, erst im August oder November in die Armee einzutreten, da sie erst den Monat Mai abwarten möchten.

8. Juni 1959

Information Nr. 379/59 – Bericht über Missstimmungen im Zusammenhang mit Normenveränderungen und anderen lohnpolitischen Maßnahmen

Quelle: BArch, MfS, ZAIG 220, Bl. 4–6 (5. Expl.).
Serie: Informationen.
Verteiler: Neumann, Warnke, Apel – MfS: HA III, Ablage.

In der letzten Zeit wurden Hinweise bekannt, wonach von einzelnen Betriebsleitungen administrativ Normenveränderungen und andere lohnpolitische Maßnahmen durchgeführt wurden, die zu erheblichen Missstimmungen und teilweise zu Arbeitsniederlegungen und Kündigungen führten. In allen Fällen konnte bisher festgestellt werden, dass von den Betriebsleitungen administrativ die Beschlüsse von Partei und Regierung verletzt wurden und die Maßnahmen ohne vorhergehende Aussprache mit den Arbeitern erfolgten.

Am 4.6.1959 kam es im VEB Gummikombinat Thüringen, Werk Waltershausen, [Kreis] Gotha, [Bezirk] Erfurt, in der Abteilung Fahrraddecken zu negativen Diskussionen über die Abrechnung nach den neuen Lohnkatalogen.[1] Ein Teil der Beschäftigten hat bei der Abrechnung nur 5,00 bis 20,00 DM erhalten. Da von den Betriebsfunktionären keine konkrete Auskunft über die neuen lohnpolitischen Maßnahmen gegeben wurde, suchte ein Teil der Arbeitskräfte um die Entlassung nach. (Der Verdienstausfall beläuft sich bei den guten Arbeiterinnen monatlich auf 40,00 bis 100 DM.) In Kurzversammlungen wurde von den Wirtschaftsfunktionären gefordert, dass sie in den einzelnen Abteilungen konkret zu den lohnpolitischen Maßnahmen Stellung nehmen und innerhalb des Kombinats ein einheitliches Lohngefüge geschaffen wird. In der Nacht zum 5.6.1959 wurde im Werk 2 Waltershausen, [Kreis] Gotha, in der Abteilung Luftschlauch durch ca. 15 Frauen ein 1½ stündiger »Sitzstreik« durchgeführt. Auch in der Abteilung Mischerei wurden dahingehend Diskussionen geführt, in den Fragen der Lohnverordnung unbedingt Klarheit zu schaffen.

Im VEB Leipziger Eisen- und Stahlwerke (LES)[2] kam es in der Nacht vom 5.6.1959 von 20.00 bis 4.15 Uhr zu einer Arbeitsniederlegung durch fünf

1 Der VEB Gummikombinat Thüringen in Waltershausen produzierte u. a. einen in der DDR entwickelten Fahrrad-Schlauchreifen, der unter dem Kunstnamen Kowalit (als Abkürzung für Kombinat Waltershauen in Thüringen) bekannt und erstmals 1956 bei der jährlich stattfindenden Internationalen Friedensfahrt, dem bedeutendsten internationalen Amateurradrennen innerhalb der Ostblockstaaten, eingesetzt wurde. Der Kowalit wurde später auch für den Export produziert und als normaler Fahrradreifen eingesetzt.

2 Der VEB Leipziger Eisen- und Stahlwerke (LES) wuchs durch Angliederung verschiedener vormals privater Eisengießereien im Laufe der 1950er-Jahre zu einem großen Betrieb mit einer Belegschaft von über 5 000 Arbeitern im Jahr 1960.

Formkastenauslehrer[3]. Die Normerfüllung dieser Arbeiter lag bisher bei ca. 300 %. Da die Norm ohne Aussprache mit ihnen um 100 % gesenkt wurde, nahmen sie die Arbeit nicht auf und verlangten die Klärung der Angelegenheit. Während die Arbeiter am 5.6.1959 beim FDGB um eine Klärung nachsuchten, beschloss der Betrieb die fünf Formkastenauslehrer zu entlassen und den Sicherheitsorganen zu übergeben. Von der SED-Bezirksleitung Leipzig wurde das Verhalten des Betriebes verurteilt und die Wiedereinstellung der Arbeiter veranlasst. Produktionsausfall: 30 t Grauguss = 18 000 DM.[4]

In der Eisengießerei Altenburg, [Bezirk] Leipzig,[5] (Betrieb mit staatlicher Beteiligung), nahmen am 6.6.1959 elf Former die Arbeit nicht auf. Die Former hatten bisher eine Normerfüllung von 240 bis 250 %. Da sie bei der Lohnauszahlung (vor Arbeitsbeginn) feststellten, dass die Norm ohne vorhergehende Aussprache um 100 % gesenkt worden war, verweigerten sie die Arbeitsaufnahme. In der späteren Aussprache erklärten sie sich bereit, die ausgefallene Zeit nachzuarbeiten.

Im Geräte- und Reglerwerk Teltow, [Bezirk] Potsdam,[6] gibt es besonders unter den Frauen negative Diskussionen über Lohnfragen. Obwohl den Frauen bereits vor einem Jahr eine Verbesserung der Lohnverhältnisse versprochen wurde, hat sich noch nichts geändert, sodass sie im Monat 160 bis 180 DM verdienen. Es handelt sich dabei um angelernte Kräfte, die an einer Bolly-Maschine arbeiten und an bestimmten Werkstücken ständig gleiche Arbeitsvorgänge vornehmen. Aufgrund der Lohnverhältnisse haben schon einige Frauen gekündigt.

Am 8.6.1959 kam es im »Sachsenwerk« Dresden-Niedersedlitz[7] zu einer Arbeitsniederlegung in der Reparaturabteilung. Eine Arbeiterin wollte bei der Lohnrechnerin festgestellt haben, dass durch die Einführung des Prämienzeitlohnes eine Lohnminderung eintritt. Die dadurch hervorgerufenen

3 Hier und im Folgenden muss es ganz sicher Formkastenausleerer heißen.

4 Im Zuge der Währungsreform im Juli 1948 auf dem Gebiet der Sowjetischen Besatzungszone wurde die Reichsmark als bis dahin gültiges Zahlungsmittel durch die Deutsche Mark der Deutschen Notenbank abgelöst. Bis 1964 hieß die Währung in der DDR also auch Deutsche Mark (DM). Erst 1964 wurde sie in Mark der Deutschen Notenbank (MDN) und mit Gründung der Staatsbank der DDR im Jahr 1968 in Mark der DDR (M) umbenannt.

5 Gemeint ist hier vermutlich die Eisengießerei in Meuselwitz, Kreis Altenburg (Bezirk Leipzig). Aus der dort 1876 gegründeten Eisengießerei und Maschinenbaufirma Heymer & Pilz entwickelte sich nach 1948 der VEB Maschinenfabrik »John Schehr«. Die Eisengießerei in Meuselwitz stellte Gussteile speziell für den Werkzeugmaschinenbau und die Druckmaschinenindustrie her.

6 Der VEB Geräte- und Reglerwerke Teltow (von 1948 bis 1954 VEB Askania Teltow) stellte Technik für die Seefahrt und die Industrieautomatisierung her. Neben der Produktion von Mess- und Regelgeräten gehörte dazu auch die Projektierung, Montage und Inbetriebnahme von Industrieanlagen.

7 Das »Sachsenwerk« in Dresden-Niedersedlitz wurde nach dem Zweiten Weltkrieg Stammbetrieb des VEB Kombinat Elektromaschinenbau. Es war Alleinhersteller für mittlere und große elektrische Maschinen in der DDR.

Diskussionen veranlassten 40 Arbeiter, die Arbeit von 15.00 bis 15.30 Uhr niederzulegen. (In der Abteilung sind 105 Personen beschäftigt.) Nach einer Aussprache mit den an der Arbeitsniederlegung beteiligten Personen wurde die Arbeit um 15.30 Uhr wieder aufgenommen.

Weitere Unzufriedenheiten gab es im Kalksandsteinwerk Niederlehme, [Kreis] Königs Wusterhausen, [Bezirk] Potsdam.[8] Nach der Lohnerhöhung wurden im Werk neue Tätigkeitsmerkmale festgelegt, sodass fast alle Beschäftigten in eine niedere Lohnstufe kamen und jetzt weniger Geld als vor der Lohnerhöhung verdienen.[9]

8 Niederlehme ist seit 2003 ein Ortsteil von Königs Wusterhausen und der älteste Produktionsstandort von Kalksandstein in Deutschland. Der VEB Kalksandsteinwerk Niederlehme gehörte dem VEB Kombinat Baustoffversorgung an.

9 Auf der Grundlage der Beschlüsse des V. Parteitages der SED (10.–16.7.1958) wurden 1959 umfangreiche Maßnahmen zur Erhöhung der Nettolöhne durchgeführt. Von den Lohnerhöhungen im Gesamtumfang von etwa 1 Mrd. Mark profitierten rund 3 Mio. Arbeitnehmerinnen und Arbeitnehmer, von denen etwa zwei Drittel zu den unteren Lohn- und Gehaltsgruppen zählten. Vgl. Frerich, Johannes; Frey, Martin: Handbuch der Geschichte der Sozialpolitik in Deutschland, Bd. 2: Sozialpolitik in der Deutschen Demokratischen Republik. München, Wien 1993, S. 101–105.

17. Juni 1959

Information Nr. 407/59 – Bericht über Schwierigkeiten in der Fischindustrie des Bezirkes Rostock

Quelle: BArch, MfS, ZAIG 236, Bl. 1–2 (3. Expl.).
Serie: Informationen.
Verteiler: Neumann – MfS: Weidauer, Ablage.
Vermerk: Im Verteiler hinter 4. [Exemplar] in Steno »vernichtet«.

Nach vorliegenden Informationen halten trotz der kritischen Hinweise in der demokratischen Presse in der letzten Zeit die in der Fischindustrie des Bezirkes Rostock aufgetretenen Schwierigkeiten an.[1]

Aufgrund der außerordentlich guten Fangergebnisse – besonders bei Sprotten – reicht die vorhandene Kapazität zur Verarbeitung nicht mehr aus. Da auch die Fischmehlfabrik durch die Abfälle aus den Kombinaten voll ausgelastet ist, war sie nicht in der Lage, zusätzlich Sprotten zu verarbeiten. Durch diese Verarbeitungsschwierigkeiten kam es im Fischkombinat Rostock[2] bereits dazu, dass aus hygienischen Gründen Sprotten verbrannt werden mussten, an einem Tag allein 15 Waggonladungen und andererseits der überwiegende Teil der gefangenen Sprotten der Landwirtschaft als Futtermittel zugeführt wurde. Dabei wurden besonders die VEG und LPG des Bezirkes mit größeren Mengen Sprotten als Schweinefutter beliefert, wobei die Zuteilungen zum Teil so hoch sind, dass sie nicht gleich verwertet werden können und verderben.

In der LPG Bretwisch, [Kreis] Grimmen, sind bereits drei Schweine und in der LPG Grabow, [Kreis] Grimmen, vier Läufer an den Folgen der Sprottenverfütterung verendet. Diese Maßnahme hat unter der Landbevölkerung – besonders unter den Arbeitern der VEG und LPG – zu negativen Diskussionen geführt, wobei kritisiert wird, dass es bisher in den Dörfern keinen Fisch zu kaufen gab und jetzt die Schweine damit gefüttert werden sollen.

In der LPG Gustow, [Kreis] Rügen,[3] wurde das Einsilieren von Sprotten als Schweinefutter vor Vertretern der VEG, MTS und LPG vorgeführt. Da die Fische noch frisch waren, kam es zu erregten Diskussionen, wobei die Meinung vertreten wurde, die Fische doch lieber der Bevölkerung kostenlos abzugeben, als sie an Tiere zu verfüttern.

1 Vgl. z. B.: Wer räuchert die Sprotten? In: ND v. 12.5.1959, S. 2; Muß Fisch erst stinken? In: ND v. 14.5.1959, S. 8.

2 Der im Jahr 1950 gegründete VEB Hochseefischerei Rostock erhielt 1952 die offizielle Bezeichnung VEB Fischkombinat Rostock. In diesem Kombinat waren zahlreiche Fischfang-, Verarbeitungs- und Handelsbetriebe zusammengefasst. Zusammen mit dem VEB Fischkombinat gehörte der Betrieb zur VVB Hochseefischerei Rostock.

3 Im Original: »Gustrow«.

Bezeichnend ist auch die Lage in den Kühlhäusern des Bezirkes, wo zzt. 112 t Sprotten aus den Vorjahren lagern, die für die menschliche Ernährung nicht mehr verwendbar sind (ausgefroren). Dazu wird berichtet, dass eine Neueinfrostung von Sprotten die Kapazität der Kühlhäuser beengt und außerdem wesentlich mehr Kühlraumfläche benötigt würde.

Es wäre notwendig, umgehend die Lage in der Fischindustrie des Bezirkes Rostock zu untersuchen und Maßnahmen einzuleiten, die zur Überwindung dieser Missstände und Schwierigkeiten führen.

20. Juni 1959

Information Nr. 419/59 – Bericht über die Reaktion von Angehörigen der Intelligenz auf das Forum mit Genossen Walter Ulbricht in Dresden

Quelle: BArch, MfS, ZAIG 196, Bl. 1–3 (2. Expl.).
Serie: Informationen.
Verteiler: Ulbricht – MfS: Ablage.

Von einer ganzen Reihe der an diesem Forum Anwesenden, aber auch von vielen anderen Angehörigen der Intelligenz wurden das Forum und besonders die Ausführungen des Genossen Walter *Ulbricht*[1] als sehr bedeutungsvoll vor allem für die zukünftige Arbeit eingeschätzt.[2] Von vielen Seiten – besonders auch von Lehrern – wird gewünscht, dass weitere Aussprachen in dieser Form erfolgen. Diese Ansicht teilen verschiedentlich auch Produktionsarbeiter, verbunden mit dem Wunsch, solche Aussprachen auch in den Betrieben mit allen Arbeitern durchzuführen.

Zahlreiche Ingenieure und andere Angehörige der Intelligenz brachten zum Ausdruck, dass dieses Forum besonders auf die Fragen der Bewusstseinsbildung der Intelligenz und auf die damit zusammenhängenden Probleme und Unklarheiten eine positive Wirkung ausgeübt und wesentlich geholfen habe, die Rolle der Intelligenz beim Aufbau des Sozialismus zu erkennen. In noch stärkerem Maße sollte man deshalb auch parteilose Angehörige der Intelligenz zu solchen Aussprachen einladen. Welche gute Resonanz das Forum fand und wie es die Angehörigen der Intelligenz aktivierte, geht u. a. aus folgenden typischen Beispielen hervor:

Im Forschungszentrum der Luftfahrtindustrie Dresden brachten vor allem die in der SU ausgebildeten Spezialisten ihre Befriedigung über das Forum zum Ausdruck und darüber, dass offen die »Sitzungskrankheit« und Überbelastung der Wissenschaftler mit organisatorischen und anderen Dingen angesprochen wurde.

Im VEB Flugzeugwerke Dresden[3] fand besonders der Diskussionsbeitrag von Prof. von *Ardenne*[4] bei der technischen Intelligenz großen Anklang. Der Haupttypenleiter und der Leiter der Abteilung Entwurf (beide parteilos) sind

1 Walter Ulbricht, Jg. 1893, SED- und Staatsfunktionär, 1950–71 General- bzw. Erster Sekretär des ZK der SED, 1960–73 Vorsitzender des Staatsrates der DDR.

2 Am 5.6.1959 fand im Kongresssaal des Deutschen Hygienemuseums in Dresden eine »große Aussprache« zwischen Angehörigen der Intelligenz und Walter Ulbricht statt, an der sich laut ND »rund 2 000 Hochschulprofessoren, Wissenschaftler, Ärzte, Angehörige der technischen Intelligenz, Lehrer, Gesellschaftswissenschaftler und Werktätige aus den Betrieben« beteiligten. Auf der Veranstaltung sprachen u. a. der Rektor der TH Dresden, der Rektor der Medizinischen Akademie Dresden und Manfred von Ardenne. Vgl. ND v. 6.7.1959, S. 1 u. 3.

3 Nachdem im Dezember 1954 vom Politbüro der SED in Abstimmung mit der Sowjetunion der Aufbau einer Flugzeugindustrie in der DDR beschlossen worden war, wurde 1955 der

der Meinung, dass gerade in der Flugzeugindustrie die technische Intelligenz durch Planaufgaben und andere schriftliche Arbeiten von der eigentlichen Entwicklungsaufgabe abgehalten wird.

Zwei Ingenieure aus dem VEB Edelstahlwerk Freital[5] stellen sich voll hinter die Ausführungen Walter *Ulbrichts* mit dem Hinweis, dass sie auch in ihrer Abteilung noch vieles verändern müssen.

Die Kollegen des VEB Vakutronik Dresden[6] äußern ebenfalls ihr Einverständnis mit dieser Aussprache und schlagen vor, in zukünftigen Aussprachen kürzere und inhaltsvolle Diskussionen zu führen, um die Wirksamkeit der Foren noch zu erhöhen.

Ein Arzt aus Rottwerndorf, [Stadt] Pirna, ist von diesem Forum begeistert und spricht in seiner Praxis darüber mit seinen Patienten.

Der Rektor der medizinischen Akademie Dresden beabsichtigt, Gen. W. *Ulbricht* für den 26. und 27.6.1959 zur Besichtigung der Akademie einzuladen.

In anderen Fällen wurde die Aussprache gemeinsam ausgewertet und führte z. B. im VEB Plattenwerk Meißen[7] zu einer weiteren Festigung der sozialistischen Gemeinschaften.

Neben diesen vielen positiven Auswirkungen war jedoch auch in einigen Betrieben die Auswertung sehr mangelhaft, wurde wenig oder überhaupt nicht diskutiert bzw. war gar nicht bekannt, dass ein solches Forum stattgefunden hatte. (VEB Waggonbau Bautzen,[8] VEB Stahlwerk Riesa,[9] VEB Projektierungsbüro Dresden – Süd,[10] in den Kreisen Niesky und Dippoldiswalde)

VEB Flugzeugwerke Dresden in Dresden-Klotzsche gegründet. Innerhalb von drei Jahren entstand die VVB Flugzeugbau, deren Kernbetrieb das Flugzeugwerk wurde.

4 Manfred Baron von Ardenne, Jg. 1907, Naturwissenschaftler und Erfinder, führte seit 1955 im Dresdner Villenviertel »Weißer Hirsch« ein privates Forschungsinstitut, das sich u. a. mit Nuklearforschung befasste. Ardenne wurde auch als der »Rote Baron« bezeichnet.

5 Der VEB Edelstahlwerk »8. Mai« Freital war mit einer jährlichen Produktion von etwa 300 000 Tonnen Walz- und Schmiedeprodukte der größte Edelstahlproduzent der DDR.

6 Der VEB Vakutronik Dresden wurde 1957 als Industrie- und Forschungsbetrieb für Kernphysik und Kerntechnik gegründet. Wichtigstes Forschungs- und Produktionsgebiet waren Messgeräte für Röntgen- und radioaktive Strahlen sowie Ionisationskammern (Detektoren zur Messung von ionisierender Strahlung und Ionenstrahlung).

7 Der VEB Plattenwerk »Max Dietel« Meißen stellte in den 1950er-Jahren Baukeramik-Wandplatten her, die u. a. an repräsentativen Bauten an der Berliner Stalinallee (ab 1961 Karl-Marx-Allee) Verwendung fanden. Ab den 1960er-Jahren rückte die Produktion von Wandfliesen in den Vordergrund.

8 Der VEB Waggonbau Bautzen gehörte zur VVB des Lokomotiv- und Waggonbaus (LOWA) und produzierte vornehmlich Reisezug-, aber auch Kohlewagen für den Tagebau.

9 Der VEB Stahl- und Walzwerk Riesa – so die vollständige Bezeichnung – war der VVB Vesta Leipzig (Produktion und Verarbeitung von Roheisen, Stahl und Walzwerkerzeugnissen) angegliedert und der größte Hersteller metallurgischer Erzeugnisse in der DDR.

10 Richtig muss es VEB Projektierungsbüro Süd heißen. Der VEB befand sich in Dresden und wurde 1952 als Zweigbetrieb des VEB Bauunion Süd gegründet. Das Projektierungsbüro entwarf u. a. zivile und militärische Spezialbauten.

24. Juni 1959

Information Nr. 428/59 – [Bericht] über Mängel und Missstände in der metallurgischen Forschung und Entwicklung

Quelle: BArch, MfS, ZAIG 201, Bl. 1–3 (4. Expl.).
Serie: Informationen.
Verteiler: Leuschner, Apel – MfS: HA III, Ablage.
Bemerkungen: Zu dem Bericht existiert Beimaterial, das allerdings der Information Nr. 457/59 zugeordnet wurde (BArch, MfS, ZAIG 201, Bl. 12–18), wahrscheinlich weil sich das Beimaterial auf den Inhalt beider Informationen bezieht. In einer »Stellungnahme zum Bericht über Mängel und Missstände in der metallurgischen Forschung und Entwicklung« vom 4.7.1959 antwortet der Leiter der Abteilung Maschinenbau und Metallurgie beim ZK der SED, Friedrich Zeiler, auf die im Bericht angesprochenen Beschwerden und Mängel. Er räumt ein, dass »die im Bereich der Metallurgie vorhandenen Forschungsinstitute [...] in der Vergangenheit ungenügend durch die übergeordneten Organe beachtet [wurden]«, dass die Kontrolle bei der Durchführung der angeordneten Aufgaben fehlte und die Koordinierung der Forschungsinstitute untereinander nicht funktionierte. Anschließend geht er auf die im Einzelnen angesprochenen Fragen ein (Entwicklung besonderer Brenner, Bau einer Stranggussanlage und Entwicklung von Vorschmelzaggregaten) und entkräftet hier aber die im Bericht angesprochenen Mängel. Diese Stellungnahme wurde laut handschriftlicher Notiz im Dokumentenkopf Erich Mielke zur Information weitergereicht. Am 29.8.1959 antwortete der Leiter der HA III/4 des MfS (zuständig für die Überwachung der Industrie nach Industriezweigen und Schwerpunkten) auf diese Stellungnahme. Er widerlegt die Darstellungen des Leiters der ZK-Abteilung und unterfüttert die im Bericht gemachten Vorwürfe mit weiteren Einzelheiten.
Verweis: Information 457/59.

1. Durch eine Reihe von Hinweisen wurde bekannt, dass unter den Wissenschaftlern der metallurgischen Forschung erhebliche Verärgerung über die Arbeitsorganisation der dafür verantwortlichen staatlichen Organe besteht. Übereinstimmend wird dabei besonders bemängelt, dass für die erteilten Forschungs- und Entwicklungsaufträge jeweils mehrere Organe verantwortlich zeichnen, wobei sich jedoch im Endresultat keines voll verantwortlich fühlt und dementsprechend seinen Aufgaben nachkommt.

Dieser Zustand zeigt sich z. B. am Forschungsinstitut für technologische Entwicklung und Wärmetechnik der Metallurgie[1] wie folgt: Für einen dem Institut erteilten Forschungsauftrag zur Entwicklung besonderer Brenner sind der Technisch-Ökonomische Rat,[2] die Kammer der Technik,[3] die Ge-

1 Das Forschungsinstitut für technologische Entwicklung und Wärmetechnik der Metallurgie befand sich in Leipzig.

2 Technisch-Ökonomische Räte wurden zur Beratung in VVB, VEB, Forschungseinrichtungen und in den Räten der Bezirke (dann als Beiräte) installiert. Mitglieder waren Fachleute aus den entsprechenden Branchen und Ökonomen, aber auch Gewerkschaftsmitglieder. Die

sellschaft deutscher Berg-und Hüttenleute,[4] das Wissenschaftlich-Technische Zentrum,[5] der Zentrale Arbeitskreis, der Forschungsrat der DDR,[6] die Brennstoff-Technische Gesellschaft,[7] die Zentralstelle wirtschaftliche Energieverwendung,[8] das Büro für Erfindungswesen[9] und die verschiedensten betrieblichen Entwicklungsstellen verantwortlich. Anstatt unter der vollen Verantwortlichkeit eines dieser Organe die sozialistische Gemeinschaftsarbeit zur Durchführung dieses Forschungsauftrages zu organisieren, führt jede dieser Organisationen ihre eigenen Tagungen durch und verlangt auch die Teilnahme der zuständigen Wissenschaftler des Forschungsinstituts und der anderen angeführten Institutionen.

2. Nach einer vorliegenden Information wird vom Forschungsinstitut für technologische Entwicklung und Wärmetechnik der Metallurgie der geplante

Technisch-Ökonomischen Räte hatten beratende Funktion in Hinblick auf die Umsetzung von Produktionsvorhaben und Optimierung der Produktionsbedingungen.

3 Die Kammer der Technik (KdT) war eine 1946 durch den FDGB gegründete Organisation, die Techniker, Ingenieure und Wissenschaftler auf fachlicher Ebene zusammenführte. Sie galt als ostdeutsches Pendant zum westdeutschen Verein Deutscher Ingenieure (VDI). Die KdT war selbstständiges und gleichberechtigtes Mitglied in zehn internationalen Organisationen unterschiedlicher Fachrichtungen und konnte sich der SED gegenüber eine gewisse Unabhängigkeit bewahren. Sie unterhielt eine der größten wissenschaftlich-technischen Bibliotheken der DDR und einen eigenen Verlag.

4 Die Gesellschaft deutscher Berg- und Hüttenleute war in Berlin ansässig und der Deutschen Akademie der Wissenschaften angeschlossen. Sie war Herausgeberin der Zeitschrift »Neue Hütte«. Ihr Vorsitzender war 1959 Oscar Walter Oelsner, Jg. 1902, Professor für Lagerstättenkunde an der Bergakademie Freiberg und 1959–61 Rektor der Bergakademie.

5 Den VVB waren Fachinstitute oder Wissenschaftlich-Technische Zentren zugeordnet, in denen fachspezifische Forschung stattfand.

6 Der Beirat für naturwissenschaftlich-technische Forschung und Entwicklung beim Ministerrat der Deutschen Demokratischen Republik, kurz Forschungsrat der DDR, wurde im August 1957 gegründet und war das höchste beratende Organ des Ministerrates der DDR für alle Fragen im Bereich der naturwissenschaftlichen und technischen Forschung und Entwicklung, insbesondere auch für die Gebiete der sogenannten »neuen Technik« (Kernforschung, Luftfahrt, Funktechnik und Halbleiter). Ausführendes Organ des Forschungsrates war das »Zentrale Amt für Forschung und Technik«.

7 Richtig muss es Brennstofftechnische Gesellschaft der DDR heißen. Die Brennstofftechnische Gesellschaft der DDR wurde 1955 gegründet und 1960 in die Kammer der Technik überführt.

8 Die korrekte Bezeichnung lautet Zentralstelle Wirtschaftliche Energieanwendung. Sie wurde im September 1958 in Leipzig gegründet und hatte Aufgaben bei der Vorbereitung, Kontrolle, Abrechnung und Analyse des Energieplanes wahrzunehmen, Entscheidungen der »Arbeitsgruppe Rationelle Energieanwendung« beim Ministerrat der DDR über den Einsatz von Energieträgern vorzubereiten, Aufgabenstellungen und Dokumentationen zu Grundsatzentscheidungen für Investitionen im Energiesektor zu begutachten und Anträge auf Auszeichnung von Betrieben für vorbildliche energiewirtschaftliche Arbeit zu prüfen.

9 Von der Deutschen Wirtschaftskommission wurde im September 1948 beschlossen, im bestehenden Büro für Erfindungswesen die Bildung einer »Patent-, Gebrauchsmuster- und Warenzeichen-Anmeldestelle« zu schaffen, die später zum »Amt für Erfindungs- und Patentwesen der DDR« wurde.

Bau einer Strang-Guss-Anlage[10] im Eisenhüttenkombinat Stalinstadt[11] mit der Begründung abgelehnt, dass bei dieser Anlage die Herstellungskosten zu hoch sind. Von den Wissenschaftlern wird die Ansicht vertreten, die im Auftrage der Staatlichen Plankommission[12] an das Stahlwerk Freital[13] übergebene Versuchs-Strang-Guss-Anlage (am 1.1.1958 übergeben) schnellstens produktionsreif zu gestalten und die weiteren Anlagen nach diesem Prinzip zu bauen. Dabei wird wiederholt erklärt, dass die Übergabe der Versuchsanlage nicht richtig gewesen wäre, da verschiedene wissenschaftliche Arbeiten an dieser Anlage noch nicht beendet waren und keine Möglichkeiten zur Fortführung dieser Versuche und zur Sammlung genügender Angaben für die Praxis und den Bau neuer Anlagen bestanden. Angeblich hat sich das Institut bemüht, die Verantwortung über diese Anlagen zu erhalten und nach Bereitstellung der notwendigen Forschungsgelder die Versuche fortzusetzen. Diese Vorschläge sollen jedoch abgelehnt worden sein, was dazu geführt hat, dass jetzt unmittelbar vor dem Bau neuer Anlagen diese Ergebnisse beschafft werden müssten.

3. Nach uns bekannt gewordenen Auffassungen von Wissenschaftlern des Forschungsinstituts für technologische Entwicklung und Projektierung der Metallurgie wird die Entwicklung und Projektierung von Vorschmelz-Aggregaten in der DDR als völlig unzureichend eingeschätzt. Obwohl diese Aggregate eine erhebliche Leistungssteigerung in den Stahlwerken ermöglichen, soll gegenwärtig nur in Gröditz eine entsprechende Anlage mit einer Leistung von 6 t pro Stunde projektiert werden.[14] Von den Mitarbeitern des Instituts wird die Meinung vertreten, dass diese Kapazität viel zu gering wäre, sie dagegen bei Erhalt eines entsprechenden Auftrages eine Anlage mit weitaus größerer Kapazität projektieren könnten.

10 Eine Stranggussanlage ist eine technische Anlage zum Stranggießen, einem Gießverfahren zum Herstellen von Halbzeugen, d. h. vorgefertigten Rohmaterialien und Werkstücken bzw. Halbzeugen der einfachsten Form.

11 Stalinstadt wurde im Sommer 1950 zeitgleich mit der Errichtung des Eisenhüttenkombinates Ost im Bezirk Frankfurt/O., Kreis Fürstenberg als Wohnstadt für das Werk gegründet. Sie galt als »erste sozialistische Stadt auf deutschem Boden«. Stalins Tod im März 1953, kurz vor der geplanten Namensgebung der Stadt am 7.5.1953, war der Grund, die Stadt nach dem sowjetischen Staatsoberhaupt zu benennen. Im Zuge der Entstalinisierung wurde der Name getilgt, indem die Ortschaften Stalinstadt, Fürstenberg und Schönfließ im November 1961 zur Ortschaft Eisenhüttenstadt zusammengeschlossen wurden.

12 Die Staatliche Plankommission (SPK) war ein zentrales staatliches Organ des Ministerrates der DDR, das 1950 aus dem Ministerium für Planung hervorgegangen war. Der SPK oblagen die gesamtstaatliche Planung und Entwicklung der Volkswirtschaft sowie die Kontrolle der Durchführung der Planaufgaben. Sie war zuständig für die Koordinierung, Ausarbeitung und Kontrolle der mittelfristigen Fünfjahrpläne und der daraus abgeleiteten jährlichen Volkswirtschaftspläne.

13 Der VEB Edelstahlwerk »8. Mai« Freital war mit einer jährlichen Produktion von etwa 300 000 Tonnen Walz- und Schmiedeprodukte der größte Edelstahlproduzent der DDR.

14 Gemeint ist hier der VEB Stahl- und Walzwerk Gröditz, dessen Produktion nach Ende des Wiederaufbaus im Jahr 1954 ständig erweitert wurde.

1. Juli 1959

Information Nr. 432/59 – Bericht über weitere Waldbrände im Übungs- bzw. Sperrgebiet sowjetischer Einheiten

Quelle: BArch, MfS, ZAIG 229, Bl. 1–5 (2. Expl.).
Serie: Informationen.
Verteiler: Kein Nachweis für externe Verteilung – MfS: Mielke, Ablage.
Verweise: Informationen 479/59 und 800/59.

Das verstärkte Auftreten von Waldbränden in Übungs- oder Sperrgebieten von sowjetischen Einheiten hält auch in der letzten Zeit unvermindert an. Diese Situation wird durch die bestehende Trockenheit besonders begünstigt. Allein in der Zeit vom 4. bis 27. Juni 1959 hat sich die Zahl derartiger Brände nach unvollständigen Meldungen auf 47 erhöht, wodurch über 1 900 ha Wald vernichtet wurden. Besonders betroffen wurden die Bezirke Schwerin und Magdeburg, wobei allein im letzteren Bezirk ca. 1 000 ha Waldfläche verbrannten.

Die bisherigen Ursachen der Brände liegen vorwiegend in Schießübungen sowjetischer Einheiten und in dadurch verursachten Entzündungen oder entstanden durch Lagerfeuer und Unachtsamkeit beim Rauchen. Bei einzelnen Bränden konnten die konkreten Ursachen nicht ermittelt werden. Es wurde lediglich festgestellt, dass sie sich aus den Sperrgebieten heraus ausbreiteten. Eine Reihe von Bränden entstand durch die ungenügende Bekämpfung und Kontrolle kleinerer Brandherde, die sich erneut entzündeten und dann großen Umfang annahmen. Ungünstig wirkt sich dabei aus, dass in den Übungs- oder Sperrgebieten keine Aufstellung von Brandwachen erfolgt, sondern unmittelbar nach Bekämpfung der Brände das Schießen fortgesetzt wird und die Brandherde ohne Kontrolle bleiben. Ein Ersuchen des Rates des Bezirkes Magdeburg, während der Trockenheit das Schießen zu unterbrechen, wurde von den sowjetischen Einheiten mit der Begründung abgelehnt, dass eine derartige Entscheidung nur vom Stab in Wünsdorf getroffen werden könnte, da die örtlichen Einheiten an den von dort erteilten Schießplan gebunden sind.[1]

Nachstehend die im Juni bekannt gewordenen Brände in Übungs- und Sperrgebieten sowjetischer Einheiten:

4.6.1959: 15 Waldbrände bei den Gemeinden Hottendorf und Jävenitz, [Kreis] Gardelegen, [Bezirk] Magdeburg.

Ein Waldbrand in Neuenhofe[2], [Kreis] Haldensleben, [Bezirk] Magdeburg, wobei ca. 25 ha zwölfjährige Kiefern niederbrannten.

1 In Wünsdorf, Kreis Zossen, Bezirk Potsdam, befand sich zu DDR-Zeiten der Sitz des Oberkommandos der Gruppe der Sowjetischen Streitkräfte in Deutschland (GSSD). Es lebten dort ca. 75 000 Menschen aus der Sowjetunion.

2 Im Original: »Neuhofe«.

5.6.1959: Waldbrand in den Sperrgebieten der Forstreviere Klockow und Speck, [Bezirk] Neubrandenburg.

7.6.1959: Waldbrand im Übungsgelände der sowjetischen Einheiten im Forstrevier Langenhagen, [Kreis] Neustrelitz. Schaden: ca. 40 000 DM.[3]

Waldbrand in Moritzburg, [Bezirk] Dresden, im Übungsgelände der sowjetischen Einheiten. Schaden: ca. 1 ha Waldbrand – 5 000 DM.

Waldbrand im Übungsgelände der sowjetischen Einheiten im Kreis Kamenz, [Bezirk] Dresden. Schaden: ca. 1 ha Wald, 5 000 DM.

17.6.1959: Waldbrand im Kreis Burg, [Bezirk] Magdeburg, am Truppenübungsplatz Altengrabow. Schaden: 25 ha 15-jährige Kiefernschonung.

Waldbrand im Sperrgebiet bei Vollenschier, [Kreis] Stendal, [Bezirk] Magdeburg, wo ca. 100 ha Wald im Sperrgebiet und 50 ha Wirtschaftswald niederbrannten.

Waldbrand im Kreis Gardelegen, [Bezirk] Magdeburg. Schaden: Im Sperrgebiet brannten 35 ha und außerhalb 5 ha Wald.

18.6.1959: Waldbrand im Kreis Tangerhütte, [Bezirk] Magdeburg, der im Übungsgelände der sowjetischen Einheiten im Kreis Stendal entstand. Schaden: 157 ha Kiefernbestand, 280 000 DM.

Waldbrand m Kreis Parchim, [Bezirk] Schwerin. im Übungsgelände der sowjetischen Einheiten. Schaden: 5 500 DM.

Waldbrand im Übungsgelände im Siggelkower Forstrevier, [Bezirk] Schwerin. Schaden: 10 ha Kleinkiefern und Laubwald ca. 5 000 DM.

Brand im Schießgelände der sowjetischen Einheiten im Forstrevier Poitendorf, [Kreis] Gadebusch, [Bezirk] Schwerin. Schaden: ca. 1 ha Hochwald, ca. 500 DM.

19.6.1959: Waldbrand im Kreis Tangerhütte, [Bezirk] Magdeburg, im Sperrgebiet der sowjetischen Einheiten.

Waldbrand im Forstrevier Kremmin, [Kreis] Ludwigslust, [Bezirk] Schwerin, durch ein Lagerfeuer sowjetischer Einheiten. Schaden: 5 ha Kiefernschonung, 2 500DM.

20.6.1959: Brand im Übungsgelände sowjetischer Einheiten Rägelin, Basdorf, Gadow, [Bezirk] Potsdam. durch den Abwurf von Übungsbomben.

Waldbrand im Übungsgelände in Stern-Buchholz, [Bezirk] Schwerin. Schaden: 3 ha vierjährige Schonung.

3 Im Zuge der Währungsreform im Juli 1948 auf dem Gebiet der Sowjetischen Besatzungszone wurde die Reichsmark als bis dahin gültiges Zahlungsmittel durch die Deutsche Mark der Deutschen Notenbank abgelöst. Bis 1964 hieß die Währung in der DDR also auch Deutsche Mark (DM). Erst 1964 wurde sie in Mark der Deutschen Notenbank (MDN) und mit Gründung der Staatsbank der DDR im Jahr 1968 in Mark der DDR (M) umbenannt.

Großbrand im Übungsgelände der sowjetischen Einheiten in Näbe,[4] Viez und Sutendorf,[5] [Kreis] Hagenow, [Bezirk] Schwerin, der sich über ca. 50 ha erstreckte.

Waldbrand im Sperrgebiet Stern-Buchholz, [Bezirk] Schwerin. Schaden: 8 500 DM.

Waldbrand in Hasenhäge[6] im Übungsgelände sowjetischer Einheiten. Schaden: 8 500 DM.

Im Sperrgebiet Lernsdorf, [Kreis] Güstrow, [Bezirk] Schwerin, brannten 1,5 ha Wald nieder.[7]

21.6.1959: Durch ein Übungsschießen sowjetischer Einheiten entstand in Stern-Buchholz, [Bezirk] Schwerin. ein Waldbrand, wobei ca. 3½ ha Kiefern vernichtet wurden. Schaden: ca. 12 700 DM.

Waldbrand in der Gemeinde Kemlitz, [Kreis] Luckau, [Bezirk] Cottbus. Schaden: 1 ha Hochwald.

Waldbrand bei Guben, [Bezirk] Cottbus, wobei 10 ha Schonung vernichtet wurden.

Im sowjetischen Übungsgelände bei Leipa, [Kreis] Jessen, [Bezirk] Cottbus, verbrannten 10 ha Hochwald.

Waldbrand bei Speck, [Kreis] Waren, [Bezirk] Neubrandenburg, im sowjetischen Sperrgebiet.

Waldbrand im Übungsgelände sowjetischer Einheiten in Königsbrück,[8] [Kreis] Kamenz, [Bezirk] Dresden, wobei 250 ha Waldboden abbrannten.

22.6.1959: Durch Funkenflug einer sowjetischen Feldküche brannte in Lübesse[9], [Bezirk] Schwerin, 27 ha landwirtschaftliche Nutzfläche ab. Schaden: 21 000 DM.

Waldbrand in Jävenitz,[10] [Kreis] Gardelegen, [Bezirk] Magdeburg. Inner- und außerhalb des Übungsgeländes der Sowjetarmee brannten ca. 150 ha zehn- bis dreißigjährige Schonungen nieder.

25.6.1959: Nach Bombenabwürfen im Übungsgelände der sowjetischen Einheiten in Basdorf, Rägelin, Gadow, [Kreis] Neuruppin, [Bezirk] Potsdam, kam es zu einem Brand, der sich 25 ha über die Grenzen des Übungsgeländes ausbreitete und 20 000 DM Schaden verursachte.

4 Eine Ortschaft oder einen Flurbereich mit der Bezeichnung Näbe konnte in dem genannten Gebiet nicht ermittelt werden.

5 Ein Ort »Sutendorf« konnte nicht ermittelt werden. Vermutlich ist die Gemeinde Sudenhof gemeint. Dort befand sich eine große Kaserne der sowjetischen Einheiten.

6 Im Original: »Hasenhege«. Hasenhäge befindet sich dicht am Standortübungsplatz Stern-Buchholz. Möglicherweise ist hier derselbe Brand gemeint wie der in der Aufzählung vorangegangene, da auch der Schaden mit der gleichen Summe beziffert ist.

7 Ein Ort namens Lernsdorf im Umkreis von Güstrow konnte nicht ermittelt werden.

8 Im Original: »Königsbruck«.

9 Im Original: »Libesse«.

10 Im Original: »Jävenick«.

26.6.1959: Waldbrand im Gebiet Zippelsdorf, [Kreis] Neuruppin, [Bezirk] Potsdam.[11] Schaden: 20 ha Schonung 20 000 DM.

Durch ein Lagerfeuer im sowjetischen Sperrgebiet kam es im Kreis Gardelegen, [Bezirk] Magdeburg, zu einem Waldbrand von ca. 200 ha. Dabei handelt es sich zu 50 % um Wirtschaftswald und 50 % Sperrgebiet.

27.6.1959: Waldbrand im Sperrgebiet sowjetischer Einheiten in Neuglinicke,[12] [Kreis] Neuruppin, [Bezirk] Potsdam, bei dem ca. 20 ha Wald vernichtet wurden. Schaden: ca. 30 000 DM.

11 Ein Ort »Zippelsdorf« konnte nicht ermittelt werden. Vermutlich ist Zippelsförde gemeint.
12 Im Original: »Neu-Glinicke«.

3. Juli 1959

Information Nr. 330/59 – Bericht über den verstärkten Einfluss des westdeutschen Fernsehfunks auf die Bevölkerung der DDR

Quelle: BArch, MfS, ZAIG 189, Bl. 1–4 (5. Expl.).
Serie: Informationen.
Verteiler: Kein Nachweis für externe Verteilung – MfS: Mielke, Ablage.
Vermerk: Im Verteiler hinter 2., 3. und 4. [Exemplar] in Steno »vernichtet«.

Nach vorliegenden Informationen ist festzustellen, dass sich in der letzten Zeit in den Grenzbezirken Magdeburg, Erfurt und Karl-Marx-Stadt der Einfluss des westdeutschen Fernsehfunks erheblich verstärkt hat. Dabei ist ersichtlich, dass die Sendungen des westdeutschen Fernsehens nicht nur verstärkt empfangen werden, sondern teilweise dazu übergegangen wird, den Empfang von speziellen Hetzsendungen regelrecht zu organisieren, indem Besitzer von Fernsehgeräten größere Personenkreise zu diesen Sendungen einladen, verschiedene Sendungen offen propagiert und nicht selten ausführliche Diskussionen über den Inhalt derselben geführt werden. Als Organisatoren solcher gemeinschaftlichen Empfänge von Hetzsendungen des westdeutschen Fernsehens treten nach bisherigen Feststellungen vor allem Großbauern, private Gastwirte, Handwerker und Mittelbauern auf, die ausschließlich eine negative Einstellung zur sozialistischen Entwicklung in der DDR haben. Zunehmend werden jedoch auch Beispiele bekannt, wonach derartige Sendungen ebenfalls von Mitgliedern und Funktionären der Partei, LPG-Vorstandsmitgliedern und anderen sonst fortschrittlich auftretenden Personen empfangen werden.

Besonders Hetzfilme – z. B. »So weit die Füße tragen«[1] (wurde in sechs Fortsetzungen gezeigt) und »Der Arzt von Stalingrad«[2] – werden in den genannten Gebieten von größeren Personenkreisen empfangen. Diese Filme über sogenannte »Kriegsgefangenen- oder Rückkehrerschicksale« haben ausschließlich antisowjetischen Inhalt und sind besonders darauf abgestimmt,

1 Der deutsche Film- und Fernsehregisseur Fritz Umgelter verfilmte 1959 den Roman »So weit die Füße tragen« von Josef Martin Bauer als sechsteiligen Fernsehfilm. Erzählt wird die Geschichte eines deutschen Kriegsgefangenen, der 1949 aus einem sowjetischen Kriegsgefangenenlager in Ostsibirien flieht und auf abenteuerlichen Wegen durch die Sowjetunion in den Iran gelangt, um von dort schließlich 1952 nach Deutschland zurückkehren zu können. Der Sechsteiler war 1959 der erste große Erfolg einer Fernsehserie des noch jungen deutschen Fernsehens.

2 »Der Arzt von Stalingrad« ist ein 1957 nach dem gleichnamigen Roman von Heinz G. Konsalik entstandener Film, der die Geschichte eines deutschen Arztes erzählt, der sich unter den nach der Schlacht von Stalingrad in Gefangenschaft geratenen deutschen Wehrmachtssoldaten befindet und entgegen der Widerstände der sowjetischen Bewacher die Gefangenen medizinisch zu versorgen sucht, aber auch dem Sohn des russischen Lagerkommandanten das Leben rettet. Der Film ist Kriegsgefangenen- und Liebesdrama zugleich und wurde 1958 in Stuttgart uraufgeführt. Regie führte der ungarische Regisseur und Drehbuchautor Géza von Radványi.

den deutschen Militarismus und Faschismus zu rechtfertigen. Offensichtlich in Erkenntnis dieses feindlichen Inhalts der Sendungen des westdeutschen Fernsehfunks werden bereits von einzelnen am Empfang beteiligten Personengruppen Versuche unternommen, den organisierten Zusammenkünften privaten oder geselligen Charakter zu geben und sie damit abzudecken.

Zu dem Vorgenannten einige charakteristische Beispiele:

- In der Gemeinde Bornsen,[3] Kreis Salzwedel, [Bezirk] Magdeburg, sahen Ende März bei einem Mittelbauern ca. 40 Personen den Hetzfilm »So weit die Füße tragen«. Eine Kinoveranstaltung, die am gleichen Tage stattfand, wurde nur von 20 Personen besucht.
- In der Gemeinde Nägelstedt, [Bezirk] Erfurt, sollte eine Bauernversammlung über den Perspektivplan der Gemeinde stattfinden. Es waren nur zwei Bauern anwesend, sodass die Versammlung ausfallen musste. Einer der Bauern äußerte, dass dieser Tag ungünstig gewählt wäre, da vom Westsender der Film »So weit die Füße tragen« gebracht wird.
- Bei bestimmten westlichen Fernsehsendungen werden in der Privatgaststätte »Hopfengert« in Seehausen, Kreis Wanzleben, [Bezirk] Magdeburg, schon vorher die Stühle in einer bestimmten Sitzordnung vor dem Apparat aufgestellt.
- Im Motorenwerk Schönebeck, [Bezirk] Magdeburg,[4] haben bei der Sendung des Hetzfilms »So weit die Füße tragen« jeden zweiten Dienstag ein erheblicher Teil der Arbeiter der Spätschicht vorzeitig den Betrieb verlassen, um sich den Film anzusehen. Gegenüber dem Pförtner haben sie für das vorzeitige Verlassen des Betriebes offiziell familiäre Gründe angegeben.
- Als besonderer Schwerpunkt hinsichtlich des Empfanges westdeutscher Fernsehsendungen tritt auch die Belegschaft des Kali-Werkes »Thomas Müntzer«[5] im Kreis Worbis, [Bezirk] Erfurt, auf. Nach bisherigen Feststellungen werden dort ebenfalls von einem erheblichen Teil der Belegschaftsangehörigen – einschließlich Funktionären – die westdeutschen Fernsehsendungen empfangen.
- Bei dem stellv. Gebietssekretär des FDGB, [Vorname Name 1], aus Gethlingen, Kreis Osterburg, [Bezirk] Magdeburg, nahmen ca. 15 bis 20 Personen an den Hetzsendungen zur Republikflucht des Dombrowski[6] teil.

3 Im Original: »Bronsen«.

4 Das Dieselmotorenwerk in Schönebeck war Nachfolger der 1946 gegründeten SAG Gerätebau Schönebeck, die 1954 verstaatlicht und 1955 in VEB Dieselmotorenwerk Schönebeck umbenannt wurde. Das Werk war dem Ministerium für Maschinenbau, Hauptabteilung Automobilbau unterstellt und produzierte Motoren für Stromaggregate, Wasserpumpen, Kräne, Häckselmaschinen, Schiffe, später auch für Mähdrescher.

5 Im Original: »Münzer«. Im Kali-Werk »Thomas Müntzer« in Bischofferode (Bezirk Erfurt) wurde seit 1909 Kalisalz gefördert. 1946 wurde es als SAG Eigentum der Sowjetunion, 1952 der DDR als Staatseigentum übergeben und erhielt ein Jahr später den Namen »Thomas Müntzer«. Es wurde zum wichtigsten Arbeitgeber der Region.

6 Siegfried Dombrowski, Jg. 1916, Offizier der NVA, als Oberstleutnant stellvertretender Stabschef der Verwaltung Aufklärung, des militärischen Nachrichtendienstes der DDR, vermutlich

- Der LPG-Vorsitzende (SED) in Wechmar, Kreis Gotha, [Bezirk] Erfurt, empfängt ebenfalls die westdeutschen Fernsehsendungen und lässt auch andere Genossenschaftsbauern daran teilnehmen. Nach den Empfängen propagiert er den Inhalt der Sendungen innerhalb der Genossenschaft. Auch eine Rücksprache durch die Partei führte zu keiner Veränderung.
- In der Gemeinde Dreitsch, Kreis Seehausen, [Bezirk] Magdeburg,[7] organisiert der Großbauer [Name 2] westdeutsche Fernsehsendungen. Der Zuhörerkreis setzt sich aus Einzelbauern, Landarbeitern und auch einigen Mitgliedern der Partei zusammen.
- Vom Verkaufsstellenleiter des HO-Spezialgeschäftes[8] in Plauen, Marienstraße, wurde bekannt, dass sich in letzter Zeit eine Reihe von Funktionären erkundigt haben, wie der Kanal 4 (Westsender) eingestellt werden kann.

Weitere Beispiele liegen vor. Dabei wird z. B. im Bezirk Karl-Marx-Stadt eingeschätzt, dass bis zu 50 % – in einzelnen Orten noch darüber – der Fernsehantennen direkt auf den Empfang des westdeutschen Fernsehfunks eingestellt sind. So sind z. B. in Crottendorf, Kreis Annaberg von 300 sichtbaren Fernsehantennen 198 auf das West-Fernsehen eingestellt. In Eibenstock und Schönheide, Kreis Aue sind 174 von 342 Antennen derartig eingerichtet. Diese Zahlen dürften sich nach bisherigen Überprüfungen noch erhöhen, da ein Teil der besonders auf West-Fernsehen eingestellten Antennen äußerlich nicht sichtbar ist.

Mit Ausnahme der unmittelbaren Grenzkreise, wo der westdeutsche Fernsehfunk überwiegend mit normalen Antennen empfangen werden kann, wird in den anderen Gebieten diese Lage noch dadurch unterstützt, dass von Rundfunk- und Fernseh-Geschäften und -Mechanikern teilweise spezielle Antennen zum Empfang der Westsendungen verkauft und angefertigt werden. Im Kreis Annaberg werden von fast allen Rundfunk- und Fernsehmechanikern derartige Antennen gefertigt und zum Preise von 65,00 DM verkauft. Im Kreis Zwickau wurden bis vor kurzer Zeit von HO und Konsum[9] selbst derartige Antennen angefertigt und verkauft.

seit 1956 Agent des BND und der CIA, ab 1957 Überwachung durch die Spionageabwehr des MfS, im August 1958 Flucht nach Westberlin, ab Ende 1958 mehrfache Versuche des MfS, Dombrowski in die DDR zu entführen bzw. seinen Aufenthaltsort aufzuspüren und ihn zu liquidieren, die aber erfolglos blieben.

7 Eine Gemeinde »Dreitsch« im Kreis Seehausen konnte nicht ermittelt werden. Gemeint ist vermutlich die Gemeinde Deutsch.

8 Die Handelsorganisation (HO) war ein staatlich geführtes Einzelhandelsunternehmen der DDR. Der Handel umfasste alle Bereiche des Lebens (Lebensmittel, Bekleidung, Haushaltswaren, Industriewaren). Zur HO gehörten neben Lebensmittelgeschäften und Warenhäusern auch Gaststätten und Hotels.

9 Konsum war die Marke der Konsumgenossenschaften, die in der DDR als private Unternehmen galten und ausschließlich ihren Mitgliedern gehörten. Den Konsumgenossenschaften gehörten Kaufhallen (Supermärkte) und Kaufhausketten in den Städten und kleinere Geschäfte in den Dörfern, aber auch Produktionsbetriebe und Gaststätten. In der DDR-Umgangssprache wurde das Wort »Konsum« oft allgemein für Lebensmittelgeschäft verwendet.

22. Juli 1959

Information Nr. 511/59 – Bericht über die Feindtätigkeit in der Zeit vom 1. Januar bis 30. Juni 1959

Quelle: BArch, MfS, ZAIG 185, Bl. 131–139 (6. Expl.).
Serie: Informationen.
Verteiler: Kein Nachweis für externe Verteilung – MfS: Mielke, Walter, Beater, HA V, Ziehm, Ablage.
Verweis: Information 6/59.

Der Bericht beschränkt sich auf folgende Arten feindlicher Tätigkeit:
I. Verbreiten von Hetzschriften und Hetzflugblättern feindlicher Zentralen
a) Verbreitung durch Ballon
b) Verbreitung auf dem Postwege
c) Verbreiten durch Personen
II. Verbreiten selbstgefertigter Hetzschriften
III. Anonyme Hetze und Drohungen durch Briefe und telefonische Anrufe
VI. Anmalen von Hetzlosungen und faschistischen Schmierereien
V. Offene hetzerische und verleumderische Äußerungen
VI. Abreißen und Beschädigen von Fahnen, Plakaten u. a.
VII. Tätlichkeiten und Provokationen gegen VP-Angehörige und andere Staats- und Parteifunktionäre

Im Vergleich zum 1. und 2. Halbjahr 1958 ist die Feindtätigkeit auf den genannten Gebieten – mit Ausnahme der anonymen Hetze und Drohungen und dem Abreißen und Beschädigen von Fahnen, Plakaten u. a. – zurückgegangen.

I. Verbreiten von Hetzschriften und Hetzflugblättern feindlicher Zentralen

Im 1. Halbjahr 1959 wurden insgesamt 1 703 250 Hetzschriften sichergestellt, dies sind ca. 50 % weniger als im 1. Halbjahr 1958 (3 403 871). Davon wurden 970 073 Exemplare durch Ballon, 733 177 Exemplare durch die Post eingeschleust.

Die einzelnen Zentralen waren daran wie folgt beteiligt:
- NTS[1]/Zope:[2] 31 %
- UfJ:[3] 20 %

1 Der Narodno-Trudowoj Sojus (NTS), deutsch: Volksarbeitsbund, war eine seit 1930 bestehende russische Emigrantenorganisation, deren »geschlossener Sektor« streng konspirativ organisiert gegen die Sowjetunion arbeitete. Dabei ging es vor allem um die Verbreitung von antikommunistischem Propagandamaterial. Zur Zielgruppe dieser Aktivitäten gehörten in der SBZ/DDR vor allem die Angehörigen der sowjetischen Truppen. Ab Ende der 1940er-Jahre wurde der NTS insbesondere von US-amerikanischen Geheimdienststellen unterstützt und angeleitet, von den sowjetischen Sicherheitsorganen und unter deren Federführung auch vom MfS wurde er vehement bekämpft. Vgl. Stöver; Bernd. Die Befreiung vom Kommunismus: Amerikanische »Liberation Policy« im Kalten Krieg 1947–1991. Köln u. a. 2002, S. 318–331.

- CDU:[4] 15 %
- SPD:[5] 13 %
- Unbekannt: 13 %
- KgU:[6] 6 %
- DGB:[7] 2 %

2 Die ZOPE (Zentralnoje Objedinjenije Poslewoennych Emigrantow, deutsch etwa: Zentralverband der Nachkriegsemigranten) war eine im November 1952 in München durch das US-amerikanische Office of Policy Coordination (OPC) gegründete russische Exilgruppe. Die ZOPE unterhielt enge Kontakte zum NTS, zu den Ostbüros der westdeutschen Parteien und zur Vereinigung politischer Ostflüchtlinge (VPO). Hauptaktivität der ZOPE, die u. a. vom Bundesministerium für Gesamtdeutsche Fragen finanziert wurde, war die Verbreitung von Flugblättern, die mittels Ballons in die DDR geschickt wurden. Vgl. Stöver, Bernd: Die Befreiung vom Kommunismus. Amerikanische »Liberation Policy« im Kalten Krieg 1947–1991. Köln u. a. 2002, S. 331–334.

3 Der Untersuchungsausschuss freiheitlicher Juristen (UfJ) wurde im Oktober 1946 in Westberlin gegründet und war wesentlich von aus der SBZ/DDR geflohenen Juristen geprägt. Er widmete sich vor allem der Erfassung von Unrechthandlungen und verarbeitete seine Erkenntnisse in umfangreichen Dokumentationen und in Propagandamaterialien, die teilweise wieder in den Osten eingeschleust wurden. In den frühen 1950er-Jahren wurde die Organisation überwiegend vom CIA finanziert, ihre Aktivitäten sind im Kontext der US-amerikanischen »Liberation Policy« zu sehen. Die Staatssicherheit bekämpfte den UfJ mit großem Aufwand und großer Härte, u. a. auch mit Entführungen. Vgl. Hagemann, Frank: Der Untersuchungsausschuß Freiheitlicher Juristen 1949–1969. Frankfurt/M. u. a. 1994.

4 Das Ostbüro der CDU wurde 1948 von dem in den Westen geflohenen ehemaligen Vorsitzenden der Ost-CDU, Jakob Kaiser, ins Leben gerufen. Es widmete sich der Unterstützung von SED-kritischen Mitgliedern der Ost-CDU, der Informationsbeschaffung und der Einschleusung von Informations- und Propagandamaterial in die SBZ/DDR. Vgl. Buschfort, Wolfgang: Parteien im Kalten Krieg. Die Ostbüros von SPD, CDU und FDP. Berlin 2000.

5 Das Ostbüro der SPD wurde 1946 zur Unterstützung der von der Zwangsvereinigung betroffenen ostdeutschen Sozialdemokraten gegründet. Zu seinen Aufgaben gehörten Flüchtlingsbetreuung, Informationsbeschaffung und das Einschleusen von Informations- und Propagandamaterialien in die SBZ/DDR. Vgl. Buschfort, Wolfgang: Parteien im Kalten Krieg. Die Ostbüros von SPD, CDU und FDP. Berlin 2000.

6 Die »Kampfgruppe gegen Unmenschlichkeit« (KgU) war eine antikommunistische Organisation, die von Westberlin aus in die DDR hineinwirkte. Sie wurde 1949 u. a. von Rainer Hildebrandt gegründet, 1951 übernahm Ernst Tillich die Leitung. 1959 wurde die KgU aufgelöst. Wegen ihrer Anbindung an amerikanische Geheimdienststellen und des zeitweisen Einsatzes auch militanter Mittel galt sie dem MfS als besonders gefährlicher Gegner. Vgl. Heitzer, Enrico: Die Kampfgruppe gegen Unmenschlichkeit (KgU). Widerstand und Spionage im Kalten Krieg 1948–1959. Köln u. a. 2015; Merz, Uwe: Kalter Krieg als antikommunistischer Widerstand. Die Kampfgruppe gegen Unmenschlichkeit 1948–1959. München 1987; Engelmann, Roger: Die Kampfgruppe gegen Unmenschlichkeit. In: Henke, Klaus-Dietmar; Steinbach, Peter; Tuchel, Johannes (Hg.): Widerstand und Opposition in der DDR. Köln u. a. 1999, S. 183–192.

7 Das 1951 unter der Ägide des Internationalen Bundes Freier Gewerkschaften gegründete Ostbüro des DGB hatte seinen Sitz in Düsseldorf und Westberlin. Leiter des DGB-Ostbüros war Gerhard Haas, Jg. 1920, Rechtsschutzsekretär des Berliner DGB. Bei seinen propagandistischen Aktivitäten in der DDR, die überwiegend von geflohenen ehemaligen Funktionären des FDGB getragen wurden, firmierte es in dieser Zeit häufig als »Nurgewerkschaftliche

Zu a: Verbreitung durch Ballon

Im 1. Halbjahr 1959 wurden insgesamt 970 073 durch Ballon eingeschleuste Hetzschriften sichergestellt, das sind 62 % weniger als im 1. Halbjahr 1958. Während in den vorangegangenen Jahren besonders in den Monaten April und Mai (Vorbereitung und Durchführung des 1. und 8. Mai) die Hetzschriftenverbreitung durch Ballon anstieg, so ist sie in diesem Jahr im Vergleich zu den übrigen Monaten erstmalig ungefähr gleichgeblieben.

Der Anteil der einzelnen Agentenorganisationen an der Verbreitung von Flugblättern durch Ballon hat sich bei allen Zentralen[8] verändert. Den Hauptanteil der durch Ballon eingeschleusten Hetzschriften trug im 1. Halbjahr 1959 wie im Jahre 1958 die NTS/Zope mit 59 % (1. Halbjahr 1958 = 30 %, 2. Halbjahr 1958 = 50 %). Zahlenmäßig hat die NTS/Zope die Hetzschriftenverbreitung nicht wesentlich verstärkt, obwohl der Anteil von 30 % im 1. Halbjahr 1958 auf 59 % im 1. Halbjahr 1959 angestiegen ist. (Das prozentuale Ansteigen ist auf den Rückgang der Hetzschriftenverbreitung bei allen anderen Zentralen zurückzuführen.) Anteilmäßig folgen dann das SPD-Ostbüro mit 24 % (1. Halbjahr 1958 = 44 %, 2. Halbjahr 1958 = 21 %) und KgU mit 11 % (1. Halbjahr 1958 = 21 %, 2. Halbjahr 1958 = 12 %). Damit ist bei diesen Zentralen die Hetzschriftenverbreitung wesentlich zurückgegangen. Die Materialien des UfJ, des Ostbüros der CDU, des Ostbüros des DGB und die Hetzschriften verschiedener und unbekannter Herkunft erreichten zusammen nur 4 % (1. Halbjahr 1958 = 6 %).

Die meisten Hetzschriften wurden in den Bezirken Magdeburg (66 %), Erfurt (11 %) fest- und sichergestellt, während in allen übrigen Bezirken nur 2 bis 6 % aller Flugblätter gefunden wurden. In dem Anteil der Bezirke hat sich im Vergleich zum Jahre 1958 nichts verändert. Das *Ostbüro der SPD* konzentrierte sich besonders auf die Bezirke Magdeburg und Schwerin, *NTS/Zope* besonders auf die Bezirke Magdeburg, Halle und Erfurt.

Bei den im 1. Halbjahr 1959 durch Ballon eingeschleusten Hetzflugblättern sind die nachfolgend aufgeführten in größeren Mengen angefallen:

- »Wiederholen der Wahlen von Westberlin in ganz Berlin, in ganz Deutschland.« (Hetze gegen SED).[9]

Opposition im FDGB«. Vgl. Fricke, Karl Wilhelm; Engelmann, Roger: Konzentrierte Schläge. Staatssicherheitsaktionen und politische Prozesse 1953–1956. Berlin 1998, S. 74–76.

8 Als Feindzentralen, später als Feindobjekte, wurden vom MfS westliche Institutionen und Organisationen bezeichnet, denen subversive Aktivitäten gegen die DDR und/oder andere kommunistische Staaten unterstellt wurden. Dazu zählten neben westlichen Geheimdiensten auch kirchliche Organisationen, Medien, politische Organisationen wie Parteistiftungen und Ostbüros der Bundestagsparteien, Bildungseinrichtungen und andere.

9 Am 7.12.1958 fand in Westberlin die Wahl zum Abgeordnetenhaus statt, bei der die SPD mit Willy Brandt als Spitzenkandidat die absolute Mehrheit erreichte. Brandt setzte aber aufgrund der krisenhaften Situation der Stadt (Chruschtschow hatte zehn Tage zuvor sein Berlin-Ultimatum gestellt) die Koalition mit der CDU fort.

- »Berlin bleibt frei« (Hetze gegen Freistadt Westberlin,[10] Aufruf zum Widerstand).
- »Neue Deutschland-Politik zeichnet sich ab« (Hetze gegen gesamtdeutsche Arbeiterkonferenz in Leipzig[11] und den Gen. Ulbricht[12]).
- »10. Jahrestag der Zonenrepublik im Zeichen verschärften Zwangs« (Hetze gegen Selbstverpflichtungen, Wettbewerbe u. a., Aufruf zum Widerstand).
- »Es gibt nur ein Deutschland, das wiedervereinigt werden muss« (Hetze gegen Gen. Chruschtschow[13]).
- »Die freie Welt steht zu Westberlin« (Wortlaut der Rede Eisenhowers[14] am 16.3.1959[15] – Hetze gegen SU).

10 Am 27.11.1958 übergab das sowjetische Außenministerium den westlichen Besatzungsmächten USA, Großbritannien und Frankreich eine Note, in der die Sowjetunion ankündigte, der DDR die volle Kontrolle über die Verbindungswege zwischen Westdeutschland und Westberlin zu übertragen, sollte es nicht innerhalb eines halben Jahres zu einer vertraglichen Vereinbarung der alliierten Mächte kommen, die Westberlin den Status einer entmilitarisierten Freien Stadt garantierte. Dies beinhaltete den Abzug der Truppen der Westalliierten aus der Stadt. Damit kündigte die Sowjetunion den Viermächte-Status Berlins quasi auf. Diese Note war dem Vorschlag für einen Friedensvertrag mit den beiden deutschen Staaten vom Januar 1959, in dem der Status Westberlins als freie entmilitarisierte Stadt erneut festgeschrieben wurde (Artikel 25 des Vertragsentwurfs), vorausgegangen und leitete die sogenannte zweite Berlin-Krise ein. Näheres dazu siehe: Wettig, Gerhard: Chruschtschows Berlin-Krise 1958 bis 1963. Drohpolitik und Mauerbau. München 2006.

11 Zwischen 1954 und 1971 führte der FDGB insgesamt 32 sogenannte Deutsche Arbeiterkonferenzen jeweils zeitgleich mit den Frühjahrs- und Herbstmessen in Leipzig durch. Dazu wurden Arbeitnehmer und Gewerkschafter aus der Bundesrepublik eingeladen, um Möglichkeiten gemeinsamer Aktionen von DGB und FDGB auszuloten und für die Anerkennung der DDR zu werben. Im März 1959 fand die IX. Deutsche Arbeiterkonferenz statt, an der laut Angaben der SED 1 100 Besucher aus der Bundesrepublik teilnahmen. Als besonderer Gast trat der sowjetische Staats- und Parteichef Nikita Chruschtschow vor den Konferenzteilnehmern auf, der für die Umsetzung des sowjetischen Vorschlags für einen Friedensvertrag und die Entmilitarisierung Deutschlands warb. Vgl. FDGB-Lexikon online abrufbar unter: http://library.fes.de/FDGB-Lexikon/texte/sachteil/d/Deutsche_Arbeiterkonferenz.html (letzter Abruf: 18.6.2020); ND v. 8.3.1959, S. 1 f.

12 Walter Ulbricht, Jg. 1893, SED- und Staatsfunktionär, 1950–71 General- bzw. Erster Sekretär des ZK der SED, 1960–73 Vorsitzender des Staatsrates der DDR.

13 Nikita Sergejewitsch Chruschtschow, Jg. 1894, sowjetischer Politiker, 1953–64 Erster Sekretär des ZK der KPdSU, zudem 1958–64 als Vorsitzender des Ministerrats Regierungschef der Sowjetunion.

14 Dwight D. Eisenhower, Jg. 1890, US-amerikanischer Armeegeneral und Politiker der Republikanischen Partei, 1945–48 Militärgouverneur der US-amerikanischen Besatzungszone in Deutschland, 1948–50 Präsident der Columbia University, 1950–52 Oberkommandierender der NATO-Streitkräfte in Europa, 1953–61 Präsident der USA.

15 In einer Rede, mit der sich US-Präsident Dwight D. Eisenhower am 16.3.1959 an das US-amerikanische Volk wandte, erläuterte er die Verantwortung der Vereinigten Staaten für Westberlin, das zu einem »Symbol der Freiheit« geworden wäre. Um die Rechte der Westalliierten zu bewahren, die er gleichzeitig als Verpflichtung zur Bewahrung von Frieden und Freiheit betrachtete, sprach er sich in Reaktion auf die Note Chruschtschows vom 2.3.1959, in der dieser ein Gipfeltreffen der Regierungschefs der Westmächte und der Sowjetunion

Aus dem Inhalt der eingeschleusten Hetzschriften sind folgende Hauptrichtungen der Hetzpropaganda der Feindzentralen ersichtlich:

1. In der Bevölkerung der DDR eine Stimmung gegen eine freie entmilitarisierte Stadt Westberlin zu erzeugen und dabei die Hetze besonders gegen die Sowjetunion und den Gen. *Chruschtschow* zu richten.

2. Zum Widerstand mit »politischen Mitteln« aufzufordern und die Festigung und Stärkung unserer Arbeiter-und-Bauern-Macht zu verhindern.

3. Gegen die sozialistische Entwicklung in Industrie und Landwirtschaft zu hetzen, um damit die Erfüllung der Beschlüsse des V. Parteitages zu verhindern.[16]

Zu b: Verbreitung auf dem Postwege

Im 1. Halbjahr 1959 konnten 733 177 auf dem Postwege verschickte Hetzschriften eingezogen werden. Das sind ca. 100 000 weniger als im 1. Halbjahr 1958. Auch im Vergleich zum 2. Halbjahr 1958 ist die Hetzschriftenverbreitung durch die Post um ungefähr die gleiche Anzahl zurückgegangen. Schwerpunkte waren hier genau wie im Vorjahr Dresden (99 000 Exemplare), Potsdam (78 000 Exemplare) und Karl-Marx-Stadt (73 000 Exemplare).

Das Ostbüro der SPD konzentrierte sich besonders auf die Bezirke Dresden und Potsdam. Auf die einzelnen Feindzentralen entfallen:

- UfJ: 45 %
- CDU: 31 %
- Verschiedene: 13 %
- KgU: 5 %
- SPD: 3 %
- DGB: 2 %
- NTS: 1 %

Der Anteil der Hetzschriftenverbreitung durch die Post hat sich im Vergleich zum Vorjahr beim UfJ um 15 % erhöht; bei allen anderen Zentralen sind die Veränderungen nur unwesentlich.

Bei den durch Post versandten Hetzschriften handelt es sich beim größten Teil um die schon bekannten regelmäßig erscheinenden »Bezirkszeitungen« und »Monatsausgaben«. Die Monatsausgaben »Der Soldat«,[17] »Geist und Le-

vorgeschlagen hatte, für Verhandlungen mit der Sowjetunion aus und stimmte einem Gipfeltreffen auf Ebene der Außenminister zu.

16 Auf dem V. Parteitag der SED (10.–16.7.1958) wurde ein äußerst ambitioniertes Wirtschaftsprogramm beschlossen, dessen Ergebnisse die Überlegenheit des sozialistischen über das kapitalistische Wirtschaftssystem beweisen sollten.

17 Eine Zeitschrift oder ein Flugblatt mit dem Titel »Der Soldat« konnte nicht ermittelt werden.

ben«,[18] »Die Wahrheit«,[19] »Tarantel«,[20] »Der Kämpfer«,[21] »Elternhaus und Schule«[22] sind seit März, einzelne sogar seit Februar, nicht mehr angefallen. Die gefälschte Einheit, die sonst auch monatlich herausgegeben wurde, ist in diesem Jahr bisher nur zweimal erschienen.[23]

Zu c: Verbreiten durch Personen

Neben der Einschleusung durch Ballon und Post wurden in der Berichtszeit ca. 116 Fälle bekannt, wo derartige Hetzschriften und Flugblätter (890 Stück) durch Personen weiterverbreitet oder ausgelegt wurden. Im 1. Halbjahr 1958 waren es dagegen 215 Vorkommnisse dieser Art. Besonders war dies in den Bezirken Erfurt, Magdeburg, Neubrandenburg und Potsdam festzustellen. Die Hetzschriften wurden zu 90 % in Straßen, Häusern, Grundstücken und Telefonzellen und zu 7 % in Betrieben abgelegt.

18 Die Zeitschrift »Geist und Leben« ist eine Fachzeitschrift für geistliche Theologie, christliche Mystik und spirituelle Praxis, 1926 gegründet und seit 1947 von der deutschen Provinz der Jesuiten im Echter Verlag in Würzburg herausgegeben. Sollte es sich in dem hier dargestellten Zusammenhang um diese Zeitschrift handeln, gilt, dass alles, was nicht den von der SED zur Staatsideologie erklärten Marxismus-Leninismus unterstützte, zur Hetzschrift erklärt wurde.

19 »Die Wahrheit. Tatsachen und Argumente aus Ost und West« war eine von der KgU herausgegebene Zeitschrift, die von 1951 bis 1959 monatlich erschien.

20 Die »Tarantel. Satirische Monatsschrift der Sowjetzone« war eine von Heinz W. Wenzel (Pseudonym: Heinrich Bär) in Westberlin herausgegebene und von den USA finanzierte Zeitschrift, die sich satirisch-kritisch mit den Verhältnissen in der DDR auseinandersetzte. Sie wurde 1950 bis 1962 in Großauflagen von bis zu 300 000 Stück von Westberlin aus in die DDR geschleust. Vgl. Körner, Klaus: Ein »Phänomen« wird entlarvt. Antikommunistische Schriften gegen die DDR aus der Frühzeit der Bundesrepublik. In: Lokatis, Siegfried; Sonntag, Ingrid (Hg.): Heimliche Leser in der DDR. Kontrolle und Verbreitung unerlaubter Literatur. Berlin 2008, S. 156–167, hier 161. Siehe auch Schulz-Heidorf, Walter: Preis unbezahlbar – Die ›Tarantel‹. Heiße Lektüre im Kalten Krieg. Berlin 1997.

21 »Der Kämpfer. Organ für die nationale Verteidigung« war eine Flugschrift der KgU, die von 1956 bis 1959 herausgegeben wurde und sich an die Angehörigen der »Kampfgruppen der Arbeiterklasse« richtete. Ihr Titel war an die gleichnamige DDR-Zeitschrift angelehnt, die von 1953 bis 1956 als »Organ der Kasernierten Volkspolizei« diente.

22 »Elternhaus und Schule« war ein vom Bayerischen Lehrer- und Lehrerinnenverband publiziertes Blatt in der Bundesrepublik. Sollte dieses hier gemeint sein, gilt auch hier, dass die SED-Ideologen allen ideologisch nonkonformen Schriften das Verdikt der Hetzschrift auferlegten. Es gab daneben eine Zeitschrift gleichen Namens in der DDR, herausgegeben vom Verlag Volk und Wissen. Wahrscheinlich handelt es sich hier um eine gefälschte Ausgabe dieses Blattes.

23 Das Ostbüro der SPD verbreitete kritische Artikel über den stalinistisch geprägten Kommunismus nicht nur auf Flugblättern, sondern publizierte zwischen 1954 und 1959 die Publikationsreihe »Einheit«. Sie erschien in fast identischer Aufmachung wie die gleichnamige Theoriezeitschrift der SED, aber fast immer mit dem Hinweis auf das SPD-Ostbüro als Herausgeber und nur vereinzelt in Tarnumschlägen, die die wahre Herausgeberschaft verschleierten. Die Zeitschrift erschien im angegebenen Zeitraum mehr als 50 Mal in einer Auflage von etwa 10 000 Exemplaren pro Heft. Vgl. Buschfort, Wolfgang: Parteien im Kalten Krieg. Die Ostbüros von SPD, CDU und FDP. Berlin 2006, S. 123 f.

II. Verbreiten selbstgefertigter Hetzschriften

Das Verbreiten selbstgefertigter Hetzschriften ist im 1. Halbjahr 1959 im Vergleich zum 1. Halbjahr 1958 nur etwas zurückgegangen, im Vergleich zum 2. Halbjahr 1958 jedoch um 75 %. Es wurden insgesamt 567 Exemplare beschlagnahmt (1. Halbjahr 1958 = 600 Expl., 2. Halbjahr 1958 = 2 366 Expl.). Die meisten selbstgefertigten Hetzschriften sind im Monat April angefallen. Der größte Teil der Hetzschriften (98 %) wurde in Straßen, Häusern und Grundstücken abgelegt und nur 2 % in Betrieben.

Die sichergestellten Exemplare beinhalten in 439 Fällen Hetze gegen Partei und Regierung und deren Funktionäre. 79 Exemplare richteten sich direkt gegen den 1. Sekretär des ZK, Gen. Ulbricht. Alle übrigen Hetzschriften beinhalten Hetze gegen die SU, die LPG und Genfer Konferenz.[24] Schwerpunkt ist der Bezirk Karl-Marx-Stadt (400). Hier wurden allein 70 % der selbstgefertigten Hetzschriften verbreitet.

III. Anonyme Hetze und Drohungen durch Briefe und telefonische Anrufe

Geringfügig angestiegen (um 20 Delikte) ist in der Berichtszeit die Hetze und Drohung mittels anonymer Anrufe und Briefe. Insgesamt wurde im 1. Halbjahr 1959 die Versendung von 84 Briefen und die Anwendung von 14 Anrufen bekannt. In 30 Fällen hatten die anonymen Briefe und Anrufe hetzerischen Inhalt und in 51 Fällen wurde mittels Drohung versucht, Partei- und Staatsfunktionäre und Angehörige der Intelligenz unsicher zu machen. Direkt zur Republikflucht wurde in sechs Fällen aufgefordert.

Schwerpunkte sind die Bezirke Magdeburg (32), Dresden (26) und Karl-Marx-Stadt (13), in denen allein 72 % der bekannt gewordenen Delikte registriert wurden.

IV. Anmalen von Hetzlosungen und faschistischen Schmierereien

Das Anmalen von Hetzlosungen und faschistischen Schmierereien ist zurückgegangen. In der Berichtszeit wurden 630 solcher Schmierereien bekannt (1. Halbjahr 1958 = 801). Im Monat Mai, in dem in den vorhergehenden Jah-

24 Gemeint ist vermutlich die Genfer Außenministerkonferenz (nicht die Genfer Gipfelkonferenz von 1955). Sie war das zweite Treffen der vier Besatzungsmächte. Sie fand in zwei Sitzungen vom 11.5. bis 20.6. und vom 13.7. bis 5.8.1959 statt. Die Außenminister der beiden deutschen Staaten nahmen als Beobachter teil. Die Westmächte unterbreiteten einen Vier-Stufen-Plan zur Wiedervereinigung Deutschlands, nach dem US-amerikanischen Außenminister auch Herter-Plan genannt: 1. Vereinigung von West- und Ostberlin nach freien Wahlen unter der Kontrolle der UNO; 2. Einsetzung eines »deutschen Ausschusses« durch die vier Besatzungsmächte zur Vorbereitung freier Wahlen; 3. Entwurf einer Verfassung durch eine gewählte »gesamtdeutsche Versammlung«; 4. Abschluss eines Friedensvertrages durch die auf der Grundlage dieser Verfassung gebildete gesamtdeutschen Regierung. Siehe: Siegler, Heinrich von (Hg.): Dokumentation der Genfer Außenministerkonferenz 1959. Bd. 1 [o. O., 1959], S. 59–70.

ren das Anmalen von Hetzlosungen und faschistischen Schmierereien immer besonders anstieg, hat sich erstmalig in diesem Jahr im Vergleich mit den anderen Monaten keine wesentliche Veränderung ergeben.

Der Anteil der faschistischen Schmierereien (67 %) (Hakenkreuze, SS-Runen, Heil Hitler usw.) hat sich im Vergleich zu 1958 nicht verändert. 20 % der Losungen und Schmierereien richteten sich gegen Partei und Regierung, 4 % direkt gegen den Gen. Walter Ulbricht, 3 % gegen die Sowjetunion, Hetze gegen Normen und die Seifert-Methode zwölf Losungen.[25]

Den größten Anteil haben die Bezirke Magdeburg (20 %), Dresden (16 %), Halle (16 %) und Berlin (10 %). Die Hetzlosungen wurden zu 62 % in der Öffentlichkeit und zu 38 % in Betrieben angeschmiert.

V. Offene hetzerische und verleumderische Äußerungen

Die offene mündliche Hetze ist im Vergleich zu 1958 wesentlich zurückgegangen. Es wurden 315 derartige Vorkommnisse bekannt und 154 Personen in diesem Zusammenhang durch die VP inhaftiert. Im Vergleich zum 1. Halbjahr 1958 sind die bekannt gewordenen Vorkommnisse offener Hetze um ca. 20 % und zum 2. Halbjahr 1958 um 80 % zurückgegangen.

Circa 55 % der Täter waren angetrunken und zu 26 % erfolgte die Hetze in Gaststätten. Nur 4 % der Delikte entfallen auf die Betriebe, während die restlichen 70 % im öffentlichen Verkehr erfolgten. Ungefähr ein Drittel aller Täter waren Arbeiter und Bauern und 20 % Jugendliche.

In erster Linie wandte sich die Hetze und Verleumdung gegen die DDR und führende Partei-und Staatsfunktionäre (37 %). Weiter richtete sie sich gegen die NVA und VP (34 %), Gen. Ulbricht (2 %), die SU (2 %), LPG (2 %). 23 % der bekannt gewordenen Delikte trugen faschistischen Charakter.

Schwerpunkte sind hier die Bezirke Berlin (50 %), Potsdam (21 %) und Magdeburg (20 %), die wie im vorigen Jahr, den weitaus größten Anteil an diesen Vorkommnissen aufweisen.

25 Die Seifert-Methode ist eine nach Erich Seifert benannte Arbeitsmethode im sozialistischen Wettbewerb, »die zur Rationalisierung und Durchsetzung höherer Arbeitsnormen diente.« Die Seifert-Methode »wurde auf dem V. SED-Parteitag (10.–16.7.1958) bekannt gemacht und anschließend vom FDGB massenwirksam popularisiert.« Die Seifert-Methode bedeutete, »nach Möglichkeiten zur Verbesserung der persönlichen wie der betrieblichen Arbeitsorganisation, also nach Rationalisierung der Arbeitsprozesse, zu suchen.« Konsequent angewandt, bewirkte sie »eine Reduzierung der normierten Fertigungszeiten«, sodass die Arbeitsproduktivität steigen konnte, »bei Störungen der Arbeitsorganisation aber auch Lohneinbußen hingenommen werden mussten, weil Ausfallzeiten nur im Durchschnitts- und nicht im Leistungslohn bezahlt wurden.« Vgl. Sattler, Friederike: Seifert-Methode. In: FDGB-Lexikon. Funktion, Struktur, Kader und Entwicklung einer Massenorganisation der SED (1945–1990). Hg. v. Dowe, Dieter; Kuba, Karlheinz; Wilke, Manfred. Bearb. v. Kubina, Michael. Berlin 2009, online abrufbar unter: http://library.fes.de/FDGB-Lexikon (letzter Abruf: 12.4.2022).

VI. Abreißen und Beschädigen von Fahnen, Plakaten u. a.

Das Abreißen und Beschädigen von Fahnen, Bildern, Transparenten und Plakaten ist im Vergleich zum 1. Halbjahr 1958 etwas angestiegen. Im Berichtszeitraum wurden 692 derartige Vorfälle bekannt.

Diese Art der Feindtätigkeit trat besonders in den Monaten März (Besuch des Gen. Chruschtschow[26]) und Mai in Erscheinung (1. und. 8. Mai). Im Einzelnen wurden 377 Fahnen, 269 Plakate und Transparente, 27 Bilder und 19 Wandzeitungen beschädigt und abgerissen. In 63 Fällen wurden Jugendliche als Täter ermittelt und in 14 Fällen Arbeiter. 16 Personen wurden inhaftiert. Schwerpunkte sind die Bezirke Berlin (307), Magdeburg (66) und Leipzig (62).

VII. Tätlichkeiten und Provokationen gegen VP-Angehörige und andere Staats- und Parteifunktionäre

Die Tätlichkeiten gegen VP-Angehörige, SED-Mitglieder, LPG-Vorsitzende und andere Funktionäre oder fortschrittliche Personen sind weiter zurückgegangen, sodass sie nur mit 163 Fällen 64 % der im 1. Halbjahr 1958 erfolgten Vorkommnisse dieser Art (255) ausmachen.

a) Es handelt sich zu 93 % um Tätlichkeiten gegen VP-Angehörige bei deren Dienstausübung. So gingen diesen Tätlichkeiten vor allem Verkehrsbelehrungen, PA-Kontrollen,[27] Schlichten von Schlägereien und andere polizeiliche Handlungen voraus. Charakteristisch ist auch, dass die Hälfte aller Täter betrunken war. 46 % aller Täter waren Jugendliche, 26 % Arbeiter. 109 Personen wurden inhaftiert. Schwerpunkte sind hier die Bezirke Berlin (67) und Magdeburg (57).

b) In sieben Fällen richteten sich die Tätlichkeiten gegen SED-Mitglieder und FDJ-Funktionäre, die überwiegend durch provokatorische Äußerungen und Hetze von den Tätern herausgefordert wurden. Als Täter traten vorwiegend Jugendliche in Erscheinung. Vier Personen wurden inhaftiert.

Die Analyse der insgesamt im Bericht angeführten feindlichen Vorkommnisse ergibt, dass die Bezirke Magdeburg, Erfurt, Dresden und Karl-Marx-Stadt als absolute Schwerpunkte für diese Arten der Feindtätigkeit anzusehen sind. Die übrigen Bezirke folgen dann erst mit größerem Abstand.

26 Chruschtschow weilte vom 4. bis 12.3.1959 zum Staatsbesuch in der DDR. Er besuchte u. a. die Leipziger Messe, trat vor der IX. Deutschen Arbeiterkonferenz auf, sprach auf einer Großkundgebung in Berlin zusammen mit Walter Ulbricht und traf sich mit dem SPD-Parteivorsitzenden Erich Ollenhauer zu einem Gespräch. Im Mittelpunkt aller Gespräche und Auftritte stand der von der Sowjetunion im Januar 1959 an die Westmächte gesandte Entwurf für einen Friedensvertrag der am Zweiten Weltkrieg beteiligten Nationen mit Deutschland.

27 Gemeint sind Kontrollen der Personalausweise.

23. Juli 1959

Information Nr. 515/59 – Auskunftsbericht über vermutliche Bestrebungen feindlicher Kräfte, den Prof. Dr. Ingenieur Rüdiger von der Bergakademie Freiberg zur Republikflucht zu treiben

Quelle: BArch, MfS, ZAIG 205, Bl. 1–5 (3. Expl.).
Serie: Informationen.
Verteiler: Borning – MfS: Mielke, Ablage.
Vermerk: Im Verteiler hinter »Borning, Abt. Sicherheit ZK« in Steno »wurde vom Minister über den im Bericht geschilderten Sachverhalt telefonisch unterrichtet«.

[Faksimile von Blatt 1]

Prof. Dr. Ingenieur *Rüdiger,*[1] 32 Jahre alt, verheiratet, entstammt einer Arbeiterfamilie. Er studierte an der TH Dresden und erwarb sich große Spezialkenntnisse in der Fachrichtung Technische Mechanik, weshalb er auch am 1.1.1956 an die Bergakademie Freiberg als Professor mit vollem Lehrauftrag für Technische Mechanik und als Direktor des Instituts für Technische Mechanik berufen wurde. Er gilt auf diesem Gebiete als Kapazität (u. a. hielt er auch schon mehrere Vorträge in Westdeutschland) und widmet sich ausschließlich seinen fachlichen Aufgaben, ohne – wie man es aufgrund seiner Herkunft erwarten könnte – sich gesellschaftlich zu betätigen. Jedoch kümmerte sich auch die Parteiorganisation der Bergakademie sehr wenig um ihn.

Prof. *Rüdiger* verständigte von sich aus Anfang Oktober 1957 die Kreisdienststelle des MfS in Freiberg davon, dass er sich unsicher und bedroht fühle und nicht mehr in der Lage sei, seine fachliche Tätigkeit ungestört auszuüben, weil während seiner Abwesenheit in seine Wohnung eingedrungen wurde. Als Beweis führte er eine ihm nicht gehörende, in seiner Wohnung vorgefundene Strickweste an. Einen auf bestimmte Personen zielenden Verdacht äußerte er nicht. Er befand sich an jenem Abend auf Einladung des Prof. Dr. Ingenieur *Erdmann-Jesnitzer*[2] in dessen Wohnung.

Prof. *Rüdiger* verlangte Verhaltensmaßregeln und eine Aufklärung der Angelegenheit vom MfS. Prof. *Rüdiger* wurde von uns gebeten, sich nicht beunruhigen zu lassen, keinen unüberlegten Schritt zu tun und dem MfS bei der Aufklärung behilflich zu sein, was er auch versprach. Unter anderem wurde ihm geraten, mittels verschiedener Hilfsmittel festzustellen, ob und wann in seine Wohnung eingedrungen wird und ein Sicherheitsschloss anbringen zu

1 Dieter Rüdiger, Jg. 1927, Ingenieur, 1956–64 Professor für Technische Mechanik an der Bergakademie Freiberg, 1957–64 Direktor des Instituts für Technische Mechanik an der Bergakademie Freiberg.

2 Im Original durchgehend: »Jessnitzer«. Friedrich Erdmann-Jesnitzer, Jg. 1912, Maschinenbauingenieur, 1948–61 Professor für Metallkunde und Materialprüfung an der Bergakademie Freiberg, danach ab 1961 Ordinarius für Werkstoffkunde an der Technischen Hochschule Hannover.

lassen. Die seit dieser Zeit vom MfS eingeleiteten Absicherungs- und Aufklärungsmaßnahmen blieben bis zum 23.5.1959 erfolglos bzw. gab es bis dahin keine weiteren Versuche, Prof. Rüdiger einzuschüchtern, sodass er sich auch nicht wieder an das MfS wandte.

Am 23.5.1959 zeigte die [Vorname Name 1], die Wohnungsnachbarin von Prof. Rüdiger, die bei ihm verschiedene häusliche Arbeiten verrichtet und deshalb einen Wohnungsschlüssel für die Wohnung Prof. Rüdigers besitzt, folgenden Sachverhalt an: Am 23.5.1959 (Prof. *Rüdiger* befand sich vom 19.5. bis 4.6.1959 auf Urlaub in Ägypten) zwischen 9.00 und 10.00 Uhr verlangte eine der Frau [Name 1] unbekannte männliche Person den Wohnungsschlüssel für die Wohnung Prof. Rüdigers mit der Begründung, er sei ein westdeutscher Studienfreund von Prof. Rüdiger namens [Name 2] oder ähnlich, nehme am »Berg- und Hüttenmännischen Tag in Freiberg« (21.–23.5.1959) teil und habe durch Korrespondenz die Erlaubnis von Prof. *Rüdiger* erhalten, in dessen Wohnung zu übernachten. Als Frau [Name 1] sich ganz entschieden weigerte, den Schlüssel herauszugeben, entspann sich folgender Dialog:

Männl. Person: »Ich habe abgestritten, dass sie raffiniert sind, aber sie sind ja raffinierter als wir.«[3]

Frau [Name 1]: »Ach so, Sie sind wohl einer von der Clique!« (Frau [Name 1] wusste, dass sich Prof. Rüdiger verfolgt fühlt.)

Männl. Person: »Sie werden wohl gut bezahlt? Aber wir zahlen auch nicht schlecht.«

Anschließend drehte sich die unbekannte Person zur Wohnungstür des Professors um und sagte: »Da ist doch schon wieder ein zweites Sicherheitsschloss dran. Der Herr hat sich wohl sehr geärgert darüber?« Als Frau [Name 1] versuchen wollte, Mitbewohner zu verständigen, um den Unbekannten aufzuhalten, flüchtete dieser.

In diesem Zusammenhang wies die [Name 1] erstmalig am 23.5.1959 darauf hin, dass bereits an einem Montag im Februar oder März 1959 eine andere unbekannte männliche Person das Sicherheitsschloss zur Wohnung von Prof. Rüdiger abtastete. Deshalb von Frau [Name 1] zur Rede gestellt, machte die Person Ausflüchte und verließ ebenfalls auf schnellstem Wege das Haus. Frau [Name 1] wurde aufgefordert, alle diesbezüglichen und neuen Versuche sofort dem MfS mitzuteilen.

Auch Prof. *Rüdiger* wurde sofort nach seiner Rückkehr am 5.6.1959 in seiner Wohnung aufgesucht, doch dieser erklärte den Mitarbeitern des MfS zynisch und abweisend, er habe »keine Zeit für sie, vielleicht nächste Woche einmal«. Nachdem am 8.6.1959 abermals vergeblich versucht wurde, eine Zusammenkunft zu vereinbaren, fand am 9.6.1959 eine Aussprache zwischen zwei Vertretern des MfS und Prof. Rüdiger statt, auf welcher Prof. *Rüdiger*,

3 Die Kleinschreibung des Personalpronomens »sie« lässt offen, ob es sich hier um einen Rechtschreibfehler handelt und die Wohnungsnachbarin die angesprochene Person ist oder ob Prof. Rüdiger und mit ihm bekannte Personen als Gruppe gemeint sind.

ohne irgendwelche Fragen oder Erklärungen abzuwarten, Folgendes erklärte: Er sei von Frau [Name 1] über die Vorgänge am 23.5.1959 unterrichtet worden und könne keinerlei Hinweise geben, die auf die unbekannte Person schließen lassen. Er habe auch mit niemandem etwas über die Benutzung seiner Wohnung vereinbart. Im Übrigen habe er kein Vertrauen zur Arbeit der Staatssicherheit allgemein und glaube auch nicht, dass die Staatssicherheit in der Lage sei, aufzuklären, wer sich für seine Wohnung interessiert. Zur Begründung führte er sinngemäß an: »Sie haben seit Oktober 1958 bis jetzt keinen Erfolg gehabt, Sie werden es auch in Zukunft nicht fertigbringen.«

In dieser Aussprache konnte Prof. *Rüdiger* überzeugt werden, dass es gar nicht so sehr um seine Wohnung geht, sondern dass dies eine Methode des Feindes darstellt, um durch das Hervorrufen von Unsicherheit hervorragende Wissenschaftler zur Republikflucht zu treiben. (Beispiel über anonyme Anrufe in Dresden) In diesem Zusammenhang erklärte er, dass er über diese Angelegenheit hinweg sei und sich durch solche dummen Streiche nicht mehr aus der Ruhe bringen lässt. Ihn habe das zwar erst beeindruckt, aber jetzt nicht mehr. Es käme für ihn nie infrage republikflüchtig zu werden. Er habe aufgrund der Aussprache auch erkannt, der Staatssicherheit jeden Hinweis zu geben, um dadurch zur Aufklärung der Sache beizutragen.

Der engste Bekannte Prof. *Rüdigers* ist der Prof. Dr. Ingenieur *Erdmann-Jesnitzer,* Professor der Fachrichtung und Direktor des Instituts für Metallkunde und Materialprüfung an der Bergakademie Freiberg, der einen spürbaren Einfluss auf Prof. *Rüdiger* ausübt. Prof. *Erdmann-Jesnitzer* versuchte öfters Prof. *Rüdiger* einzureden, dass sie beide von der Staatssicherheit »bespitzelt« würden. Zum Beispiel schlug Prof. Erdmann-Jesnitzer im Oktober 1958 vor, einmal zusammen auszugehen. Es wäre aber vorteilhaft, dazu nach Dresden zu fahren, weil sie in Freiberg beide beobachtet würden. Sie fuhren daraufhin nach Dresden ins Hotel »Astoria«. Als sie allein an einem Tisch in der Gaststätte Platz genommen hatten, kam ein Herr ins Lokal. Nachdem sich Prof. *Erdmann-Jesnitzer* vergewisserte, dass Prof. *Rüdiger* diesen Mann nicht kannte, erklärte er, es handle sich um einen Mann von der Staatssicherheit, der sich bestimmt um sie kümmern wolle und sich auch mit an ihren Tisch begeben werde. Dieser Herr nahm auch am Tisch der beiden Professoren Platz, worauf diese das Lokal verließen und zum Café[4] »Prag« in Dresden gingen. Dort stand eine männliche Person am Eingang zum Café, von der Prof. Erdmann-Jesnitzer wiederum behauptete, sie sei von der Staatssicherheit. Bei einer Aussprache zwischen Professoren der Bergakademie, dem 1. Sekretär der Hochschul-Parteileitung, dem Rektor und dem Direktor des gesellschaftlichen Instituts[5] äußerte Prof. *Erdmann-Jesnitzer,* die Staats-

4 Im Original durchgehend: »Kaffee«.

5 Gemeint ist sicherlich das Institut für Gesellschaftswissenschaften der Bergakademie Freiberg.

sicherheit habe in seiner und der Wohnung Prof. *Rüdigers* illegale Hausdurchsuchungen geführt. Alle diese Behauptungen Prof. *Erdmann-Jesnitzers* entbehren jedoch jeder Grundlage.

Zum Verhalten von Prof. *Erdmann-Jesnitzer* ist weiterhin noch zu erwähnen, dass er sich auch gegen den aktiven Einfluss der Parteiorganisation und der FDJ auf die Entwicklung an der Bergakademie wendet. Er versuchte in seiner Eigenschaft als Direktor des Außeninstituts der Bergakademie Freiberg politische Vorträge, die im Rahmen der Berg- und Hüttenmännischen Tage gehalten werden sollten, nicht in das Vortragsprogramm aufzunehmen, weil dadurch »westdeutsche und ausländische Tagungsteilnehmer vor den Kopf gestoßen bzw. von einer Teilnahme überhaupt abgehalten würden«. Sich als Anti-Militarist ausgebend, bezeichnet er alle ehemaligen Offiziere, die am 2. Weltkrieg teilgenommen haben, jetzt Mitglied der SED sind und Funktionen inne haben, als Militaristen. Dies ist vor allem gegen führende Genossen der Bergakademie gerichtet. So gibt er dem Leiter des Instituts für Gesellschaftswissenschaften, Genossen *Herlitzius,*[6] die Schuld, dass Prof. *Leutwein*[7] republikflüchtig wurde, obwohl hier keinerlei Zusammenhänge bestehen. Über dieses Verhalten des Prof. *Erdmann-Jesnitzer* ist auch der 1. Sekretär der SED-Kreisleitung Freiberg, Genosse *Wappler,*[8] unterrichtet.

6 Erwin Georg Herlitzius, Jg. 1912, marxistischer Philosoph, lehrte von 1951–63 an der Bergakademie Freiberg, 1964–86 Professor für Dialektischen Materialismus und Marxistisch-Leninistische Philosophie an der TU Dresden, dort zeitweise Direktor des Instituts für Philosophie, Dekan und Prorektor für Gesellschaftswissenschaften, 1967–70 Vorsitzender des Nationalkomitees der DDR in der Internationalen Union für Geschichte und Philosophie der Wissenschaften.

7 Friedrich Leutwein, Jg. 1911, Mineraloge und Geochemiker, 1950–53 Rektor der Bergakademie Freiberg und Mitglied des ZK der SED, 1957 Mitglied der Deutschen Akademie der Wissenschaften, 1958 als Reaktion auf die vom V. Parteitag der SED verkündete Hochschulpolitik sowie auf die brüskierende Haltung des Staatssekretärs für Hochschulwesen Wilhelm Girnus gegenüber Hochschullehrern Übersiedlung in die Bundesrepublik.

8 Albert Wappler, Jg. 1927, SED-Funktionär und Gewerkschafter, 1955–59 Erster Sekretär der SED-Kreisleitung Freiberg und Abgeordneter des Kreistages, 1956 Mitglied der SED-Bezirksleitung Karl-Marx-Stadt, 1959–67 Sekretär für Agitation und Propaganda bzw. Leiter der Ideologischen Kommission der SED-Bezirksleitung Karl-Marx-Stadt, ab 1960 Mitglied des Bezirksausschusses der Nationalen Front und Abgeordneter des Bezirkstages Karl-Marx-Stadt, ab 1969 Mitglied des Nationalrates der DDR.

25. Juli 1959

Information Nr. 522/59 – Betr.: Beabsichtigte Beschlagnahme einer Kulmanit-Lieferung an die DDR

Quelle: BArch, MfS, HV A 185, Bl. 327 (4. Expl.).
Serie: Informationen.
Verteiler: Rau – MfS: HV A: Sekretariat, Abteilung VII/Referat C, Ablage.
Vermerk: Im Verteiler neben 1. Exemplar (Exemplar Rau), handschriftlich »27.7. vernichtet. Wurde mündlich dem Gen. Eckloff mitgeteilt, da Gen. … [unleserlich, vermutlich Rau] nicht da (lt. Gen. Irmler), 25.7.1959«; neben dem Verteiler: »Abt. V Bl. (maschinenschriftlich) 86/1G/1E 7191 (handschriftlich), ›Kurt‹/3 (maschinenschriftlich)«. Im Verteiler wird Rau nicht namentlich, sondern mit dem in der HV A verwendeten Kürzel »u« genannt. Verteiler am Ende des Dokuments.
Bemerkungen: In der Akte befindet sich eine Aktennotiz der HA III/2 v. 27.5.1959 [sic!, sehr wahrscheinlich war der 25.7.1959 gemeint]. Darin heißt es, am 25.7.1959 habe es mit Carl Alexander Eckloff (stellv. Minister für Außen- und Innerdeutschen Handel) eine Aussprache gegeben. Eckloff habe mitgeteilt, dass sein Bereich einen solchen Auftrag nicht abgeschlossen habe. Er wies außerdem darauf hin, dass die Volksrepublik Polen mit einem kapitalistischen Land über eine größere Menge Borerz verhandelt habe, ob die Beschlagnahme von Kulmanit mit diesem Borerz identisch sei, könne er aber nicht beurteilen. Gezeichnet von Hauptmann Berger. Handschriftlicher Vermerk unter der Aktennotiz: »Am 27.7. wurde Gen. Maj. [Name unleserlich] verständigt, über die polnische Verbindungsgruppe einen entsprechenden Hinweis nach Warschau zu geben.« Unterschrift nicht lesbar. Vgl. BArch, MfS, HV A 185, Bl. 328.

[Faksimile von Blatt 1]

Wie von verschiedenen Seiten bekannt wird, ist eine Schiffsladung von 10 000 t Kulmanit[1] aus San Francisco in die DDR unterwegs. Das Geschäft wurde über einen griechischen Mittelsmann abgeschlossen. Uns wird übereinstimmend berichtet, dass die griechische Regierung beabsichtigt, das Schiff zu beschlagnahmen, da Kulmanit bekanntlich Embargoware ist. Die griechische Regierung will unter diesem Vorwand die Lieferung von Kulmanit an die DDR verhindern, um die DDR damit zum Abschluss größerer Handelsverträge mit Griechenland zu veranlassen. Da das Schiff voraussichtlich einen griechischen Hafen anlaufen wird, sind dringende Maßnahmen erforderlich. Es wird daran erinnert, dass die griechischen Behörden bereits einmal eine solche Schiffsladung beschlagnahmt haben.[2]

1 Aus Kulmanit, auch Borerz genannt, wird Borax gewonnen, ein wichtiger Rohstoff der Glas-, Keramik- und Pharmaindustrie.
2 Vgl. Information 168/59.

Es kann allerdings von uns nicht überprüft werden, ob ein solches Geschäft tatsächlich vom MAI abgeschlossen wurde.

Um eventuelle Schäden zu vermeiden, wird Ihnen diese Information trotzdem zur Kenntnis gegeben.

[ohne Datum]

Information Nr. 572/59 – [Bericht über die] Unzufriedenheit im Zusammenhang mit Lohnfragen in einigen Betrieben der DDR

Quelle: BArch, MfS, ZAIG 220, Bl. 45–48 (6. Expl.).
Serie: Informationen.
Verteiler: Warnke, Apel – MfS: Walter, HA III, Ablage.
Datum: Datierung durch die Bearbeiterin: 18.8.1959 (nach ZAIG-Postausgangsbuch, BArch, MfS, ZAIG 6085 Bd.a, Bl. 46).

Nach vorliegenden Informationen kam es in der jüngsten Zeit in einigen Betrieben unter den Arbeitern zur Unzufriedenheit, die auf die verschiedensten Ursachen in Lohnfragen zurückzuführen war.

Wenn die Ursachen in der Mehrzahl auch in der administrativen Anwendung lohnpolitischer Maßnahmen und Normen zu suchen sind, so gibt es doch – neben anderen – auch solche Fälle, wo bestimmte gleichartige Berufe in gleichgestellten Betrieben unterschiedlichen Lohn bekommen. In verschiedenen Betrieben im Bezirk Potsdam gibt es z. B. Verärgerung unter den Arbeitern, weil die den letzten Lohnerhöhungen entsprechenden Lohnkataloge noch nicht eingetroffen sind und der Lohn nach Gutdünken der jeweils Verantwortlichen errechnet wird.[1] Im VEB BKW Unseburg, [Bezirk] Magdeburg,[2] kam es unter den Reinigungskräften, Kraftfahrern und dem kaufmännischen Personal zu Unstimmigkeiten, weil diese Berufsgruppen im Bergbau von der Lohnerhöhung ausgeschlossen sind, während in der Chemie, Textilindustrie und im Handel alle Beschäftigten die Lohnerhöhung erhalten. Auch im Karl-Marx-Werk Potsdam-Babelsberg[3] gibt es seit einiger Zeit unter dem Küchenpersonal und den Botenkräften Bestrebungen, mehr Geld zu bekommen, da bekannt ist, dass in gleichgestellten Betrieben das gleiche Personal mehr Lohn erhält.

Ähnliche Diskussionen gibt es auch in anderen Berufsgruppen und Betrieben. So sind z. B. die Schmelzer und Ofenarbeiter im Niederschachtofenwerk

1 Auf Grundlage des Gesetzes vom 28.5.1958 (GBl. I 1958, S. 413) erhielten u. a. Arbeiter und Angestellte mit einem durchschnittlichen Monatsverdienst von weniger als 800 Mark nach dem Einkommen gestaffelte Lohnzuschläge. 1959 wurden auf Basis der Beschlüsse des V. Parteitages der SED die Nettolöhne in einem Gesamtumfang von rund einer Milliarde Mark erhöht. In den Genuss dieser Lohnerhöhungen kam etwa jeder zweite Arbeiter bzw. Angestellte, davon zählten etwa zwei Drittel zu den unteren Lohn- und Gehaltsgruppen. Vgl. Frerich, Johannes; Frey, Martin: Sozialpolitik in der Deutschen Demokratischen Republik (Handbuch der Geschichte der Sozialpolitik in Deutschland, Bd. 2). 2. Aufl., München, Wien 1996, S. 104.

2 In der Grube Unseburg nahe Egeln (Bezirk Magdeburg) wurde bis 1964 Kohle gefördert, ab 1954 wurde im BKW Brikett für den Hausbrandbedarf hergestellt.

3 Der VEB Lokomotivbau »Karl Marx« Potsdam-Babelsberg war bis Mitte der 1970er-Jahre Hersteller von Diesellokomotiven. Später konzentrierte sich das Werk als VEB Maschinenbau »Karl Marx« Babelsberg auf die Produktion von Autokranen.

Calbe, [Bezirk] Magdeburg,[4] nicht einverstanden, dass sie nur 1,80 DM[5] bzw. 1,56 DM Stundenlohn verdienen, während durch die Lohnerhöhung in der Chemie ein Hilfsarbeiter im VEB Gelatinewerk Schönebeck ebenfalls 1,80 DM Stundenlohn hat. In den Diskussionen bringen sie zum Ausdruck, dass sie nicht einverstanden sein können, wenn sie trotz höherer Qualifikation und körperlich und gesundheitlich anstrengender Arbeit den gleichen bzw. geringeren Lohn erhalten.

Aus der DHZ Pharmazie Zella-Mehlis, [Bezirk] Suhl,[6] wird bekannt, dass die Lohnerhöhung bei einigen Angestellten im Monat nur 0,10 DM beträgt, obwohl der Leiter der DHZ Pharmazie zur Beratung über die Lohn- und Gehaltserhöhung im Bezirk hinzugezogen wurde. Dazu wird die Meinung vertreten, dass es zu verstehen wäre, wenn Arbeitskräfte, meist Frauen, in die Industrie gehen, da sie dort fast das Doppelte verdienen. Auch im Großhandelskontor Textilwaren Berlin wurde festgestellt, dass nach dem derzeitigen Stand für die Angestellten keine Lohnerhöhung eintritt, sondern der Lohn gleichbleibt.

Zur Verärgerung der Arbeiter kam es auch im VEB Waschmittelwerk Genthin, [Bezirk] Magdeburg. In diesem Werk sind die Differenzen zwischen den einzelnen Lohngruppen nach der Lohnerhöhung sehr hoch. Zum Beispiel erhalten die Lohngruppen V bis VIII ca. 60,00 DM mehr, während die unteren Lohngruppen nur 12,00 DM mehr bekommen.[7] In der Mechanischen Werkstatt des Stahl- und Walzwerkes Brandenburg sind die Schichtschlosser unzufrieden und fühlen sich benachteiligt, weil sie nur einfachen Lohn bekommen, während die Normalschlosser nach Prämiengrundlohn bezahlt werden.

4 Das Niederschachtofenwerk in Calbe/Saale war eine Industrieanlage, in der Roheisen aus einheimischen Erzen gewonnen wurde, deren Eisengehalt zu gering war, um in normalen Hochöfen verhüttet zu werden. Es nahm 1951 unter dem Namen Eisenwerke West seinen Betrieb auf und war die erste Anlage dieser Art weltweit. 1959 wurde es in VEB NOW Niederschachtofenwerk Calbe (Saale) umbenannt, 1964 mit den umliegenden Eisenerzgruben unter dem Namen VEB BHK Berg- und Hüttenkombinat Calbe (Saale) zusammengeschlossen. 1970 wurde das Werk aufgrund mangelnder Rentabilität stillgelegt.

5 Im Zuge der Währungsreform im Juli 1948 auf dem Gebiet der Sowjetischen Besatzungszone wurde die Reichsmark als bis dahin gültiges Zahlungsmittel durch die Deutsche Mark der Deutschen Notenbank abgelöst. Bis 1964 hieß die Währung in der DDR also auch Deutsche Mark (DM). Erst 1964 wurde sie in Mark der Deutschen Notenbank (MDN) und mit Gründung der Staatsbank der DDR im Jahr 1968 in Mark der DDR (M) umbenannt.

6 Die genaue Bezeichnung war DHZ Pharmazie und Krankenhausbedarf, Niederlassung Suhl, Zella-Mehlis.

7 In den VEB der DDR gab es je nach Branche und Tätigkeitsfeld zwischen sechs und acht Lohngruppen. Zu den Stundenlöhnen in den unterschiedlichen Branchen vgl. Haas, Gerhard; Leutwein, Alfred: Die rechtliche und soziale Lage der Arbeitnehmer in der Sowjetischen Besatzungszone. Hg. vom Bundesministerium für gesamtdeutsche Fragen. Bd. 2: Anlagenteil, 4. erw. u. erg. Aufl., Bonn 1957, S. 129–134.

Im VEB Gleitlagerwerk Osterwieck, [Bezirk] Magdeburg, kam es zu Lohnforderungen in der Hoftransportkolonne. Als Begründung wurde angegeben, dass in einer Reihe anderer Betriebe des Kreises Halberstadt und des Nachbarkreises Wernigerode für Transportarbeiter wesentlich höhere Löhne gezahlt werden. Die Ursache dafür besteht aber darin, dass diese Betriebe den Leistungslohn auch bei Hofarbeitern in Anwendung bringen, was im Gleitlagerwerk Osterwieck nur in geringem Maße der Fall ist. Bereits vor Monaten kam es in der Reparaturkolonne, im Vorrichtungsbau sowie im Schleuderraum zu unberechtigten Lohnforderungen, die von der Werkleitung durch Lohnerhöhung und Sonderprämien beseitigt wurden. Die Werkleitung sorgte nicht für eine neue Technologie, auf deren Grundlage technisch begründete Arbeitsnormen[8] aufgestellt und eine Entlohnung nach Arbeitsleistungen gewährleistet ist, sondern versuchte die Arbeiter durch Sonderprämien und andere Lohnzuschläge zu beruhigen. Zurzeit besteht sogar noch eine Anweisung der Werkleitung, wonach zum gegenwärtigen Zeitpunkt keine Veränderungen an den Normen vorgenommen werden dürfen. Diese Fehler in der Lohnpolitik und der Arbeitsnormung führten dazu, dass sich jetzt große Schwierigkeiten bei der Veränderung der Normen ergeben.

Auch in der Putzerei[9] II des Georgij-Dimitroff-Werkes Magdeburg[10] gab es Unstimmigkeiten wegen der Verrechnung des Lohnes. Bisher wurden den Arbeitern ca. 3,50 DM pro Stunde verrechnet. Im Monat Juli kommen sie nur auf 2,80 bis 2,90 DM. Seit ca. 1½ bis zwei Jahren erhielt die Putzerei II eine finanzielle Stützung von 2 500 DM bis 4 500 DM im Monat, um die Löhne entsprechend zu halten. Diese Mittel sind jetzt verbraucht. Bei der Aufstellung der Normen vor ca. zwei Jahren wurde der Durchschnitt der Bearbeitung des Klein-, Mittel- und Großgusses angenommen. In der Putzerei II ist aber zu verzeichnen, dass diese in erster Linie Großguss bearbeiten. Mehrere Arbei-

8 Technisch-begründete Arbeitsnormen (TAN) waren verbindliche Arbeitsnormen, die die Höhe des Arbeitszeitaufwandes in Betrieben unter Berücksichtigung der technischen und organisatorischen Rahmenbedingungen sowie der erforderlichen Qualifikation des jeweiligen Arbeiters für eine bestimmte, abgrenzbare Arbeit festlegten. Sie wurden von speziell ausgebildeten Arbeitsnormern (Sachbearbeitern) entwickelt und sollten den rationellen Einsatz und eine leistungsgerechte Entlohnung menschlicher Arbeit ermöglichen. TAN wurden seit dem ersten Fünfjahrplan (1951–1955) als Ersatz für die lediglich auf Erfahrungswerten beruhenden vorläufigen Arbeitsnormen vermehrt eingeführt. Vgl. Sattler, Friederike: Technisch-begründete Arbeitsnorm (TAN). In: FDGB-Lexikon. Funktion, Struktur, Kader und Entwicklung einer Massenorganisation der SED (1945–1990). Hg. v. Dowe, Dieter; Kuba, Karlheinz; Wilke, Manfred. Bearb. v. Kubina, Michael. Berlin 2009, online abrufbar unter: https://library.fes.de/FDGB-Lexikon/texte/sachteil/t/Technisch-begr%FCndete_Arbeitsnorm_%28TAN%29.html (letzter Abruf: 13.1.2022).

9 Zur Gießerei eines metallverarbeitenden Betriebes gehört eine Putzerei, in der die Gusserzeugnisse nach- bzw. endbehandelt werden.

10 Gemeint ist der VEB Schwermaschinenbau »Georgi Dimitroff« in Magdeburg-Buckau. Das Werk stellte Ausrüstungen für die Braunkohle- und Chemieindustrie sowie Gusserzeugnisse her.

ter der Putzerei II brachten daraufhin zum Ausdruck, wenn in der Bezahlung keine Änderung eintritt, werden sie kündigen und in einem anderen Betrieb Arbeit aufnehmen.

Zu provokatorischen Äußerungen kam es im VEB Kraftverkehr Zittau, Abteilung Güterverkehr. Bei Diskussionen über Lohnfragen unterbreitete ein Fahrer den Vorschlag, doch einmal die Fahrzeuge stehen zu lassen und eine Delegation nach Berlin zu schicken, um den Lohnforderungen Nachdruck zu verleihen.

Weitere feindliche Forderungen wurden nicht bekannt.

24. August 1959

Information Nr. 590/59 – Auskunfts-[Bericht über] den republikflüchtigen ehemaligen Oberst der NVA, Jäckel, Erich

Quelle: BArch, MfS, ZAIG 209, Bl. 1–5 (5. Expl.).
Serie: Informationen.
Verteiler: Kein Nachweis für externe Verteilung – MfS: Mielke, Beater, Ablage.
Vermerk: Im Verteiler hinter »Beater« in Steno »gekürzte Fassung« und hinter 3. und 4. Exemplar jeweils in Steno »vernichtet«.

Am 17. August 1959 wurde der Vorsitzende des Rates des Kreises Königs Wusterhausen *Jäckel,* Erich,[1] geboren am 10. April 1913 in Dresden, zuletzt wohnhaft gewesen in Zeuthen, [Kreis] Königs Wusterhausen, [Bezirk] Potsdam, republikflüchtig.

J. fuhr mit seinem Dienstwagen nach Berlin zum Potsdamer Platz, von wo er sich – unter Zurücklassung seiner Dienstpistole, seines Dienstausweises und des Parteidokumentes – nach Westberlin begab.

In einem hinterlassenen Brief an seine Ehefrau, *Jäckel,* [Vorname 1], geb. [Geburtsname], geb. am [Tag, Monat] 1911 in Dresden, teilte er mit, dass er diesen Schritt getan habe, weil er seiner Funktion als Vorsitzender des Rates des Kreises nicht mehr gerecht werden könnte und völlig abgespannt sei. Wenn er bis 12.00 Uhr nicht zurück sei, solle seine Frau den Dienstwagen am Potsdamer Platz in Berlin abholen lassen. Er hätte dann die Heimat verlassen. Den Brief hinterlegte er in einem Seitenfach seines Wohnzimmerschrankes, wo er von seiner Frau am 17.8.1959 gegen 14.00 Uhr gefunden wurde. Da sie den 2. Sekretär der SED-Kreisleitung nicht erreichen konnte, um ihn zu verständigen, benachrichtigte sie den Kraftfahrer, Genossen [Name 2], der den Dienstwagen in Berlin abholte.

Nach Bekanntwerden der Republikflucht des J. wurde am 17.8.1959 gegen 17.30 Uhr eine Sondersitzung des Büros der SED-Kreisleitung einberufen. Der Leiter der Bezirksverwaltung des MfS in Potsdam, Genosse Oberstleutnant *Mittig,*[2] erhielt gegen 22.00 Uhr Kenntnis von dem Vorfall.

1 Erich Jäckel, Jg. 1913, gelernter Drogist, Oberst der NVA und SED-Mitglied, ab 1954 Leiter der mechanisierten KVP-Bereitschaft Potsdam, 1956–57 Divisionskommandeur der 1. Mot.-Schützendivision, 1958–59 Vorsitzender des Rates des Kreises Königs Wusterhausen.

2 Rudi Mittig, Jg. 1925, Hochbauingenieur, 1952 Einstellung beim MfS, 1955 Leiter der BV Potsdam des MfS, 1956–63 Mitglied der SED-Bezirksleitung Potsdam, später Leiter der HA XVIII (Volkswirtschaft) des MfS, ab 1975 Stellvertreter des Ministers für Staatssicherheit der DDR.

Am 18.8.1959 gegen 9.00 Uhr wurde die Ehefrau des J. von den Genossen *Rutschke*[3] und *Grünewald*[4] vom Rat des Bezirkes Potsdam und Genosse Leutnant *Verch*[5] von der Abt. V der BV Potsdam aufgesucht und aufgefordert, nach Westberlin zu fahren, um ihren Ehemann zurückzuholen bzw. seinen Aufenthalt festzustellen. Die Fahrt nach Westberlin unternahm die Ehefrau des J. nach anfänglichen Einwänden gegen 16.30 Uhr in Begleitung ihrer Tochter [Vorname 2], die darauf hinwies, dass sie bei der Deutschen Grenzpolizei tätig ist. Gen. *Rutschke* sicherte Klärung des Falles mit dem KP-Chef ihres Kommandos zu. Vor dieser Fahrt wurden die beiden Genossinnen von Gen. Leutnant *Verch* unterwiesen, der ihnen als Referent *Schmidt* des Genossen *Rutschke* vorgestellt wurde. Beide Genossinnen kamen gegen 21.00 Uhr von Westberlin zurück. Ihre Fahrt war ergebnislos. Am 19.8.1959 wurde die Ehefrau des J. nochmals nach Westberlin geschickt. Der Mitarbeiter fuhr sie im Wagen bis zum S-Bahnhof Treptower-Park, wo er sie gegen 17.00 Uhr wieder abholte. In den Lagern Zehlendorf und Marienfelde erhielt die Genossin *Jäckel* die Auskunft, dass ein *Jäckel,* Erich dort nicht bekannt sei. Es wurde vereinbart, dass die Genossin *Jäckel* ab sofort die Westsektoren nicht mehr betritt und den Genossen Rutschke verständigt, sobald ihr der Aufenthalt ihres Mannes bekannt wird.[6]

Die Untersuchung der Ursachen für die Republikflucht des *Jäckel,* Erich ergab folgendes Ergebnis: Jäckel hatte ausschließlich Umgang mit leitenden Genossen aus dem Kreis Königs Wusterhausen. [Passage mit schutzwürdigen Informationen nicht wiedergegeben]

Aus seiner früheren Dienstzeit treten in allen Dienststellen seine Trunksucht und sein unmoralischer Lebenswandel als besonderes Charakteristikum hervor. Als Leiter der Bereitschaftspolizei Zittau brachte er 1948/49 faschistische Zeitschriften »Die Woche« mit zur Dienststelle. Diese stammten aus den Jahren 1936/37 und sollten bei einer Ausstellung über Schundliteratur verwendet werden. Dafür verlangte er von der Dienststelle 100 M

Die Entwicklung des Jäckel:
- 1927 bis 1930 Lehrzeit als Drogist und Besuch der Drogistenfachschule;
- 1930 bis 1939 bis zur Einberufung zur faschistischen Wehrmacht bei verschiedenen Firmen tätig;

3 Herbert Rutschke, Jg. 1905, Diplom-Gesellschaftswissenschaftler, SED-Funktionär, 1957–60 Vorsitzender des Rates des Bezirkes Potsdam.

4 Im Original: »Grohewald«. Ludwig Grünewald, Jg. 1912, Diplomstaatswissenschaftler, 1952–62 Sekretär des Rates des Bezirkes Potsdam.

5 Hans-Dietrich Verch, Jg. 1931, Agrarökonom und Jurist (JHS des MfS), ab 1956 hauptamtlicher Mitarbeiter des MfS in der BV Potsdam in verschiedenen Abteilungen, 1958–62 hauptamtlicher Mitarbeiter in der Abt. V der BV Potsdam, später nacheinander Leiter der KD Gransee, der PKE Drewitz und der KD Rathenow.

6 Dieser Textabschnitt wurde handschriftlich mit einer geschwungenen Klammer und der Bemerkung versehen: »wurde bei den Exempl[aren] 1–4 weggelassen«.

- ab 1939 im 2. Weltkrieg Kradmelder und zuletzt Feldwebel und Gruppenführer. Nach Kriegsende Mitglied der KPD, Mitarbeit im Antifa-Ausschuss Dresden-Seidnitz und Eintritt in die Schutzpolizei Dresden;
- Oktober 1948 Besuch der Kreisparteischule, anschließend Leiter der 6. VP-Bereitschaft Sachsen;
- 1950 Versetzung nach Leipzig als Leiter des 1. Kommandos und später Stellvertreter »A« der Bereitschaft;
- 1952/53 Lehrgang in der Sowjetunion; anschließend Einsatz als Stellvertreter »A« der Bereitschaft Potsdam;
- November 1954 Versetzung in die C-Lehrabteilung nach Burg, [Bezirk] Magdeburg;
- November 1955 Versetzung als Kommandeur der Division Potsdam.

In seiner Tätigkeit und bei Aussprachen versuchte J. sich stets als alten Kommunisten herauszustellen. Einem Offizier gegenüber äußerte er in einer Aussprache »dass Sie zur Schule gehen können, dafür hat mein Vater im KZ gesessen und seine Frau schon als Mädchen am Heiligen Abend vor der Kirche antifaschistische Flugblätter verteilt«. Eine Überprüfung ergab, dass sein Vater von 1938 bis 1945 Mitglied der NSDAP und Blockhelfer war. Während seiner Tätigkeit als Divisionskommandeur waren unter den Offizieren Diskussionen wie »Kommandeur – immer betrunken« stark verbreitet.

15.5.1957 Versetzung des J. zur Reserve des Ministers für Nationale Verteidigung nach Strausberg. Während seiner dortigen Dienstzeit führte er u. a. die Kontrolle der Reservisten-Ausbildung im Juni/Juli 1957 in Prora durch und war Vorsitzender der Prüfungskommission an der Hochschule der NVA in Dresden. Am 30.9.1958 wurde er in die Reserve versetzt.

Im Einzelnen sind Jäckel u. a. von der NVA bekannt:

- die Struktur der NVA 1957, die sich nicht wesentlich verändert hat;
- die Struktur, Standortverteilung und technische Ausrüstung der 1. MSD Potsdam;
- alle leitenden Offiziere der NVA, vor allem die Offiziere der 1. MSD Potsdam sowie deren politische, fachliche und charakterlich-moralische Eigenschaften;
- Ausbildungsprogramm der 1. MSD Potsdam 1957;
- Ergebnis des Abschlusses der Hochschule der NVA 1957 sowie der Leistungsstand und die Fähigkeiten der Absolventen;
- Programm der Reservisten-Ausbildung der NVA 1957.

Ob Jäckel nach seiner Entlassung aus der NVA weiterhin Verbindung zu Offizieren der bewaffneten Kräfte unterhielt, ist nicht bekannt.

Jäckel ist seit dem 4.1.1936 verheiratet und Vater von vier Kindern:

1. Jäckel, [Vorname 3], geb. am [Tag, Monat] 1936 in Dresden, zzt. Unterleutnantant der NVA bei einer technischen Einheit in Eggesin. Er ist Mitglied der SED. Seit Anfang August 1959 verheiratet.

2. Jäckel, [Vorname 2], geb. am [Tag, Monat] 1938 in Dresden, Mitglied der SED und Zivilangestellte im Parteibüro der HV Deutsche Grenzpolizei in Pätz[7]/Königs Wusterhausen. Seit Anfang 1959 mit dem Oberleutnant [Name 3] von der DGP verheiratet, der im gleichen Objekt in der Kaderabteilung tätig ist.

3. Jäckel, [Vorname 4], geb. am [Tag, Monat] 1940 in Dresden, seit 1959 Angehöriger der NVA bei einer Einheit der Potsdamer Division.

4. Eine 14-jährige schulpflichtige Tochter, deren nähere Personalien noch nicht ermittelt wurden.

Die 70-jährige Mutter des J. soll in Dresden wohnen.

7 Im Original: »Baetz«.

10. September 1959

Information Nr. 647/59 – [Bericht über] die Methangas-Explosion im Steinkohlenwerk Plötz, [Bezirk] Halle

Quelle: BArch, MfS, ZAIG 213, Bl. 1 (3. Expl.).
Serie: Informationen.
Verteiler: Leuschner – MfS: HA III, Ablage.
Bemerkungen: Dem Bericht liegt ein Schreiben vom 3.9.1959 über den darin dargelegten Vorgang bei. Ein Absender ist nicht angegeben. Das Schreiben entspricht fast wörtlich der vorliegenden Information.

Am 19.8.1959 ereignete sich im Steinkohlenwerk Plötz, [Bezirk] Halle,[1] eine Methangas-Explosion, bei der zwei Häuer Verbrennungen 1. und 2. Grades erlitten. Das ist bereits die 2. Explosion im Jahre 1959 in o. g. Steinkohlenwerk.

In diesem Zusammenhang muss darauf hingewiesen werden, dass im Werk nur ungenügende Sicherheitseinrichtungen vorhanden sind, z. B. sind das Geleucht der Kumpel sowie die Grubenausrüstung nicht explosionsgeschützt. Dies ist offensichtlich mit darauf zurückzuführen, dass bis vor Kurzem noch keine schlagenden Wetter[2] aufgetreten sind. Ferner sind die Kumpel nicht ausgebildet, wie sie sich bei schlagenden Wettern zu verhalten haben.

Zur erhöhten Sicherheit der Kumpel wurde der Technischen Bergbau-Inspektion Halle vorgeschlagen, vorbeugende Maßnahmen einzuleiten.[3] Darüber hinaus wäre eine schnelle Umstellung der Grubenausrüstung, Ausbildung der Kumpel usw. – entsprechend den neuen Verhältnissen im Schacht – vorzuschlagen.

1 Nach Ende des Zweiten Weltkrieges wurde das Steinkohlenwerk Plötz (nördlich von Halle/S.), das zuletzt durch die RAAB-Karcher GmbH betrieben wurde, VEB und Bestandteil des VVB Steinkohle. Als 1967 die Steinkohlevorräte in diesem Gebiet weitgehend erschöpft waren, wurde der VEB Steinkohlenwerk Plötz aufgelöst.

2 Die Begriffe Schlagwetter oder schlagende Wetter bezeichnen im Kohlebergbau, Salz- und Erzbergbau unter Tage austretendes Grubengas (Methangas), welches, mit Luft gemischt, explosiv reagiert (Schlagwetterexplosion).

3 Aufgrund des Befehls Nr. 63 des Obersten Chefs der SMAD traten an die Stelle der bis dahin für die Bergbaureviere zuständigen Bergämter die Technischen Bergbauinspektionen. So entstand aus dem im Jahr 1943 gebildeten Bergamt Halle die Technische Bergbauinspektion Halle, die der Zentralbergbauinspektion in Berlin unterstand. 1947 wurde daraus die Technische Bezirks-Bergbauinspektion Halle, aus der aufgrund eines Ministerratsbeschlusses vom August 1959 im Juli 1960 die Bergbehörde Halle errichtet wurde. Die Technischen Bergbauinspektionen hatten die Führung von Sicherheitskontrollen über die im Zuständigkeitsbereich liegenden Bergbaubetriebe zur Aufgabe.

14. September 1959

Information Nr. 651/59 – [Bericht über] Schwierigkeiten in der Versorgung der Bevölkerung mit Butter

Quelle: BArch, MfS, ZAIG 235, Bl. 13–15 (9. Expl.).
Serie: Informationen.
Verteiler: Neumann, Honecker – MfS: Mielke, HA III, Ablage.
Verweis: Information 696/59.

Nach vorliegenden Informationen ist es in der letzten Zeit in einigen Bezirken der DDR zu ernsthaften Schwierigkeiten in der Versorgung der Bevölkerung mit Butter gekommen.

Diese Situation führte bei Wareneingang zu Schlangenbildungen vor den Verkaufsstellen und ruft bei der Bevölkerung große Unzufriedenheit hervor. In großem Umfange kam es dabei zu negativen Diskussionen und in Einzelfällen zu Arbeitsunterbrechungen, da die Arbeiter bei Butterlieferungen ihre Arbeitsplätze verließen und sich mit anstellten.

Zum Beispiel berichtete der Bezirk Dresden, dass seit ca. sechs Wochen ernste Schwierigkeiten in der Butterbelieferung bestehen, die zum Teil auf die vergangene Trockenperiode zurückgeführt werden. Weiterhin wird als Ursache auch angeführt, dass der Plan nicht dem Bedarf der Bevölkerung entsprechen und zusätzlich von der Staatlichen Plankommission gekürzt worden sein soll.[1] Erschwert wird diese Lage noch dadurch, dass bisher ständig Vorgriffe auf das Plankontingent des folgenden Quartals erfolgen konnten, für das IV. Quartal 1959 aber eine solche Handhabung angeblich untersagt wurde. Dies hätte zur Folge, dass der Anschluss an das IV. Quartal nicht gesichert wäre.

Aufgrund dieser Situation der mangelhaften Versorgung mit Butter verließen in Glashütte, [Bezirk] Dresden, ca. 150 Arbeiter ihren Arbeitsplatz, um sich zum Kauf von Butter anzustellen. Der Ansturm in den Läden war so stark, dass eine Demolierung der Einrichtungen befürchtet werden musste. Von einigen Arbeitern wurde geäußert, »dass sie wohl erst streiken müssten, bevor es wieder Butter geben würde«.

1 Die Staatliche Plankommission (SPK) war ein zentrales staatliches Organ des Ministerrates der DDR, das 1950 aus dem Ministerium für Planung hervorgegangen war. Der SPK oblagen die gesamtstaatliche Planung und Entwicklung der Volkswirtschaft sowie die Kontrolle der Durchführung der Planaufgaben. Sie war zuständig für die Koordinierung, Ausarbeitung und Kontrolle der mittelfristigen Fünfjahrpläne und der daraus abgeleiteten jährlichen Volkswirtschaftspläne.

Auch im VEB Lowa in Niesky[2] und in der Brikettfabrik Berzdorf[3] gab es solche Diskussionen erst streiken zu müssen, um wieder genügend zu erhalten. Im VEB Chemiewerk Nünchritz,[4] [Kreis] Riesa, äußerte ein Arbeiter, dass er schon die 2. Woche Margarine isst und nicht mehr arbeiten gehen wolle, wenn er keine Butter bekommt. Ähnliche Diskussionen sind auch in den Verkaufsstellen des Kreises Riesa aufgetreten, wo Frauen erklärten, ihre Ehemänner nicht mehr arbeiten zu lassen, so lange die Butterversorgung nicht garantiert ist.

In dem VEB Schuhfabrik Meißen[5] brachte eine Arbeiterin zum Ausdruck, dass es besser wäre, die Butter wieder zu rationieren. Gleichzeitig forderte sie, in der Presse zu der Lage in der Butterversorgung Stellung zu nehmen, da die Arbeiter bei richtiger Erläuterung der Situation auch dafür Verständnis aufbringen würden.

Ein Mitglied des Konsumausschusses aus Jänkendorf, [Kreis] Niesky, erklärte: »Die Arbeiter des Ortes würden ständig in die Wohnung kommen und Auskunft darüber fordern, warum es keine Butter gibt.« In Bautzen, [Bezirk] Dresden, kam es zu einer Schlangenbildung von 150 Personen, als in einem Geschäft Butter ausgeliefert wurde.

Von einem großen Teil der Bevölkerung wird im Zusammenhang mit der Butterversorgung die Ansicht vertreten, »dass dies 14 Jahre nach Kriegsende nicht mehr vorkommen dürfe«. In den Diskussionen wird dabei häufig auf den 10. Jahrestag der Gründung der DDR Bezug genommen und u. a. in provokatorischer Form erklärt: »Das ist wohl der Aufbau nach zehn Jahren DDR« oder: »Ein schönes Geschenk, zehn Jahre DDR und keine Butter«.

In Radeberg, [Bezirk] Dresden, wurde in der Form diskutiert, »dass wir die ökonomische Hauptaufgabe nie erfüllen werden. Es wäre gut gewesen, dass der Westberliner Senat die SED-Angebote an Butter und Frischmilch abgelehnt habe, denn sonst wäre die Lage noch schlechter als sie jetzt schon ist«.[6]

2 Mit dem Kürzel LOWA wurde die 1945 gegründete VVB des Lokomotiv- und Waggonbaus der DDR bezeichnet, die 1954 aber in VVB Schienenfahrzeugbau umbenannt wurde. Dazu gehörte auch der VEB Waggonbau Niesky.

3 Das Großkraftwerk Berzdorf hatte seinen Standort in Hagenwerder – heute ein Stadtteil der Stadt Görlitz –wurde 1958 in Betrieb genommen und mit Braunkohle aus dem Berzdorfer Becken befeuert. 1960 erhielt es den Namen »Völkerfreundschaft«. Bis 1974 wurden zwei weitere Kraftwerksblöcke gebaut und das Werk so eines der größten Braunkohlekraftwerke Europas.

4 Der VEB Chemiewerk in Nünchritz bei Riesa spezialisierte sich in der DDR auf die Herstellung von Siliconen. Ab 1969 gehörte das Werk zum VEB Chemiekombinat Bitterfeld (CKB).

5 Der VEB Schuhfabrik Meißen war in der DDR bekannt für die Produktion seiner Herrenschuhe. 1954 arbeiteten dort 700 Mitarbeiter.

6 In einer Rede vor Westberliner Wählern (in Westberlin fand am 7.12.1958 die Wahl zum Abgeordnetenhaus statt) am 27.10.1958 bot Walter Ulbricht an, »im Interesse der engeren Gestaltung der wirtschaftlichen Beziehungen mit Westberlin« die Stadt jährlich mit

In einigen Fällen gibt es auch Erscheinungen von Hamstereinkäufen und Spekulationen. So äußerte u. a. in Pöhla, [Kreis] Schwarzenberg, [Bezirk] Karl-Marx-Stadt, eine Frau [Name] zur Verkäuferin des HO-Geschäftes: »Wenn bei Ihnen jemand nach Butter fragt, so kann ich helfen. Mein Mann hat 100 Stück von Annaberg mitgebracht.« Daraufhin schickte die Verkäuferin die Kunden zu dieser Frau.

»100 000 Tonnen Frischmilch, 50 000 Tonnen Frischgemüse, 100 000 Tonnen Weizen, 20 000 Tonnen Schweinefleisch u. a.« zu beliefern und im Gegenzug dafür elektrotechnische Erzeugnisse, Werkzeug- und andere Maschinen aus Westberliner Betrieben zu beziehen. Vgl. ND v. 28.10.1958, S. 4.

22. September 1959

Information Nr. 677/59 – [Bericht über] die verstärkte Verbreitung von Gerüchten anlässlich der Vorbereitung des 10. Jahrestages der Gründung der DDR

Quelle: BArch, MfS, ZAIG 226, Bl. 1–3 (6. Expl.).
Serie: Informationen.
Verteiler: Kein Nachweis für externe Verteilung – MfS: Ablage.
Vermerk: Über dem Verteiler in Steno »nicht rausgegangen«, im Verteiler hinter »1. – 5. Ex.« in Steno »vernichtet«.

Im Zusammenhang mit der Vorbereitung des 10. Jahrestages der Gründung der DDR treten in der letzten Zeit in allen Bezirken und unter allen Bevölkerungsschichten verstärkt Diskussionen darüber auf, dass anlässlich des zehnjährigen Bestehens der DDR eine Rentenreform und eine größere Preissenkung erwartet werden. Den größten Umfang nehmen dabei die Gerüchte über eine Rentenreform ein, was dazu geführt hat, dass ein großer Teil der Rentner eine solche Veränderung bereits als feststehend betrachtet. Die damit verbundenen Spekulationen gehen in zwei Richtungen: *Herabsetzung des Rentenalters* (für Männer auf 63 Jahre – teilweise sogar auf 60 Jahre – und für Frauen auf 58 Jahre) und *Erhöhung der Renten.*

Hierzu einige Beispiele: Unter den Belegschaftsangehörigen des VEB Fernheizwerk Berlin wird die Ansicht verbreitet, dass aus Anlass des zehnjährigen Bestehens der DDR eine Herabsetzung der Altersgrenze für Rentner beschlossen wird und zwar für Männer auf 63 Jahre und für Frauen auf 58 Jahre. Aus dem GHK Lebensmittel in Karl-Marx-Stadt wird bekannt, dass dort ebenfalls umfangreich über eine Rentenreform zum 10. Jahrestag der DDR diskutiert wird. Einige ältere Kollegen, die in das »neue Rentenalter« zu kommen hoffen, brachten bereits zum Ausdruck, dass sie dann sofort ihre Arbeit einstellen. Auf verschiedenen Baustellen des VEB Volksbau Berlin[1] wird gleichfalls darüber gesprochen, dass zum 7.10.1959 das Rentenalter herabgesetzt werden soll. Ältere Mitarbeiter wurden bereits von ihren Kollegen nach dem Alter gefragt, wobei ihnen erklärt wurde, dass sie nur noch bis zum 7.10.1959 arbeiten brauchten, da sie dann Rentner werden. Aus dem Bezirk Rostock wurden ebenfalls umfangreiche Hinweise bekannt, wonach dort von einer großen Anzahl Beschäftigten fest damit gerechnet wird, dass sie durch eine Herabsetzung des Rentenalters früher in den Genuss von Rente kommen.

Die Diskussionen unter der Bevölkerung über eine bevorstehende *Preissenkung* anlässlich des 10. Jahrestages der Gründung der DDR sind gleich-

1 Der VEB Volksbau Berlin war ein Baubetrieb in Berlin-Lichtenberg, später umbenannt in VEB Hochbau Berlin-Lichtenberg.

falls sehr häufig, nehmen jedoch nicht den Umfang der Spekulationen hinsichtlich einer Rentenreform ein.

Dass diese Diskussionen um eine Preissenkung ähnlich wie die Gerüchte um eine Rentenreform mit auf gegnerischen Einfluss zurückzuführen sind, geht u. a. aus einer vom SPD-Ostbüro[2] herausgegebenen Hetzschrift hervor, in der wörtlich erklärt wird: »... Das Politbüro hat beschlossen, zum 10. Jahrestag der Gründung der Republik, am 7.10.1959, eine Preisherabsetzung für Konsumwaren durchzuführen.« In der Fortsetzung dieses Berichtes wird dann noch darauf hingewiesen, »... dass es sich hierbei um schwer verkäufliche Ware handelt«.

Zu den Diskussionen um eine Preisherabsetzung einige Beispiele: In den Verlagen »Junge Welt«[3] und »Neues Leben«[4] wird in Gesprächen geäußert, dass zum 10. Jahrestag der Gründung der DDR eine Preissenkung erwartet wird.

Ähnliche Diskussionen werden auch unter den Mitarbeitern des VEB Projektierungs- und Konstruktionsbüros Kohle in Leipzig[5] geführt, wobei zum Ausdruck kommt, dass mit einer »umfangreichen« Preisherabsetzung gerechnet wird. Im sorbischen Gebiet des Kreises Kamenz, [Bezirk] Dresden, wird

2 Das Ostbüro der SPD wurde 1946 zur Unterstützung der von der Zwangsvereinigung betroffenen ostdeutschen Sozialdemokraten gegründet. Zu seinen Aufgaben gehörten Flüchtlingsbetreuung, Informationsbeschaffung und das Einschleusen von Informations- und Propagandamaterialien in die SBZ/DDR. Vgl. Buschfort, Wolfgang: Parteien im Kalten Krieg. Die Ostbüros von SPD, CDU und FDP. Berlin 2000.

3 Im Verlag »Junge Welt« erschien ab Gründung des Verlages (zuvor im Verlag »Neues Leben«) das gleichnamige Zentralorgan der FDJ als auflagenstärkste Tageszeitung der DDR. Außerdem gab der Verlag Zeitschriften für Kinder und Jugendliche sowie populärwissenschaftliche Bücher für Kinder bis zu zehn Jahren heraus.

4 Mit Erteilung der Lizenz durch die SMAD und der Gewerbeerlaubnis durch die Stadt Berlin entstand im Jahr 1946 der Verlag »Neues Leben« als GmbH. Er gab erschwingliche Informations- und Unterhaltungsliteratur heraus, vornehmlich für die Jugend. Bis zur Gründung eines eigenen Verlages erschien hier die »Junge Welt«, danach konzentrierte sich der Verlag auf das Verlegen von Büchern.

5 Das Projektierungs- und Konstruktionsbüro (PKB) Leipzig war eine Außenstelle des VEB Projektierungs- und Konstruktionsbüro (PKB) Kohle Berlin, das 1949 gegründet und 1968 aufgelöst wurde. Neben der Zentrale in Berlin und der Außenstelle in Leipzig bestand eine weitere Außenstelle in Großräschen (Lausitz). Der VEB PKB Kohle war verantwortlich für den Entwurf von Tagebauen, Brikettfabriken, Industriekraftwerken, von Hilfs- und Nebenbetrieben, bearbeitete und verwaltete Dokumentationen von Lagerstättenuntersuchungen der Braunkohle. Ab 1955 wurde dem PKB Berlin die Aufbauleitung für Großbauten in der Kohleindustrie wie das Kombinat Schwarze Pumpe übertragen, ab 1958 installierte man eine Forschungsleitstelle für die Kohleindustrie. Der VEB war zunächst dem Staatssekretariat für Kohle und Energie, dann dem Ministerium für Schwerindustrie, anschließend dem Ministerium für Kohle und Energie und ab 1958 der Staatlichen Plankommission unterstellt. Vgl. VEB Projektierungs- und Konstruktionsbüro »Kohle«. Festschrift anlässlich des zehnjährigen Bestehens. Berlin 1959; Sperling, Dieter; Schossig, Wolfgang: Wirtschaftsorganisation der Braunkohlenindustrie in der SBZ/DDR von 1945 bis 1990. Cottbus 2015, S. 176 f.

im Zusammenhang mit Äußerungen über eine erwartete Preissenkung u. a. erklärt, dass 100 Gramm Bohnenkaffee dann nur noch 6,00 DM[6] kosten sollen.

Eine Vielzahl weiterer Beispiele liegt vor.

6 Im Zuge der Währungsreform im Juli 1948 auf dem Gebiet der Sowjetischen Besatzungszone wurde die Reichsmark als bis dahin gültiges Zahlungsmittel durch die Deutsche Mark der Deutschen Notenbank abgelöst. Bis 1964 hieß die Währung in der DDR also auch Deutsche Mark (DM). Erst 1964 wurde sie in Mark der Deutschen Notenbank (MDN) und mit Gründung der Staatsbank der DDR im Jahr 1968 in Mark der DDR (M) umbenannt.

22. September 1959

Information Nr. 680/59 – [Bericht über] die Stilllegung des VEB (K) Eisengießerei Nordhausen, [Bezirk] Erfurt

Quelle: BArch, MfS, ZAIG 218, Bl. 1–2 (4. Expl.).
Serie: Informationen.
Verteiler: Kein Nachweis für externe Verteilung – MfS: Ablage.
Vermerk: Über dem Verteiler in Steno »nicht rausgegangen«, im Verteiler hinter »1. – 3. Ex[emplar]« in Steno »vernichtet«.
Bemerkungen: Der Akte liegt ein Schreiben vom 3.9.1959 bei, das über die im Bericht aufgenommenen Fakten informiert. Der Absender ist nicht genannt, nur der Ort ist mit Berlin angegeben.

Wie uns durch mehrere Informationen bekannt wurde, sollen im genannten Betrieb ca. 15 % der vorhandenen Krananlagen völlig verbraucht und ca. 30 % überholungsbedürftig sein.

Nach den vorliegenden Hinweisen wurde bereits im Jahre 1953 der technische Zustand der Krananlagen durch die Technische Überwachung beanstandet. Da aber der Rat der Stadt Nordhausen keine Mittel zur Behebung der festgestellten Mängel bewilligte, wurden keine Veränderungen vorgenommen. Dieser Zustand – begünstigt durch die immer mehr vernachlässigte Wartung und Pflege der Krananlagen – führte schließlich am 20.8.1959 zur Einstellung der Produktion, veranlasst durch die Technische Überwachung beim Rat des Bezirkes Erfurt.

Im Betrieb werden hauptsächlich Zylinderdeckel und Schieberbuchsen hergestellt, die für den Lokomotivbau bestimmt sind. Vom Produktionsausfall werden die RAW Meiningen, Stendal, Zwickau, Karl-Marx-Stadt, Eberswalde und Berlin sowie der VEB Lokomotivbau Babelsberg betroffen.

Da bis zum gegenwärtigen Zeitpunkt noch keine Klarheit über die Wiederaufnahme der Produktion bestehen soll, wäre eine sofortige Überprüfung zweckmäßig.

25. September 1959

Information Nr. 695/59 – [Bericht über] Unzufriedenheit und Streikandrohung wegen Lohnfragen durch Kraftfahrer in der Akademie für Sozialhygiene, Arbeitshygiene und ärztliche Fortbildung in Berlin

Quelle: BArch, MfS, ZAIG 220, Bl. 28–34 (5. Expl.).
Serie: Informationen.
Verteiler: Hager, Verner – MfS: Mielke, Beater, Ablage.
Bemerkungen: Der Information liegt ein Bericht der HA V/1 des MfS (Sicherung von Regierungsapparat und Ministerien) vom 29.9.1959 über den Treff mit einem GI bei, der offensichtlich ein Vorgesetzter der Kraftfahrer der »Akademie für Sozialhygiene, Arbeitshygiene und Ärztliche Fortbildung« ist. Er berichtet über die Diskussionen unter den Kraftfahrern und einzelne Personen, die er für die Wortführer hält. Der GI wird die in der Information genannte Dienstbesprechung leiten und dem MfS darüber berichten (Bl. 31–32). Außerdem liegt ein Schreiben der HA V/1 gleichen Datums bei, in dem auf der Grundlage der Aussagen des GI ausführlicher über die in der Information erwähnten Vorgänge berichtet wird (Bl. 33–34).

Dem MfS liegen Hinweise vor, dass die Kraftfahrer an der dem Ministerium für Gesundheitswesen unterstehenden Akademie für Sozialhygiene, Arbeitshygiene und ärztliche Fortbildung[1] seit längerer Zeit mit ihren Gehältern nicht zufrieden sind. Sie ziehen Vergleiche mit den Gehältern anderer im Wesentlichen gleichgestellter Kraftfahrer und stellen fest, dass diese – auch in den Bezirken – höher liegen. Um diese Unterschiedlichkeiten in der Gehaltsregelung zu klären, wandte man sich seitens der Akademie an den Magistrat von Groß-Berlin, Abteilung Gesundheitswesen und an ihre vorgesetzte Stelle, das Ministerium für Gesundheitswesen.

Vom Magistrat, Kollegen [Name 1], wurde erklärt, dass die Kraftfahrer in Berlin noch nach einem alten Tarif bezahlt würden, da der in den Bezirken neu festgelegte Tarif keine Gültigkeit für Berlin habe. Wenn die Kraftfahrer in Berlin mehr verdienen wollen, könnten sie ja in den Bezirken arbeiten (sinngemäß).

Vom Ministerium für Gesundheitswesen, Kollegen [Name 2], wurde eine Stellungnahme und Klärung überhaupt abgelehnt und an den Magistrat verwiesen. Auch als das MfG darauf hingewiesen wurde, dass bereits Verhandlungen mit dem Magistrat ergebnislos geführt wurden, beharrte das MfG auf seinem Standpunkt, obwohl laut einer Nachtragsvereinbarung vom 1.4.1959 –

1 Die »Akademie für Sozialhygiene, Arbeitshygiene und Ärztliche Fortbildung« entstand 1954 aus dem 1948 gegründeten Zentralinstitut für Sozial- und Gewerbehygiene und war eine wissenschaftliche Einrichtung mit Promotions- und Habilitationsrecht für die Weiterbildung im Gesundheits- und Sozialwesen der DDR. Sie wurde 1961 in »Deutsche Akademie für Ärztliche Fortbildung« und 1972 in »Akademie für Ärztliche Fortbildung« umbenannt. Sitz war Berlin-Lichtenberg.

abgeschlossen zwischen dem Bezirksverband der Gewerkschaft und dem Ministerium für Gesundheitswesen – das MfG für alle Tariffragen auch der unterstellten Einrichtungen (Akademie) verantwortlich ist und den nachgeordneten Dienststellen selbstständige Verhandlungen untersagt sind.

Da sich bis zum jetzigen Zeitpunkt an dieser Lage noch nichts verändert hat, forderten die Kraftfahrer von der Leitung der Akademie eine Dienstbesprechung, die am Sonnabend, den 26.9.1959, stattfinden soll. Wie uns weiter bekannt wurde, soll in dieser Dienstbesprechung provokatorisch vorgegangen und die Leitung der Akademie unter Druck gesetzt werden. Das geht aus einigen Äußerungen wie »wir werden uns mal richtig Luft machen«, »das lassen wir uns nicht mehr länger gefallen«, »am Sonnabend können sie was erleben, da werden wir es ihnen einmal zeigen« u. ä. hervor. Unter anderem versucht man auch den für die Dienstbesprechung vorgesehenen Teilnehmerkreis zu vergrößern. Sollte diese Dienstbesprechung nicht den gewünschten Ausgang haben, dann wolle man streiken, um damit die Erfüllung der Forderungen zu erreichen.

Als Wortführer und organisierende Kraft tritt der Fahrdienstleiter [Name 3] auf, der auch den Vorschlag zum Streik machte, mit der Begründung, dass die Fahrer vom Flughafen Schönefeld ebenfalls um eine Lohnerhöhung gestreikt hätten und diese binnen 20 Minuten bewilligt worden wäre. (Der Schwiegervater des [Name 3] arbeitet bei der Lufthansa[2] in Berlin-Schönefeld.) Da es sich bei den Kraftfahrern der Akademie zum größten Teil um negativ eingestellte Personen handelt, die oft in Westberlin verkehren und Einzelne mehrfach ganze Nächte dort zubringen, liegt nahe, dass diese geplante Provokation von feindlichen Kräften in Westberlin organisiert und ausgenutzt wird.

Die zuständige Kreisleitung der Partei und das MfG wurden vom Sachverhalt informiert. Operative Maßnahmen seitens des MfS wurden eingeleitet.

2 Die Deutsche Lufthansa GmbH der DDR war die erste Fluggesellschaft der DDR und stand in keiner Beziehung zur bundesdeutschen Deutsche Lufthansa AG. Sie unterstand dem Ministerium des Innern der DDR. Als Gründungsdatum gilt der 1.7.1955, der Tag der Ernennung der ersten Betriebsleitung der Deutschen Lufthansa GmbH durch den Ministerrat der DDR. Im September 1963 wurde die Airline mit der 1958 gegründeten Interflug, Gesellschaft für internationalen Flugverkehr mbH zusammengelegt und unter der Firmenbezeichnung Interflug weitergeführt

28. September 1959

Information Nr. 696/59 – [Bericht über] Schwierigkeiten in der Versorgung der Bevölkerung mit Butter, Eiern und Fleischwaren

Quelle: BArch, MfS, ZAIG 235, Bl. 9–12 (?. Expl.).
Serie: Informationen.
Verteiler: Kein Nachweis für externe und interne Verteilung.
Vermerk: Handschriftlicher Vermerk: »Lt. Gen. Irmler nicht rausgegangen. 1., 3. + 4. [Exemplar]« in Steno »vernichtet«.
Bemerkungen: Auf angeheftetem Zettel (Bl. 8) handschriftlich: »Verteiler: 1. Gen Neumann, 2. Gen. Honecker (durchgestrichen). R[ücksprache] mit den Gen. Wittkowski und Minister für Handel zur Prüfung und [… unleserlich] Jendretzki, örtliche Organe.« Handschriftlicher Vermerk am Ende des Dokuments: »Ex[emplar] 1, 3 + 4 vernichtet, Ex[emplar] 2 an HA III«.
Verweis: Information 651/59.

[Faksimile von Blatt 9]

Nach vorliegenden Hinweisen hält die angespannte Versorgungslage – vor allem in Butter, Eiern und Fleischwaren – in fast allen Bezirken auch gegenwärtig noch an. Dabei kommt es zu umfangreichen Diskussionen, Arbeitsunterbrechungen, Drohungen und Schlangenbildungen bei Wareneingang. Besonders negativ wirkt sich diese Situation im Bezirk Potsdam aus, wo von der Bevölkerung der Randgebiete offen geäußert wird, dass sie die Versorgungslage dazu zwingen würde, in Westberlin einzukaufen. Wie aus den Bezirken Karl-Marx-Stadt und Gera bekannt wurde, sind in diesen Gebieten bereits Hetzschriften der Feindzentralen gefunden worden, die sich mit der gegenwärtigen Versorgungslage befassen und darauf gerichtet sind, die Bevölkerung negativ zu beeinflussen.[1]

Die Diskussionen beinhalten im Wesentlichen die bereits im Bericht vom 14.9.1959 (Inf. Nr. 651/59) angeführten Argumente, dass

- »die Butter (bzw. Eier oder Fleischwaren) wieder rationiert werden«;
- »die Versorgungslage beweist, dass die LPG nicht in der Lage sind, die Versorgung der Bevölkerung zu übernehmen«;
- »wir die ökonomische Hauptaufgabe nie erfüllen werden«;
- »solche Schwierigkeiten 14 Jahre nach Kriegsende nicht mehr vorkommen dürften«.

1 Als Feindzentralen, später als Feindobjekte, wurden vom MfS westliche Institutionen und Organisationen bezeichnet, denen subversive Aktivitäten gegen die DDR und/oder andere kommunistische Staaten unterstellt wurden. Dazu zählten neben westlichen Geheimdiensten auch kirchliche Organisationen, Medien, politische Organisationen wie Parteistiftungen und Ostbüros der Bundestagsparteien, Bildungseinrichtungen und andere.

Es gibt aber auch häufig Diskussionen, bei denen die gegenwärtigen Schwierigkeiten in der Versorgung in provokatorischer Weise mit dem 10. Jahrestag unserer Republik in Verbindung gebracht werden, wobei mehr oder weniger offen gegen die DDR gehetzt wird.

Zu den Ursachen der Schwierigkeiten in der Versorgung der Bevölkerung muss festgestellt werden, dass diese zum Teil auf die Nichtbeachtung von Anweisungen durch die örtlichen Staatsorgane bzw. deren eigenmächtige Handlungsweise zurückzuführen sind oder zumindest dadurch begünstigt wurden. Überprüfungen im Bezirk Suhl z. B. zeigen, dass bei der Durchsetzung der Weisungen und Hinweise zur Einsparung von Butter, Milch usw. nicht mit dem erforderlichen Ernst und politischen Verantwortungsbewusstsein gehandelt wurde. Die von zentralen Stellen herausgegebenen konkreten Weisungen wurden an die nachgeordneten Organe vorwiegend in der Form von Hinweisen oder Bitten weitergeleitet, sodass diese daraus ungenügende Maßnahmen ableiteten. Durch die Fachabteilungen Handel erfolgte auch keine Kontrolle über die Beachtung dieser Hinweise durch den Handel. So wurde z. B. vom Ministerium für Handel und Versorgung bereits am 20.3.1959 angewiesen, den Verkauf von Butter in Fleischverkaufsstellen einzustellen. Nach vorliegenden Hinweisen wird u. a. in den Kreisen Meiningen, Hildburghausen und Schmalkalden/Thüringen ([Bezirk] Suhl) diese Anweisung jedoch erst seit dem 14.9.1959 beachtet.

Laut Schreiben des Staatssekretärs Fillinger[2] vom 28.4.1959 an den Leiter der Abt. Handel und Versorgung des Bezirkes Suhl sollten zur Verbesserung des Umsatzes von Fisch und Fischwaren Arbeitsgruppen eingesetzt werden. Diese Arbeitsgruppen bestehen auch gegenwärtig noch nicht. In der Versorgungsinformation vom 28.5.1959 wurde die Einstellung der Werbung für Butter angewiesen. Diese Anweisung wurde jedoch an die Räte der Kreise nicht weitergeleitet. Ein Fernschreiben des Ministeriums für Handel und Versorgung vom 27.5.1959 über die Notwendigkeit der Einstellung der Sahneproduktion sowie ein Fernschreiben vom 11.6.1959 über Einschränkung des Butterverbrauchs wurden von der Abt. Handel und Versorgung des Bezirkes Suhl nicht beachtet und sind auch nicht mehr auffindbar.

Eine ähnliche Situation besteht in der Lebensmittelindustrie. Mitte Mai 1959 erhielt der Wirtschaftsrat,[3] Referat Lebensmittelindustrie, eine Anwei-

2 Franz Fillinger, Jg. 1909, SED-Funktionär, 1959–61 Staatssekretär und Erster Stellvertreter des Ministers für Handel und Versorgung der DDR.

3 Die Wirtschaftsräte der Bezirke wurden 1958 gebildet und waren zuständig für die Planung, Plandurchführung und alle damit im Zusammenhang stehenden Fragen in den Bereichen Industrie, örtliche Versorgungswirtschaft, Wasserwirtschaft und Umweltschutz, Energiewirtschaft, Land-, Forst- und Nahrungsgüterwirtschaft, Verkehr, Nachrichtenwesen, Straßenwesen, Schifffahrt, Handel und Versorgung. Mitglieder des Wirtschaftsrates waren sein Vorsitzender, die Stellvertreter des Vorsitzenden des Rates des Bezirkes bzw. die Leiter der für die Volkswirtschaft zuständigen Abteilungen, Spezialisten verschiedener Bereiche und Vertreter des FDGB. Der Wirtschaftsrat war sowohl dem Rat des Bezirkes als auch der

sung, die Rezepte der Backwarenproduktion z. T. auf Margarine umzustellen. Am 6.6.1959 ging diese Anweisung als »Empfehlung« an die Kreise und wurde von diesen den Produktionsbetrieben »weiterempfohlen«. Aufgrund der Art der Bekanntgabe wurde diese Anweisung von den Betrieben nicht eingehalten.

Zur mangelhaften Fleischversorgung wurde Folgendes bekannt: Von den im Kreis Hildburghausen, [Bezirk] Suhl, benötigten 18 t Importschweinen wurden am 17.9.1959 durch den Wirtschaftsrat lediglich 2 t freigegeben, obwohl das Fleisch seit 14.9.[1959] im Kühlhaus lagerte. Durch den notwendigen Auftauungsprozess kann das Fleisch immer erst nach Tagen verarbeitet werden, sodass gerade während der Hauptauslieferungstage Donnerstag und Freitag nur minimale Mengen zur Verfügung stehen. Alle zusätzlichen Bemühungen, Fertigware aus anderen Bezirken einzuführen, verliefen ohne Erfolg, sodass die Spezialverkaufsstellen nur an einigen Tagen in der Woche Schweinefleisch und Wurst zu verkaufen haben.

Auch in der Gemeinde Rieth, [Kreis] Ueckermünde, [Bezirk] Neubrandenburg, gibt es seit 14 Tagen kein Schweinefleisch und keine frische Wurst. Am 14.9.[1959] wurde für die gesamte Gemeinde nur eine Bierwurst geliefert. Dazu gibt es unter den Einwohnern sehr abfällige Diskussionen. Ähnlich ist die Situation in anderen Bezirken.

Ein weiterer Mangel besteht in fast allen Bezirken in der Belieferung der Bevölkerung mit Eiern. Aufgrund des ungenügenden Fleisch- und Wurstwarenangebotes ist der Verbrauch an Eiern gestiegen. So berichtet z. B. der Bezirk Suhl, dass das Angebot an Eiern ständig geringer wird und die vorhandenen Bestände nicht mehr zur Deckung des Bedarfs ausreichen. Zum Beispiel können zurzeit in den Kreisen Sonneberg und Schmalkalden überhaupt keine Eier angeboten werden.

Weitere Beispiele liegen vor.

Staatlichen Plankommission unterstellt. Letztere konnte seine Beschlüsse aufheben. Die Wirtschaftsräte wurden in den Folgejahren hinsichtlich ihrer Zusammensetzung, Zuständigkeiten in einzelnen Bereichen und ihrer Unterstellungen mehrmals umgebildet.

29. September 1959

Information Nr. 699/59 – [Bericht über] die Stimmung von Angehörigen der Kampfgruppen zur Abgabe eines Gelöbnisses anlässlich des X. Jahrestages der DDR

Quelle: BArch, MfS, ZAIG 226, Bl. 4–5 (6. Expl.).
Serie: Informationen.
Verteiler: Neumann, Honecker – MfS: Mielke, Ablage.
Vermerk: Im Verteiler hinter 3., 4., 5. [Exemplar] (durch Klammer verbunden) in Steno »vernichtet«.

Nach vorliegenden Berichten gibt es in allen Bezirken vereinzelt negative Diskussionen, in denen Angehörige der Kampfgruppen ihre Ablehnung gegen die Abgabe eines Gelöbnisses anlässlich des X. Jahrestages der DDR zum Ausdruck bringen.[1] Oftmals wird an dem Teil der Verpflichtung Anstoß genommen, der besagt, dass die Kämpfer geloben, die Republik unter Einsatz des Lebens zu schützen.

Die ungenügende ideologische Aufklärung des Kämpfers zeigt sich aber auch in solchen Erscheinungen, dass einzelne Mitglieder die Teilnahme an der Vereidigung ablehnen, sich durch einen Vorwand derselben entziehen wollen bzw. einer weiteren Mitarbeit in den Kampfgruppen versagen. Zum Beispiel lehnt es ein Teil der Kampfgruppenmitglieder des VEB Preßwerk »Morgenröthe« in Klingenthal, [Bezirk] Karl-Marx-Stadt,[2] ab, das Gelöbnis anlässlich des X. Jahrestages abzulegen. Im Reparatur-Werk Neubrandenburg[3] lehnen ebenfalls mehrere Kampfgruppenangehörige die Abgabe eines Gelöbnisses ab. Der Disponent [Name] (SED) äußerte dazu: »Das mache ich nicht mit; ich setze mein Leben nicht mit der Waffe in der Hand für die Republik ein.«

Andere Kämpfer fürchten mit der Abgabe des Gelöbnisses Aufgaben zu übernehmen, die sie nicht erfüllen können. In diesem Zusammenhang lehnen sie unter Angabe belangloser Gründe eine weitere Mitarbeit in der Kampfgruppe ab.

1 Die »Kampfgruppen der Arbeiterklasse« waren eine im Sommer 1953 auf Beschluss der SED gegründete paramilitärische Organisation von Beschäftigten in Großbetrieben, VEG, LPG, MTS und staatlichen Verwaltungen. Das Gelöbnis der »Kampfgruppen der Arbeiterklasse« wurde 1959 eingeführt. Vgl. Siebeneichner, Tilmann: Proletarischer Mythos und realer Sozialismus. Die Kampfgruppen der Arbeiterklasse in der DDR. Köln u. a. 2014.

2 Ein Presswerk gab es in Klingenthal nicht. Gemeint ist vermutlich der VEB Pressenwerk in Morgenröthe-Rautenkranz, Kreis Klingenthal, Bezirk Karl-Marx-Stadt. Im Original: »Morgenröte«.

3 Der VEB Reparaturwerk Neubrandenburg war ein Rüstungsbetrieb der DDR, hatte neben Neubrandenburg Standorte in Gützkow und Teterow und gehörte zum VEB Kombinat Spezialtechnik Dresden. Hier wurden vornehmlich Panzer der NVA und anderer Streitkräfte des Warschauer Paktes repariert.

Im VEB Vogtländische Kunstlederfabrik Tannenbergsthal, [Kreis] Klingenthal,[4] gibt es solche Anzeichen, dass sich einige Kampfgruppenmitglieder vor der Vereidigung »krank« melden wollen. Aus dem VEB Holzindustrie Burg, [Bezirk] Magdeburg,[5] wollen 14 Kämpfer das Gelöbnis nicht ablegen, weil sie mit der Formulierung »und mein Leben einzusetzen« nicht einverstanden sind. Im Rohstoffbetrieb des Niederschachtofenwerkes Calbe, [Kreis] Schönebeck,[6] brachten mehrere Arbeiter zum Ausdruck, dass sie bei einer Vereidigung aus der Kampfgruppe ausscheiden wollen. Ähnliche Erscheinungen wurden auch aus anderen Betrieben bekannt.

4 Der VEB Vogtländische Kunstlederfabrik Tannenbergsthal, Kreis Klingenthal, entstand aus einem 1949 enteigneten privaten Textilunternehmen und stellte Wachstuch und Kunstleder her.

5 Gemeint ist der VEB Holzverarbeitungswerk Burg. Dort wurden Küchen gebaut.

6 Das Niederschachtofenwerk in Calbe/Saale war eine Industrieanlage, in der Roheisen aus einheimischen Erzen gewonnen wurde, deren Eisengehalt zu gering war, um in normalen Hochöfen verhüttet zu werden. Es nahm 1951 unter dem Namen Eisenwerke West seinen Betrieb auf und war die erste Anlage dieser Art weltweit. 1959 wurde es in VEB NOW Niederschachtofenwerk Calbe (Saale) umbenannt, 1964 mit den umliegenden Eisenerzgruben unter dem Namen VEB BHK Berg- und Hüttenkombinat Calbe (Saale) zusammengeschlossen. 1970 wurde das Werk aufgrund mangelnder Rentabilität stillgelegt.

3. Oktober 1959

Information Nr. 706/59 – 1. Bericht Stimmung, Feindtätigkeit und andere Vorkommnisse anlässlich des 10. Jahrestages der DDR

Quelle: BArch, MfS, ZAIG 226, Bl. 6–15 (7. Expl.).
Serie: Informationen.
Verteiler: Kein Nachweis für externe Verteilung – MfS: Mielke, Walter, Beater, Schröder, Wolf, Ablage.
Verweise: Informationen 709/59, 712/59, 715/59, 717/59 und 722/59.

Die Stimmung der Bevölkerung zum 10. Jahrestag der DDR ist überwiegend positiv, was seinen Ausdruck neben einer besseren Ausschmückung der Städte und Ortschaften besonders in den eingegangenen Verpflichtungen der Arbeiter und Bauern zur Steigerung der Produktion und vorfristigen Erfüllung des Staatsplanes findet. Ferner liegen Meinungen der Bevölkerung zur gegenwärtigen Versorgungslage, zur durchgeführten Preissenkung sowie der Änderung der Staatsflagge[1] vor.

Zur Versorgungslage wird berichtet, dass allgemein eine Besserung festzustellen ist. Jedoch liegen aus einigen Bezirken Meldungen vor, in denen seitens der Bevölkerung Unverständnis über den Mangel bzw. das geringe Sortiment an Fleisch und Wurstwaren zum Ausdruck gebracht wird. Derartige Stimmung wurde aus den Kreisen Greifswald, [Bezirk] Rostock, Apolda und Nordhausen, [Bezirk] Erfurt, Königs Wusterhausen, [Bezirk] Potsdam, sowie Magdeburg bekannt. Im Bezirk Magdeburg fehlt es teilweise auch an Molkereiwaren, Südfrüchten, Eiern, Babysan,[2] Schuhen und Textilien. Von zentraler Stelle wurde dazu bekannt, dass in der Zeit des 7. Oktober [1959] 500 t Apfelsinen und ca. 1 000 t Bananen zur Auslieferung gelangen, die Versorgung mit Butter und Eiern gesichert ist, eine sichtbare Verbesserung beim Schweinefleischaufkommen durch die bis 5.10.1959 noch gewährte Erfassungsprämie von 50,00 DM[3] eingetreten ist und lediglich bei Käse die vorgesehenen Importe nicht gebracht werden konnten.

1 Am 1.10.1959 führte die DDR eine neue Staatsflagge ein. Auf schwarz-rot-goldenem Untergrund prangte ab jetzt das Staatswappen der DDR: Hammer und Zirkel im Ährenkranz, als Symbol des Bündnisses zwischen Arbeitern, Bauern und Intelligenz. Bis dahin unterschieden sich die Flaggen der Bundesrepublik und der DDR nicht.

2 Babysan war der Markenname für Trockenmilchpulver, aus dem Milch zur Säuglingsernährung angerührt werden konnte. Hergestellt wurde das Produkt vom VEB Dauermilchwerke Stendal.

3 Im Zuge der Währungsreform im Juli 1948 auf dem Gebiet der Sowjetischen Besatzungszone wurde die Reichsmark als bis dahin gültiges Zahlungsmittel durch die Deutsche Mark der Deutschen Notenbank abgelöst. Bis 1964 hieß die Währung in der DDR also auch Deutsche Mark (DM). Erst 1964 wurde sie in Mark der Deutschen Notenbank (MDN) und mit Gründung der Staatsbank der DDR im Jahr 1968 in Mark der DDR (M) umbenannt.

Über die durchgeführte Preissenkung liegen uns vereinzelte Stimmungsberichte vor, in denen seitens der Bevölkerung die Meinung vertreten wird, dass statt der Senkung des Bohnenkaffeepreises lieber die Preise bei Lebensmitteln gesenkt werden sollten. Außerdem wird befürchtet, dass seitens der Gastwirte der Verkauf von Kaffee nicht nach den neuerlichen Festlegungen erfolgt, sondern von diesen zu Betrugsgeschäften ausgenutzt wird.

Über die Änderung der Staatsflagge treten in allen Schichten der Bevölkerung Diskussionen auf, in denen diese Maßnahme nicht verstanden und erklärt wird, »dass die Anbringung des Emblems auf der Staatsflagge ein Schritt zur Spaltung sei«; »die Spaltung Deutschlands dadurch vertieft würde«, u. ä. Ansichten. Offensichtlich handelt es sich dabei jedoch um Bevölkerungskreise, die der Propaganda feindlicher Sender unterliegen.

Im Zusammenhang mit diesen Problemen sind folgende Gerüchte bemerkenswert, die in einigen Bezirken bekannt geworden sind. Im Wesentlichen haben diese Gerüchte Folgendes zum Inhalt:

- dass zum 10. Jahrestag weitere Preissenkungen, besonders bei Lebensmitteln und Textilien erfolgen (Bezirk Magdeburg, Karl-Marx-Stadt, Potsdam, Frankfurt/O., Erfurt);
- dass der preisgesenkte Kaffee minderwertiger Qualität sei, dem das Coffein für medizinische Zwecke entzogen wäre (Bezirk Gera);
- dass das Rentenalter der Männer auf 63 Jahre und das der Frauen auf 58 Jahre herabgesetzt würde (Bezirk Magdeburg, Potsdam, Karl-Marx-Stadt, Frankfurt/O. Erfurt);
- dass die Einwohner von Probstzella (Grenzgemeinde im Kreis Saalfeld) ihre Verwandten aus Westdeutschland für einen Tag ohne Aufenthaltsgenehmigung zu Besuch empfangen können und
- dass in der DDR bald eine Geldentwertung vorgenommen würde (Bezirk Berlin [sic!]).

Vereinzelt wurden auch Stimmungen zu Lohn-und Prämienfragen bekannt. So erwarteten die Eisenbahner im Bezirk Erfurt sowie die Beschäftigten der Nahverkehrsbetriebe Rostock und die Lotsen von Warnemünde eine Lohnerhöhung. Unzufriedenheit über bekannt gewordene Prämiierungsvorschläge trat auf in der mechanischen Werkstatt des Faserplattenwerkes Ribnitz, [Bezirk] Rostock,[4] im Kfz-Zubehörwerk Gera[5] und im VEB Kompressorenwerk Gera.[6] Während in Ribnitz eine Fehlentscheidung des Betriebskollektivs der Anlass war, ist es in den beiden Betrieben in Gera das ungesunde Ver-

4 Der VEB Faserplattenwerk Ribnitz-Damgarten war ein neu gegründeter Betrieb, der 1955 die Produktion aufnahm. Er war der wichtigste Hersteller von Faser- und Spanplatten in der DDR und stellte ab den 1970er-Jahren auch Wohnraummöbel her.

5 Der VEB Fahrzeugzubehörwerk Gera war ein Zulieferbetrieb für die Autoindustrie der DDR.

6 Im VEB Kompressorenwerk Gera wurden nicht nur Kompressoren, sondern auch Möbel, Küchenherde, landwirtschaftliche Geräte und Gießereiprodukte hergestellt.

hältnis, dass mehr Verwaltungsangestellte als Arbeiter prämiiert werden sollen, was Unzufriedenheit hervorruft.

Die gegen den 10. Jahrestag gerichtete direkte *Feindtätigkeit* tritt hauptsächlich in Form von Hetzlosungen, anonymen Versuchen der Desorganisation, Hetzflugblattverbreitung, Beschädigung von Plakaten und ähnlichen Delikten auf, hat aber bis jetzt noch keinen großen Umfang angenommen.

Hetzlosungen: »Pankow[7] gehört an den Strang« (SVA Brandenburg), »Russen raus« (Schwermaschinenbau »Heinrich Rau«, Wildau). Hakenkreuze wurden in Greiz, [Bezirk] Gera, Luckenwalde, Waggonbau Görlitz, [Bezirk] Dresden, Magdeburg angeschmiert.

Transparente, Plakate wurden beschädigt bzw. Losungen in feindlichem Sinne entstellt in Wildau (Schwermaschinenbau »Heinrich Rau«), in der Gemeinde Doberzeit,[8] [Kreis] Sebnitz, [Bezirk] Dresden, Pirna, [Bezirk] Dresden, und Rudolstadt, [Bezirk] Gera, während in Görlitz eine Fahne abgerissen wurde.

In Leutersdorf, [Kreis] Zittau, wurden zwei selbstangefertigte Hetzzettel gefunden, die Hetze gegen die Butterversorgung und Streikdrohung beinhalteten. In Coswig, [Kreis] Meißen, wurde eine anonyme Karte durch die Post an einen VP-Helfer geschickt, die ebenfalls Hetze gegen die Butterversorgung enthielt. In einem an den Kreisvorstand der CDU in Rudolstadt, [Bezirk] Gera, übersandten anonymen Hetzbrief heißt es, dass »die wahren Parteiführer der CDU in Westdeutschland sitzen« würden und dass der 10. Jahrestag ein »Spaltertag« sei.

Bereits am 24.9.1959 erschien in der Akademie für Sozialhygiene in Berlin bei der Sachbearbeiterin des Verwaltungsdirektors eine unbekannte männliche Person, die »anordnete«, alle roten Fahnen sofort zu entfernen. In Wismar versuchte eine unbekannte männliche Person, die sich als »Organisationsbüro zur Vorbereitung des 10. Jahrestages« ausgab, telefonisch einen für ein Kultur-Ensemble aus der ČSR gemieteten Saal abzubestellen, weil die Kulturgruppe nicht käme. In Zossen, [Bezirk] Potsdam, waren an einigen Stellen Papierfahnen angebracht, auf denen das DDR-Emblem falsch aufgedruckt war. Die Fahnen wurden von der DEWAG-Potsdam ausgeliefert.

Offene Hetze wurde in vier Fällen festgestellt: Eine Person wurde deshalb in Senftenberg, [Bezirk] Cottbus, festgenommen. Unter anderem trat in Berlin-Weißensee vor dem HO-Selbstbedienungsladen in der Klement-Gottwald-Allee eine Gruppe von vier bis fünf Männern in Erscheinung, die laut und provokatorisch erklärten, dass es in der DDR keine Butter und keine

7 Sowohl die Regierung als auch die SED-Führung hatten ihren Sitz in Berlin-Mitte, in Pankow residierte lediglich Präsident Wilhelm Pieck. Da aber ein Großteil der Mitglieder des SED-Politbüros im Pankower Ortsteil Niederschönhausen wohnte, wurde »Pankow« in der Bundesrepublik der 1950er- und 1960er-Jahre abwertend als Metonym für die DDR-Regierung bzw. die SED-Führung verwendet.

8 Im Original: »Doberitz«.

Eier gebe und die Stimmung der Bevölkerung immer schlechter werde, »dies ist die erfolgreiche Vorbereitung des 10. Jahrestages und demonstriert den gegenwärtigen Stand der Erfolge augenscheinlich«. Die Personen konnten nicht ermittelt werden, weil sie sich sofort wieder verliefen.

Eine Verstärkung der Hetzflugblatt-Verbreitung konnte ebenfalls noch nicht festgestellt werden. Insgesamt wurden 1 500 Flugblätter der »Zope« in russischer Schrift im Kreis Eisenach sowie verschiedene kleinere Mengen in Magdeburg, Schönebeck/Elbe, Calbe und an der Staatsgrenze West sichergestellt.[9] Im Kreis Erfurt wurden 1 000 Hetzschriften »Die freie Welt« gefunden. Durch die Post konnten in Magdeburg 750 Exemplare der Hetzschrift »Freie Tribüne« und 100 Exemplare »Elbwacht« sichergestellt werden.[10] Bei allen Hetzschriften handelt es sich um bereits bekannte Ausgaben.

Außerdem wurden noch folgende *Vorkommnisse feindlichen Charakters* bekannt: Vom Rat der Evangelischen Kirchenleitung Magdeburg wurde ein Schreiben – unterzeichnet von Propst Fleischhack[11] und dem Angestellten [Name 1] – an alle Pfarrer versandt, in dem die Geistlichen aufgefordert werden, sich nicht an politischen Feierlichkeiten anlässlich des 10. Jahrestages der DDR zu beteiligen. Auch sollten die Geistlichen für die Presse keine mündlichen Äußerungen für diese Feierlichkeiten tun. Auch Bischof Jänicke[12] forderte auf einem Propstkonvent am 28.9.1959 in Neinstedt,[13] sich nicht an den Feierlichkeiten zu beteiligen.

Der Vorsitzende der LPG Typ III »V. Parteitag« in Probsthain,[14] [Kreis] Torgau, hat eine Hauptversammlung mit dem Ziel einberufen, die LPG auf-

9 Die ZOPE (Zentralnoje Objedinjenije Poslewoennych Emigrantow, deutsch etwa: Zentralverband der Nachkriegsemigranten) war eine im November 1952 in München durch das US-amerikanische Office of Policy Coordination (OPC) gegründete russische Exilgruppe. Die ZOPE unterhielt enge Kontakte zum NTS, zu den Ostbüros der westdeutschen Parteien und zur Vereinigung politischer Ostflüchtlinge (VPO). Hauptaktivität der ZOPE, die u. a. vom Bundesministerium für Gesamtdeutsche Fragen finanziert wurde, war die Verbreitung von Flugblättern, die mittels Ballons in die DDR geschickt wurden. Vgl. Stöver, Bernd: Die Befreiung vom Kommunismus. Amerikanische »Liberation Policy« im Kalten Krieg 1947–1991. Köln u. a. 2002, S. 331–334.

10 Die Ostbüros der Parteien, besonders das Ostbüro der SPD, imitierten viele der in der DDR erscheinenden Zeitungen und Zeitschriften zu ihren Propagandazwecken. Möglicherweise handelt es sich bei den hier genannten Blättern »Die freie Welt« und »Freie Tribüne« um solche Imitate. Die »Freie Welt« war die Auslandsillustrierte der DDR und erschien im Berliner Verlag. Die »Tribüne« war das Zentralorgan des FDGB. Anders verhält es sich mit der »Elbwacht«. Dies war eine für die Verbreitung im Bezirk Magdeburg vom Untersuchungsausschuss freiheitlicher Juristen in Berlin-Zehlendorf herausgegebene Zeitung.

11 Heinz Fleischhack, Jg. 1913, evangelischer Theologe, 1958–78 Pfarrer der St.-Johannis-Gemeinde und Propst des Sprengels Magdeburg, persönlicher Vertreter Bischof Jänickes im Arbeitskreis für Wehrdienstfragen.

12 Johannes Jänicke, Jg. 1900, evangelischer Theologe, 1934 Mitglied des Pfarrernotbundes und der Bekennenden Kirche, 1955–68 Bischof der Kirchenprovinz Sachsen.

13 Im Original: »Neinstadt«.

14 Im Original: »Probstheim«.

zulösen. Als Begründung führt er Schwierigkeiten in der Zuteilung von Düngemitteln und Maschinen an. Die LPG-Mitglieder sind jedoch gegen diese Bestrebung.

Im Reichsbahnamtsbereich Aschersleben gibt es zzt. große Schwierigkeiten bei der Gestellung von G-Wagen.[15] Das eigene Aufkommen reicht nicht aus und die erforderliche Gestellung durch die RBD Berlin wird nicht eingehalten. Dadurch entsteht bei den Soda-Werken Bernburg die Gefahr einer Produktionsdrosselung und das Blechverpackungswerk in Staßfurt musste aus den gleichen Gründen bereits am 30.9.1959 die Produktion einstellen.

Über *feindliche Pläne* liegt nur ein neuer Hinweis vor, der besagt, dass das Innenministerium im Land Hessen eine Anweisung an die untergeordneten Dienststellen, speziell an den Bundesgrenzschutz, herausgegeben haben soll, wonach festzustellen sei, ob und welche Personen zu den Feierlichkeiten des 10. Jahrestages in die DDR fahren bzw. dass solche Reisen zu verhindern wären.

Weiterhin werden aber von Westdeutschland aus zahlreiche Grenzprovokationen inszeniert, die auch im Zusammenhang mit den Störmanövern anlässlich des 10. Jahrestages zu sehen sind und auf der gleichen Linie wie die bereits mehrfach berichteten liegen.[16]

Dabei wurden auch neue, besonders gefährliche Methoden der Brandstiftung angewandt.

Am 1.10.1959, gegen 15.30 Uhr, drangen im Gebiet Ahrenshausen, Kreis Heiligenstadt, [Bezirk] Erfurt, 25 Jugendliche von Eichenberg/WD kommend in das Gebiet der DDR ein, nachdem sie einen Grenzpfahl herausrissen und die Drahtsperren niedertraten. Die meisten Jugendlichen befanden sich ca. 10 m im Gebiet der DDR. Sieben Jugendliche versuchten den in der Nähe befindlichen Schlagbaum (ca. 30 m im Gebiet der DDR) umzureißen, während zwei Jugendliche ca. 50 m auf das Territorium der DDR vordrangen. Außerdem wurde ein Grenzmarkierungspfahl herausgerissen und mit nach Westdeutschland genommen. Der 10-m-Streifen[17] wurde mit 14 schweren Steinen beworfen. Nach ca. 20 Minuten begaben sich die Jugendlichen wieder nach Westdeutschland zurück. Die Provokation wurde von zwei Angehörigen des westdeutschen Zolls aus ca. 200 m Entfernung beobachtet und gesichert. Gegen 16.15 Uhr besichtigten 30 Zivilisten und zwei Angehörige des Bundesgrenzschutzes, die alle mit einem Bus kamen, den Tatort.

15 Güterwagen.

16 Vgl. Informationen 587/59, 587b/59, 644/59 und 705/59.

17 Das von der DDR-Führung im Jahre 1952 eingerichtete Sperrgebiet an der Grenze zur Bundesrepublik setzte sich zusammen aus einem zehn Meter breiten Kontrollstreifen, der unmittelbar entlang der Grenze verlief, einem 500 Meter breiten »Schutzstreifen« sowie einer »5-km-Sperrzone«. Der zehn Meter breite und gepflügte Kontrollstreifen wurde auch »Todesstreifen« genannt und war ab Anfang der 1970er-Jahre mit Signalanlagen und Personen-Minenanlagen (Selbstschussanlage) ausgerüstet.

Um die Grenzsicherungsanlagen, vorwiegend Holzgrenzpfähle zu zerstören, geht der Gegner u. a. zu folgender Methode über: Es werden trockene Grasflächen und Grasnarben auf westdeutschem Gebiet, unmittelbar an der Grenze liegend, angezündet und der sich ausbreitende Brand greift auf die Grenzeinrichtungen über und zerstört diese in den meisten Fällen. So wurden am 1.10.1959, gegen 17.40 Uhr bei Wendehausen, [bei] Treffurt von zwei männlichen Zivilpersonen die Grasnarben des 10-m-Streifens in Brand gesetzt, wodurch 14 Grenzpfähle ankohlten bzw. durchbrannten. Gegen 19.00 Uhr wurde diese Stelle von sieben Personen, die mit drei Pkw vorfuhren, besichtigt, die sich über die Provokation lustig machten.

Ebenfalls am 1.10.1959, gegen 15.00 Uhr, wurde in der Nähe von Vitzeroda, [Bezirk] Suhl, ca. 100 m westlich unserer Staatsgrenze, von einem Bauern Gras angebrannt. Dieser Brand breitete sich bis zur Staatsgrenze aus und zerstörte 13 Grenzpfähle. Ähnliche Beispiele gab es in der Nähe von Jützenbach, Kreis Worbis und Frauenthal, [Kreis] Nordhausen,[18] wo jeweils sieben Grenzpfähle und der Stacheldraht umgerissen wurden.

Am 2.10.1959, um 10.30 Uhr, fuhren 15 Jugendliche, sieben Erwachsene und ein Stupo[19] mit einem Reisebus bis zur Mitte der »Brücke der Einheit« in Potsdam (Westring um Berlin), stiegen dort aus und fotografierten die Umgebung und die Kontrollposten der DGP. Dem MfS liegen außerdem besonders in diesem Zusammenhang zu beachtende Hinweise vor, dass in der Nähe der Staatsgrenze West auf westlichem Gebiet verstärkt Pass- und Gepäckkontrollen durchgeführt werden und auch besonders Fahrzeuge aller Art kontrolliert wurden.

Weiter wurde bekannt, dass am 3.10.1959 in Eschwege/WD auf einer Hetzkundgebung (»Gesamtdeutsche Woche«) der Bonner Minister Oberländer[20] sprechen soll.

Am 3.10.1959 soll an der Staatsgrenze West in Steinbach am Wald eine Versammlung stattfinden, die vom DGB organisiert sein soll. Nach bisherigen Informationen soll diese Versammlung dazu benutzt werden, die auf der gegenüberliegenden Seite im Schieferbruch Lehesten, Kreis Lobenstein, [Bezirk] Gera, tätigen Arbeiter zum Verlassen der DDR und zur Arbeitsaufnahme in Westdeutschland aufzufordern, wo man ebenfalls einen Schieferbruch in Betrieb nehmen will.[21]

18 Frauenthal im Kreis Nordhausen gibt es nicht. Möglicherweise ist Friedrichsthal bei Bleicherode gemeint.

19 Stumm-Polizei, abgekürzt Stupo, war eine Bezeichnung für die Westberliner Polizei nach ihrem ersten Polizeipräsidenten Johannes Stumm (1948–63). Der Ausdruck war unmittelbar nach der Spaltung der Berliner Polizei im Juli 1948 zunächst allgemein verbreitet, später nur noch in SED-nahen Kreisen üblich und pejorativ konnotiert.

20 Theodor Oberländer, Jg. 1905, Politiker (GB/BHE, CDU), 1953–60 Bundesminister für Vertriebene, Flüchtlinge und Kriegsgeschädigte sowie 1953–61 und 1963–65 MdB.

21 Alle bis hierhin beschriebenen Grenzprovokationen vgl. Information 705/59.

Am 2.10.1959 entfernten zwei männliche Personen im Grenzbereich Seeben, [Bezirk] Magdeburg, einen Grenzpfahl vom 10-m-Streifen, schütteten das Loch zu.

Am 2.10.1959, gegen 10.05 Uhr, erschien am Schlagbaum Strecke Andenhausen, Kreis Bad Salzungen in einem silbergrauen Volkswagen – polizeiliches Kennzeichen [Nr.] eine männliche Person, die ca. fünf Minuten das Gebiet der DDR und insbesondere die Stelle, wo sonst die Posten stehen, beobachtete (die Posten befanden sich 20 m rechts vom sonstigen Standpunkt entfernt). Gegen 10.20 Uhr erschienen aus Richtung Knieckenhof/WD[22] 23 männliche Personen im Alter von 18 bis 22 Jahren. Die Mehrzahl dieser Personen trug rote Hemden. Sie machten am Schlagbaum Fotoaufnahmen und warfen Steine in das Gebüsch, wo sonst die Beobachtungsposten stehen. Die Posten konnten hören, wie Bemerkungen gemacht wurden, dass diese Personen den Schlagbaum anzünden wollten. Einige versuchten mit Streichhölzern das Gras an der Sperre anzuzünden. Gegen 11.00 Uhr zogen sie sich zurück mit der Bemerkung einer Person, dass sie wieder zu ihrer Mannschaft müssen.

Bezeichnend ist, dass in letzter Zeit selbst Kinder offensichtlich zu Provokationen angehalten werden. So wurde ein Grenzposten von zwei Kindern im Alter von zehn bis zwölf Jahren dadurch provoziert, dass sie ihn vom Westen her mit Steinen und Dreck bewarfen.

An den Grenzkontrollämtern des Zolls wurden in einigen Fällen westdeutsche Personen festgestellt, die keine ordnungsgemäßen Aufenthaltsgenehmigungen vorweisen konnten. Es liegt der Verdacht nahe, dass auf diese Art und Weise Personen eingeschleust werden sollen, um die Veranstaltungen zum 10. Jahrestag zu stören.

Streikandrohungen wurden in zwei Fällen bekannt. Im VEB WEMA Aschersleben,[23] [Bezirk] Halle, erschien am 1.10.1959 in der Abt. Arbeit ein Anbinder[24] aus dem Werk III und stellte Lohnforderungen, wobei er sich als Abgeordneter seiner Kollegen ausgab. Er drohte damit, wenn die Lohnforderungen nicht erfüllt werden, würde am 6.10.1959 das Werk III stillliegen. Dieser Arbeiter ist im Betrieb als Faulpelz bekannt. Als die Partei daraufhin mit den Arbeitern Aussprachen führte, distanzierte sich die Belegschaft von diesem Provokateur. Er wurde inzwischen inhaftiert und die Lage im Betrieb hat sich dadurch wieder normalisiert. Im halbstaatlichen Betrieb Plauener Baumwollspinnerei Plauen, [Bezirk] Karl-Marx-Stadt, legten am 1.10.1959 14 Arbeiter eines Meisterbereiches die Arbeit nieder. Sie forderten, dass das eingeführte 4-Seiten-System an den Maschinen rückgängig gemacht wird und

22 Knieckenhof konnte nicht ermittelt werden. Möglicherweise ist Knottenhof gemeint.

23 Der VEB Werkzeugmaschinen-Fabrik (WEMA) Aschersleben stellte Hobel- und Schleifmaschinen her und war zu DDR-Zeiten der größte Arbeitgeber in Aschersleben.

24 Das Ladepersonal, das Lasten für den Transport mit Kranen vorbereitet, wird als Anbinder/innen bezeichnet.

das 3-Seiten-System wieder eingeführt wird. Das neue System wurde mit dem Einsatz neuer Maschinen eingeführt, ohne dass irgendwelche Lohnverschlechterungen eingetreten sind. Da die Arbeiter – in erster Linie Frauen – in ihren Forderungen von zwei Kollegen des FDGB unterstützt wurden, musste in allen Abteilungen das 3-Seiten-System wieder eingeführt werden.

Folgende neue *Brände und Havarien* wurden bekannt: Am 2.10.1959 brannte in der VEAB Demmin, [Bezirk] Neubrandenburg, das Silo I. Im Silo waren insgesamt 18 000 t Getreide, davon 3 000 t Staatsreserve eingelagert. Die zum Einsatz kommenden Feuerwehrleute waren durch eine vorhergehende Feier zum 10. Jahrestag der DDR fast ausnahmslos betrunken. Schaden noch nicht bekannt, Ermittlungen werden noch geführt. Am 2.10.1959 brach in der LPG Heldrungen, [Kreis] Artern, [Bezirk] Halle, ein Brand aus, bei dem ein Stall und eine Scheune abbrannten. Verbrannt sind: fünf Kühe, zehn Jungrinder, 150 Doppelzentner Heu, 450 Doppelzentner Stroh. Der Gesamtschaden beträgt 120 000 DM. Bereits am 1.10.1959 war in dem 15 km entfernt liegenden Schönfeld ebenfalls eine Scheune abgebrannt, wo der Schaden 160 000 DM betrug. Die Ursache ist zzt. noch ungeklärt.

Am 1.10.1959 gegen 23.30 Uhr wurde im Gelände des Munitionslagers vom Flak-Regiment 15 in Wolfen ein Waldbrand festgestellt. Der Brand war 200 m vom Munitionslager entfernt, wobei der Wind in Richtung des Lagers stand. Vermutlich handelt es sich um eine Brandstiftung. Am 29.9. und 1.10.1959 kam es im Stahlwerk Gröditz,[25] [Kreis] Riesa, zum Ausfall der 6 000-t-Presse des Schmiedekombinats. Während die Ursache am 29.9.[1959] ein gerissenes Band des Verschiebetisches war, ist die vom 1.10.[1959] noch unbekannt. Schaden ca. 52 000 DM.

25 VEB Stahl- und Walzwerk Gröditz.

9. Oktober 1959

Information Nr. 722/59 – 6. Bericht Stimmung, Feindtätigkeit und andere Vorkommnisse anlässlich des 10. Jahrestages der DDR

Quelle: BArch, MfS, ZAIG 226, Bl. 59–67 (7. Expl.).
Serie: Informationen.
Verteiler: Kein Nachweis für externe Verteilung – MfS: Mielke, Walter, Beater, Fruck, Schröder, Ablage.
Verweise: Informationen 706/59, 709/59, 712/59, 715/59 und 717/59.

Nachdem die Höhepunkte des 10. Jahrestages vorüber sind, sind auch die Stellungnahmen dazu und zu den damit in Verbindung stehenden Fragen zurückgegangen. Es gibt keine wesentlichen nachträglichen Hinweise, die eine Korrektur der bisher gegebenen Einschätzungen erforderlich machen. Von allen Bevölkerungskreisen wird der 10. Jahrestag als ein großes Ereignis gewertet.

Negative und feindliche Stimmen sind im Vergleich zu den positiven gering, in vielen Fällen wurde ihnen sofort entgegengetreten. Neue Gerüchte sind nicht bekannt geworden.

Die *feindlichen Handlungen* sind auf allen Gebieten nur noch gering. Es wurden insgesamt zwei neue Hetzlosungen »10 Jahre Knechtschaft sind genug, nieder mit der SED-Freiheit« (in Mühlhausen, [Bezirk] Erfurt) »Ran und den Plan erfüllt, ihr dreckigen Arbeiter« (VEB Reparaturwerk »Clara Zetkin«, Erfurt[1]) angeschmiert.

Faschistische Schmierereien wurden nur in drei Fällen bekannt, in der Bahnmeisterei Görlitz, [Bezirk] Cottbus, und an einigen Telegrafenmasten in Petershagen, Kreis Strausberg, [Bezirk] Frankfurt/O., und auf dem Bahnhof Grimmen, [Bezirk] Rostock.

Das Abreißen und Beschädigen von Fahnen, Plakaten und Transparenten wurde nur aus den Bezirken Magdeburg, Dresden, Neubrandenburg, Cottbus, Leipzig, Frankfurt/O. und Potsdam bekannt. Aber auch dort nur in geringem Umfang.

Im Stadtgebiet von Querfurt, [Bezirk] Halle, wurden elf mit Handruckkasten gefertigte Flugblätter gefunden. Der Inhalt der Hetzschriften richtet sich gegen den 10. Jahrestag der Gründung der DDR.

Im VEB ABUS-Getriebefabrik Coswig, [Bezirk] Dresden[2] wurde in der Abteilung Arbeit im Speisesaal und am Eingang je eine mit Schreibmaschine geschriebene Hetzschrift gegen die Lohnpolitik unseres Staates angebracht.

1 VEB Reparaturwerk »Clara Zetkin« Erfurt. Der Betrieb war auf die Reparatur von elektrischen Maschinen spezialisiert.

2 Der VEB ABUS Getriebefabrik Coswig war der einzige Hersteller von Schneckengetrieben in der DDR und in diesem Bereich marktführend im osteuropäischen Raum. Die Produkte des Werkes wurden hauptsächlich in die Sowjetunion geliefert.

Am 6.10.1959 in den Abendstunden wurden die Feuerwehren in Saupsdorf und Hinterhermsdorf, [Kreis] Sebnitz, [Bezirk] Dresden, durch anonyme Anrufe alarmiert.

Im Kreis Demmin, [Bezirk] Neubrandenburg, an der Wegstrecke nach Kandelin wurde am 7.10.1959 eine selbstgefertigte Hakenkreuzfahne an einer Birke in der Höhe von 1,50 m angebracht.

Am sowjetischen Ehrenmal in Wittichenau, [Kreis] Hoyerswerda, [Bezirk] Cottbus, wurde am 7.10.1959 festgestellt, dass in etwa 1,5 m Höhe rotbraune Ölfarbe angeschüttet worden war.

In Mirow Kreis Neustrelitz, [Bezirk] Neubrandenburg, wurden in der Stadt vom 6. zum 7.10.1959 vier Kabel der Lautsprecheranlage durchgeschnitten.

In der Nacht vom 8. zum 9.10.1959 wurden von unbekannten Tätern auf der Straße von Karl-Marx-Stadt nach Mittweida Dachnägel gestreut, sodass fünf Fahrzeuge durch Reifenschaden festlagen.

Im VEB Oberlausitzer Baumwollweberei Neusalza-Spremberg, [Kreis] Löbau Werk 5, verließ ein großer Teil der Arbeiter den Saal, als zum Schluss das Lied: »Brüder zur Sonne« gesungen wurde.[3]

Der Genossenschaftsbauer [Name 1], ehemaliger Großbauer aus Wensickendorf, [Bezirk] Potsdam, lud am 6.10.1959 mehrere Personen zum Westfernsehen in seine Wohnung ein. Die Hetzsendung gegen unsere Republik nahm [Name 1] zum Anlass, ebenfalls gegen unsere Republik zu hetzen und die »westliche Freiheit« zu verherrlichen.

Nach einer Feierstunde zum 10. Jahrestag in Drahnsdorf,[4] [Bezirk] Cottbus, wurde der Bürgermeister der Gemeinde von einer angetrunkenen Person tätlich angegriffen. Diese Person versuchte, ihm das Parteiabzeichen und die Aufbaunadel[5] abzureißen. Die Person wurde festgenommen.

Ein Mitarbeiter des Kreisvorstandes der GST[6] Beeskow, [Bezirk] Frankfurt/O., wurde von dem [Name 2] (von 1953 bis 1958 Angehöriger der Frem-

3 Gemeint ist das Lied »Brüder, zur Sonne, zur Freiheit«. Dieses Lied, die deutsche Nachdichtung eines russischen Arbeiterliedes, avancierte in seiner wechselvollen Geschichte – es wurde zeitweise sogar von den Nationalsozialisten für ihre propagandistischen Zwecke vereinnahmt – schließlich zu einem der meistgesungenen Lieder der Arbeiterbewegung nach dem Zweiten Weltkrieg und gilt heute als Parteihymne der SPD. Es fand aber auch Eingang in das Liedgut der SED-Propaganda und wurde von den Menschen in der DDR in der Regel mit der Parteipolitik des SED-Regimes in Verbindung gebracht. Vgl. John, Eckhard: Brüder, zur Sonne, zur Freiheit. Die unerhörte Geschichte eines Revolutionsliedes. Berlin 2018.

4 Im Original: »Dransdorf«.

5 Die »Aufbaunadel« war eine Auszeichnung für freiwillige Helfer beim Aufbau der DDR, vergeben vom Nationalen Aufbauwerk der DDR für geleistete Aufbaustunden zusammen mit einer Urkunde. Je nach Anzahl dieser Stunden wurde sie in Gold, Silber oder Bronze verliehen.

6 Hinter dem harmlos klingenden Namen »Gesellschaft für Sport und Technik« (GST) verbarg sich eine paramilitärische Massenorganisation der DDR. Sie wurde am 7.8.1952 gegründet, stand zunächst unter der Anleitung des MdI der DDR und wurde ab 1968 dem MfNV

denlegion, kam am 3.10.1959 in die DDR) als Kommunistenschwein bezeichnet und tätlich angegriffen. Festnahme ist angeordnet.

Besondere *Vorkommnisse feindlichen Charakters:*

In der Gemeinde Großhartmannsdorf, [Bezirk] Karl-Marx-Stadt, fand in der Zeit vom 4. bis 6.10.1959 eine sogenannte »Evangelisation« statt. Daran beteiligten sich 58 Personen, einschließlich einiger Pfarrer aus den Bezirken Dresden, Leipzig und Karl-Marx-Stadt. Es wurde festgestellt, dass die Quartiergeber dieser Personen ihre Häuser nicht schmückten und auch an keinen Veranstaltungen zum 10. Jahrestag teilnahmen.

Am 7.10.1959 erschien gegen 14.00 Uhr eine Gruppe von 13 Jugendlichen aus Weimar in Bad Berka, [Bezirk] Erfurt. Diese traf sich hier mit weiteren fünf Jugendlichen. Gemeinsam begaben sich diese in Bad Berka zum Markt, wo sie eine Rock ›n‹ Roll-Veranstaltung aufzogen. Durch ihr Lärmen und ihre Verrenkungen sammelte sich eine große Anzahl Jugendlicher aus Bad Berka an, sodass das Schnellkommando des VPKA eingesetzt werden musste, um die Jugendlichen auseinanderzutreiben. Vier Jugendliche davon, die bereits seit einiger Zeit operativ bearbeitet werden, wurden in der Nacht zum 8.10.1959 auf dem VPKA festgehalten.

Am 8.10.1959, gegen 13.00 Uhr, traf auf dem Flughafen Berlin-Schönefeld die planmäßige Linienmaschine der sowjetischen Aeroflot AFL 111, welche mit 23 Passagieren besetzt war, ein. Die Maschine hatte außerdem sieben Isotopenbehälter geladen. Da einer dieser Behälter defekt war, bestand die Gefahr radioaktiver Ausstrahlungen und es mussten entsprechende Sicherheitsmaßnahmen ergriffen werden. Eine Untersuchung der Passagiere mit dem Geigerzähler erfolgte nicht, nachdem das Amt für Kernforschung die Maschine, die Ladung und die Frachtarbeiter untersucht und keine radioaktive Strahlung festgestellt hatte. Als wahrscheinliche Ursache des Defektes am Behälter wird schlechtes Verladen angenommen.

Neue *Grenzprovokationen* wurden im Gebiet von Salzwedel (wo 17 BGS-Angehörige den 10-m-Kontrollstreifen[7] betraten) und Bockelnhagen, [Kreis] Worbis (Grenzsperre beschädigt) festgestellt. Außerdem halten die verstärkten Kontrollen durch den westdeutschen Zoll noch immer an. Besonders krasse Provokationen traten nicht auf.

unterstellt. Die GST war zuständig für die vormilitärische Ausbildung an Schulen, Universitäten und in den Betrieben. Gleichzeitig war sie Dachverband für technische Sportarten wie Sportschießen, Motorsport, Segelfliegen, Funksport etc.

7 Das von der DDR-Führung im Jahre 1952 eingerichtete Sperrgebiet an der Grenze zur Bundesrepublik setzte sich zusammen aus einem zehn Meter breiten Kontrollstreifen, der unmittelbar entlang der Grenze verlief, einem 500 Meter breiten »Schutzstreifen« sowie einer »5-km-Sperrzone«. Der zehn Meter breite und gepflügte Kontrollstreifen wurde auch »Todesstreifen« genannt und war ab Anfang der 1970er-Jahre mit Signalanlagen und Personen-Minenanlagen (Selbstschussanlage) ausgerüstet.

Wegen *Lohnfragen* kam es in der Abteilung Faserhalle und Viskosekeller des VEB Spinnstoffwerkes »Otto Buchwitz« in Glauchau, [Bezirk] Karl-Marx-Stadt, zu einer äußerst schlechten Stimmung.[8] Die Ursache dazu war die administrative Handlungsweise des TAN-Büros bei der Einführung des Prämienzeitlohnes. Durch das Fehlen von Ätznatronlauge und Zellstoff wurde der Plan nur zu 94 % erfüllt und die Arbeiter erhielten 50,00 bis 80,00 DM[9] weniger Lohn. Auf Veranlassung der Werkleitung wird der Lohnausfall jedoch nachgezahlt.

Unter den Schlächtern des Seuchenviehhofes Berlin (Herzbergstraße) herrscht ebenfalls eine äußerst unzufriedene Stimmung, die z. T. in starker Fluktuation ihren Ausdruck findet. In der letzten Zeit war auf dem Viehhof ein großer Arbeitsanfall zu verzeichnen, wodurch in starkem Maße Überstunden geleistet werden mussten. Dazu wurde von den Schlächtern die Meinung vertreten, »wochenlang wird kein Vieh geliefert und jetzt kann die Arbeit nicht geschafft werden«. Aufgrund dieser Situation gibt es äußerst negative Diskussionen. Mehrere Schlächter haben bereits gekündigt und die Arbeit in Westberlin aufgenommen. Bei weiteren Schlächtern besteht die Absicht zu kündigen, um in Westberlin zu arbeiten. Zum Beispiel äußerte der Schlächter [Name 3]: »Die schimpfen auf den Kapitalismus, doch bei uns ist es viel schlimmer. Das sind ja richtige Ausbeuter.« [Name 3] ist als guter Schlächter bekannt und trägt sich ebenfalls mit dem Gedanken zu kündigen.

Zu *Prämienfragen* gab es vor allem wegen der Art der Verteilung in mehreren Betrieben negative Diskussionen. Dabei wird wiederholt zum Ausdruck gebracht, dass die Verteilung ungerecht sei, da die leitenden Angestellten so hohe Prämien und die Arbeiter, die die Pläne erfüllen, nur einen geringen Anteil erhalten. Im Bhf. Quedlinburg, [Bezirk] Magdeburg, gaben drei Rangiermeister ihre Prämie zurück, weil ein anderer Rangiermeister 25,00 DM mehr erhielt als sie. Im RAW Blankenburg vertraten einige Arbeiter die Meinung, dass das Prämiensystem immer Spannungen unter den Kollegen hervorrufe und aus diesem Grund statt Prämien lieber Kleiderschränke und Waschräume beschafft werden sollten.

Im VEB Goldfisch, Werk Oberlungwitz, [Bezirk] Karl-Marx-Stadt,[10] kam es zur Unzufriedenheit unter den Arbeiterinnen, weil Kolleginnen ausgezeichnet wurden, die erst 14 Tage im Betrieb sind und noch keine besonde-

8 Der VEB Spinnstoffwerk »Otto Buchwitz« in Glauchau spezialisierte sich in der DDR-Zeit auf die textile Kunststoffverarbeitung und produzierte Kunststofffolien und Kunstseideerzeugnisse.

9 Im Zuge der Währungsreform im Juli 1948 auf dem Gebiet der Sowjetischen Besatzungszone wurde die Reichsmark als bis dahin gültiges Zahlungsmittel durch die Deutsche Mark der Deutschen Notenbank abgelöst. Bis 1964 hieß die Währung in der DDR also auch Deutsche Mark (DM). Erst 1964 wurde sie in Mark der Deutschen Notenbank (MDN) und mit Gründung der Staatsbank der DDR im Jahr 1968 in Mark der DDR (M) umbenannt.

10 Der VEB Strick- und Wirkwaren Goldfisch Oberlungwitz produzierte Sport- und Bademode. Besonders bekannt waren die hier hergestellten Badeanzüge der Marke »Goldfisch«.

ren Leistungen zeigten.Weiter gibt es im Betrieb solche Diskussionen, dass die Prämien nur »von oben bestimmt« werden.

Aus dem VEB NAK Wurzen[11] wurde bekannt, dass die Verladebrigade des Werkes sonntags nicht mehr arbeiten will, weil sie zum 10. Jahrestag keine Prämie bekommen hat.

In der Firma Knobloch Apolda, [Bezirk] Erfurt[12] (Betrieb arbeitet mit staatlicher Beteiligung) wurden zwei Arbeiter als Aktivisten und zwei als Bestarbeiter ausgezeichnet. Die nicht ausgezeichneten Arbeiter vertreten den Standpunkt, »man solle endlich damit aufhören, Prämien zu zahlen, wenn genügend Geld vorhanden ist, solle man die Löhne aufbessern. Damit wäre allen Arbeitern geholfen und vielen bliebe der Ärger erspart.«

Im VEB Kaliwerk Bleicherode äußerten die Kollegen [Name 4], [Name 5] und [Name 6] ihre Unzufriedenheit über die Prämiierung einiger Kollegen. Ihre Meinung war, dass man die Prämien von ihrem Geld bezahle und sie in Zukunft weniger arbeiten wollten, wenn man ihnen keine Prämien gibt.

Folgende neue *Brände und Havarien* wurden bekannt:

Am 8.10.1959 wurde im individuellen Stalle des Buchhalters der LPG Boisterfelde,[13] [Kreis] Templin, [Bezirk] Neubrandenburg, [Vorname Name 7], ein Brand festgestellt. Bei der Bekämpfung des Brandherdes wurde in der Küche ein zweiter Brandherd festgestellt. [Name 7] selbst hatte sich auf dem Boden erhängt. Auf der Straße vor dem Verwaltungsgebäude der LPG wurden unfrankierte Briefe gefunden, in denen [Name 7] die von ihm durchgeführte Brandstiftung erläuterte. Dadurch konnten im gesamten Komplex der LPG weitere sieben von [Name 7] angelegte Brandsätze beseitigt werden. Ein Ausbrechen dieses Brandes hätte für die LPG einen Schaden von einer Million DM bedeutet. Außerdem wäre durch die ungünstige Lage des Waldes, die halbe Gemeinde von Boisterfelde den Flammen zum Opfer gefallen, zumal auch die Wasserversorgung des Ortes nicht in Ordnung ist. [Name 7], der seit 1927 Mitglied der KPD/SED war, hatte diese Briefe vor seinem Selbstmord an verschiedene Personen sowie an die Kreisleitung der Partei und an zwei seiner in Westberlin lebenden Geschwister geschrieben. Von den zwölf gefertigten Exemplaren wurden bisher acht sichergestellt. Als Grund für seine Tat gibt [Name 7] Differenzen mit der Kreisleitung der Partei an, wofür er sich rächen wollte. Der Schaden beträgt 600 DM.

11 Der in Wurzen alteingesessene Dauerbackwarenbetrieb produzierte seit 1953 als volkseigener Betrieb unter dem Namen Nahrungsmittelkombinat »Albert Kuntz« (NAK) Erdnussflips, Gebäckmischungen, Waffelerzeugnisse, Cornflakes, Schnellkochreis und Instant-Nahrung für Kleinkinder (bekannt unter dem Markennamen »KI-NA«).

12 Die Firma Bruno Knobloch in Apolda war ein Betrieb mit staatlicher Beteiligung und stellte Wirkmaschinen für die Textilproduktion her, war später als Betriebsteil Apolda Teil des VEB Stehlagerwerk Mühlhausen.

13 Im Original: »Bosterfelde«.

Am 6.10.1959 brannten in der LPG in Mühlberg, [Kreis] Gotha, [Bezirk] Erfurt, drei Scheunen, drei Stallgebäude und drei Schuppen nieder. Schaden ca. 38 000 DM – Ursache noch unbekannt.

Am 8.10.1959 wurden in Pößneck, [Bezirk] Gera, durch einen Brand ein Lagerschuppen der VEAB; 60 t Stroh, 55 t Heu, 1,3 t Luzerne und eine Strohpresse vernichtet. Schaden ca. 30 000 DM – Ursache noch nicht bekannt.

Am 8.10.1959 geriet in Hettstedt, [Bezirk] Halle, eine Scheune der LPG »Wilhelm Pieck« in Brand. Schaden: ca. 80 000 DM – Ursache noch nicht bekannt. Bisher ist nur bekannt, dass der Scheunenbrand durch Übergreifen des Feuers von einer brennenden Strohdieme entstand. Von dieser Strohdieme hatte zuvor ein Jagdkollektiv Stroh entnommen.

Am 7.10.1959 brach im Sägewerk Grevesmühlen, [Bezirk] Neubrandenburg,[14] in dem auch das Kreiskontor für landwirtschaftlichen Bedarf untergebracht ist, ein Brand aus. Schaden: nach vorläufigen Schätzungen im Kreiskontor für landwirtschaftlichen Bedarf ca. 20 000 bis 25 000 DM und im Sägewerk ca. 6 000 bis 8 000 DM – Ursache: vermutlich Brandstiftung.

Der LPG Bornstedt, [Bezirk] Magdeburg, brannte am 8.10.1959 eine Strohdieme mit ca. 2 000 dz Stroh = 14 000 DM nieder. Ursache: nach bisherigen Ermittlungen Brandstiftung.

Ebenfalls durch Brandstiftungen brannten am 7.10.1959 eine Strohdieme der LPG Frauenhain, [Kreis] Riesa (Schaden 3 000 DM) und eine Strohdieme eines Einzelbauern in Staucha, [Kreis] Riesa (Schaden 2 000 DM) nieder.

Durch Kinderbrandstiftungen an Strohdiemen und Gebäuden entstanden in Adamsdorf, [Bezirk] Neubrandenburg, Hinrichsdorf, [Bezirk] Rostock, Dolgemost, [Kreis] Rügen, Kaeselow, [Kreis] Wismar, und Egstedt, [Bezirk] Erfurt, insgesamt fünf Brände mit einer Schadenssumme von ca. 40 000 DM.

Zwei kleinere Brände mit Schadenssummen bis 1 500 DM entstanden aus noch ungeklärter Ursache am 8.10.1959 im Heizhaus des Bekleidungswerkes Burg[15] und in der VEB Fleischwarenfabrik Möckern, [Bezirk] Magdeburg.

In der Brikettfabrik »Rosa Luxemburg« des BKW Großräschen,[16] [Bezirk] Cottbus, entstand am 7.10.1959 eine Verpuffung, wobei 200 m Förderband und zwei Elektromotoren verbrannten. Schaden ca. 1 800 DM – Ursache unbekannt.

Am 8.10.1959 kam es in der Teerverarbeitung im Kombinat Espenhain, [Bezirk] Leipzig[17] zu einer Explosion, durch welche die Rohrleitungen in Brand gerieten. Schadenssumme noch unbekannt. Ursache: Es wird vermu-

14 Grevesmühlen lag im Bezirk Rostock.

15 VEB Burger Bekleidungswerke (BBW). Der Betrieb stellte Dienstkleidung her, darunter Uniformen für die NVA, die Deutsche Reichsbahn und die Feuerwehr. Zum BBW gehörten zwei weitere Betriebsteile in Halle/Saale und in Wusterwitz.

16 Im Original: »Groß-Räschen«.

17 Das VEB Kombinat Espenhain war ein Betrieb zur Gewinnung und Verarbeitung von Braunkohle, südlich von Leipzig nahe des Ortes Espenhain gelegen.

tet, dass in dem …ackwärme[18]-Austauschrohr zu starkes Benzin gemischt war, welches sich durch die hohe Temperatur (350 Grad) entzündete.

Im VEB Baustofflager Frankfurt/O. brannte durch Fahrlässigkeit beim Rauchen ein G-Waggon[19] aus. Schaden: 2 000 DM.

Auf der Baustelle am Staubecken in Straußfurt, [Kreis] Sömmerda, [Bezirk] Erfurt, ist schon zum zweiten Mal an einem Bagger UP 75 die Königswelle abgebrochen.[20] Es wird bewusstes Handeln des Baggerführers vermutet, da dieser zum 10. Jahrestag keine Prämie erhielt. Untersuchungen sind eingeleitet.

Im VEB Kalk- und Zementwerk Rüdersdorf, [Bezirk] Frankfurt/O., wurde am 8.10.1959 festgestellt, dass die Elektromotoren in der Schlämmabteilung des Zementwerkes I für ca. zwei Tage außer Betrieb gesetzt sind, da sie durch das Wasser eines geöffneten Hahnes überschwemmt wurden. Gleichzeitig wurde im Zementwerk III von unbekannten Tätern versucht, durch Anbringung einer Überwurfmutter an der Druckleitung die Cerapumpe[21] und alle Ölpumpen in der Rohmahlanlage außer Betrieb zu setzen.

18 Begriff unleserlich.

19 Güterwaggon.

20 Die Königswelle ist die zentrale Antriebswelle einer Maschine, die eine Drehbewegung von einem zentralen Antriebsmotor an andere Stellen der Maschine überträgt.

21 Cerapumpen sind Druckbehälter, in die das zu transportierende Material durch einen Zulauf im oberen Deckel einfließt und durch hohen Druck in der Schleuse durch eine unterhalb eines Auslauftrichters angebrachte Förderleitung weitertransportiert wird. Nähere Erläuterung in: Buhrke, Herbert u. a.: Strömungsförderer: Hydraulischer und pneumatischer Transport in Rohrleitungen. Braunschweig, Wiesbaden 1989, S. 315–323.

13. Oktober 1959

Information Nr. 726/59 – [über] die Kaderlage, ungenügende Leitungstätigkeit und mangelnde Materialversorgung auf dem Gebiete des Bauwesens

Quelle: BArch, MfS, ZAIG 223, Bl. 1–10 (4. Expl.).
Serie: Informationen.
Verteiler: Plenikowski– MfS: Walter/zur Weiterleitung an HA III, Ablage.
Verweis: Information 249/59.

Aus einer Reihe von Informationen wurde bekannt, dass auf einigen wichtigen Gebieten des Bauwesens erhebliche Schwächen und Missstände bestehen, die auf die Kaderlage und mangelnde Leitungstätigkeit der verantwortlichen zentralen Organe der Bauwirtschaft der DDR zurückgeführt werden.

Die im Bericht enthaltenen Angaben dieser Art erheben keinen Anspruch auf Vollständigkeit, sondern sollen nur auf einige wichtig erscheinende Probleme hinweisen, die bei dem Einsatz der Komplexbrigade im Ministerium für Bauwesen eventuell von Bedeutung sein können.

Nach uns vorliegenden Hinweisen gibt es im *Ministerium für Bauwesen* bereits seit Jahren ständig strukturelle Veränderungen, die sich hemmend auf die Leitungstätigkeit auswirken und zu einer Vernachlässigung der operativen Arbeit führen.

In Vorbereitung und Durchführung des Gesetzes vom 11.2.1958[1] wurde beschlossen, die Belegschaftsstärke des Ministeriums von ca. 500 auf ca. 290 Planstellen zu reduzieren.

Vom Minister *Scholz*[2] wurde dieser Beschluss jedoch rückgängig gemacht und die Ansicht vertreten und auch teilweise durchgesetzt, das Ministerium wieder »stark zu machen« und bestimmte Zweige des Bauwesens erneut zu zentralisieren.

Diese ständigen strukturellen Veränderungen führten zum Teil zu verantwortungsloser und bürokratischer Arbeitsweise und wirkten sich auf die gesamte Leitungstätigkeit hemmend aus.

Im Zusammenhang mit diesen ständigen strukturellen und damit auch verbundenen personellen Veränderungen sind Feststellungen bemerkens-

1 Das Gesetz über die Vervollkommnung und Vereinfachung der Arbeit des Staatsapparates in der DDR vom 11.2.1958 zielte vor allem im Bereich der Wirtschaftsleitung auf Veränderungen, die in geringem Maße zu einer Dezentralisierung führten. Die wichtigste Änderung war die Auflösung der sieben Ministerien, die für die industrielle Produktion zuständig waren. Deren Aufgaben wurden teilweise von der mit weiteren Kompetenzen ausgestatteten Staatlichen Plankommission und neu gegründeten »Vereinigungen Volkseigener Betriebe« (VVB) sowie von ebenfalls neu geschaffenen Wirtschaftsräten bei den Räten der Bezirke übernommen. Vgl. Gesetz über die Vervollkommnung und Vereinfachung der Arbeit des Staatsapparates in der DDR; GBl. I 1958, S. 117–120.

2 Ernst Scholz, Jg. 1913, SED-Funktionär, 1958–63 Minister für Bauwesen der DDR.

wert, wonach sich in verantwortlichen Funktionen des Bauwesens eine Reihe negativer Kräfte konzentrieren.

Zum Beispiel war der ehemalige HV-Leiter für Zement, *Lampe,*[3] im Zuge der Reorganisation wegen Unzuverlässigkeit an die Basis versetzt worden.

Minister *Scholz* holte *Lampe* aber entgegen dem Beschluss der ZKK in das Ministerium zurück und übertrug ihm die Funktion des Planungsleiters für Zement.

Der erst vor Kurzem abgelöste ehemalige Hauptdirektor der VVB Chemie und Klimaanlagen, Alfred *Böhm,*[4] wurde ebenfalls von Minister *Scholz* in das Ministerium für Bauwesen eingestellt, wobei als Begründung angeführt wurde, »*Böhm* wird schon Ordnung schaffen«.

Diese Äußerung, die offenbar zugleich Begründung für die Einstellung des *Böhm* sein sollte, wird von den verantwortlichen Mitarbeitern des Ministeriums für Bauwesen abgelehnt.

(*Böhm* ist der Konstrukteur des von den Faschisten während des Krieges in der SU eingesetzten »Schienenreißers«[5].)

Ohne Zustimmung der dafür verantwortlichen Chemie-Kader-Kommission wurde auch der Hauptdirektor für das Bau- und Montagekombinat Chemie [Halle], *Präßler,*[6] durch den Gen. *Scholz* persönlich eingesetzt, obwohl verschiedene Hinweise (z. B. Gründe für sein Ausscheiden aus dem Ministerium für Nationale Verteidigung) gegen seinen Einsatz sprachen.

Besonders ist außerdem die vom Minister *Scholz* durchgesetzte neue Struktur der Kritik ausgesetzt.

Unmittelbar nach dem 11.2.1958 gab es im Ministerium für Bauwesen eine Abteilung Planung, die zwischen den örtlichen Organen des Staatsapparates und der Staatlichen Plankommission koordinierend wirkte.

Nach der jetzigen Struktur gibt es aber im Ministerium in den drei Bereichen je eine Abteilung Planung und darüber hinaus eine zentrale Planungsabteilung, sodass die Räte der Bezirke und VVB ihre Pläne mit vier verschiedenen Abteilungen des Ministeriums abstimmen müssen, um die richtigen Planzahlen zu erhalten.

Die ungenügende Leitungstätigkeit des Ministeriums zeigt sich auch im formalen Einsatz von Brigaden in den Bezirken.

3 Lampe, Jg. 1922, 02–11/1959 Leiter der Hauptverwaltung für Zement und Bauelemente im Ministerium für Bauwesen.

4 Alfred Böhm, weitere Angaben zur Person konnten nicht ermittelt werden.

5 Bei einem Schienenreißer, auch Schienenwolf oder Schwellenreißer genannt, handelte es sich um eine Vorrichtung, mit der Schienenanlagen durch das Zerstören der Schwellen unbrauchbar gemacht wurden.

6 Im Original: »Pressler«. Horst Präßler, Jg. 1919, Diplom-Ökonom und Bauingenieur, 1959/60 Hauptdirektor für das Bau- und Montagekombinat Chemie, später verschiedene leitende Funktionen im Ministerium für Bauwesen.

So wurden z. B. vom Ministerium für Bauwesen Mitarbeiter des Instituts für Typung der Deutschen Bauakademie schematisch (nach Namensliste) in die Bezirke beordert, ohne dabei die fachliche Qualifikation zu beachten.

Da keine vorherige Absprache erfolgte, wurde der größte Teil berufsfremd eingesetzt.

Ähnlich wird die Situation an der *Deutschen Bauakademie*[7] eingeschätzt.

Auch hier wird seit zwei Jahren »reorganisiert«, wobei die Strukturveränderungen immer noch nicht abgeschlossen sind. Dieser Schwebezustand wirkt sich zwangsläufig auf die Arbeitsmoral und die Arbeitsproduktivität der Mitarbeiter aus.

Nach vorliegenden Hinweisen sollen z. B. 1958 von 29 vorgesehenen Forschungsaufgaben nur vier soweit abgeschlossen worden sein, dass sie veröffentlicht werden konnten.

Als ein besonderer Mangel wird immer wieder hervorgehoben, dass fast alle leitenden Funktionäre nur »Theoretiker« sind, denen die praktische Bauerfahrung fehlen würde.

Nach Ansicht von Mitarbeitern der Deutschen Bauakademie entspricht auch die politische Arbeit nicht den Erfordernissen und wirkt sich völlig ungenügend auf die Erfüllung der Aufgaben der Akademie aus.

Dies hätte auch mit zur Folge, dass ein erheblicher Teil der Mitarbeiter der Akademie den Einflüssen der westlichen Propaganda unterliegen würde, was seinen Ausdruck in negativen Diskussionen und in ungenügender Arbeitsdisziplin fände.

Nach vorliegenden Informationen geht eine Reihe von Mitarbeitern der Akademie darauf aus, sich unter Ausnutzung der Arbeitszeit und unter Verwendung von Arbeitsunterlagen einen guten Nebenverdienst zu sichern.

So ist z. B. häufig anzutreffen, dass Mitarbeiter der Akademie unter Ausnutzung ihrer Arbeitsergebnisse und während der Arbeitszeit Artikel für Fachzeitschriften und Lektionen für Vorlesungen an Hoch- und Fachschulen schreiben, die sie sich privat bezahlen lassen, oder ihr Fernstudium durchführen.

Diese Situation mangelnder Arbeitsintensität hinsichtlich der Erfüllung der Aufgaben der Akademie wird offensichtlich durch eine ungenügende Abgrenzung der Verantwortungsbereiche der Leitungsmitglieder begünstigt. Dies trifft auch auf die ungenügende Kontrolle zu.

Seit Jahren hält sich auch innerhalb der Leitung die Meinung, dass alle technisch-ökonomischen Fragen nebensächlich seien und allein die architektonisch-schöpferische Gestaltung die Entwicklung bestimmt.

7 Die 1951 gebildete Deutsche Bauakademie (ab 1973 Bauakademie der DDR) war die zentrale Wissenschaftsinstitution für Architektur und Bauwesen in der DDR. Von 1951 bis 1961 wurde sie von Kurt Liebknecht geleitet.

Diese Erscheinungen werden vor allem darauf zurückgeführt, dass der Präsident Prof. *Liebknecht*[8] sowie die anderen Leitungsmitglieder Auseinandersetzungen über unklare Fragen oder Differenzen ausweichen und dabei die persönliche Seite der Differenzen in den Vordergrund stellen.

Für die dabei zu Tage tretende Unsicherheit in Fragen der Architektur und des Städtebaus soll sich Prof. *Liebknecht* damit entschuldigen, dass es auch bei sowjetischen Architekten und Städtebauern noch keine ganz klaren Auffassungen gäbe.

Von Mitarbeitern der Akademie wird aber dabei auf unzureichende theoretische Kenntnisse verwiesen, die für derartige Begründungen ausschlaggebend sein sollen.

Diese Umstände dürften auch die Ursache für das Verhalten Prof. *Liebknechts* gegenüber einer Arbeit des Dresdner Architekten Franz *Ehrlich*[9] angesehen werden. Prof. *Liebknecht* ignorierte die als gut eingeschätzte Arbeit des Architekten zur Schaffung einer Bezugseinheit als Entwurfsgrundraster für die bauliche Städteplanung. Diese wissenschaftliche Arbeit hat für die Typisierung und Industrialisierung im Bauwesen eine außerordentliche Bedeutung.

Obwohl diese Aufgabe auch seit Jahren vor der Deutschen Bauakademie steht, ist es bisher noch zu keinen auswertbaren Ergebnissen gekommen.

Im *Entwurfsbüro für Industriebau* sind ähnliche Mängel wie im Ministerium für Bauwesen und in der Deutschen Bauakademie festzustellen.

Besonders das Verhalten des Direktor *Alder*[10] gegenüber fortschrittlichen Mitarbeitern führt zu negativen Erscheinungen in der Arbeit des Entwurfsbüros. Nach vorliegenden Hinweisen werden derartige Kräfte von *Alder* »weggelobt«, während andererseits von der Partei zur Rechenschaft gezogene Personen großzügige Unterstützung erhalten.

In freiwerdende leitende Funktionen werden daher auch fast ausschließlich »parteilose Fachkräfte« eingesetzt, was wesentlich mit dazu führt, gute Genossen in ihrer Entwicklung zu hemmen.

Hinweise von fortschrittlichen Angestellten über das negative Auftreten ihrer Brigadeleiter werden von Direktor *Alder* ignoriert bzw. so ausgewertet, dass er damit die Autorität dieser Personen untergräbt.

8 Kurt Liebknecht, Jg. 1905, deutscher Architekt, 1951–61 Präsident der Deutschen Bauakademie, kommissarischer Leiter des Architekturbeirats des Ministerrates der DDR, 1954–63 Mitglied des ZK der SED.

9 Franz Ehrlich, Jg. 1907, Architekt, 1955–58 Architekt im Ministerium für Außenwirtschaft, 1959–62 Architekt in der Akademie der Wissenschaften der DDR.

10 Waldemar Alder, Jg. 1906, Bildhauer, Architekt und Stadtplaner, 1949 Hauptreferent der Hauptabteilung Bauwesen in der Deutschen Wirtschaftskommission, 1950–51 stellv. Abteilungsleiter in der HV Bauindustrie, 1951–53 Direktor in der VVB Industrie-Entwurf, 1953–57 Direktor des Entwurfsbüros für Industriebau Berlin II und Halle, ab 1957 Direktor des Entwurfsbüros für Industriebau Berlin.

Kollektive Beratungen der leitenden Angestellten lehnt er als »fruchtlos« ab. Das bezieht sich auch auf die politische Erziehungsarbeit unter den Leitungsmitgliedern.

Bemerkenswert ist in diesem Zusammenhang, dass auch der persönliche Umgangskreis des *Alder* als negativ eingeschätzt wird.

Unter den Personen, mit denen er privat verkehrte oder teilweise noch Beziehungen unterhält, befinden sich u. a. Republikflüchtige.

Dieser Haltung des Direktors *Alder* entspricht auch die kaderpolitische Zusammensetzung des Instituts.

Obwohl das Entwurfsbüro für so wichtige Objekte wie die Kraftwerke »Schwarze Pumpe«, Lübbenau und Berzdorf,[11] das Atomkraftwerk I,[12] das Stahlwerk Finow[13] usw. zuständig ist, entspricht die kaderpolitische Zusammensetzung keineswegs den Aufgaben und der Bedeutung.

Von den 800 Beschäftigten sind nur 42 Mitglieder der SED. Unter den Beschäftigten befinden sich dagegen

- 18 ausgeschlossen SED-Mitglieder,
- 60 ehemalige NSDAP-Mitglieder und
- 40 ehemalige Konzernangehörige.

In den letzten Jahren wurden über 100 Mitarbeiter republikflüchtig, davon 1958 allein 25 Personen.

In diesem Zusammenhang wurde bekannt, dass fast alle Mitarbeiter des EFI, einschließlich des Direktors, in Westberlin verkehren und einkaufen.

Jeder Mitarbeiter kann dienstliche Unterlagen aus den Arbeitsräumen entnehmen, ohne dass darüber eine Kontrolle besteht.

Es liegen auch Hinweise darüber vor, dass wiederholt bei Durchfahren des Westsektors Dienstmaterialien mitgeführt werden.

Erhebliche Mängel und Schwächen bestehen nach vorliegenden Hinweisen immer noch in der *Projektierung,* die zu Verzögerungen im Bauablauf führen und große Verluste hervorrufen.

Zum Beispiel wurde bekannt, dass gegenwertig noch der überwiegende Anteil aller Industriebauten der DDR, darunter das Kraftwerk »Schwarze Pumpe«, Kraftwerk Lübbenau, Kraftwerk Berzdorf, das Atomkraftwerk u. a., der gleitenden Projektierung unterliegen.[14]

11 Das Kraftwerk Berzdorf hieß offiziell Kraftwerk Hagenwerder und wurde im August 1958 eingeweiht.

12 Gemeint ist vermutlich das Kernkraftwerk Rheinsberg, das ab Januar 1960 gebaut wurde und im Oktober 1966 als erstes kommerzielles Kernkraftwerk der DDR den Dauerbetrieb aufnehmen konnte.

13 Gemeint ist der VEB Walzwerk Finow.

14 Bei einer »gleitenden Projektierung« werden zeitlich aufeinanderfolgende Projektierungsschritte überlappend ausgeführt. Dies kann zwar Zeit einsparen, führt jedoch häufig zu hohem Zeitdruck, ungünstigen Lösungen und chaotischen Projektierungsverhältnissen.

Da der Projektierungsverlauf nur ca. vier bis sechs Wochen beträgt, treten bei Nichteinhaltung der Termine durch das Entwurfsbüro für Industriebau zwangsläufig Arbeitseinstellungen von einzelnen Baustellen oder ganzen Bauvorhaben ein.

Allein im Bezirk Frankfurt/O. nehmen die Bauvorhaben in gleitender Projektierung 32 % der gesamten Bausumme ein. Dabei sind alle Schwerpunktobjekte (ausschließlich zentrale Projekte) in gleitender Projektierung.

Da unter Nichtbeachtung des generellen Verbotes, wiederholter Beschwerden und der offensichtlichen Mängel immer wieder Ausnahmegenehmigungen durch die Staatliche Plankommission erteilt werden, wird die gleitende Projektierung von einigen Funktionären des Staatsapparates als »staatlich anerkannte Sabotage« bezeichnet.

Nach unseren Feststellungen werden die Sondergenehmigungen oftmals ohne die erforderliche Notwendigkeit gegeben.

Zu erheblichen Missständen hat nach vorliegenden Hinweisen eine im Februar 1959 vom Minister *Scholz* erlassene Dienstanweisung geführt, wonach vom volkseigenen Entwurfsbüro wieder Subaufträge an Privatarchitekten und Privatingenieure gegeben werden können.

Diese Maßnahme hat u. a. zur Folge, dass Ingenieure in den volkseigenen Entwurfsbüros kündigen und als selbstständige Ingenieure arbeiten, da sie durch Subaufträge weitaus mehr verdienen.

Ferner gibt es solche Erscheinungen, dass Ingenieure der volkseigenen Entwurfsbüros privat Subaufträge annehmen, sie dann aber zum größten Teil während der Arbeitszeit fertigstellen.

Diese Maßnahmen und die dadurch eingetretenen Auswirkungen haben zu einer starken Senkung der Arbeitsproduktivität und Arbeitsmoral in den volkseigenen Entwurfsbüros geführt.

Größere Schwierigkeiten bestehen gegenwärtig auch in der Versorgung mit Baustoffen.

Diese Feststellung trifft insbesondere für die Versorgung mit Zement zu, wodurch sich Auswirkungen für die gesamte Bauindustrie der DDR ergeben.

Die Ursachen für die ungenügende Zementversorgung liegen vor allem in der Nichteinhaltung der Termine für den Beginn der Produktion in den Erweiterungsbauten der Zementwerke Rüdersdorf III und Karsdorf II:

Es war vorgesehen, beide Werke im IV/1958 in Betrieb zu nehmen. Die Produktion wurde deshalb bereits mit in den Volkswirtschaftsplan aufgenommen.

Aufgrund großer Verzögerungen im Bauablauf und erheblicher technischer Mängel traten grobe Terminverschiebungen ein.

So wurde z. B. der Probebetrieb in Rüdersdorf III erst im Februar 1959 und in Karsdorf II im Juni 1959 aufgenommen. Da die vom Ernst-Thälmann-Werk Magdeburg[15] gelieferten technischen Ausrüstungen nicht die vorgese-

15 Vollständig: VEB Schwermaschinenbau »Ernst Thälmann«, Magdeburg-Buckau.

hene Kapazität erreichen, kann die geplante Leistung von den beiden Zementwerken nicht geschafft werden, sodass zwangsläufig große Schwierigkeiten in der Zementversorgung entstehen.

Gegenüber dem Plan fehlen gegenwärtig noch 240 000 t Zement, die auch im Laufe des Jahres 1959 nicht mehr aufgeholt werden können.

Wie dazu bekannt wurde, war zur wesentlichen Verbesserung der Zementversorgung der Bau von zwei zusätzlichen Zementwerken vorgesehen.

Trotz Kenntnis der territorialen Lage wurde von Dr. *Bergt,*[16] *Apitzsch*[17] *und Lampe* (Ministerium für Bauwesen) der Vorschlag unterbreitet, ein Werk in Hödingen, [Kreis] Haldensleben, in unmittelbarer Nähe der Staatsgrenze zu bauen.

Ohne Genehmigung dieses Projektes wurden bereits über 400 000 DM verbaut.

Ähnliche schädliche Erscheinungen zeigen sich auch besonders im Rekonstruktionsplan der Zementindustrie für 1960.

In diesem Plan wurden von *Apitzsch* und *Lampe* Vorschläge zur Verbesserung der Zementgüte aufgenommen.

Dem war bereits im Dezember 1957 die Entscheidung von Dr. *Bergt* vorausgegangen, der im Normenausschuss seine Zustimmung zur Erhöhung der Zementnormen gegeben hatte.

Nach vorliegenden Einschätzungen muss sich gegenwärtig eine Erhöhung der Zementnormen negativ auswirken, da es vorerst notwendig ist, bei bisheriger Güte eine absolute Steigerung der Produktion zu erzielen.

Ähnliche Schwierigkeiten wie in der Zementversorgung bestehen auch in der Versorgung mit anderen Baumaterialien. Zum Beispiel steht dem diesjährigen Kiesaufkommen von 6 400 Tt ein Bedarf von 10 500 Tt gegenüber (40 % Fehlmenge). Bei Splitt und Schotter fehlen ca. 50 % zur Deckung des Bedarfs, während es bei Pflastersteinen 35 % sind.

Um den Bedarf an Druckrohren für die gesamte Wasserwirtschaft der DDR zu decken, wurde der Bau des Asbestbetonwerkes Rothensee[18] beschlossen. Dabei ergaben sich aber Schwierigkeiten, indem die Fertigstellung des Vorprojektes um zwei Jahre hinausgezögert wurde.

Zum Beispiel wurden die vorgesehenen Investmittel für 1957 durch die Verantwortlichen des Ministeriums für Bauwesen gestrichen und erst auf Veranlassung der Staatlichen Plankommission wieder freigegeben.

Das Vorprojekt wurde hauptsächlich nur auf Vermutungen und oberflächliche Vorstellungen der Technologie abgestimmt.

16 Bergt, weitere Angaben zur Person konnten nicht ermittelt werden.

17 Möglicherweise: Wolfgang Apitzsch, Jg. 1923, Ingenieur, 1951–53 Projektingenieur/Gruppenleiter im Zentralen Projektierungs- und Konstruktionsbüro der HV Baustoffindustrie Halle, 1953–(57) Leiter der Abteilung Technik im Ministerium für Arbeit; weitere Angaben zur Person, über das Jahr 1957 hinaus, konnten nicht ermittelt werden.

18 Der VEB Asbestbetonwerk Magdeburg-Rothensee nahm 1961 die Produktion auf.

Diese Handlungsweise führte zu ständigen Veränderungen, sodass die Projektierung der Technologie erst am 30.6.1959 fertiggestellt wurde, obwohl die Produktion laut Ministerratsbeschluss vom 15.3.1956[19] bereits 1957 aufgenommen werden sollte.

Ähnlich ist die Situation beim Spannbetonwerk Laußig.[20] Dieses Projekt wird ständig verzögert, sodass die Produktion voraussichtlich erst 1962 aufgenommen werden kann. Zwei Jahre Verzögerung ergaben sich allein deswegen, weil von den Investverantwortlichen des Ministeriums für Bauwesen die Mittel für den Ankauf eines Rohrfertigers – der zu Versuchszwecken benötigt wird – nicht genehmigt wurden.

Auswirkungen der Materialschwierigkeiten zeigen sich in allen Bezirken.

Vor allem sind davon das ländliche Bauwesen (Bau von Offenställen usw.) sowie das Wohnungsbauprogramm betroffen, da die zur Verfügung stehenden Materialien den volkswirtschaftlich wichtigeren Großbaustellen zugeführt werden.

19 Vgl. Beschluss über die Herstellung von Asbestzementrohren und Spannbetonrohren für die Wasserwirtschaft v. 15.3.1956; BArch, DC 20-I/4/166.

20 Im Original: »Laussick«.

13. Oktober 1959

Information Nr. 740/59 – [Bericht über] einige Probleme zur Situation im Ministerium für Handel und Versorgung (MfHuV)

Quelle: BArch, MfS, ZAIG 225, Bl. 1–5 (4. Expl.).
Serie: Informationen.
Verteiler: Plenikowski – MfS: Walter, Ablage.
Vermerk: Im Verteiler hinter »Walter« in Steno »zur Weiterleitung an HA III«.

Aus vorliegenden Hinweisen wurde bekannt, dass in der Leitungstätigkeit und der Kaderlage des Ministeriums für Handel und Versorgung eine Reihe von Schwächen und Missständen bestehen, die sich auf die Erfüllung der Aufgaben der Handelskonferenz nachteilig auswirken.[1]

Die im Bericht genannten Angaben erheben keinen Anspruch auf Vollständigkeit, sondern sollen nur auf einige wichtig erscheinende Probleme hinweisen, die eventuell für die Tätigkeit der Komplexbrigade im Ministerium für Handel und Versorgung von Bedeutung sein können.

Wie aus einer Reihe von Informationen ersichtlich ist, wird von verantwortlichen Mitarbeitern des Handels die Einschätzung gegeben, dass nach Einsetzung des Genossen *Merkel*[2] als Minister für Handel und Versorgung Anzeichen einer Verbesserung der Leitungstätigkeit festzustellen sind.

Zu erheblichen Verärgerungen bei den Mitarbeitern führt das Verhalten des Stellvertreters des Ministers, Genossen *Schneiderheinze.*[3] Zu seiner Tätigkeit wird die Ansicht vertreten, dass er Tendenzen des Managertums besitzen würde, da er keine kollektiven Beratungen kennt und ständig nur seine Meinung durchzusetzen versucht. Bei Besprechungen soll er häufig in unsachliche und persönliche Ausfälle verfallen.

1 Am 30./31.7.1959 fand in Leipzig eine Handelskonferenz mit 2 900 Delegierten und Gästen statt. Auf der Konferenz sollte beraten werden, wie die Beschlüsse des V. SED-Parteitages (1958) in Bezug auf Handel und Versorgung umgesetzt werden können. Die Reden und Beiträge der Konferenz sind abgedruckt in: ZK der SED, Abt. Handel, Versorgung und Außenhandel sowie Abt. Agitation und Propaganda; Ministerium Handel und Versorgung (Hg.): Durch sozialistische Gemeinschaftsarbeit im Handel zur mustergültigen Versorgung der Bevölkerung. Handelskonferenz des Zentralkomitees der SED und des Ministeriums für Handel und Versorgung in Leipzig am 30. und 31.7.1959. (Berlin 1959).

2 Curt-Heinz Merkel, Jg. 1919, SED-Funktionär, 1956–59 stellv. Minister für Außenhandel und Innerdeutschen Handel, 1959 Staatssekretär im Ministerium für Handel und Versorgung, Juli 1959–63 Minister für Handel und Versorgung.

3 Friedrich Schneiderheinze, Jg. 1910, SED-Funktionär, 1949–53 Abteilungsleiter und 1953–63 Stellvertreter des Ministers für Handel und Versorgung, ab 1965 Leiter der Handelspolitischen Abteilung der DDR in der Mongolischen Volksrepublik.

Mitarbeiter, die Kritik an ihn üben, versucht er angeblich aus ihren Funktionen zu drängen bzw. durch ständiges Vorwerfen von Fehlern aus ihrer Vergangenheit »mundtot« zu machen. Dies hätte u. a. auch zur Folge, dass ihm ein Teil der Mitarbeiter »zu Munde redet«.

Zur Arbeitsweise des Gen. *Schneiderheinze* wurde u. a. auch bekannt, dass er erst im März 1959 die Anweisung zur Erarbeitung der material-technischen Basis für den Siebenjahrplan an die Bezirke gab, obwohl bereits im Dezember 1958 die Anweisung dazu von der Staatlichen Plankommission erfolgt war. Besonders kritisiert wird in diesem Zusammenhang sein Hinweis, bei der Planung der Investitionen »nicht kleinlich« zu sein. Die als Rahmenprogramm herausgegangene Anweisung wäre außerdem so unklar gewesen, dass größere schriftliche statistische Arbeitsbogen usw. hätten ausgearbeitet werden müssen.

Bezeichnend für seine Arbeitsweise ist u. a. auch seine Entscheidung, in der Stalinallee ein Spezialgeschäft zu schließen, ohne davon den Magistrat zu unterrichten.

Als besonders hinderlich für eine schnellere Verbesserung der Tätigkeit des MfHuV wird weiter angesehen, dass noch immer unter den Mitarbeitern und der Leitung des MfHuV eine kritiklose Atmosphäre herrschen würde, die sich u. a. darin ausdrückt, für eigene Fehler und Mängel andere Institutionen verantwortlich zu machen.

Die Kritik der Handelskonferenz, dass durch die schlechte Arbeitsweise des MfHuV erhebliche Verluste an Zwiebeln und Gemüse aufgetreten sind, wurden z. B. in einer Vorlage des Sektors Wirtschaftskontrolle des Ministeriums dahingehend abgewürgt, dass dafür den Großhandelskontoren für Obst und Gemüse die alleinige Verantwortung zugeschoben wurde.

Diese Erscheinung, für eigene Fehler andere Organe verantwortlich zu machen, hat nach unseren Feststellungen immer noch erhebliche Auswirkungen auf die Arbeitsproduktivität und Arbeitsmoral einer größeren Anzahl von Mitarbeitern des MfHuV, besonders in mangelndem Verantwortungsbewusstsein bei der Lösung der Aufgaben.

Diese Tendenzen werden teilweise durch eine falsche Arbeitsorganisation noch unterstützt.

So wird z. B. die Tätigkeit des Leiters des Büros des Ministers so eingeschätzt, dass er alle Arbeit möglichst alleine zu machen versucht und daher seinen Mitarbeitern nicht genügend verantwortliche Aufgaben überträgt. Dies würde mit dazu führen, dass er den Überblick verliert und die Anleitung und Kontrolle seiner Mitarbeiter ungenügend durchführt.

Als Hemmnis für die konsequente Durchführung der Aufgaben wird die ungenügende Abgrenzung der einzelnen Verantwortungsbereiche im MfHuV angesehen.

Zum Beispiel sind die zuständigen Verantwortungsgebiete innerhalb des Ministerbereiches Planung ungenügend abgegrenzt. Dies trifft auch für die Abgrenzung gegenüber den operativen Bereichen zu.

Da z. T. veraltete Geschäftsverteilungspläne vorliegen und die Arbeiten gegenseitig nicht abgestimmt werden, kommt es zwangsläufig zu Doppelarbeiten oder Nichtdurchführung bestimmter Aufgaben.

Nach vorliegenden Informationen wird auch die Anleitung der Abteilungen Handel und Versorgung in den Bezirken und Kreisen durch das MfHuV als nicht zufriedenstellend eingeschätzt. Es wird besonders bemängelt, dass noch zu viele Anweisungen herausgegeben werden und diese häufig keine konkreten Hinweise darüber enthalten, wie die Aufgaben durchzuführen sind.

Das würde auch mit dazu führen, dass die Vertreter des MfHuV zu wenig in die Bezirke und Kreise kommen, um unmittelbar operativ anzuleiten.

In diesem Zusammenhang wird auch bemängelt, dass die Überarbeitung des Arbeitsprogramms der Handelskonferenz durch das MfHuV eine zu große Zeitspanne in Anspruch genommen hat, was teilweise zu Verzögerungen in der Auswertung führte.

Als erheblicher Mangel wird auch die ungenügende Unterstützung der örtlichen Organe des Handels bei der Durchsetzung der Forderungen gegenüber der Industrie nach qualitäts- und bedarfsgerechter Versorgung, ausreichenden Sortimenten usw. durch die verantwortlichen Funktionäre des MfHuV, des Ministeriums der Finanzen und der Staatlichen Plankommission bezeichnet.

Ein Beispiel der schlechten Arbeitsweise ist u. a. auch das Verhalten des Hauptdispatchers Gen. [Name 1] gegenüber dem Ersuchen des Dispatchers des Bezirkes Leipzig um Hilfe in der Butterversorgung.

Gen. [Name 1] verweigerte jegliche Auskunft und gab als Antwort auf die Erklärung, dass die Bezirke mit dieser Situation selbst fertig werden müssen, mit der Begründung, sie hätten sich oft genug disziplinlos verhalten, sodass die Schuld bei ihnen selbst liege.

Auf unverantwortliche Handlungsweise von Mitarbeitern des MfHuV ist offensichtlich auch zurückzuführen, dass in behelfsmäßigen Lagerräumen in Berlin-Adlershof – die normalerweise nur zur Einlagerung von Kartoffeln benutzt werden – größere Mengen von Waren lagern, die bedingt durch teilweise falsche Auslegung von Beschlüssen der Partei und Regierung im Sonderverkauf (März 1959) nicht abgesetzt werden konnten.

Der Zustand der Lagerräume ist derartig schlecht, dass die eingelagerten Waren mehr oder weniger dem Verderb ausgesetzt sind.

Erhebliche Mängel treten nach unseren Feststellungen auch bei der Einstellung von Kadern auf.

Aus einer Reihe von Beispielen ist ersichtlich, dass bei der Besetzung verantwortlicher Funktionen ungenügende Wachsamkeit geübt wird.

So wurde z. B. im Versorgungskontor für Handelsausrüstung der aus Westdeutschland zurückgekehrte [Name 2] eingestellt. [Name 2] erwies sich in seinem Auftreten als Feind der DDR und wurde vor Kurzem erneut republikflüchtig.

Im Sektor pflanzliche Erzeugnisse wurde im Mai 1959 ein ehemaliger selbstständiger Fuhrunternehmer als Oberreferent eingestellt, der bis 1950 noch in Westberlin tätig war.

Als stellvertretender Sektorenleiter Versorgungsdienst im MfHuV wurde [Name 3, Vorname] eingestellt, obwohl bekannt war, dass er aus der Nationalen Volksarmee wegen Unzuverlässigkeit entfernt wurde. [Name 3] ist verantwortlich für die gesamte Planung der Versorgung im Republikmaßstab im Falle eines Luftkrieges. Über ihn ist u. a. bekannt, dass er Verbindung zu seinen Verwandten in Westdeutschland und Westberlin unterhält.

Aus weiteren Hinweisen geht hervor, dass er 1954 an der Unterschlagung von Stoffen beteiligt war, wovon auch der amerikanische Geheimdienst Kenntnis erhielt.

[Name 3] war ehemaliger Offizier, seine Frau ist eine Gutsbesitzerstochter.

22. November 1959

Operative-Information Nr. 831a/59

Quelle: BArch, MfS, ZAIG 234, Bl. 13–15 (?. Expl.).
Serie: Informationen.
Verteiler: Kein Nachweis für externe und interne Verteilung.
Vermerk: Handschriftlicher Vermerk mit rotem Buntstift quer über dem Dokumentenkopf: »ausgew[echselte?] I[nformation] 831/59«.
Bemerkungen: Der Information ist als Beilage eine »Information betr. NOK-Tagung der DDR – Westzone am 18.11.59« beigefügt, aus der hervorgeht, dass der Präsident des DSB-West Daume geäußert habe, er stehe hinsichtlich der »Flaggenfrage« unter dem »Druck der Bonner Regierung«, würde aber persönlich die Vorschläge der DDR akzeptieren. Vermutlich handelt es sich dabei um Informationen der im Bericht genannten »Quelle«, also eines Geheimen Mitarbeiters (GM) des MfS, der offenbar an einflussreicher Stelle im Ministerium für Gesamtdeutsche Fragen platziert war. Seine »operativen Informationen« wurden im vorliegenden »Operativ-Bericht« zusammengefasst, der wiederum die Grundlage für die Information 831/59 bildete. Auch die Datierung deutet auf ein solches Vorgehen hin. Die Information 831/59 entstand einen Tag später als der vorliegende »Operativ-Bericht«.
Verweis: Information 831/59.

Betreff: Auseinandersetzungen zwischen der Westzonenregierung und den westdeutschen Sportfunktionären über die gemeinsame deutsche Mannschaft zu den Olympischen Sommer- und Winterspielen 1960

Es wurde bekannt, dass sich der Westzonenminister *Lemmer*[1] am 19.11.1959 nach der außerordentlichen Mitarbeiterkonferenz des CDU-Landesverbandes Westberlin im Prälat Schöneberg[2] wie folgt äußerte:

Die Westzonenregierung sei empört über das Verhalten der westdeutschen Sportfunktionäre, während der Tagung beider NOKs am 18.11.1959

1 Ernst Lemmer, Jg. 1898, CDU-Politiker, bis Dezember 1947 2. Vorsitzender der Ost-CDU, dann von der Sowjetischen Militäradministration seines Amtes enthoben und Flucht in den Westen, 1950–56 stellv. Berliner Landesvorsitzender, später Bundespostminister (1956/57) und Bundesminister für Gesamtdeutsche Fragen (1957–62).

2 Der Prälat Schöneberg war ein Veranstaltungsort mit Gaststätte und Tanzlokalen im Berliner Stadtteil Schöneberg.

im demokratischen Sektor von Berlin.[3] Vor allem Willi *Daume*[4] habe sich von den Funktionären der DDR einwickeln lassen und Zugeständnisse gemacht, die man als verfassungsfeindlich bezeichnen müsste. Darüber hinaus wird von *Daume* und anderen NOK-Mitgliedern der Westzone[5] der Regierungsbeschluss des Westzonen-Kabinetts bei der Olympiade in Squaw-Valley und Rom die schwarz-rot-goldene Fahne der gemeinsamen deutschen Mannschaft voranzutragen negiert.[6] Dies sei eine Prestigefrage der Westzone und es gibt in dieser Hinsicht keinerlei Kompromisse.[7]

Durch diese Negierung hat die SPD in »unverschämter Art und Weise« dieses Flaggenproblem aufgegriffen und hat eine Pressekampagne gegen die CDU und bestimmter Persönlichkeiten der Bonner-Regierung gestartet.

Aufgrund dieser Tatsache fand am Freitag, den 20.11.1959, in Bonn eine außerordentliche Kabinettssitzung statt, auf der der Westzonen-Kanzler *Adenauer*[8] scharfe Worte gegen Daume gebrauchte und dem NOK der Westzone vorwarf, unnütze zwölf Stunden mit dem NOK der DDR verhandelt zu haben. Am gleichen Nachmittag rief der westdeutsche Innenminister *Schröder*[9] *Daume* zu sich und verhandelte mit ihm aufgrund der neuen Lage, welche Schritte die Westzonen-Regierung zu tun gedenkt. Nach dieser Aussprache hat es Daume abgelehnt, der Presse gegenüber eine Erklärung abzugeben.

In den späten Abendstunden des 20.11.1959 hat das Mitglied des IOC, Ritter von *Halt*,[10] eine Erklärung abgegeben, in der er zum Ausdruck brach-

3 Auf einer gemeinsamen Beratung der Nationalen Olympischen Komitees der Bundesrepublik und der DDR am 18.11.1959 im Hotel »Johannishof« in Ostberlin wurde u. a. über die Flagge gesprochen, die der gemeinsamen Olympiamannschaft bei den Spielen in Squaw Valley (Olympische Winterspiele, 18.–28.2.1960) und Rom (Olympische Sommerspiele, 25.8.–11.9.1960) voranzutragen sei. Den Vorschlag des NOK der DDR, eine schwarz-rot-goldene Fahne mit einem Emblem, das die fünf Olympischen Ringe auf einem weißen Kreis, Rhombus oder einer Ellipse zeigt, zu tragen, wurde von den Mitgliedern des NOK der Bundesrepublik abgelehnt. Es kam zu keiner Einigung. Allerdings unterstrich der Vorsitzende des bundesdeutschen NOK, Willi Daume, auf der abschließenden Pressekonferenz, »dass die von der westdeutschen Öffentlichkeit in den letzten Wochen erhobene Forderung, die Flagge der Bundesrepublik müsse bei den Olympischen Spielen wehen, nicht der Auffassung des NOK der Bundesrepublik entspricht«. Vgl. ND v. 19.11.1959, S. 4.

4 Willi Daume, Jg. 1913, deutscher Unternehmer, Sportler (Basketball und Handball) und Sportfunktionär, 1950–70 Präsident des Deutschen Sportbundes, 1962–92 Präsident des Nationalen Olympischen Komitees für Deutschland (NOK).

5 Ab hier ist das Wort »Westzone« im gesamten restlichen Dokument jeweils mit Bleistift unterstrichen. Das gilt auch für alle Wortverbindungen (»Westzonen-Regierung«, »Westzonen-Kanzler«, »Westzonen-Kabinett«).

6 Die Olympischen Winterspiele fanden vom 18. bis 28.2.1960 in Squaw Valley (Kalifornien, USA), die Olympischen Sommerspiele in Rom vom 25.8. bis 11.9.1960 statt.

7 Markierung durch handschriftliches Ausrufezeichen (Bleistift) am linken Rand.

8 Konrad Adenauer, Jg. 1876, CDU-Politiker, 1949–63 Bundeskanzler der Bundesrepublik Deutschland, 1950–66 Bundesvorsitzender der CDU.

9 Gerhard Schröder, Jg. 1910, CDU-Politiker, 1953–61 Bundesinnenminister, 1961–66 Bundesaußenminister und 1966–69 Bundesverteidigungsminister.

te, dass sich das NOK der Westzone nicht der Regierung unterwerfen werde. Sein NOK hätte sich nur dem IOC gegenüber zu verantworten. Lemmer betonte, dass man mit Ritter von *Halt* bereits Fraktur geredet habe und ihn aufmerksam gemacht hat, dass er eine solche konsequente Haltung 1933 hätte beziehen müssen. Jetzt verlange man jedoch von ihm, da es um die Autorität der Westzone und um die Existenz »der freien Welt« geht, dass er sich den Anweisungen der Regierung fügt und keinerlei Kompromisse mit Vertretern der DDR eingeht. *Lemmer* brachte weiterhin zum Ausdruck, dass er, obwohl er nicht an der außerordentlichen Kabinettssitzung teilgenommen hat, ständig in telefonischer Verbindung mit dem Bundeskanzleramt stehe, und das Ministerium für Gesamtdeutsche Fragen sich augenblicklich damit befasst, spätestens am Montag den 23.11.1959 der westdeutschen Öffentlichkeit eine Erklärung abzugeben, die die Auffassung der Westzonen-Regierung zum Flaggenstreit beinhaltet. In welcher Form diese Erklärung abgegeben werden soll, wurde noch nicht festgelegt; vorgesehen ist, entweder eine Erklärung durch *Lemmer* gegenüber der Presse bzw. Rundfunkansprache oder ein Fernseh- bzw. Rundfunkinterview.

Die Quelle hat von *Lemmer* die Anweisung erhalten, als fachlicher Berater zur Verfügung zu stehen. Die erste Zusammenkunft findet am 21.11.1959, um 13.00 Uhr, statt und soll am Sonntag fortgesetzt werden. Bei diesen Zusammenkünften soll eine Dokumentation erarbeitet werden, die *Lemmer* als Grundlage für seine Erklärung dienen soll. Sollte *Lemmer* seine Erklärung in Bonn abgeben, wird er die Quelle mit nach Bonn nehmen zum Zwecke weiterer Konsultationen.[11]

Die Quelle erhielt Anweisung, bei seinen fachlichen Darlegungen die Interessen der DDR – soweit dies möglich ist – zu vertreten.[12]

10 Karl Ritter von Halt, Jg. 1891, deutscher Sportfunktionär, trotz Mitgliedschaft in NSDAP und SA, 1951–61 Präsident des Nationalen Olympischen Komitees für Deutschland.

11 Markierung des gesamten Absatzes am linken Rand (Bleistift).

12 Markierung des Satzes durch Klammer (Bleistift) am linken Rand. Satz ist mit zwei schrägen Bleistiftstrichen durchgestrichen.

23. November 1959

Information Nr. 831/59 – [Bericht über] die Auseinandersetzungen zwischen der Bundesregierung und westdeutschen Sportfunktionären über die gemeinsame deutsche Mannschaft zu den Olympischen Sommer- und Winterspielen 1960

Quelle: BArch, MfS, ZAIG 234, Bl. 10–12 (3. Expl.).
Serie: Informationen.
Verteiler: Kein Nachweis für externe Verteilung – MfS: Mielke, Ablage.
Verweis: Information 831a/59.

Nach einer zuverlässigen Information hat Bundesminister Lemmer[1] am 19.11.1959 nach der Außerordentlichen Delegierten-Konferenz des CDU-Landesverbandes Westberlin im Prälat Schöneberg[2] erklärt, dass die Bundesregierung über das Verhalten der westdeutschen Sportfunktionäre während der Tagung beider NOKs am 18.11.1959 im demokratischen Sektor von Berlin empört sei. Nach Meinung der Bundesregierung habe sich W. Daume[3] von den Funktionären der DDR einwickeln lassen und Zugeständnisse gemacht, die man als verfassungsfeindlich bezeichnen müsse. Darüber hinaus werde von Daume und anderen NOK-Mitgliedern der Bundesrepublik der Regierungsbeschluss der Bundesregierung negiert, bei der Olympiade in Squaw-Valley und Rom die schwarz-rot-goldene Fahne der gemeinsamen deutschen Mannschaft voranzutragen.[4] Dies sei aber eine Prestigefrage der Bundesrepublik und es gebe in dieser Hinsicht keinerlei Kompromisse. Die Negierung des Regierungsbeschlusses durch die NOK-Mitglieder habe die

1 Ernst Lemmer, Jg. 1898, CDU-Politiker, bis Dezember 1947 2. Vorsitzender der Ost-CDU, dann von der Sowjetischen Militäradministration seines Amtes enthoben und Flucht in den Westen, 1950–56 stellv. Berliner Landesvorsitzender, später Bundespostminister (1956/57) und Bundesminister für Gesamtdeutsche Fragen (1957–62).

2 Der Prälat Schöneberg war ein Veranstaltungsort mit Gaststätte und Tanzlokalen im Berliner Stadtteil Schöneberg.

3 Willi Daume, Jg. 1913, Unternehmer, Sportler (Basketball und Handball) und Sportfunktionär, 1950–70 Präsident des Deutschen Sportbundes, 1962–92 Präsident des Nationalen Olympischen Komitees für Deutschland.

4 Auf einer gemeinsamen Beratung der Nationalen Olympischen Komitees der Bundesrepublik und der DDR am 18.11.1959 im Hotel »Johannishof« in Ostberlin wurde u. a. über die Flagge gesprochen, die der gemeinsamen Olympiamannschaft bei den Spielen in Squaw Valley (Olympische Winterspiele, 18.–28.2.1960) und Rom (Olympische Sommerspiele, 25.8.–11.9.1960) voranzutragen sei. Den Vorschlag des NOK der DDR, eine schwarz-rot-goldene Fahne mit einem Emblem, das die fünf Olympischen Ringe auf einem weißen Kreis, Rhombus oder einer Ellipse zeigt, zu tragen, wurde von den Mitgliedern des NOK der Bundesrepublik abgelehnt. Es kam zu keiner Einigung. Allerdings unterstrich der Vorsitzende des bundesdeutschen NOK, Willi Daume, auf der abschließenden Pressekonferenz, »dass die von der westdeutschen Öffentlichkeit in den letzten Wochen erhobene Forderung, die Flagge der Bundesrepublik müsse bei den Olympischen Spielen wehen, nicht der Auffassung des NOK der Bundesrepublik entspricht«. Vgl. ND v. 19.11.1959, S. 4.

SPD in »unverschämter Art und Weise« benützt, das Flaggenproblem aufgegriffen und eine Pressekampagne gegen die CDU und bestimmte Persönlichkeiten der Bundesregierung gestartet.

Am Freitag, 20.11.1959, fand aufgrund dieser Vorfälle eine außerordentliche Kabinettssitzung[5] in Bonn statt, auf der Bundeskanzler *Adenauer*[6] scharfe Worte gegen *Daume* gebrauchte und dem NOK der Bundesrepublik vorwarf, unnütze zwölf Stunden mit dem NOK der DDR verhandelt zu haben.

Am gleichen Nachmittag rief Innenminister *Schröder*[7] Daume zu sich und verhandelte aufgrund der neuen Lage mit ihm darüber, welche Schritte die Bundesregierung zu tun gedenkt. In den späten Abendstunden des 20.11.1959 hat das Mitglied des IOC Ritter von *Halt*[8] eine Erklärung abgegeben, in der zum Ausdruck gebracht wurde, dass sich das NOK der Bundesrepublik keineswegs der Bundesregierung unterwerfen werde. Sein NOK hätte sich nur dem IOC gegenüber zu verantworten. Lemmer betonte, dass man mit Ritter von *Halt* bereits Fraktur geredet und ihn aufmerksam gemacht habe, dass er eine solche konsequente Haltung hätte im Jahre 1933 beziehen müssen. Jetzt fordere man jedoch von ihm, da es um die Autorität der Bundesrepublik und um die »Existenz der freien Welt« geht, dass er sich den Anweisungen der Bunderegierung fügt und mit den Vertretern der DDR keinerlei Kompromisse eingehe.

Lemmer erklärte weiter, dass er, obwohl er nicht an der außerordentlichen Kabinettssitzung teilgenommen hat, ständig in telefonischer Verbindung mit dem Bundeskanzleramt stehe und dass sich das Ministerium für gesamtdeutsche Fragen gegenwärtig damit befasst, spätestens am Montag, 23.11.1959, der westdeutschen Öffentlichkeit eine Erklärung abzugeben, die die Auffassung der Bundesregierung zum Flaggenstreit beinhaltet. Es wurde noch nicht festgelegt, in welcher Form diese Erklärung abgegeben werden soll. Vorgesehen ist entweder eine Erklärung durch *Lemmer* vor der Presse, eine Rundfunkansprache oder ein Fernseh- bzw. Rundfunkinterview. Unter Leitung von Bundesminister Lemmer soll durch eine Kommission eine Dokumentation erarbeitet werden, die als Grundlage für die Erklärung Lemmers dienen soll.

Ergänzende Informationen sind zu erwarten. Es wird aber gebeten, von den Informationen keinen Gebrauch zu machen, da sonst die Quelle auf das Äußerste gefährdet ist.

5 Protokoll der Kabinettssitzung, online abrufbar unter: https://www.bundesarchiv.de/cocoon/barch/0000/k/k1959k/kap1_2/kap2_45/para3_8.htm (letzter Abruf: 22.2.2022).

6 Konrad Adenauer, Jg. 1876, CDU-Politiker, 1949–63 Bundeskanzler der Bundesrepublik Deutschland, 1950–66 Bundesvorsitzender der CDU.

7 Gerhard Schröder, Jg. 1910, CDU-Politiker, 1953–61 Bundesinnenminister, 1961–66 Bundesaußenminister und 1966–69 Bundesverteidigungsminister.

8 Karl Ritter von Halt, Jg. 1891, Sportfunktionär, trotz Mitgliedschaft in NSDAP und SA, 1951–61 Präsident des Nationalen Olympischen Komitees für Deutschland.

24. November 1959

Information Nr. 842/59 – [Bericht über] die Stimmung der Bevölkerung zur Versorgung mit Butter

Quelle: BArch, MfS, ZAIG 235, Bl. 16–20 (5. Expl.).
Serie: Informationen.
Verteiler: Kein Nachweis für externe Verteilung – MfS: Mielke, Walter, Beater, HA III, Ablage.

Der in allen Bezirken der DDR anhaltende mehr oder minder starke Mangel an Butter bildet auch weiterhin den Mittelpunkt in den Diskussionen weitester Kreise der Bevölkerung. Wenn dem Buttermangel von der großen Mehrheit der Werktätigen auch Verständnis entgegengebracht wird, so wird doch aufgrund noch ungenügender Aufklärung eine starke Kritik am System der Verteilung geübt und eine gerechtere Form der Verteilung (Einführung der Rationierung, Butter- oder Kundenkarten usw.) gefordert.

So gibt es aus allen Bezirken Hinweise, dass neben den Diskussionen in den Käuferschlangen, Bürger bei Organisationen, bei der VP, den Bürgermeistern usw. erscheinen und ein geordnetes Kontrollsystem verlangen. Zum Beispiel sprachen beim FDGB-Kreisvorstand Aue innerhalb von zwei Tagen 17 Delegationen vor, die forderten, ein entsprechendes Kontrollsystem einzuführen. Im 2. VP-Revier Aue sprachen allein am 7.11.1959 60 Personen vor, die verlangten, dass sich die VP einschalte, damit auch die berufstätige Bevölkerung Butter erhält. Im VEB Woll- und Seidenweberei Elsterberg, [Bezirk] Gera, läuft aufgrund der Forderung der Belegschaft seit 13.11.1959 eine Unterschriftensammlung zur Einführung eines geordneten Kontrollsystems für den Butterverkauf. (Ähnliche Beispiele liegen in einer Vielzahl vor.)

Darüber hinaus führte die bisherige Butterverteilung z. T. auch zu Arbeitsunterbrechungen, wodurch erhebliche Produktionsausfälle entstanden. Hinweise dieser Art gibt es besonders aus den Bezirken Karl-Marx-Stadt, Gera und Dresden. So verließen z. B. im VEB Nickelhütte/Aue,[1] im VEB Faserplattenfabrik/Schönheide und in den Halbzeugwerken/Aue[2] die Arbeiter

1 Der bereits im 17. Jahrhundert als Blaufarbenwerk gegründete Betrieb produziert seit Anfang des 20. Jahrhunderts Nichteisenmetalle wie Nickel, Kupfer, Kobalt u. a. Nach dem Ende des Zweiten Weltkrieges fiel die Nickelhütte zunächst unter die Regie der SMAD, wurde im Juli 1948 aber dem Land Sachsen unterstellt und 1949 in den VVB Buntmetalle mit Sitz in Freiberg als VEB Hütten- und Blaufarbenwerk Aue eingegliedert. Zwei Jahre später erfolgte die Zusammenlegung mit dem VEB Hütten- und Blaufarbenwerk Oberschlema zum VEB Nickelhütte/Aue, der Reinst-Nickel und andere Nichteisenmetalle sowie geringe Mengen Blaufarben erzeugte.

2 Der im 19. Jahrhundert als Argentan-Fabrik gegründete Betrieb stellte nach dem Zweiten Weltkrieg Eisenbleche für die Industrie in der DDR her. Nach 1955 wurde das Produktionsprofil erweitert und das Werk produzierte unter dem Namen VEB Halbzeugwerk Aue metallene Halbzeuge und Sonderwerkstoffe.

ihren Arbeitsplatz, um sich in der Betriebsverkaufsstelle nach Butter anzustellen.

In diesem Zusammenhang treten auch vereinzelt solche provokatorischen Meinungen auf, dass »gestreikt« werden müsse, um Butter zu erhalten. Stimmen in dieser Richtung wurden z. B. vom Fahrpersonal des Bahnhofes Göschwitz, [Bezirk] Gera,[3] bekannt. Im Kreis Seelow, [Bezirk] Frankfurt/O., äußerten einige Bauarbeiter, wenn sie keine Butter bekommen, wollen sie langsamer arbeiten.

Zur Bildung von Käuferschlangen kommt es besonders im Bezirk Karl-Marx-Stadt. So standen am 17.11.1959 in den beiden Verkaufsstellen für Molkereiprodukte in Olbernhau je über 100 Personen nach Butter an, wobei die durchschnittliche Wartezeit über zwei Stunden betrug. In Auerbach war der Butterverkauf in allen Geschäften für 16.30 Uhr festgelegt. Vor 14.00 Uhr standen bereits lange Reihen von Käufern vor den Geschäften, wobei an jeden Kunden nur 60 Gramm Butter abgegeben werden konnten.

Im HO-Geschäft in Reichenbach, [Bezirk] Karl-Marx-Stadt, Humboldtstraße, kauften Frauen größere Mengen Lebensmittel ein und verlangten zuletzt Butter. Als sie keine bekamen, legten sie die bereits eingepackten anderen Waren wieder zurück und verließen schimpfend das Geschäft. In der Konsum-Verkaufsstelle am Thälmann-Platz in Parchim, [Bezirk] Schwerin, verlangte die Frau eines Fuhrunternehmers zwei Pfund Butter. Als die Verkäuferin sie aufklärte, doch mit einem halben Pfund zufrieden zu sein, schimpfte die Kundin und meinte so viel Butter kaufen zu können, wie sie möchte, mit der Bemerkung: »Wir leben doch in der DDR.« Aufgrund der Auseinandersetzungen mit den Käufern haben bereits im Bereich des HO-Kreisbetriebes Karl-Marx-Stadt 20 Verkäuferinnen ihre Kündigung eingereicht, »weil sie von den Kunden wegen des Butterverkaufs beschimpft und bedroht wurden«.

In den landwirtschaftlichen Gebieten besteht vor allem bei den Bauern eine Unzufriedenheit über die Butterrücklieferung durch die Molkereien. Nach vorliegenden Hinweisen besteht in diesen Fragen auch in den Molkereien selbst noch keine Klarheit. So vertreten Molkereifachleute zum Teil die Ansicht, dass sie den Bauern niemals Margarine als Ersatzprodukt für Butter anbieten können. Derartige Meinungen gab es z. B. in der Molkerei Kummer, [Kreis] Ludwigslust, [Bezirk] Schwerin. Dazu wird von den Bauern oftmals die Meinung vertreten, dass sie weniger bzw. gar keine Milch mehr abliefern und dafür lieber selbst buttern wollen. Besonders starke Anzeichen dafür wurden aus den BHG-Bereichen des Kreises Reichenbach, [Bezirk] Karl-Marx-Stadt, bekannt, wo in den letzten Tagen durch Einzelbauern zehn Zentrifugen gekauft wurden.

Aber auch aus anderen Bezirken wie z. B. Neubrandenburg liegen derartige Anzeichen vor. Aus dem Bezirk Rostock wird berichtet, dass in den Bade-

3 Göschwitz ist ein Stadtteil von Jena, wurde aber erst 1969 in die Stadt eingemeindet.

orten, vor allem in den letzten Wochen, die ersten Mängel in der Butterversorgung in Erscheinung traten. Dazu wurde festgestellt, dass von Personen aus Sachsen und Thüringen, die in den SVK-Heimen[4] zur Kur weilen, größere Mengen Butter aufgekauft und nach Sachsen bzw. Thüringen geschickt wurden. In Saßnitz, [Kreis] Rügen, wurde festgestellt, dass schwedische Staatsangehörige größere Mengen Butter, Fleisch und Wurst aufkauften und nach Schweden mitnahmen. Zum Beispiel wurden bei einem schwedischen Staatsangehörigen u. a. 6 kg Butter und 3 kg Fleisch beschlagnahmt.

Zu Hamstereinkäufen kam es aber auch in anderen Bezirken. Zum Beispiel kauften in der Gemeinde Marnitz, [Kreis] Parchim, [Bezirk] Schwerin, einige Bürger schon seit Wochen mehrere Pfund Butter, die sie für Weihnachten in Steintöpfen aufbewahren. (Ähnliche Berichte liegen auch aus anderen Bezirken vor.)

Neben den umfangreichen Diskussionen, bei denen mehr oder weniger Verständnis für die Butterknappheit vorliegt und in denen eine geordnete Verteilung verlangt wird, gibt es aber auch eine Anzahl negativer Argumente, die nicht zuletzt durch feindliche Elemente unter der Bevölkerung verbreitet oder bestärkt werden. In der Hauptsache handelt es sich dabei um folgende Diskussionen:

- dass schon jetzt größere Mengen Butter bevorratet würden, weil es in zwei Jahren zum Krieg kommt.
- dass die Staatsorgane keine Rationierung einführen, weil die Butter auch dann nicht langen würde. So hätten sie die Möglichkeit, alles auf Hamstereinkäufe zu schieben und ihre »Unfähigkeit« zu vertuschen.
- dass aufgrund des Buttermangels die Weihnachtsbäckerei verboten werden soll.
- dass wir Butter exportieren, um Devisen zu erhalten.
- dass es unter diesen Voraussetzungen kaum möglich wäre, Westdeutschland einzuholen.

In Westdeutschland sei die Butter wohl teurer, aber dafür auch vorhanden.

- »Vor nicht allzu langer Zeit wurde großartig bekannt gegeben, wir könnten sogar Westberlin mit Milch in rauen Mengen versorgen. Jetzt sieht man, wie es aussieht.«[5]

4 Die Sozialversicherung des Freien Deutschen Gewerkschaftsbunds, auch als Sozialversicherungskasse (SVK) bezeichnet, war die gesetzliche Kranken-, Unfall- und Rentenversicherung für Arbeiter und Angestellte, Lehrlinge, Studenten, Fachschüler, Ärzte, Zahnärzte und Tierärzte. Sie war als Pflichtversicherung mit einem einheitlichen Beitragssatz konzipiert. Zu ihren Leistungen zählte auch die Inanspruchnahme von Rehabilitationsmaßnahmen und Kuren. Dementsprechend wurden auch Kurheime mit Geldern der SVK finanziert.

5 In einer Rede vor Westberliner Wählern (in Westberlin fand am 7.12.1958 die Wahl zum Abgeordnetenhaus statt) am 27.10.1958 bot Walter Ulbricht an, »im Interesse der engeren Gestaltung der wirtschaftlichen Beziehungen mit Westberlin« die Stadt jährlich mit »100 000 Tonnen Frischmilch, 50 000 Tonnen Frischgemüse, 100 000 Tonnen Weizen, 20 000 Tonnen Schweine-

- Von Groß- und Einzelbauern wird die Situation in der Butterversorgung zur Hetze gegen die LPG ausgenutzt, indem diese behaupten, dass der Mangel an Butter und anderen Nahrungsmitteln auf das Bestehen der LPG zurückzuführen ist. Je mehr Bauern sich zu LPG zusammenschließen, umso schlechter würde die Versorgungslage.
- In einer SED-Versammlung in Lauterbach, [Kreis] Oelsnitz, [Bezirk] Karl-Marx-Stadt, äußerten Genossen, dass die übergeordneten Verwaltungen zu langsam schalten. Wenn sie sich beizeiten richtig mit dem Butterproblem befasst hätten, wäre die ganze Atmosphäre unter der werktätigen Bevölkerung nicht so krass geworden.
- Am 9.11.1959 fand in Johanngeorgenstadt, [Bezirk] Karl-Marx-Stadt, ein Lichtbildervortrag der evangelisch-lutherischen Kirche statt. In einem Bild wurde gezeigt, wie Frauen in Süd-Indien anstehen, um Wasser zu erhalten. Dazu äußerte der Pfarrer [Name] ironisch: »Das ist noch schlimmer, als wenn unsere Hausfrauen vor den Geschäften nach Butter anstehen.«

fleisch u. a.« zu beliefern und im Gegenzug dafür elektrotechnische Erzeugnisse, Werkzeug- und andere Maschinen aus Westberliner Betrieben zu beziehen. Vgl. ND v. 28.10.1958, S. 4.

1. Dezember 1959

Information Nr. 858/59 – [Bericht über] einige Probleme des Bauwesens bei der Verwirklichung des Chemieprogramms

Quelle: BArch, MfS, ZAIG 188, Bl. 23–28 (5. Expl.).
Serie: Informationen.
Verteiler: Leuschner, Apel – MfS: Mielke (Leuschner-Exemplar), Walter, Ablage.
Vermerk: Im Verteiler hinter »Gen. Walter« in Steno »mit der Bitte um Weiterleitung an III«.
Bemerkungen: Dem Bericht liegt ein Schreiben vom 16.12.1959 bei, ohne Absender (Bl. 28). Es ist eine Antwort auf die im Bericht genannten Probleme und Mängel, die als »bekannt« und »durchaus richtig« bezeichnet werden. »Die Mängel in der Vorplanung und Projektierung sind darauf zurückzuführen, dass bei Beschlussfassung über das Chemieprogramm einfach der zeitliche Vorlauf fehlt. Um das Chemieprogramm termingemäß zu erfüllen, sind wir gezwungen, einige Risiken einzugehen«, heißt es Stellung nehmend. Der Staatlichen Plankommission wird vorgeworfen, »noch nicht das Mögliche« getan zu haben, um diese Risiken »so klein wie möglich zu halten«. Allerdings seien die aufgeworfenen Probleme auf der letzten Sitzung der Chemiekommission der Staatlichen Plankommission am 8.12.1959 »gründlich behandelt und entsprechende Beschlüsse gefasst« worden. Auch die Planauflage für das Jahr 1960 für Schwedt sei entschieden worden.

Vorliegende Berichte geben keinen Gesamtüberblick über die dem Bauwesen bei der Verwirklichung des Chemieprogramms entstehenden Probleme, weisen aber doch auf einige Schwächen in der Projektierung, Planerfüllung und im Arbeitskräfteeinsatz hin, die eine termingerechte Erfüllung der Bauvorhaben infrage stellen können.[1]

1 Vom 3. bis 4.11.1958 wurde in den Leuna-Werken unter der Leitung des ZK der SED und der Staatlichen Plankommission eine Chemiekonferenz abgehalten, die mit der Annahme des »großen Programms zur Entwicklung der chemischen Industrie der DDR« endete. Unter der Losung »Chemie gibt Brot, Wohlstand und Schönheit« peilte die SED-Führung mit diesem Programm das ehrgeizige Ziel an, die wissenschaftlichen und technischen Grundlagen so zu modernisieren, dass eine Verdoppelung der chemischen Produktion möglich war. Dazu sollten zunächst die Kohle verarbeitenden Chemiebetriebe modernisiert und erweitert und ab Mitte der 1960er-Jahre auf der Basis von Erdöllieferungen aus der Sowjetunion eine petrochemische Industrie aufgebaut werden. Ziel war, die chemische Industrie zum zweitgrößten Industriezweig der DDR umzubauen. Das hatte Auswirkungen auf die gesamte Volkswirtschaft der DDR. Das Chemieprogramm war Herzstück der auf dem V. Parteitag der SED formulierten Aufgabe, die Bundesrepublik im Pro-Kopf-Verbrauch wichtiger Lebensmittel und Konsumgüter bis zum Jahr 1961 nicht nur einzuholen, sondern auch zu überholen. In diesem Zusammenhang wurden in Abstimmung mit dem Rat für gegenseitige Wirtschaftshilfe (RGW) die Vorhaben Erdölverarbeitungswerk Schwedt, Leuna 2, Chemiefaserwerk Guben, Gipsschwefelsäurewerk Coswig/Anhalt, PVC Fabrik im Elektrochemischen Kombinat Bitterfeld und im VEB Buna der Ausbau der Produktion auf Kohle-Karbid-Basis als vorrangige Projekte erklärt. Vgl. ND v. 5.11.1958.

So wurde z. B. gegenwärtig die Vorbereitung der Investitionsmaßnahmen für das Erdölkombinat Schwedt durch die vom Planträger noch nicht ausgearbeitete und bestätigte volkswirtschaftliche Aufgabenstellung erschwert.[2] Auch sei die 1959 erarbeitete und an die Staatliche Plankommission[3] eingereichte *Vorplanung* noch nicht bestätigt worden. Dadurch würden gegenwärtig alle *Projektierungen* am Erdölkombinat Schwedt ungesetzlich erfolgen und gegen die neue Projektierungsordnung verstoßen, die besage, ohne Klarheit über die Grundsatzfragen dürfe keine Projektierung erfolgen. Von der Ingenieur-Zentrale (IZ) Böhlen, die sich mit der Projektierung des Erdölkombinats Schwedt beschäftigt, sollen gegenwärtig bereits für 63 Millionen DM[4] Investwert Projekte vorliegen.[5]

Die Ursache für die bisherige Nichtbestätigung der Aufgabenstellung und der Vorplanung sei in der Unklarheit zu suchen, ob das Erdöl aus der Sowjetunion in entsalzter oder nichtentsalzter Form geliefert werde. Dadurch würde gegenwärtig die Projektierung stark beeinflusst. Außerdem könne das zu Terminschwierigkeiten führen. Durch diese fehlenden vertraglichen Bindungen habe z. B. für die erste Aufbaustufe eine Entsalzungsanlage projektiert werden müssen, um das bis 1965 gelieferte Erdöl entsalzen zu können. Für die Projekte der folgenden Aufbaustufen müsste jedoch diese Frage geklärt werden, um zu entscheiden, ob die Projektierung weiterer Entsalzungsanlagen erforderlich sei. Würden langfristige Verträge mit der Sowjetunion garantieren, dass das Werk entsalztes Erdöl erhält, so wäre der Bau der Entsalzungsanlage, die nach unverbindlichen Schätzungen von Experten rd. vier Millionen DM Investgelder erfordert habe, nicht nötig gewesen.

2 Im Zuge des Chemieprogramms wurde Schwedt als Standort für ein Erdölwerk vorgesehen und bestätigt. Hier wurde im November 1960 der Grundstein für ein erdölverarbeitendes Werk gelegt, das im April 1964 unter dem Namen Erdölverarbeitungswerk Schwedt den Betrieb aufnahm und zum wichtigsten Lieferanten für Kraftstoffe in der DDR wurde. Das Erdöl floss ab 1963 durch die Erdölleitung »Druschba« aus dem sowjetischen Tjumen direkt nach Schwedt. Im Jahr 1970 wurde das Werk im Zuge der Kombinatsbildung Stammwerk des VEB Petrolchemisches Kombinat Schwedt und produzierte neben Kraftstoffen auch Faserrohstoffe für die Textilproduktion, Stickstoffdünger für die Landwirtschaft, Möbel aus Polyurethan, Futtermittel und Haushaltschemikalien.

3 Die Staatliche Plankommission (SPK) war ein zentrales staatliches Organ des Ministerrates der DDR, das 1950 aus dem Ministerium für Planung hervorgegangen war. Der SPK oblagen die gesamtstaatliche Planung und Entwicklung der Volkswirtschaft sowie die Kontrolle der Durchführung der Planaufgaben. Sie war zuständig für die Koordinierung, Ausarbeitung und Kontrolle der mittelfristigen Fünfjahrpläne und der daraus abgeleiteten jährlichen Volkswirtschaftspläne.

4 Im Zuge der Währungsreform im Juli 1948 auf dem Gebiet der Sowjetischen Besatzungszone wurde die Reichsmark als bis dahin gültiges Zahlungsmittel durch die Deutsche Mark der Deutschen Notenbank abgelöst. Bis 1964 hieß die Währung in der DDR also auch Deutsche Mark (DM). Erst 1964 wurde sie in Mark der Deutschen Notenbank (MDN) und mit Gründung der Staatsbank der DDR im Jahr 1968 in Mark der DDR (M) umbenannt.

5 Die Ingenieurtechnische Zentralstelle war ein Betriebsteil des VEB Kombinat »Otto Grotewohl« Böhlen.

Durch die Nichtbestätigung der Aufgabenstellung und der Vorplanung könnten auch erneute Änderungen den gesamten Projektierungs- und Bauablauf auf das Gröbste beeinflussen. Eine Änderung der Vorplanung habe z. B. auch Veränderungen in den, dem Maschinenbau übergebenen Unterlagen zur Folge, wodurch vonseiten des Maschinenbaues erhebliche Schwierigkeiten eintreten könnten. Die derzeitigen Absprachen mit dem Maschinenbau würden alle auf dieser eingereichten und noch nicht bestätigten Vorplanung und den bis dahin erarbeiteten informatorischen Ausrüstungs- und Maschinenlisten erfolgen.

Noch krasser als beim Objekt des Erdölwerkes Schwedt sollen sich diese Schwierigkeiten bei den übrigen Großvorhaben des Siebenjahresplanes,[6] besonders bei dem Aromatenprogramm[7] mit einem Wertumfang von ca. 150 Millionen DM auswirken.[8] Dieses Programm umfasse die Werke Böhlen,[9]

6 1959 beschloss die SED-Führung den Siebenjahrplan, dessen Ziel es war, die Bundesrepublik wirtschaftlich bis 1965 einzuholen. Vgl. u. a. Steiner, André: Die DDR-Wirtschaftsreform der sechziger Jahre. Konflikt zwischen Effizienz und Machtkalkül. Berlin 1999, S. 39 f.

7 Aromaten ist die Bezeichnung für eine Gruppe organischer Verbindungen, deren Molekülstruktur sich vom Benzol ableitet. Aromaten werden praktisch ausschließlich aus Kohle und Erdöl durch thermische oder katalytische Prozesse gewonnen. Sie gehören mit zu den verbreitetsten chemischen Rohstoffen. Die Gewinnung dieser Verbindungen als Grundlage für die Produktion von Kunststoffen, Synthesekautschukprodukten, Chemiefasern und Lösungsmitteln zum Einsatz in Farben, Lacken und Klebstoffen war ein zentrales Vorhaben im Siebenjahrplan.

8 Das 1958 beschlossene Chemieprogramm sah als eine der wichtigsten Aufgaben den Aufbau einer Petrochemie in der DDR vor. Ziel war, die für die angestrebte Produktionssteigerung von Kunststoffen, Kunstfasern, Treibstoffen, Schmiermitteln und den Ausbau der pharmazeutischen Industrie notwendigen organischen Grundstoffe, zu denen vor allem Aromaten wie bspw. das Benzol gehörten, zunehmend auf Erdölbasis herstellen zu können. Die bisherige Produktion auf Grundlage von Kohle bzw. Karbid sollte dank sowjetischer Erdöllieferung zunächst ergänzt und schrittweise abgelöst werden. Dazu waren die Entwicklung petrochemischer Technologien und der Bau von Anlagen zur Gewinnung von Aromaten und anderen organischen Grundstoffen erforderlich. Dafür vorgesehen waren die aufzubauende Anlage Leuna II und der Neubau des Petrochemischen Werkes in Schwedt. Vgl. u. a. Neumann, Gerd: Das Chemieprogramm der DDR. In: Jahrbuch für Wirtschaftsgeschichte Heft 2/1972, S. 241–272.

9 Der VEB Kombinat Böhlen entstand im Mai/Juni 1952 infolge der Übergabe der SAG Kombinat Böhlen aus dem Staatseigentum der UdSSR an die DDR, ab November 1952 VEB Kombinat »Otto Grotewohl« Böhlen, ab 1970 Teilbetrieb des VEB Petrolchemisches Kombinat Schwedt. Mit 7 800 Beschäftigten hatte der Betrieb 1987 einen Anteil von ca. 12 % der industriellen Warenproduktion des Bezirks Leipzig. Vgl. Zimmermann, S.: Die Geschichte des Kombinatsbetriebes »Otto Grotewohl« Böhlen im VEB Petrolchemisches Kombinat Schwedt, Diss. Freiberg 1970; Bischoff, Ursula: Der Einfluss der bergbaulichen Traditionen und großindustriellen Entwicklungen auf das soziale Gefüge und die Mobilität der Braunkohlenarbeiterschaft von Borna, phil. Diss. Berlin 2000, online abrufbar unter: http:\\edoc.hu-berlin.de/dissertationen (letzter Abruf: 3.6.2022); StArch Leipzig, 20687 – VEB Otto Grotewohl Böhlen.

Zeitz,[10] Schwedt, Leuna,[11] Gölzau[12] und Espenhain.[13] Für dieses komplexe Vorhaben gebe es ebenfalls noch keine volkswirtschaftliche Aufgabenstellung, sondern nur einige technologische Vorstellungen, um einzelne Teilvorhaben zu lösen, die jedoch nicht die letzte Konsequenz für die Gestaltung des gesamten Aromatenprogramms beinhalten. Beim Faserkombinat Guben[14] soll die Vorplanung ausschließlich mit geschätzten und angenommenen Werten erfolgen, wodurch die Gesamtkonzeption des Vorhabens noch unklar wäre. Dadurch könnten zahlreiche Mängel und Gefahrenpunkte auftreten. Experten weisen darauf hin, dass die Rohstoffgrundlage nicht gesichert ist. Zurzeit sei das Kapazitätsprofil noch unklar, weil die Produktion von Lanonfeinseide nicht enthalten ist.[15] Es erfolge auch keine klare und abgestimmte Auslegung der Teilanlagen des Vorhabens, wodurch sich bei verschiedenen Teilanlagen, z. B. dem Kraft- und Wasserwerk, erhebliche Disproportionen ergeben würden. Ferner sei die arbeitsmäßige Auslegung der Anlage nicht genügend überprüft worden. Nach groben Überrechnungen von Experten könnten allein durch Umstellung der Dederon-Anlage auf 24 Stunden Betrieb ca. 20 Millio-

10 Das Hydrierwerk in Zeitz war Produzent von Dieselkraftstoffen, Zweitakt-Motorenölen, Schmierstoffen und Paraffinen. Es war von 1945 bis 1953 Betrieb der SAG für Brennstoffindustrie Halle und Zeitz. Nach der Rückgabe an die DDR firmierte der Betrieb von 1954 bis 1968 unter der Bezeichnung VEB Hydrierwerk Zeitz, im Jahr 1969 unter VEB Schmierstoff-

11 Die Leuna-Werke waren der größte Betrieb der chemischen Industrie in der DDR. Sie wurden, nachdem sie nach Ende des Zweiten Weltkrieges als SAG in sowjetischen Besitz gelangt waren, 1954 volkseigener Betrieb und in VEB Leuna-Werke Walter Ulbricht umbenannt. 1959 wurde, neben dem Weiterbetrieb des Altwerkes, mit dem Bau des Werkes Leuna II zur Herstellung petrochemischer Produkte begonnen, einem Schwerpunkt des 1959 beschlossenen Chemie-Programms.

12 Gemeint ist das VEB Braunkohlekombinat Gölzau in Weißandt-Gölzau. Ab 1956 wurde in Gölzau auch Erdöl verarbeitet. Nach Einstellung der Kohleförderung am Standort im Jahr 1965 wurde Gölzau zu einem Standort der chemischen Industrie umgebaut.

13 Der VEB Kombinat Espenhain war ein Betrieb zur Gewinnung und Verarbeitung von Braunkohle, südlich von Leipzig nahe des Ortes Espenhain gelegen. Nach Ende des Zweiten Weltkrieges war der Betrieb zunächst als SAG in sowjetischem Besitz. 1954 übereignete die Sowjetunion alle Betriebsanlagen der DDR. Das Werk umfasste zu diesem Zeitpunkt eine Brikettfabrik, eine Schwelerei, Anlagen zur Teerverarbeitung und Schwefelgewinnung sowie ein Großkraftwerk und wurde später um petrochemische Anlagen erweitert.

14 Gemeint ist der VEB Chemiefaserwerk Guben. Die Grundsteinlegung für das Werk erfolgte im Mai 1960. Der Probebetrieb begann im September 1964. Einen Monat später lief der Produktionsbetrieb an. In dem VEB wurden verschiedene Chemiefasern produziert, darunter die Dederon-Feinseide.

15 Lanon ist eine ältere Bezeichnung für Grisuten, die Handelsbezeichnung für die Polyesterfaser PE in der DDR. Grisuten hatte ähnliche Gebrauchseigenschaften wie die Polyamidfaser Dederon und war in der DDR ein viel verwendeter Grundstoff der Bekleidungsindustrie. Daraus wurden sogenannte pflegearme Blusen, Regenmäntel, Anzug-, Kostüm- und Rockstoffe, Gardinen und Badebekleidung, aber auch Filter, Planen und künstliche Arterien hergestellt. Das Ausgangsprodukt für die Grisuten-Oberbekleidung, die Terephthalsäure, wurde im Erdölverarbeitungswerk Schwedt produziert und im Chemiefaserwerk Premnitz weiterverarbeitet.

nen DM eingespart werden.[16] Bisher wäre über diese Frage noch keine Entscheidung getroffen worden. Ähnlich soll es sich mit den Vorhaben Silikon Nünchritz,[17] Bleicherdewerk Nünchritz,[18] Superphosphat Salzwedel,[19] Duxalkyd Zwickau,[20] Borax-Frittenanlage Schönebeck[21] und Gelatinewerk Calbe[22] verhalten, deren Vorplanung ebenfalls auf nicht ausgereiften Versuchsergebnissen der Produktionsverfahren bzw. technologischen Verfahren basieren würde.

Auf der Baustelle Schwedt weist die *Planerfüllung* 1959 bauseitig eine Untererfüllung von ca. 255 TDM aus. Beim Industriehochbau und Straßenbau würde aufgrund einer eingetretenen Kapazitätsverschiebung die Untererfüllung sogar über 600 TDM ausweisen. Der VEB Bagger- und Förderarbeiten Berlin beabsichtige dagegen mit 600 TDM zu erfüllen. Diese sollen jedoch aus Mehrkosten resultieren, ohne, dass dafür entsprechende Mehrleistungen gebracht würden. Die Ursache dafür liege darin, dass sich die Aufbauleitung nicht genügend eingesetzt habe, um den im Februar 1959 zwischen der Aufbauleitung, der Bauleitung des VEB Bau- und Montagekombinats

16 Dederon war ab 1959 der Handelsname für Polyamidfasern in der DDR. Wie Perlon und Nylon ist auch Dederon ein Kunstwort, das sich aus »DDR« und »on« zusammensetzt. Einen besonderen Bekanntheitsgrad erlangte der Begriff im Zusammenhang mit den in der DDR oft getragenen Kittelschürzen und den dort verwendeten Einkaufsbeuteln.

17 Der VEB Chemiewerk in Nünchritz bei Riesa spezialisierte sich auf die Herstellung von Silikonen. Ab 1969 gehörte das Werk zum VEB Chemiekombinat Bitterfeld (CKB).

18 Ein Bleicherdewerk in Nünchritz hat es laut Auskunft der Gemeindeverwaltung Nünchritz in dem Ort nicht gegeben.

19 Im Salzwedeler Chemiewerk wurde Superphosphat als Düngemittel hergestellt. Das Werk war Betriebsteil des VEB Chemiewerk Coswig/Anhalt und ab 1979 Teil des VEB Kombinates Agrochemie Piesteritz.

20 Der VEB Lackkunstharz- und Lackfabrik Zwickau produzierte Duxalkyde. Duxalkyde sind Polyesterharze, aus denen Kunststoffe, Spachtelmassen, Gießharze hergestellt werden und die u. a. auch bei der Produktion von Lacken Verwendung finden.

21 Eine Fritte ist der vorgeschmolzene Teil eines Glasurversatzes für die Glas- und Keramikherstellung. Es ist ein Glas, das in einem sogenannten Fritteofen geschmolzen, abgeschreckt und zerkleinert wird und als Pulver in den Handel kommt. Borax ist ein wichtiger Rohstoff zur Herstellung verschiedener Borverbindungen, die unter anderem in der Glas- und Keramikindustrie für die Herstellung von Glasuren und Emaille Verwendung finden. Borax-Fritten werden also in der Glas- und Keramikindustrie zur Herstellung von Glasuren benötigt. Vermutlich sollte eine Borax-Fritteanlage im VEB Keramische Farben Schönebeck (Bezirk Magdeburg) aufgebaut werden.

22 Das Gelatinewerk in Calbe entstand Anfang des 20. Jahrhunderts auf dem Gelände einer ehemaligen Brikettfabrik und produzierte Leim, Gelatine, Tiermehl, Tierfutter und Dünger. Nach dem Zweiten Weltkrieg wurde das Werk VEB und ab 1970 in das Fotochemische Kombinat Wolfen eingegliedert.

23 Das VE Bau- und Montagekombinat Chemie (BMK) Halle entstand im Januar 1959 auf der Grundlage eines Beschlusses der Chemiekonferenz, des ZK der SED und der Staatlichen Plankommission der DDR vom November 1958 durch Zusammenlegung einiger, bis dahin kreisgeleiteter, Baubetriebe. Das Kombinat war zunächst dem Ministerium für Bauwesen der DDR direkt unterstellt, ab 1961 der VVB Industrie- und Spezialbau. Seine Hauptaufgabe

Chemie (BMK),[23] der Ingenieur-Zentrale Böhlen und dem VEB Ingenieur- und Projektierungsbüro Leipzig[24] festgelegten Bauablauf einzuhalten. So sei z. B. für das provisorische Heizhaus eine Baustraße für 60 TDM angelegt worden, die 1960 wieder weggerissen werden muss. Die endgültige Straße zum Heizhaus konnte nicht gebaut werden, weil die Rodungsarbeiten nicht rechtzeitig durchgeführt wurden.

Hinsichtlich der Planauflage für 1960 bestünden ebenfalls noch verschiedene Unklarheiten. Zum Beispiel wären auf der Baustelle Schwedt für 1960 Bauarbeiten in Höhe von 25 Millionen DM erforderlich, damit das Werk 1963 die Produktion aufnehmen könne. Beauftragt sei der VEB BMK Chemie aber nur mit 15 Millionen DM. Die restlichen 10 Millionen würden aus dem Dispositionsfonds der Staatlichen Plankommission bereitgestellt. Eine schriftliche Zusage darüber liege bisher nicht vor. Für diese 10 Millionen DM dürften aber auch noch keine Lieferverträge über Baumaterialien abgeschlossen werden, wodurch im Laufe des Jahres 1960 Materialschwierigkeiten besonders bei Betonfertigteilen auftreten werden. Auch die Pläne für den Arbeitskräfte- und Maschineneinsatz richteten sich gegenwärtig nach der Auflage von 15 Millionen DM.

Ähnlich sei die Situation auf den Baustellen in Leuna und Guben, wo je 6 Millionen DM und Buna,[25] wo 2 Millionen DM noch nicht beauftragt wären. Als gefahrvoll wird die Lage bei der Realisierung der Termine für das

war, besonders die im Raum Halle konzentrierten Bauvorhaben der Chemiebranche als Hauptauftragnehmer zu realisieren.

24 Gemeint ist der VEB Konstruktions- und Ingenieurbüro Chemie Leipzig. Der Betrieb wurde 1945 als Konstruktions- und Ingenieurbüro Chemie Leuna GmbH gegründet, 1951 in einen VEB mit Sitz in Merseburg umgewandelt, 1953 nach Leipzig verlegt und firmierte von da an unter dem genannten Namen. Er fungierte als zentraler technologischer Projektierungsbetrieb für den Sektor Chemie und wurde 1970 dem VEB Chemieanlagenbau Leipzig und zwei Jahre später dem VEB Chemieanlagenbau- und Montagekombinat Leipzig angegliedert.

25 Das Kombinat VEB Chemische Werke Buna war Nachfolger der ehemaligen Buna-Werke GmbH Schkopau, des weltweit ersten Werkes zur Herstellung von synthetischem Kautschuk. Nach dem Zweiten Weltkrieg zunächst SAG wurden die Buna-Werke 1954 Volkseigentum der DDR und entwickelten sich zu einem der fünf größten Industriekombinate der DDR, das wichtigster Hersteller für thermoplastische und elastische Kunststoffe (»Plaste und Elaste aus Schkopau«) war. Ab 1958 galt das Werk als der größte Karbidproduzent der Welt.

26 In den Buna-Werken war es 1955 gelungen, ein bestimmtes PVC, das Suspensionspolyvinylchlorid (PVC-S) auf Grundlage der in der DDR vorhandenen Grundstoffe wie Kalk, Koks und Steinsalz, also nicht auf Erdölbasis, herzustellen. Da die Sowjetunion zu diesem Zeitpunkt nicht in der Lage war, den in der DDR gestiegenen Bedarf an Erdöl zu decken, verständigte man sich über den Aufbau einer Großanlage zur Herstellung von PVC-S in Schkopau. Die sowjetische Seite sagte den dafür notwendigen Devisenkredit zu, der später durch Warenlieferungen, insbesondere von PVC-S, vonseiten der DDR beglichen werden sollte. Nach entsprechenden Expertengesprächen und der Feststellung der notwendigen finanziellen und technischen Aufwendungen wurde am 25.2.1958 in Berlin das »Abkommen über die Zusammenarbeit zwischen der DDR und der UdSSR bei der Entwicklung der chemischen

SU-Programm Buna betrachtet.[26] Obwohl dafür die Unterlagen fertig seien, würde es hier auf den Baustellen vor allem an Arbeitskräften, Maschinen, Geräten und Baumaterialien fehlen.

Die Erfüllung der dem VEB BMK Chemie gestellten Planaufgaben wird zzt. auch durch *Fluktuation* der Arbeitskräfte erschwert. Diese Fluktuation ist vorwiegend bei den, auf Beschluss des Ministerrats, aus den Bezirken zum VEB BMK Chemie delegierten Arbeitskräften zu verzeichnen: Erschwerend wirke sich dabei aus, dass in der Mehrzahl keine Fachkräfte delegiert würden und diese Delegierten in den Bezirken weniger durch Überzeugungsarbeit als mehr durch unreale Versprechungen für die Arbeit im VEB BMK gewonnen würden. Ferner beständen Unklarheiten über die Entlohnung. So z. B. darüber, wie die Entlohnung von Mitgliedern der LPG erfolge. In Coswig sei den Mitgliedern aus der LPG zugesagt worden, ihnen den Gewinnanteil ihrer Arbeitseinheiten als Ausgleich zu zahlen. Weiterhin müsste geklärt werden, welcher Betrieb die Lohnzahlung zu übernehmen habe und wer die Differenzen zwischen erarbeiteten und bisherigen Lohn trage und für welchen Zeitraum diese Maßnahmen gelten. Das EKB Bitterfeld[27] z. B. trage nur für ein Vierteljahr die Differenz zwischen altem und neuem Lohn. Mit dem Wegfall des Ausgleiches gingen meistens auch die Arbeitskräfte.

Zu all diesen Fragen fehle bisher eine klare Stellungnahme des Ministeriums der Finanzen. Zurzeit würden die vielen Auslegungsvarianten keine Gewähr für eine Einhaltung des Lohnfonds bzw. eine strenge Kontrolle darüber bieten.

Industrie in der DDR und über Lieferungen von Erzeugnissen der chemischen Industrie in die UdSSR« unterzeichnet. Dieses »SU-Sonderprogramm« betraf mehrere chemische Großbetriebe in der DDR. Den Löwenanteil des Kreditumfanges aber erhielten die Buna-Werke und dies in frei verfügbaren Devisen. Dafür hatte Buna 30 000 Tonnen PVC-S an die Sowjetunion zu liefern. Das »SU-Sonderprogramm« wurde im November 1958 in das Chemieprogramm der DDR integriert. Vgl. Rehmann, Heinz: Das Buna-Werk Schkopau 1936–1995. Merseburg 2006 (CD), S. 62 f.

27 Das VEB Elektrochemische Kombinat (EKB) Bitterfeld war 1959 der größte Hersteller von Chlor- und Chlorprodukten, Kunststoff- und Kunststoffprodukten und Graphit in der DDR, beherbergte den einzigen Hüttenaluminiumbetrieb der DDR, war bedeutendster Produzent von DDT sowie anderer Insektizide und beschäftigte zu diesem Zeitpunkt etwa 14 000 Arbeitskräfte. 1969 wurden das EKB Bitterfeld, die VEB Farbenfabrik Wolfen und fünf weitere Betriebe zum Chemiekombinat Bitterfeld (CKB) verschmolzen.

29. Dezember 1959

Information Nr. 909/59 – [Bericht über] die bisherigen Erfahrungen bei der Durchführung des Ministerratsbeschlusses zur leihweisen Übergabe der Technik der MTS an die LPG

Quelle: BArch, MfS, ZAIG 239, Bl. 1–9 (7. Expl.).
Serie: Informationen.
Verteiler: Ulbricht, Grotewohl, Grüneberg – MfS: Walter, Ablage.
Bemerkung: In der Akte befindet sich ein Auszug aus dem Protokoll der 29. Sitzung des Präsidiums des Ministerrates v. 28.1.1960. Demnach habe Ministerpräsident Otto Grotewohl mitgeteilt, dass ihm Material vorliege, das Mängel bei der Übergabe von MTS-Technik an LPG dokumentiere. Er habe daraufhin den Stellvertreter des Vorsitzenden des Ministerrates Paul Scholz (ehemaliger Minister für Land- und Forstwirtschaft, 1956–61 Vorsitzender des Zentralen Beirats für LPG beim Ministerrat) und Hans Reichelt (Minister für Land- und Forstwirtschaft) beauftragt, diese »Frage zu untersuchen und Sofortmaßnahmen einzuleiten« (vgl. BArch, MfS, ZAIG 239, Bl. 9).
Verweis: Information 843/59.

(geplante Ministerratstagung)

Wie sich aus einer vorliegenden Gegenüberstellung des I. Halbjahres 1959 mit den nachfolgenden Monaten ergibt, wurde der Übergabe der Technik der MTS an die LPG durch den zentralen und örtlichen Staatsapparat im I. Halbjahr 1959 nicht die entsprechende Bedeutung beigemessen, die diese Maßnahme durch die Beschlüsse der VI. LPG-Konferenz erhielt.[1]

Aus diesem Grunde kam es im Zeitraum von Januar bis Juni 1959 zur Übergabe von nur 86 Brigaden, während von Juli bis Ende November 1959 952 Brigaden übergeben wurden.

Wie aus vorliegenden Hinweisen ersichtlich ist, begann das Ministerium für Land- und Forstwirtschaft nicht unmittelbar nach diesen Beschlüssen der LPG-Konferenz die Problematik dieser Frage zu erarbeiten, um der Praxis die entsprechenden Hinweise zu geben.

Deshalb konnte erst Ende Mai 1959 ein Beschluss des Ministerrates über die leihweise Übergabe der Technik der MTS an die LPG des Typs III[2] be-

1 Die VI. LPG-Konferenz fand vom 20. bis 22.2.1959 in Leipzig statt. Mit der Übergabe von MTS-Technik an LPG Typ III (insbesondere Traktoren, Mähdrescher sowie Lege- und Erntemaschinen) sollte der Maschineneinsatz optimiert, die Auslastung gesteigert und die Ausweitung der Großraumbewirtschaftung forciert werden. Offiziell sollen 1959 ca. 1 000 LPG MTS-Technik übernommen haben (vgl. 1 000 LPG übernahmen MTS-Technik. In: ND v. 9.2.1960, S. 1).

2 Es gab drei LPG-Typen: Beim Typ I wurde das Ackerland eingebracht, beim Typ II das Ackerland, die Maschinen und die Zugtiere, der Typ III war vollgenossenschaftlich, d. h., Ackerland, Maschinen, Zugtiere, das gesamte Nutzvieh, Wiesen, Weiden und Waldflächen und sonstige Güter wurden eingebracht.

schlossen[3] und gleichzeitig ein Mustervertrag[4] für die leihweise Übergabe der Technik herausgegeben werden.

Nach Auffassung der Quellen war in diesem Beschluss nicht klar herausgearbeitet, dass die komplexe Zusammensetzung der Technik einer Brigade nicht zersplittert werden darf, wie es in zahlreichen Fällen, u. a. in der LPG Schönermark, [Kreis] Kyritz, [Bezirk] Potsdam, in der Praxis erfolgte.

Ferner zeigte der zentrale Staatsapparat auch nicht die entsprechende Wendigkeit, um sofort alle auftauchenden unklaren Fragen zu bearbeiten und zu beantworten.

Bei den Räten der Bezirke und Kreise äußerte sich die Unterschätzung dieser Frage darin, die Übergabe der Technik dem Selbstlauf zu überlassen bzw. mit Methoden des Administrierens vorzunehmen.

Letzteres zeigte sich z. B. im Bezirk Schwerin. Hier wurde nach vorliegenden Berichten beschlossen, ohne vorher gründlich die Bedingungen zu prüfen, den LPG Mestlin, Eichhoff[5] und Dersentin die Technik zu übergeben.

So vollzog sich diese Übergabe in Eichhoff innerhalb von drei Tagen. Bedingt durch dieses überhastete, administrative Arbeiten bestand bei den MTS und den LPG keine Klarheit darüber, wie die Übergabe zu erfolgen hat. Dies führte dazu, dass die Feldbaubrigaden und die Traktorenbrigaden nach der alten Form der Unterstellung gesondert bestehen blieben.

Andererseits versprach man, wie im Bezirk Erfurt, den Traktoristen eine zusätzliche Entlohnung und Prämiierung, wie die Zahlung einer einmaligen Zuwendung von 800 DM, wenn sie Mitglied der LPG werden, die später nicht erfolgte.

Neben negativen Diskussionen führte dies auch dazu, dass die Traktoristen ihre Mitgliedschaftserklärungen rückgängig machten. Zum Beispiel erklärten sich im MTS-Bereich Isseroda, [Bezirk] Erfurt, von acht Traktoristen fünf nicht mehr bereit, Mitglied der LPG zu werden und verlangten zu untersuchen, weshalb die Versprechen nicht eingehalten wurden.

Ähnliche Versprechen gab es auch im Bezirk Schwerin.

Von Organen des örtlichen Staatsapparates wurde außerdem nicht immer entschieden gegen eine falsche Auslegung der Beschlüsse von Partei und Regierung aufgetreten.

Im Kreis Templin, [Bezirk] Neubrandenburg, z. B. trat die Tendenz der teilweisen Übergabe der Technik auf. Hier hatten die LPG ein oder zwei Traktoren und sollten deshalb nur noch einen Traktor von der MTS bekommen. Dadurch wurde in einigen Fällen die komplexe Zusammensetzung der

3 Vgl. Beschluss v. 9.4.1959 über leihweise Übergabe der Technik der MTS an LPG des Typs III; GBl. 1959, S. 362 f.

4 Der Mustervertrag für die leihweise Übergabe der Technik der MTS an die LPG Typ III ist abgedruckt in: GBl. 1959, S. 363 f.

5 Eine Gemeinde bzw. LPG »Eichhoff« konnte für den Bezirk Schwerin nicht ermittelt werden. Möglicherweise ist die Gemeinde Eickhof im ehemaligen Kreis Güstrow gemeint.

Technik der MTS-Brigade zersplittert. Gleiche Tendenzen gab es im Bezirk Potsdam.

Die bereits genannte LPG Schönermark z. B. sollte auf Beschluss des Rates des Kreises Kyritz nur vier Traktoren erhalten.

Auf gleicher Linie liegt das zum Teil bestehende Bestreben der MTS, bei der Übergabe der Technik Maschinen und Geräte in reparaturbedürftigem und verschmutztem Zustand bzw. solche Maschinen zu übergeben, die nur noch Schrott-Wert besitzen.

So wurden z. B. in den Kreisen Stralsund, Wismar und [Bad] Doberan, [Bezirk] Rostock, den LPG, die zuerst die Technik übernahmen, nur neue Maschinen übergeben.

Die später die Technik übernehmenden LPG erhielten nur noch die veraltete Technik.

Diese ungenügende Überzeugungsarbeit, die administrative Art der Verwirklichung und die falsche Auslegung der Beschlüsse durch die Organe des Staatsapparates und die MTS, leistete nach vorliegenden Hinweisen teilweise gegnerischen Kräften bei ihrer Tätigkeit gegen die Übergabe der Technik an die LPG Vorschub.

Dabei konzentrierten sich diese Kräfte vor allem auf die Traktoristen.

Im Bezirk Rostock z. B. organisierten Großbauern[6] den Widerstand gegen die Übergabe der Technik, indem sie die Traktoristen beeinflussten, nicht Mitglied der LPG zu werden.

Derartige Beispiele wurden in den MTS-Bereichen Radegast, Jennewitz, Karnin, Semlow, Hof-Wahrlow[7] und Dorf Mecklenburg bekannt.

In den Kreisen Greifswald, [Bezirk] Rostock, und Stendal, [Bezirk] Magdeburg, besorgten sich die Traktoristen ärztliche Atteste aus denen hervorgeht, dass sie gesundheitlich nicht mehr in der Lage sind, in der Landwirtschaft zu arbeiten.

Kündigungen einer größeren Anzahl Traktoristen traten in den Bezirken Rostock, Halle, Neubrandenburg, Magdeburg und Potsdam in Erscheinung.

In der MTS Hinsdorf, [Kreis] Köthen, [Bezirk] Halle, z. B. kündigten elf Traktoristen bei der Übergabe der Technik an die LPG.

Im MTS-Bereich Neu Boltenhagen, [Bezirk] Rostock, kündigten innerhalb von zwei Monaten ebenfalls elf Traktoristen.

6 Bauern, deren Grundbesitz 20 Hektar und mehr umfasste, wurden von der SED polemisch als »Großbauern« bezeichnet, da sie als Träger einer antisozialistischen Ideologie auf dem Lande angesehen wurden. Mithilfe dieser Stigmatisierung sollte der Klassenkampf in die Dörfer getragen und die Kollektivierung der Landwirtschaft durch gesellschaftlichen und politischen Druck vorangetrieben werden.

7 Eine Gemeinde »Hof-Wahrlow« konnte nicht ermittelt werden. Vermutlich ist Warlow im ehemaligen Kreis Ludwigslust gemeint.

Bei der äußerst schlecht vorbereiteten Übergabe der Technik an die LPG Rappenhagen, [Kreis] Greifswald, [Bezirk] Rostock, kündigten sechs Traktoristen.

Die Ursachen der Kündigungen in diesen u. a. Beispielen sind in der ungenügenden politisch-ideologischen Erziehungsarbeit und in den administrativen Wegen der Übergabe der Technik zu suchen. Ein genauer Überblick über die Gesamtzahl der Kündigungen von Traktoristen ist in vorliegenden Berichten nicht vorhanden. Wie Feststellungen ergaben, arbeiten diese Traktoristen nach Aufgabe ihres Arbeitsverhältnisses bei den MTS, in der volkseigenen Industrie, im Kraftverkehr u. a. Zweigen, wo sie ihre fahrtechnischen Kenntnisse anwenden können.

Den gegnerischen Kräften wird ihre Zersetzungsarbeit dadurch erleichtert, dass die Traktoristen manchmal Söhne noch einzeln wirtschaftender Bauern, vor allem Mittelbauern sind, die selbst noch unklar, leicht feindlichen Einflüssen unterliegen.

Dass die Gegner der sozialistischen Umgestaltung der Landwirtschaft in ihrem Kampf gegen die Maßnahmen der Partei und Regierung, durch die Übergabe der Technik die LPG zu stärken, die ideologische Zersetzung bevorzugen, findet seinen Ausdruck auch in den gegenwärtigen noch aktuellen Diskussionen und Argumenten der Traktoristen.

Diese Argumente haben den Berichten zufolge zum Inhalt:

- In der LPG haben wir kein gesichertes Einkommen und keine gleichbleibende Tätigkeit.
- Die Urlaubsfrage ist nicht geregelt.
- Es gibt in der LPG keine Feiertagsbezahlung, Überstundenzuschläge, Prämien und keinen Lohnausgleich bei Krankheit.
- Nach Beendigung der staatlichen Subventionszahlung wird der Wert der Arbeitseinheit sinken.
- Warum nur 70 bis 90%ige Auszahlung des Verdienstes? Das Geld, das in der LPG verbleibt, können wir alleine sparen.
- Wenn wir Mitglieder der LPG sind, entscheidet über die Frage der Vergütung und des Arbeitseinsatzes die Vollversammlung.
- Wir werden dann nicht mehr vom FDGB vertreten.
- Das verfassungsmäßige Recht auf Arbeit ist für uns auf die Landwirtschaft beschränkt.
- Mit dem Eintritt in die LPG geben wir unsere »Freiheit« auf.

Neben den Kündigungen kam es im Zusammenhang mit der Übergabe der Technik auch zu Kapitulationserscheinungen anderer Art.

So wurde z. B. im Bezirk Potsdam in verschiedenen MTS u. a. in der MTS Osterne, die ihre Technik bereits übergeben hat, festgestellt, dass sich die Mitarbeiter überflüssig fühlen und ihre Aufgabe nicht mehr richtig durchführen.

Im Kreis Strausberg, [Bezirk] Frankfurt/O., vertraten Traktoristen die Meinung, sich schon heute nach einer geeigneten Arbeit mit entsprechenden Verdienstmöglichkeiten umsehen zu müssen.

In der LPG Deylsdorf, [Kreis] Grimmen, [Bezirk] Rostock, erschienen nach der Übergabe der Technik fünf Traktoristen nicht zur Arbeit, sondern hielten sich in der Gaststätte auf. Die Traktoren kamen deshalb nicht zum Einsatz.

In den Bezirken und Kreisen, wo der Staatsapparat die Übergabe der Technik richtig vorbereitete, wirkte sich diese Maßnahme günstig auf die Entwicklung und die weitere sozialistische Umgestaltung der Landwirtschaft aus.

In diesen LPG konnte nach vorliegenden Hinweisen eine wesentliche Steigerung der Arbeitsproduktivität erzielt, die Technik maximal ausgelastet und die unproduktive Zeit dadurch wesentlich verkürzt werden, weil sich der organisatorische Arbeitsablauf erheblich verbesserte.

Zum Beispiel verkürzte die LPG Hanstorf, [Kreis] Bad Doberan, [Bezirk] Rostock, die unproduktive Zeit um 12 %.

Die LPG Semlow, [Kreis] Ribnitz[-Dammgarten], [Bezirk] Rostock, verkürzte die Mahd des Getreides gegenüber dem Vorjahr um vier Tage.

In der LPG Volksdorf,[8] [Kreis] Demmin, [Bezirk] Neubrandenburg, erhöhte sich der Anteil der zweiten Schicht durch die Übernahme der Technik auf 36,5 %. Die Traktoristen bringen zum Ausdruck, dass sie mehr verdienen und sich die Arbeitsorganisation verbesserte.

Die LPG »Ernst Thälmann« in Liebau-Mogger, [Kreis] Sonneberg, [Bezirk] Suhl, übernahm am 6.9.1959 eine Brigade der MTS. Die Übergabe war gut vorbereitet und beeindruckte auch stark die anwesenden Einzelbauern. Diese erklärten, dass sie bisher noch Zweifel an der Richtigkeit der sozialistischen Umgestaltung hegten, jetzt aber doch einsehen müssen, dass es mit solcher Kraft vorwärts gehen muss.

Im Kreis Grimmen, [Bezirk] Rostock, erklärten sieben Einzelbauern ihren Eintritt in die LPG, weil sie erkannt hätten, dass durch die Übergabe der Technik die Felder besser und zügiger bearbeitet werden, die Erträge dadurch steigen und sie mit ihren Einzelwirtschaften zurückbleiben.

Neben diesen positiven Auswirkungen und Erkenntnissen bei den Einzelbauern führte der Beschluss über die Übergabe der Technik der MTS an die LPG unter diesen Kreisen aber auch zu falschen Erkenntnissen und Schlussfolgerungen.

Ausdruck dafür sind die verstärkten Diskussionen, die sich in ihrem Kern reduzieren lassen auf die Meinung, sie würden dadurch benachteiligt und brauchten gegenwärtig und für die Zukunft nicht mehr auf Unterstützung

8 Im Original: »Volkersdorf«.

bei Feldarbeiten zu rechnen. Dadurch wolle man sie nur zum Eintritt in die LPG zwingen.

In zahlreichen Fällen kam es deshalb, wie im MTS-Bereich Mölschow, [Kreis] Wolgast, [Bezirk] Rostock, zu Versuchen, auf spekulativem Wege zu eigenen Maschinen zu kommen.

(Im Zusammenhang damit wird auf die Information Nr. 843/59 über den Einsatz polizeilich nichtzugelassener Traktoren in der privaten Landwirtschaft verwiesen.)

Im Zusammenhang mit der Übergabe der Technik gibt es nach vorliegenden Berichten noch eine Reihe offener und ungeklärter Fragen, die in den LPG und in den MTS zu Diskussionen führen.

So spielt z. B. in den Südkreisen und Bezirken der DDR die Frage eine Rolle, ob im Rahmen der leihweisen Übergabe der Technik auch einzelne Maschinen und Geräte an LPG übergeben werden, die mindestens 80 % der landwirtschaftlichen Nutzfläche (LNF) des Dorfes bewirtschaften, aber nur eine Größe von 80 bis 200 ha LNF haben. Fachkräfte sind der Ansicht, dass in solchen LPG durch die Übergabe ganzer Brigaden die Technik nicht voll ausgelastet wird.

Großen Umfang nehmen auch Fragen ein, die sich aus den derzeitigen Subventionierungsbestimmungen ergeben. Als ungeklärt werden hier betrachtet, in welcher Form in Zukunft die Subventionierung erfolgen soll und ob Subventionen nur für die übernommene Technik gelten. Ferner wird eine Klärung erwartet, ob die Berechnung der Subventionen auf der Grundlage der Jahresdurchschnittskosten oder auf der Grundlage der in der Brigade vom Tag der Übergabe bis zum Jahresende geplanten Subventionen erfolgen soll.

Weiterhin soll geklärt werden, wie die Subventionen für durchgeführte Arbeiten bei werktätigen Einzelbauern zu berechnen sind und ob Einsparungen aus Subventionen als materieller Anreiz in das Betriebsergebnis der LPG insgesamt eingeben können oder weiter in den unteilbaren Fonds abgeführt werden müssen.

Außerdem wird erwartet, dass die Armortisationen für das Jahr der Übergabe ausgesetzt werden. Einige LPG lehnten bereits ab, nach der Arbeitskampagne Mähdrescher und andere Kombines[9] zu übernehmen, weil sie der LPG im laufenden Jahr keine Leistungen mehr bringen würden, die LPG jedoch die Armortisationen tragen sollten.

Ebenso wird eine Klärung der Preise für Treibstoff von den LPG erwünscht, die die Technik bereits übernommen haben.

9 Als Kombines/n wurden in der DDR Landmaschinen, insbesondere Erntemaschinen bezeichnet, die mehrere Arbeitsgänge ausführen konnten (z. B. Mähdrescher, Kartoffelvollerntemaschinen).

Nach vorliegenden Berichten gibt es auch noch zahlreiche offene Fragen bei der Entlohnung der Traktoristen, die Mitglieder der LPG wurden.

Besonders trifft das auf die Berechnung des Differenzbetrages für Traktoristen zu, die Mitglieder in LPG wurden deren Wert der Arbeitseinheit noch ziemlich niedrig liegt. Eine große Rolle spielt auch die Frage, ob der Traktorist den überplanmäßigen Wert je Arbeitseinheit am Jahresende ausgezahlt erhält und wie die Gewährung von zusätzlichem Urlaubs- und Krankengeld an die Traktoristen aus dem Hilfsfonds erfolgt.

In den MTS wird erwartet, dass eine Regelung über die Bildung des Betriebsprämienfonds der MTS erfolgt, die die Übergabe der Technik berücksichtigt, gleichzeitig aber auch einen materiellen Anreiz bietet für die weitere Steigerung der Produktion, die Festigung der von den MTS betreuten LPG und die Pflege und Wartung der übergebenen Technik.

Ferner gibt es Erwartungen, dass die Differenzierung der MTS bestehen bleibt und keine Rückstufung bei der Übergabe der Technik erfolgt, weil dadurch Lohnminderungen eintreten würden.

Einer Klärung bedarf nach vorliegenden Hinweisen auch die Frage, ob die Lkw der MTS den Bezirksdirektionen des Kraftverkehrs übergeben werden sollen oder was sonst mit diesen Lkw zu geschehen hat.

30. Dezember 1959

Information Nr. 914/59 [über] eine Provokation beim Druck eines Wandtafelkalenders für das Jahr 1960 im VEB Spezialprägewerke Annaberg-Buchholz, [Bezirk] Karl-Marx-Stadt

Quelle: BArch, MfS, ZAIG, 241 Bl. 1–6 (5. Expl.).
Serie: Informationen.
Verteiler: Kein Nachweis für externe Verteilung – MfS: Beater, Ablage.

Ein erstmaliger Hinweis auf eine Provokation beim Druck eines Wandtafelkalenders für das Jahr 1960 erfolgte seitens des VEB Schuh- und Sattlermaschinenbau Leipzig 05, Riesaer Straße 66, an die Stadtbezirksleitung Leipzig Nord-Ost, die ihrerseits das Büro der SED-Stadtleitung, Leipzig S3, am 29.10.5199 davon in Kenntnis setzte. Von dort erhielt die Bezirksverwaltung Leipzig am 28.12.1959 über die Bezirksleitung der Partei, Abteilung S,[1] Kenntnis von dieser Provokation.

Wie die Ermittlungen ergaben, wurden die Kalender, über die der VEB Schuh- und Sattlermaschinenbau Mitteilung machte, vom VEB Spezialprägewerke Annaberg-Buchholz hergestellt.

Dieser Betrieb fertigte auf Bestellung des Versorgungskontors für Bürobedarf in Leipzig S3, Fichtestraße 47, 150 000 Wandtafelkalender für das Jahr 1960 an.

Auf diesem Kalender ist in der Monatsspalte Juni hinter dem 16.6.1960 Fronleichnam eingedruckt und darunter in Klammern vermerkt, Feiertag nur in Teilen der DDR. Diese Klammerzeile ist so eingedruckt, dass sie auch auf den 17. Juni 1960 bezogen werden muss.

Hinter dem 31. Oktober 1960 wurde ein gleichartiger Hinweis auf das Reformationsfest eingedruckt, offensichtlich zur Vertuschung der Provokation.

Für den Druck dieser Kalender ist die Herstellerfirma voll verantwortlich. Als Grundlage dazu diente der Astronomische Grundkalender 1960.

Vom Versorgungskontor Leipzig wurde in der Besprechung mit den Herstellerbetrieben für Kalender laut Protokoll Folgendes festgelegt:

Im Punkt 1, Abs. 2, dass als Manuskript für die Produktion 1959/60 die Angaben des Grundkalenders 1960, herausgegeben vom VEB Deutscher Zentralverlag Berlin, Seite 39–40 verbindlich sind. Auf diesen Seiten sind die Feiertage Fronleichnam und Reformationsfest nicht enthalten.

Der VEB Spezialprägewerk Annaberg-Buchholz II hat sich jedoch bei der Herstellung der Kalender nicht an diese Abmachung gehalten. Der Betrieb benutzte als Grundlage die Seiten 10 bis 21 des oben angeführten Grundkalenders. Auf diesen Seiten sind die zusätzlichen Feiertage in der auf dem

1 »Abteilung S« war die Abteilung für Sicherheitsfragen.

Wandtafelkalender wiedergegebenen Form eingetragen, jedoch so, dass zwischen den beiden Tagen 16. und 17.6.1960 eine Zeile freigelassen wurde.

Wie die Ermittlungen im Betrieb ergaben, wurden die Vorschläge für diesen Kalender nach Leipzig zum Versorgungskontor Bürobedarf, Kalender-Abteilung, Leipzig S3 zur Überprüfung eingeschickt. Diese Vorschläge wurden vom dortigen Abteilungsleiter [Name 1] für richtig befunden und auf der Rückseite dessen Einverständnis mit dem Datum des Tages vermerkt und als druckreif zum Betrieb zurückgeschickt.

Die Ermittlungen ergaben ferner, dass sämtliche Wandtafelkalender, Abreißkalender, Wochenvermerkkalender und dergleichen genau dieselben Bezeichnungen tragen, wie sie auf dem angeführten Wandtafelkalender eingetragen sind.

Bei den in größerem Format gedruckten Kalendern verhält es sich im Gegensatz zu den kleineren Formaten jedoch so, dass der Vermerk »Feiertag nur in Teilen der DDR« genau hinter dem Datum des 16. Juni bzw. 31. Oktober 1960 steht.

Vom VEB Spezialprägewerke Annaberg-Buchholz wurden insgesamt 252 800 Stück dieser Wandtafelkalender der Größe DIN A5 mit der eingedruckten Provokation ausgeliefert.

Im Einzelnen erhielten folgende Versorgungskontore für Bürobedarf nachstehende Stückzahlen:

Berlin	27 000
Cottbus	800
Dresden	35 000
Erfurt	20 000
Frankfurt/O.	5 000
Rostock	12 000
Halle	25 000
Karl-Marx-Stadt	30 000
Leipzig	80 000
Madgeburg	15 000
Pasewalk	3 000

22 800 Stück derartiger Kalender wurden zusätzlich mit Reklame für den VEB Zahlenlotto gefertigt und ausgeliefert.

Nachdem das Versorgungskontor für Bürobedarf davon Kenntnis erhielt, dass der VEB Spezialprägewerk am 1.12.1959 schriftlich das Ministerium für Kultur auf Fehler in diesem Kalender aufmerksam gemacht hat, ordnete es den sofortigen Auslieferungsstopp und die Rücksendung dieser Kalender an den VEB Spezialprägewerke Annaberg-Buchholz an.

Trotzdem konnte nicht verhindert werden, dass bis zum Zeitpunkt des angeordneten Auslieferungsstopps ca. 100 000 Kalender ausgeliefert wurden.

Offensichtlich haben sich jedoch die Versorgungskontore für Bürobedarf nicht streng an diese Anordnung gehalten. Eine vom Ministerium für Staatssicherheit, Verwaltung Karl-Marx-Stadt, durchgeführte Überprüfung ergab, dass von den 30 000 Exemplaren, die das Versorgungskontor Karl-Marx-Stadt erhielt, am 29.12.1959 noch 1 500 Stück zum Vertrieb vorhanden waren und deshalb sichergestellt werden mussten.

Operativer Anhang zur Einzelinformation 914/59

Die in der EI Nr. 914/59 enthaltenen Ermittlungsergebnisse sind den Berichten der Bezirksverwaltungen Karl-Marx-Stadt und Leipzig entnommen.

Wie aus dem Bericht der BV Karl-Marx-Stadt ferner ersichtlich ist, wurden von der KD Annaberg die entsprechenden operativen Maßnahmen eingeleitet, um die subjektiven Beweise für diese feindliche Handlung zu erarbeiten.

Die eingeleitete operative Bearbeitung erstreckt sich demnach auf den Betriebsleiter des VEB Spezialprägewerke Annaberg-Buchholz *Preuß*, Heinz,[2] geb. [Tag, Monat] 1929 in Annaberg, wohnhaft Annaberg-Buchholz, [Straße, Nr.], Beruf: Kaufmann – jetzt Betriebsleiter, Mitglied der SED.

Betriebsleiter *Preuß* versicherte bei den Ermittlungen, dass es sich bei diesem Druck des Kalenders keinesfalls um eine Provokation handelt und ließ sich auch nicht davon überzeugen, dass dieser Fall als eine Provokation aufgefasst werden kann.

Preuß berief sich auf die bei ihm vorliegenden Exemplare des Kalenders, auf welchem die Bestätigung vom Versorgungskontor Leipzig vermerkt war sowie auf ein Anschreiben für die Bestätigung des Druckes des Kalenders.

Aus den Ermittlungen, die die KD Annaberg zur Aufklärung bisher führte, ist jedoch nicht ersichtlich, ob die im Bericht der Bezirksverwaltung Leipzig angeführten Hinweise über die Schuld des Betriebes berücksichtigt wurden.

Es sind dies

1. dass der Betrieb sich nicht an die zwischen dem Versorgungskontor Leipzig und den Hersteller-Betrieben für Kalender vereinbarte Grundlage gehalten hat und

2 Heinz Preuss, Jg. 1929, Kaufmann, 1953–62 Werkleiter des VEB Spezialprägewerke Annaberg-Buchholz.

2. dass der VEB Spezialprägewerke Annaberg-Buchholz nach Kenntnis des Versorgungskontors für Bürobedarf am 1.12.1959 ein Schreiben an das Ministerium für Kultur z. Hd. der Kollegin *Karpentin*,[3] sandte, in dem vom Betrieb auf diese Fehler im Kalender hingewiesen worden sei.

Letzteres wurde von *Preuß* bei den geführten Ermittlungen, nach dem Bericht der KD Annaberg, nicht angeführt.

Weiterhin werden bearbeitet der zuständige Setzer für Kalender: [Name 2, Vorname], geb. am [Tag, Monat] 1911 in Bärenstein, wohnhaft Annaberg-Buchholz II, [Straße, Nr.], Beruf: Buchdrucker – jetzt Setzer, Mitglied der SED, und der Meister des Betriebes für Entwürfe [Name 3, Vorname], geb. am [Tag, Monat] 1909 in Schlettau, [Kreis] Annaberg, wohnhaft Annaberg-Buchholz, [Straße, Nr.], Beruf: Druckereimeister, parteilos, der für die Gestaltung und Raumausnutzung verantwortlich zeichnet.

Die weiteren Ermittlungen der BV Leipzig müssen sich darauf erstrecken, vom Versorgungskontor für Bürobedarf Leipzig Personen operativ zu bearbeiten, über die im Zusammenhang mit dieser Provokation als belastende Momente bekannt wurde, dass sie auf drei Exemplaren, die der VEB Spezialprägewerke Annaberg-Buchholz an das Versorgungskontor Leipzig zur Bestätigung einschickte, das Einverständnis zum Druck erklärten.

Das erste Exemplar ist mit dem Vermerk, »einverstanden Friedrich, 24.4.1959« beschriftet, obwohl auch auf diesem Exemplar hinter dem Datum des 16. Juni 1960 Fronleichnam und darunter in Klammerzeile »Feiertag nur in Teilen der DDR« eingedruckt ist.

Das gleiche Exemplar wurde zusätzlich von »[Name 4], 27.4.1959« abgezeichnet. Auch dieser [Name 4] hatte an diesem Kalender nichts zu ändern gefunden, außer der Änderung, die die Jahreszahl 1960 einrahmende Verzierung etwas weiter herunterzusetzen.

Das nächste eingereichte Exemplar wurde von [Name 1] am 14.5.1959 abgezeichnet und am 19.5.1959 mit der auf Anschreiben mitgeteilten Bestätigung für den Druck zurückgeschickt.

Das dritte Exemplar, mit dem der Betrieb um Bestätigung der auf dem Kalender angebrachten Reklame für den VEB Zahlen-Lotto ersucht, enthält den Vermerk des [Name 1], »AS 725/59/DDR – nach Korr[ektur] – druckreif 2.10.1959 [Name 1]«.

Auch auf diesem Exemplar bezogen sich die Korrekturhinweise nicht auf die eingedruckte Provokation hinter den Daten 16. und 17. Juni 1960, sondern auf falsche Wocheneinteilung im Zusammenhang mit den Oster- und Pfingstfeiertagen.

Dieses Exemplar enthält ferner den handschriftlichen Vermerk »Korr. 8/10/H« und die Unterschrift »[Name 5]«.

3 Karpentin, weitere Angaben zur Person konnten nicht ermittelt werden.

Abkürzungsverzeichnis

ABC	Atomare, biologische, chemische Waffen
Abs.	Absatz
Abt.	Abteilung
Abt. F	Abteilung Feuerwehr (Polizei)
Abt. K	Abteilung Kriminalpolizei
Abt. M	Abteilung M –Postkontrolle
Abt. VI	Abteilung VI – Absicherung Flugzeugindustrie, Kernforschung und Verteidigungsindustrie
Abt. VII	Abteilung VII – Überwachung von Polizei und MdI
Abt. VIII	Abteilung VIII – Beobachtung und Ermittlung
Abt. XI	Abteilung XI – Chiffrierdienst
Abt. VE	Abteilung »Verbrechen gegen das Volkseigentum« der Deutschen Volkspolizei
ABUS	Ausrüstung, Bergbau und Schwerindustrie
Aeroflot	Russische Luftfahrtlinien
AG	Aktiengesellschaft
AG	Arbeitsgruppe
AKW	Anhaltinische Kohlekraftwerke
APuZ	Aus Politik und Zeitgeschichte
AStA	Allgemeiner Studentenausschuss
BArch	Bundesarchiv
BBC	British Broadcasting Corporation – (engl.) Britische Rundfunkanstalt
BBW	Berliner Bremsenwerk
BdL	Büro der Leitung
BGL	Betriebsgewerkschaftsleitung
BGS	Bundesgrenzschutz
BHG	Bäuerliche Handelsgenossenschaft
BHK	Bergbau- und Hüttenkombinat
BKW	Braunkohlenwerk
BMK	Bau- und Montagekombinat
BND	Bundesnachrichtendienst
BPO	Betriebsparteiorganisation
BRD	Bundesrepublik Deutschland
BStU	Bundesbeauftragte(r) für die Unterlagen des Staatssicherheitsdienstes der ehemaligen Deutschen Demokratischen Republik
BV	Bezirksverwaltung
CD	Corps diplomatique
CDU	Christlich Demokratische Union Deutschlands
CIA	Central Intelligence Agency
CKB	Chemiekombinat Bitterfeld
ČSR	Tschechoslowakische Republik
CSU	Christlich-Soziale Union
DAW	Deutsche Akademie der Wissenschaften
DBA	Deutsche Bauakademie

DDR	Deutsche Demokratische Republik
DDT	Dichlordiphenyltrichlorethan
DEWAG	Deutsche Werbe- und Anzeigengesellschaft [wird als Kurzwort gesprochen]
DFF	Deutscher Fernsehfunk der DDR
DGB	Deutscher Gewerkschaftsbund
DGP	Deutsche Grenzpolizei
DHZ	Deutsche Handelszentrale
DIA	Deutscher Innen- und Außenhandel
DIN	Deutsche Industrienorm/en
DKK	Deutsche Kühl- und Kraftmaschinen
DM	Deutsche Mark
DMT	Dimethylterephtalat
DSB	Deutscher Sportbund
DVP	Deutsche Volkspolizei
EAW	Elektro-Apparate-Werke
EDV	Elektronische Datenverarbeitung
EFI	Entwurfsbüro für Industriebau
EGKS	Europäische Gemeinschaft für Kohle und Stahl
EI	Einzelinformation
EKB	Elektrochemisches Kombinat Bitterfeld
EKD	Evangelische Kirche in Deutschland
EOS	Erweiterte Oberschule
ESP	Einführung in die sozialistische Produktion
EURATOM	Europäische Atomgemeinschaft
EWG	Europäische Wirtschaftsgemeinschaft
FDGB	Freier Deutscher Gewerkschaftsbund
FDJ	Freie Deutsche Jugend
FDP	Freie Demokratische Partei
FU	Freie Universität (Westberlin)
GB/BHE	Gesamtdeutscher Block/Bund der Heimatvertriebenen und Entrechteten
GBl.	Gesetzblatt
Gen.	Genosse
GHK	Großhandelskontor
GI	Geheimer Informator
GmbH	Gesellschaft mit beschränkter Haftung
GM	Geheimer Mitarbeiter
GSSD	Gruppe der Sowjetischen Streitkräfte in Deutschland
GST	Gesellschaft für Sport und Technik
HA I	Hauptabteilung I – Militärabwehr
HA II	Hauptabteilung II – Spionageabwehr
HA III	Hauptabteilung III – Volkswirtschaft bis 1964, ab 1971 Funkaufklärung und Funkabwehr
HA V	Hauptabteilung V – Staat, Kirche, Untergrund, Parteien bis 1964
HA XIII	Hauptabteilung XIII – Verkehrswesen
HA XVIII	Hauptabteilung XVIII – Volkswirtschaft
HAL	Haftarbeitslager

Hg.	Herausgeber/herausgegeben …
HNO	Hals-Nasen-Ohren (Arzt)
HO	(staatliche) Handelsorganisation
HV A	Hauptverwaltung A (Aufklärung)
HVDVP	Hauptverwaltung Deutsche Volkspolizei
HV	Hauptverwaltung
IFA	Industrieverband Fahrzeugbau
IG	Industriegewerkschaft
INEX	Industrieanlagen-Export
IOC	International Olympic Committee
IUSY	International Union of Socialist Youth
IZ	Ingenieurzentrale
JHS	Juristische Hochschule (des MfS)
K-Reihe	ZAIG-Ablage K (Verschiedenes)
KD	Kreisdienststelle
KdT	Kammer der Technik
Kfz	Kraftfahrzeug
KGB	Komitet Gossudarstwennoj Besopasnosti (pri Sowjete Ministrow SSSR) – (russ.) Komitee für Staatssicherheit (beim Ministerrat der UdSSR)
KG	Kommanditgesellschaft
KgU	Kampfgruppe gegen Unmenschlichkeit
KIB	Konstruktions- und Ingenieurbüro
KKW	Kernkraftwerk
KPD	Kommunistische Partei Deutschlands
KPdSU	Kommunistische Partei der Sowjetunion
KP	Kommunistische Partei
KVP	Kasernierte Volkspolizei
KZ	Konzentrationslager
LES	Leipziger Eisen- und Stahlwerke
Lkw	Lastkraftwagen
LNF	Landwirtschaftliche Nutzfläche
LOWA	Lok- und Waggonwerk
LPG	Landwirtschaftliche Produktionsgenossenschaft
MAI	Ministerium für Außenhandel und Innerdeutschen Handel
MdB	Mitglied des Bundestages
MdI	Ministerium des Innern
MDN	Mark der Deutschen Notenbank
MfG	Ministerium für Gesundheitswesen
MfHuV	Ministerium für Handel und Versorgung
MfNV	Ministerium für Nationale Verteidigung
MfS	Ministerium für Staatssicherheit
MHV	Ministerium für Handel und Versorgung
MKE	Militärische Körperertüchtigung
MLU	Martin-Luther-Universität Halle-Wittenberg)
Mot.	Motorisiert
MSD	Motorisierte Schützendivision
MTS	Maschinen-Traktoren-Station

NAK	Nahrungsmittelkombinat Albert Kuntz
NATO	North Atlantic Treaty Organization
ND	Neues Deutschland
NDPD	National-Demokratische Partei Deutschlands
NOK	Nationales Olympisches Komitee
NOW	Niederschachtofenwerk
NSDAP	Nationalsozialistische Deutsche Arbeiterpartei
NS	Nationalsozialismus/nationalsozialistisch
NTS	Narodno-Trudowoj Sojus (Volksarbeitsbund)
NVA	Nationale Volksarmee
OPC	US-amerikanische Office of Policy Coordination
PA	Personalausweis
PC	Polycarbonate
PE	Polyethylen
PKB	Projektierungs- und Konstruktionsbüro
PKE	Passkontrolleinheit
Pkw	Personenkraftwagen
PM 12a	Pass- und Meldebescheinigung
PM	Pass- und Meldewesen
POS	Polytechnische Oberschule
PVC	Polyvinylchlorid
RAW	Reichsbahnausbesserungswerk
RBD	Reichsbahndirektion
RGW	Rat für Gegenseitige Wirtschaftshilfe
RIAS	Rundfunk im amerikanischen Sektor
SAG	Sowjetische Aktiengesellschaft
SA	Sturmabteilung
SBZ	Sowjetische Besatzungszone
SED	Sozialistische Einheitspartei Deutschlands
SFB	Sender Freies Berlin (Westberlin)
SMAD	Sowjetische Militäradministration in Deutschland
SPD	Sozialdemokratische Partei Deutschlands
SPK	Staatliche Plankommission
SS	Schutzstaffel
StArch	Staatsarchiv
StUG	Gesetz über die Unterlagen des Staatssicherheitsdienstes der ehemaligen Deutschen Demokratischen Republik
Stupo	Stumm-Polizei
SU	Sowjetunion
SVA	Strafvollzugsanstalt
SVK	Sozialversicherungskasse
TAN	Technische Arbeitsnorm
TBI	Technische Bergbauinspektion
TDM	Tausend Deutsche Mark
TH	Technische Hochschule
TU	Technische Universität
TZ	Technisches Zeichnen
UdSSR	Union der Sozialistischen Sowjetrepubliken

UfJ	Untersuchungsausschuss freiheitlicher Juristen
UNO	United Nations Organization
USA	United States of America
US	United States
UTP	Unterrichtstag in der sozialistischen Produktion
VDI	Verein Deutscher Ingenieure
VEAB	Volkseigener Erfassungs- und Aufkaufbetrieb für landwirtschaftliche Erzeugnisse
VEB (K)	Volkseigener Betrieb (kreisgeleitet)
VEB (Z)	Volkseigener Betrieb (zentral geleitet)
VEB	Volkseigener Betrieb
VEG	Volkseigenes Gut
VEH	Volkseigener Handel
VEM	VVB Elektromaschinen
VE	Volkseigen...
VPKA	Volkspolizeikreisamt
VPO	Vereinigung der Politischen Ostflüchtlinge
VP	Volkspolizei
VVB	Vereinigung Volkseigener Betriebe
WD	Westdeutschland
WEMA	Werkzeugmaschinenbau
WM	Westmark
WMW	Werkzeugmaschinen und Werkzeuge
WPA	Wirtschaftspolitische Abteilung
WPA	Wissenschaftliche Praktische Arbeit
ZAIG	Zentrale Auswertungs- und Informationsgruppe
ZEFYS	Zeitungsinformationssystem der Staatsbibliothek zu Berlin
ZIG	Zentrale Informationsgruppe
ZKK	Zentrale Kontrollkommission
ZKSK	Zentrale Kommission für Staatliche Kontrolle
ZK	Zentralkomitee
ZOPE	Zentralnoje Objedinjenije Poslewoennych Emigrantow (deutsch etwa: Zentralverband der Nachkriegsemigranten)
ZPA	Zentrales Parteiarchiv

Gesamtübersicht der Dokumente 1959

Alle im folgenden Verzeichnis aufgelisteten Dokumente befinden sich neben den übrigen Texten dieses Buches in der unter https://1959.ddr-im-blick.de aufzurufenden Online-Datenbank und sind dort über verschiedene Ansichts-und Suchfunktionen erschlossen. Die im Verzeichnis fett hervorgehobenen und mit einer Seitenzahl versehenen Dokumente sind im vorliegenden Buch abgedruckt.

Mai 1959

Juni 1959

August 1959

September 1959

Oktober 1959